典型产业转型升级示范区发展路径探析与启示

山 西 财 经 大 学“ 六 新 ” 研 究 智 库
山西财经大学资源型经济转型协同创新中心 编著
山西财经大学资源型经济转型发展研究院

中国财经出版传媒集团
中国财政经济出版社
·北 京·

图书在版编目（CIP）数据

典型产业转型升级示范区发展路径探析与启示／山西财经大学“六新”研究智库，山西财经大学资源型经济转型协同创新中心，山西财经大学资源型经济转型发展研究院编著．--北京：中国财政经济出版社，2025.4．--ISBN 978-7-5223-3629-9

Ⅰ．F269.24

中国国家版本馆 CIP 数据核字第 2025Z5T417 号

责任编辑：董小烨　　责任校对：徐艳丽
封面设计：陈宇琰　　责任印制：张　健

典型产业转型升级示范区发展路径探析与启示
DIANXING CHANYE ZHUANXING SHENGJI SHIFANQU FAZHAN LUJING TANXI YU QISHI

中国财政经济出版社出版

URL：http：//www.cfeph.cn
E－mail：cfeph@cfeph.cn

社址：北京市海淀区阜成路甲 28 号　邮政编码：100142
营销中心电话：010－88191537
北京厚诚则铭印刷科技有限公司印刷　各地新华书店经销
成品尺寸：170mm×230mm　16 开　23.75 印张　413 000 字
2025 年 4 月第 1 版　2025 年 4 月北京第 1 次印刷
定价：108.00 元
ISBN 978－7－5223－3629－9
（图书出现印装问题，本社负责调换）
本社质量投诉电话：010－88190744
打击盗版举报热线：010－88191661　QQ：2242791300

编委会名单

主编：田祥宇

副主编：沈沛龙　孟　勇

编写成员（排名按姓氏拼音首字母，不分先后）：

刘秀丽　李荣杰　米　嘉　聂　雷　裴耀琳　任　娇
任建辉　申　俊　史琴琴　王丽媛　温旭新　岳婷婷
阎　晓　张　静　张丽华　张聪聪　张　财

前　言

资源型地区长期围绕矿产资源的开采、搬运发展和延伸产业，为国家能源安全和经济的稳定增长作出巨大贡献。随着能源产业依赖模式固化，地区经济发展面临产业结构单一、技术创新不足、环境压力大、资本和人才流失等特定的挑战和困境。与以高科技产业或制造业为主导的一般地区相比，资源型地区转型是当前中国经济发展中的一项重要任务，如何蹚出一条高质量发展转型新路，是多数资源型地区当前迫切需要解决的问题。

当前，中国正步入以质量提升为核心的新发展阶段，对以资源开发为主的经济体的绿色、低碳性提出了更高要求。为深入贯彻落实“绿水青山就是金山银山”发展理念，我国各资源型地区积极探索产业结构的升级和转型。近年来，以北京京西、河北唐山、内蒙古西部、辽宁中部、大连等为首的资源型区域转型发展取得显著成效，被授予产业转型升级示范区荣誉。

本书聚焦国内18个典型产业转型升级示范区，对其转型发展历史背景、发展状况及转型过程中遭遇的挑战进行深入剖析，详细考察其转型发展的轨迹和路径实施的机理机制，梳理产业转型发展的策略和取得的成效，总结在面对共性或多重制约因素时，各类资源型地区如何识别比较优势、如何抓取发展机遇、如何布局产业体系，通过出奇招实现产业转型，旨在为具有相似发展背景的地区提供宝贵的经验和启示。

本书得到了山西省高等教育“百亿”工程建设经费的资助。本书由田祥宇担任主编，由沈沛龙、孟勇审核。为了全面展现产业转型升级示范区的发展路径，本书汇聚了张丽华、刘秀丽、任娇、史琴琴、阎晓、李荣杰、聂雷、申俊、任建辉、张静、米嘉、裴耀琳、王丽媛、岳婷婷、张聪聪、温旭新等多位老师的学术智慧，同时宋晓静、杜娆、吴曼雅、包雪丽、裴彬杰、易金凤、雷冉、李月蓉、吕鑫凯、张晏华、任苏平、贾昕炽、崔婧、张财、石新娅、陈星宇、杨子璇、汪晶晶、孙亚军、何佳娜、许旸雪、黎文涛等多位博士、硕士研究生的参与，使内容更加丰富。

资源型地区的转型发展问题始终充满挑战，本书采用案例分析的方法来探讨这一议题，旨在激发读者更多的思考和讨论。

书中难免有疏漏或不足，诚恳地希望广大读者提出宝贵的意见和建议。我们期待与学术界的同仁们一起，深入研究在新的发展阶段中资源型地区应如何有效地实现转型升级。

目 录

第一篇 发挥比较优势

第四篇 政府宏观布局

第五篇　实施创新驱动

第六篇 优化生产要素

第一篇

发挥比较优势

第一章
北京京西产业转型升级示范区发展分析与启示

张丽华 宋晓静

京西产业转型升级示范区通过科学规划，充分发挥区位优势，从而实现资源的优化配置和调整。山西省转型发展可以借鉴的经验有：

1. 构建多元化产业布局。山西省可以借鉴多元化的产业布局思路，发展高新技术产业、文化创意产业和现代服务业等多个领域。通过发展多个具有竞争力的产业，降低对单一产业的依赖，提升整体经济的稳定性和竞争力。

2. 加强产业链协同发展。山西省转型发展也应注重产业链上下游的协同发展，构建形成完整的产业链体系。通过加强企业间的合作，促进产业链上下游协同发展，培育壮大高精尖产业体系，提高企业的综合竞争力。

3. 强化区域协同联动。京西产业转型升级示范区从空间布局优化、基础设施对接、产业协同等方面实现联动发展、一体化发展。山西省产业转型应当充分实现与周边区域的产业分工协作，引导产业合理分工、配套，推动产业有序转移集聚，联手打造区域合作产业链和优势产业集群。

一、引言

资源型地区在我国工业化进程中一直发挥着极其重要的作用。资源型地区在保障能源资源供应以及生产生活方面扮演着重要的角色，我国经济社会因此也迅速发展。北京京西地区工业历史悠久，新中国成立后，以首钢为代表的“京西八大厂”快速发展，书写了波澜壮阔的现代工业发展史。随着首钢搬迁调整、京西煤矿关停，百年钢铁史、千年采煤史告一段落，京西地区也进入了新的发展阶段。近年来，京西地区抓住国家支持产业转型升级发展的机遇，持续展开产业优化升级，其转型之路包括转型探索期（2010—2019 年）、转型加速期（2019—2022 年）、转型深化期（2022 年至今）。京西产业转型升级示范区着力打造老工业区转型发展标杆，充分发挥空间区位优势，带动产业转型升级进而推进产城融合培育增长新空间，实现区域转型发展与市域协调发展。本章以北京京西产业转型示范区作为研究对象，基于京西地区发展背景与发展历程，通过对其转型举措与成效的研究，进而探讨其可持续发展路径，京西地区成功的转型经验可为我国其他资源型地区转型提供有益的参考和借鉴。

二、北京京西地区转型发展背景

（一）北京京西地区简介

1. 北京京西产业发展介绍

北京京西地区，广义上指的是北京西部地区，如北京西部的石景山区、海淀区、丰台区、门头沟区、房山区等地。其中，以石景山区和门头沟区为代表的京西地区具有百年钢铁史和千年采煤史，是国家级城区老工业区。

在京西地区工业化的起步阶段，基于国家产业布局的推动，京西地区建立了一批以重工业为主的大型企业，包括钢铁、机械、化工等行业，“京西八大厂”的快速发展极大地促进了该地区的工业经济增长，为现代工业的发展作出了重大的贡献。

随着经济体制改革的深入推进，京西地区开始进行经济结构调整。一些传统行业遇到了困难和挑战，需要进行改革和转型。随着工业结构的调整以及对于生态环境的要求，首钢搬迁调整、京西煤矿关停，京西地区开启了自身的产业转型升级之路。同时，京西地区也开始引入和发展一些新兴产业，如电子信息、生物医药等。近年来，京西地区加大了对高新技术产业的发展力度。特别是随着国家科技创新战略的推动，京西地区积极引入和培育一批高新技术企业和科研机构，推动产业结构的升级和转型。

2. 北京京西产业转型升级示范区介绍

基于京西地区产业转型升级的迫切需求，国家相继出台了首钢老工业区发展意见、京西示范区实施方案、新首钢三年行动计划、十大攻坚工程等一系列政策，先后实施了一系列重大项目，一个以钢铁为底色的新时代首都城市复兴新地标正在崛起。2019 年 8 月，京西产业转型升级示范区以石景山区和门头沟区部分产业转型区域为核心成功获批国家级试点，旨在高质量建成国家级产业转型发展示范区。2021 年 6 月，北京京西产业转型升级示范区被国家发展和改革委员会、科技部等列入“十四五”重点支持的产业转型升级示范区。

京西产业转型升级示范区总面积约 100 平方千米，以石景山区全域为核心，拓展辐射丰台区和门头沟区涉及新首钢地区的部分区域。京西示范区着力构建“一区一带，两园多点”的空间布局。“一区”，即新首钢高端产业综合服务区，也是京西示范区的核心区域。新首钢地区作为城市功能拓展区和生态涵养发展区的过渡枢纽，具有独特的区位、历史和资源优势。“一带”，即永定河绿色低碳发展带。串联沿岸生态及文化资源，构建绿色创新产业体系，全面支撑京西地区绿色低碳可持续发展，实现产业生态化、生态产业化，真正形成城市发展的腹地和后花园。“两园”，即中关村石景山园和门头沟园。“两园”是京西产业转型发展的“主阵地”，聚焦高精尖产业发展，加强优势互补、协同联动，强化主导产业发展，成为辐射带动京西“多点”转型发展的支撑园区。“多点”，即“一线四矿”文旅康养休闲区、首特钢园区、医药健康产业集聚区、京西生态文化谷、二通园区。这些区域通过发挥周边地区优势、打造特色产业、做好公共服务配套，与“两园”形成互动态势、协同发展，打造京西绿色创新发展功能节点。

（二）北京京西地区资源概况

京西地区地下资源较为丰富，主要包括煤炭、石灰石等矿产资源。京西煤田主要分布于髫髻山向斜含煤区、九龙山向斜含煤区和北岭向斜含煤区。这些矿产资源对于当地的工业发展有一定的支撑作用。其中门头沟区与石景山区是主要的煤矿分布区。门头沟区从辽代开始便有煤炭开采的历史，到元大都的建设至今，门头沟区已有上千年的采煤史。矿产资源丰富的门头沟区，曾以“黑（煤炭）、白（石灰）、灰（水泥）”三大支柱产业闻名，曾是北京重要供煤地区。石景山区钢铁产业基础雄厚，京西煤矿的煤炭和周边铁矿石供应充足，造就了石景山区的百年钢铁史。

北京京西矿产资源丰富的同时，也拥有一定的自然生态资源与历史文化资源。京西地区峰岭连绵，北京西山跨越多个县区，长约 95 千米，宽约 60 千米，成为重要的生态屏障。永定河水系全长 170 余千米，生态治理成效显著，形成了优美的滨河生态景观，筑牢了首都西部生态屏障。此外，京西地区历史文化资源丰富，包括西山古香道、京西古商道、永定河古河道文化和古村落文化等。近年来，京西地区持续加大生态环境保护力度，建设山水融合的生态城区，努力改善生态环境质量。

（三）北京京西地区转型原因

1. 京西地区内部产业结构亟待转型

北京京西部分区域为山区，包括石景山、门头沟两区和房山北部山区及相关的永定河流域地区，是重要的产煤地区和老工业基地。随着煤矿关停和首钢搬迁调整，西部地区面临产业调整和结构转型的艰巨任务。2010 年首钢搬迁停产，京西地区面临经济发展总量不足的问题，2011 年京西地区的生产总值仅 425 亿元，固定资产投资仅 273 亿元，一般公共预算仅 40 亿元。另外，京西产业结构不合理，依赖地区资源，第二产业占比高，第二、第三产业结构比为7:3，产业结构亟待转型。北京京西地区的经济主要依赖传统产业，如制造业和重工业。随着国家经济发展战略的转变，对高端制造业、科技创新和服务业的需求逐渐增加，传统产业已经无法满足当前和未来的经济发展需求，因此需要进行转型升级。

当前，京西地区产业加速迭代升级，逐渐由“烟筒”经济向“智慧经济”转型。与首钢搬迁停产时相比，京西地区 2022 年生产总值增长了 2. 8 倍，固定资产投资增长了 2. 1 倍，一般公共预算收入增长了 2. 6 倍，第二、第三产业结构从 7:3 优化到 2:8。中关村石景山园总收入突破 3 400 亿元，现代金融业总收入超 1 000 亿元，成为京西首个千亿级的产业集群。未来京西转型升级示范区着力建设新兴产业，将西部地区的城市经济功能由传统生产向现代服务转变，主导产业由自然资源型向知识技术密集型转变。最终目标是将西部地区打造成为全国加快转变经济发展方式的示范区、北京市生态文明建设的重点区和首都功能拓展的重要承载区。

2. 北京市各区域间发展不平衡加剧

京西地区与北京市其他区域相比经济总量差距较大，导致区域之间经济发展不协调。根据 2022 年北京市 16 区 GDP 总量数据显示，北京市区域发展不平衡性加剧，区域内部经济发展水平差异较大。其中，海淀区 2022 年 GDP 总量为 10 206. 9 亿元，同比增速 3. 5%；朝阳区 2022 年 GDP 总量为 7 911. 2 亿元，同比增速 0. 7%；西城区 2022 年 GDP 总量为 5 700. 1 亿元，同比增速 4. 1%。然而，以石景山区、门头沟区和丰台区为代表的京西地区 GDP 总量分别为 1 000. 2 亿元、272. 1 亿元、2 061. 8 亿元，其经济总量远远低于北京市其他区域，区域发展存在严重的不协调问题。因此，京西地区亟待培育增长新空间，推动区域产业转型升级，实现区域转型发展与市域协调发展。

3. 京西地区生态环境破坏严重

在传统的工业要素驱动型经济发展模式下，资源型产业长期采用高投入、高排放、高污染的发展模式，进一步加快了资源的枯竭以及生态环境的恶化。京西矿区煤炭产业占主导地位，煤炭产业衰退不仅使煤炭产业自身萎缩，也极大破坏了生态环境。长期的矿山采掘导致植被受损、地面塌陷、泥石流等地质灾害频繁发生。由于长久从事煤炭开采，成片的黑色煤区长期裸露，破坏植被、过度开采也导致大量的采空区出现。地下水源污染，含水层遭到毁坏，地下水位急剧下降，有的地区近乎枯竭。北京京西地区的工业发展已经给环境带来了极大的压力，如空气污染、水资源短缺等问题。为了改善生态环境和提高居民生活质量，需要转型向清洁能源、节能环保等绿色产业发展。

产业转型升级的同时要充分重视原矿区生态恢复，采取土地综合治理、生态修复治理等综合手段，加强矿区生态环境和水资源保护以及沉陷区治理。最终建成国家级产业转型发展示范区、绿色低碳的首都西部综合服务区、山水文化融合的生态宜居示范区，成为创新引领、生态宜居、区域协同、山水城市相融、产城发展共融的首都城市西大门。

三、北京京西地区转型制约性因素判定

充分考虑并有针对性地应对资源型地区转型发展的制约性因素对于加快推进地区产业转型升级具有重要意义，资源型地区转型受到多种因素的综合影响，主要表现为对资源型产业的过度依赖而导致其他产业的发展不足，以及资本技术要素缺乏创新阻碍了京西地区的转型升级。

北京京西产业转型面临的制约性因素主要体现在两方面，分别是由于产业结构单一导致的产业依赖和由于缺乏创新要素导致的路径依赖。产业依赖方面，基于产业结构理论，说明北京京西产业结构单一对于转型过程中新产业发展的制约性；路径依赖方面，基于经济增长理论与可持续发展理论，论述资源型地区在实现转型升级过程中，资本与技术在经济增长中的关键作用以及坚持可持续目标、实现创新引领的重要意义。通过对于北京京西地区转型制约因素的分析，更好地总结分析出京西地区转型发展的智慧方案。

（一）产业依赖——产业结构单一

产业依赖指资源型城市往往单一产业占比过高，在面对新发展形势及资源枯竭困境时，发展其他产业面临产业基础薄弱、人才缺乏、配套体系不足等问题，在短时间内无法培育发展一个新产业，累积经验与基础也需要一定时间。

结合产业结构理论，区域或者是国家当中各类产业构成，包括了产业发展水平方面，也就是所有产业实际占据的不同比重情况，另外就是产业相关的技术经济关联性，也就是产业存在的互相作用以及依存关联性。一般而言，所谓产业结构，是指 GDP 当中第一、第二以及第三产业实际占据的比重。而资源型城市大都依赖自然资源，一般第二产业所占比重较高。

北京京西地区长期依赖自然资源发展，很长时间内无法摆脱煤矿资源的束缚，产业结构严重不合理。第一产业与第三产业发展滞后，工业产业占据主导地位，工业内部资源型产业占比高，非资源型产业发展不足。产业结构发展不协调，其他产业发展基础薄弱，导致转型过程中面临着产业依赖的困境。产业结构理论为在地区转型期间存在的产业结构不均衡问题的解决提供了理论参考，进以减少或协调产业发展的矛盾，促进资源型城市经济资源的合理配置及产业结构的优化升级。

（二）路径依赖——创新要素缺乏

路径依赖指资源型城市存在锁定效应，容易受限于原有的技术轨道和制度体系，在发展道路选择上热衷于形成以资源为基础的经济体系。资本以及技术进步的双重制约，导致京西地区的可持续发展面临严峻挑战，可持续发展理论对资源型地区产业结构挑战提出了新的要求。

结合经济增长理论，资本以及技术进步等要素对于经济增长具有关键性的作用，资源型经济增长一般都经历了由粗放向集约发展，随着资源数量的减少以及生态环境的恶化，资源型地区开始重视技术创新，以提高经济发展的效益。京西地区对资源的过度依赖带来了生态环境的恶化，但由于长期缺乏资本支持以及技术投入，煤炭钢铁产业粗放式发展，制约了京西地区产业转型。在京西产业转型初期，依靠产业迁移来缓解生态恶化，忽视资金技术等要素对于新产业的创新发展的重要性，产业转型存在路径依赖，转型效果也大打折扣。

四、北京京西地区转型发展历程

京西地区是首都重要的绿色生态屏障和水源涵养地，为进一步提升首都生态环境品质，2010 年，百年首钢在京钢铁主流程全线停产，通过淘汰落后产能与高耗能高污染产业，初步开始了京西地区的产业转型；2019 年，千年京西采煤史告一段落，京西地区停产关闭了一系列煤矿产业，京西地区转型实现了初步的探索；2019 年 8 月，京西示范区获批国家第二批产业转型升级示范区，在原有转型发展基础上实现更具体系的转型之路，区域产业转型进入加速阶段。2022 年，提出关于京西地区 2022—2035 年转型发展的长期行动计划，京西产业转型升级示范区发展建设也进入深化阶段。北京京西转型之路基于国家重大发展战略，转型历程也以政策方针为依据，以此增强转型历程划分的科学性。

（一）转型探索期（2010—2019 年）

2011 年，北京市发布《关于加快西部地区转型发展实施意见的通知》，提出要以转变经济发展方式和产业结构深度调整为主线，全力推进生态环境、重点区域、现代产业、“生态京西”品牌、基础设施、民生保障等六大提升工程。在“十一五”时期，西部地区加快淘汰资源型产业，初步积累了产业加速转型、经济加速发展、功能加速提升的物质基础。京西地区产业转型探索期以处理原有落后产业为主线任务，因此以2010年底首钢全线停产为起点，至2019年煤矿产区全部关停，京西百年钢铁史、千年采煤史宣告结束，也为后续产业转型升级奠定了基础。

1. 2010年底，百年首钢在京钢铁主流程全线停产

随着北京社会、经济的发展和城市总体规划的调整以及申奥的成功，首钢的发展与北京环境及产业结构之间的矛盾日益突出。2003年9月，北京市政府向国家发展改革委报送了首钢结构调整规划。2005年2月，首钢搬迁调整方案获得国务院批复。2010年底，首钢北京石景山钢铁主流程全面停产，曹妃甸首钢京唐钢铁公司一期第二步工程投产，至此，首钢搬迁调整的历史性任务基本完成，在此期间，首钢的转型历程为：

（1）搬迁后的首钢加快产业技术的快速升级。2010年销售收入达到2 200亿元，同比增长近1倍；利润19.7亿元，同比增长41%。首钢的搬迁成为实施京津冀协同发展战略的示范性工程。原来的一批企业到曹妃甸建立了基地，带动了当地相关服务业1.2万人就业。

（2）首钢老厂区转型正式启动。2013年，首钢进入全面深化改革、加快转型发展的新阶段，位于石景山的首钢老厂区转型正式启动。作为北京市“十二五”规划中重点培育的产业新区，拥有新中国重工业发展厚重的历史，确定转型“新首钢高端产业综合服务区”。2015年，首钢石景山老厂区的“新生”有了实质性突破，包括主厂区在内的改造、新建、基础设施等11个项目积极推进。

（3）石景山首钢老厂区实现生态复兴。2018年起，石景山区牢牢把握服务保障冬奥和打造新时代首都城市复兴新地标重要机遇，率先在北京中心城区开展创建国家森林城市工作。通过4年的森林城市建设，全区共新建和改造大型城市公园25座，新增和改造提升绿地总面积近400公顷。全区森林覆盖率超过30%，人均公园绿地面积为24.16平方米，城市绿化覆盖率为53.8%，实现了“森林石景山，生态复兴城”的建设愿景。

2. 2019年，千年京西采煤史告一段落

门头沟曾为北京重要供煤地区，源源不断地为北京输送热量。随着城市发展与定位的变化，火热的门头沟开始向绿色的生态涵养区转型。门头沟地区的转型发展之路为：

（1）相继关停煤矿产区。北京矿务局、京煤集团等分别停产、破产，关闭了所属的位于门头沟和房山辖区的十个煤矿，1986—2003 年先后停产了 6 家煤矿，2016 年停产长沟峪煤矿，2017 年停产木城涧煤矿，2018 年停产大安山煤矿，2019 年 9 月停产关闭大台煤矿，至此，标志着门头沟彻底告别上千年采煤史。

（2）开启绿色产业转型之路。随着京西煤矿的“退场”，门头沟地区开启了绿色产业“接棒”转型之路。“十三五”期间，门头沟区坚定践行“两山”理论，大力弘扬“四个一”奉献精神，勠力同心打造“红色门头沟”党建品牌和“绿水青山门头沟”城市品牌。2017 年 5 月，市园林绿化局正式接管原京煤林场，并进行大规模基础设施建设，高质量建设为国家森林公园。2016 年退出的王平矿也充分利用王平地区丰富的旅游资源，着力打造成以历史旅游文化体育为主题的特色小镇。2018 年退出的木城涧矿区，发展为集滑雪装备研发、滑雪文化、滑雪培训、滑雪休闲旅游等产业于一体的国际一流滑雪产业园。

（二）转型加速期（2019—2022 年）

京西产业转型发展之路于 2019 年正式进入加速发展阶段，其中 2019 年与 2021 年成为京西产业转型升级示范区发展的重要节点：2019 年 8 月，北京京西产业转型升级示范区获批纳入国家级第二批产业转型升级示范区。2021 年 6 月 9 日，北京京西产业转型升级示范区被国家发展和改革委员会、科技部等列入“十四五”重点支持的产业转型升级示范区。

1. 2019 年初提出加快新首钢高端产业综合服务区发展建设

2019 年初，北京市发布新首钢三年行动计划——《加快新首钢高端产业综合服务区发展建设打造新时代首都城市复兴新地标行动计划（2019—2021 年）》。该计划对新首钢高端产业综合服务区进行功能定位，加快推进新首钢地区发展建设，着力打造新时代首都城市复兴新地标。截至 2021 年，新首钢地区重点项目累计完成投资近 600 亿元，对基础设施、公共服务、绿色生态、产业发展等重点领域进行建设。新首钢地区加快“打基础”“补短板”“强弱项”，转型发展步伐明显加速，城市面貌和发展环境明显改善，其产业转型表现为：

（1）完善基础设施建设。在冬奥会的牵引下，新首钢地区一批重大工程建设基本完工，周边环境加快提升。截至2021年，首钢北区建成面积76.5万平方米，东南区建成面积56万平方米，首钢特钢厂区建成面积23万平方米，区域城市主体框架基本成型，新首钢也成为了城市功能重要承载区。

（2）产业持续更新，建设新科幻产业聚集区。首钢区域保留了工业建筑物，独有的特色促进区域产业复兴。2021年底，首钢北区“上新”，新添科幻产业聚集区，成功打造科幻国际交流中心、科幻技术赋能中心、科幻消费体验中心和科幻公共服务平台，努力成为中国科幻产业发展的重要承接地和科幻产业创新展示的重要窗口，成为具有全球影响力的科幻产业特色园区。

2. 2021年2月，门头沟区制定《门头沟区落实北京市建设国家服务业扩大开放综合示范区和自由贸易试验区实施方案》

（1）“两区”建设的重点任务是：围绕建设北京京西产业转型升级示范区工作，推动“两区”建设；围绕北京建设国际科技创新中心目标，推动中关村门头沟园创新发展；围绕文旅融合，加快文化产业发展；围绕打造尖端医学融汇区目标，大力培育医药健康产业；围绕优化营商环境，提升服务水平；围绕生活性服务业品质提升，服务一流和谐宜居之都建设。对接京西产业转型升级示范区，对接“一线四矿”工作，立足首都城市战略定位，聚焦重点优势产业和重点示范园区，努力探索服务业开放发展的新业态、新模式、新路径，促进门头沟区经济转型升级发展。

（2）“两区”建设的重点举措为：一是完善“政策+空间资源+目标企业”清单体系。结合区域开放发展实际，不断完善门头沟区“两区”建设政策清单、空间资源清单、目标企业清单（三张清单），并强化三单管理，推动政策落实、项目落地。二是推动服务业扩大开放示范项目落地。全面落实重点项目“一库四机制”，实行大项目区领导负责制，由区领导联系重点企业，发挥属地服务、贴身服务的优势，加强企业调研走访，及时掌握企业的困难和诉求，以问题为导向，突破政策瓶颈，推动项目落地。三是加快改革开放创新步伐。瞄准地区发展重点领域、关键环节，持续深化政策集成。深化“放管服”改革，着力优化营商环境，健全区级领导班子、区属部门联系重点企业等机制，完善政务服务机制，全面实行政府权责清单制度，构建服务型政府。

（三）转型深化期（2022年至今）

2022年是北京市“十四五”规划的关键之年，也是京西产业转型示范区的关键之年，京西产业转型升级示范区要突出北京优势，在示范区建设中实现科技创新、服务业优化和数字经济蓬勃发展，为构建新发展格局作出首都新贡献。提出了要深入打造新时代首都城市复兴新地标以及加快两区建设的目标，标志着京西产业转型升级逐步进入了深化阶段。

1. 2022 年 3 月发布《深入打造新时代首都城市复兴新地标，加快推动京西地区转型发展行动计划（2022—2025 年）》的通知

该计划提出要巩固和深化新首钢高端产业综合服务区发展建设，加快推动京西地区转型发展，促进市域统筹、协调发展。安排了“四转、一提升、一筑牢”6 个方面共 24 条任务。“四转”就是实现“区域功能和形象、产业生态和能级、文旅融合和联动、城市治理和活力”的转型，这是京西转型的关键；“一提升”就是提升综合承载力，这是京西转型的基础；“一筑牢”就是筑牢生态屏障，这是京西转型的本底。

该行动计划提出首先要转变区域功能和形象，深入打造新时代首都城市复兴新地标。加快新首钢地区发展建设，基本建成首钢东南区和首钢北区，稳步谋划首钢南区，规划建设好门头沟滨河地区。其次，提升产业生态和能级，加快建设京西产业转型升级示范区。一是着力提升新首钢地区产业能级，开发一片做热一片，打造传统工业绿色转型升级示范区、京西高端产业创新高地、后工业文化体育创意基地。二是着力促进京西示范区集聚化发展，统筹各类“园中园”，做精做强石景山园、做优做特门头沟园。三是着力构建一体化产业生态，统筹京西产业空间，促进石景山区和门头沟新城地区产业链互补延伸。

2. 2023 年 4 月门头沟区“两区”建设持久发力

门头沟区紧抓行动计划发布契机，进一步发挥国家和北京市各类政策叠加效应，聚力打造长安街西延线专精特新产业集群和永定河文旅体验产业带，促进门头沟新城、中关村门头沟园区、山区联动发展。

一是盘活矿区工业遗存，打造文旅康养休闲区。加强与京能集团协同打造“一线四矿”文旅康养休闲区，依托原煤炭运输专线“门大线”闲置铁路资产，串联王平矿、大台矿、木城涧矿和千军台矿区，高标准启动全球国际方案征集，打造融合型文旅产品。同时，培育“特色文旅、休闲度假、颐养健康”产业集群，使其成为山水交融、青绿交织、工业遗存与自然生态交相辉映的文旅康养休闲度假区，以市场化机制打通老工矿区绿色高质量发展和生态旅游富民的山地经济创新发展路径。

二是坚持科技自主创新，抢占数字经济市场先机。紧跟北京建设国际科技创新中心步伐，以中关村门头沟园为全区科技创新主阵地，深化与头部企业的战略合作，做强人工智能、数字视听等细分行业，推动重大科研新成果转化项目落地，打造京西科技创新成果转化新高地。

五、北京京西地区转型举措与成效

伴随十几年的转型历程，京西地区成功实现了落后产能的淘汰与新产业的转型升级。石景山区充分利用“京西八大厂”创建了一批国家级、市级和区级文创园；门头沟区积极聚焦生态涵养，坚定不移开展生态治理，40 年来首次实现永定河碧水长流，完成从北京能源建材基地到国家“绿水青山就是金山银山”实践创新基地的华丽转身。京西产业转型升级示范区截至 2022 年转型发展取得阶段性成效，石景山区、门头沟区生产总值分别同比增长 1.8%、1%，均高于全市增速，产业转型成效日益显现。

（一）转型举措

1. 突出产业高精尖，做精做优“两个园区”

石景山园建设好中国电科（北京）智能科技园，加快北京银行保险产业园、工业互联网产业园、虚拟现实产业园等特色园区建设。门头沟园大力实施中关村门头沟园老旧厂房改造，加快中关村（京西）人工智能科技园一期工程建设，加强专精特新企业培育引进，新引进人工智能企业 80—100 家。推进中关村石景山园和门头沟园运行体制机制改革，细分产业发展方向，做精做优工业互联网、人工智能等特色产业集群，促进京西示范区产业高端化、特色化发展。

2. 强化资金支持，保障转型发展

一是建立并持续完善产业投资引导基金体系，建立由政府统筹管理的产业引导母基金。围绕科创智能、医药健康、文旅体验等产业重点细分领域探索建立专项基金，创新专项基金支持方式，提升财政资金放大效应，撬动吸引社会资本参与投资全区重点发展的产业方向和行业领域，引导资本向创新驱动企业、中小微企业持续倾斜投资。二是积极引导企业投融资。引导企业赴资本市场融资，推动企业上市、发行债券等，为企业提供更多资金来源。同时设立了创业投资基金和风险投资基金，鼓励投资机构参与地区企业的转型发展，提供资金支持和投资机会。

3. 注重政策机制创新，强化政策制定和引导

政策是京西转型发展的保障。要充分发挥办公室“轴”的作用，强化改革赋能，完善体制机制。积极争取国家资源型地区支持政策、中央预算内资金和政策性开发性金融支持。研究创新京西地区产业转型相关支持政策。深入落实全市优化营商环境新一轮改革政策，深化“放管服”改革，构建现代化服务体系，推动营商环境整体优化提升。

坚持政府推动、市场主导。加强政府投资项目成本管控，注重产出质量和效益。深化产业园区体制机制改革，完善服务设施空间布局，不断优化营商环境。充分发挥市场在资源配置中的决定性作用，吸引社会资本和发展要素参与京西地区转型发展。

4. 重视生态高质量，建设“美丽京西”

以生态为基是筑牢绿色高质量发展转型的根本。门头沟区认真把脉地区发展历史定位，依托“五大优势”，推进“三区建设”，坚持走生态优先的发展路径。截至 2022 年底，门头沟区共治理以及自然恢复废弃矿山和裸露岩壁面积 2 200 公顷，其中废弃矿山治理项目治理面积 1 000 余公顷。同时，门头沟区重点实施“六水联通”“百泉复涌”等标志性工程；推动环北京旅游休闲廊道玉河谷风景区基础设施建设工程、雁翅大村山地运动休闲旅游基地等项目开工，实施长城文化带门头沟区爨柏—黄草梁新型文旅聚集区配套设施项目建设。

（二）转型成效

1. 以产业转型为方向，区域发展质量稳步提升

一是京西示范区产业发展更加集聚化。制定中关村石景山园改革提升方案，工业互联网产业园核心区 034 地块主体结构封顶，举办工业互联网大赛，中航信等 35 家企业入驻工业互联网产业园先导区，中关村石景山园收入突破 3 800 亿元。门头沟区中关村（京西）人工智能产业园启动建设，新引入人工智能企业 39 家。阜外医院西山园区二期项目开工，加速打造首个健康生活方式国家医学中心。两区全年新增“专精特新”企业 165 家，总数达到 239 家。

二是新首钢地区产业能级不断提升。2022 年，首钢园航天、科幻、金融等高端产业要素加快聚集，累计注册和入驻企业（组织）超 200 家，北区已建成自持空间出租率达到 87%。重点产业项目取得积极进展，首钢怡和合作项目推进招拍挂地块入市，华夏银行项目实现签约，探月中心、八院云箭入驻制氧创新中心。中关村科幻产业创新中心在首钢园正式揭牌，已累计引入科幻、元宇宙上下游高精尖企业 50 余家，成功落地科幻影视拍摄、动作捕捉、光学影像等 5 大公共服务平台，科幻产业聚集区打造初见成效。

三是地区发展实现绿色转型。"十三五"时期，门头沟区综合经济保持平稳增长，经济结构持续优化，第三产业占地区生产总值比重超过 70%，较"十二五"末提高近 20 个百分点，单位地区生产总值能耗降幅、水耗降幅和二氧化碳排放降幅均达到市级要求，纳入国家发展改革委确定的京西产业转型升级示范区。门头沟区持续打响"门头沟小院"精品民宿品牌，全区"小院"累计达 73 家，覆盖 55 个村，盘活闲置农宅 347 处，全年实现收入 5 600 万元，接待游客 11.5 万人次。

2. 以重大活动为牵引，区域知名度显著提升

一是"双奥之区"金名片持续擦亮。石景山区、首钢集团各项服务保障工作精致高效、平稳有序，获得各方高度赞誉，首钢园成为全球网红地标。精心谋划冬奥遗产可持续利用，积极推进冬奥遗产向社会开放。

二是服贸会带动首钢园活力持续提升。首钢集团全力打造场馆更优、功能更佳、体验更好的服贸会 2.0 版本，参观人数达 16.7 万人次。首钢北区已建成的道路、绿地、文物等公共设施移交属地管理并有序向社会开放，厂区融合发展取得新成效。全年共举办各类首发首秀活动 40 余场，入园客流实现跨越式增长，较 2021 年提升约 7 倍，"厂区""园区"正加速向"社区""街区"转变。

三是京西发展论坛推动一批要素资源高效精准对接。在市发展改革委等部门支持下，门头沟区、石景山区、首钢集团、京能集团联合主办首届京西发展论坛，论坛以"推动新时代首都发展 共创京西美好未来"为主题，搭建合作交流平台，推介京西重点项目，对接重大融资需求，促进高端要素集聚，为京西地区高质量转型赋能。

3. 以重大项目为抓手，区域综合承载力持续提升

一是绿色生态空间持续扩大。石景山区、门头沟区获评"国家森林城市”。石景山区衙门口城市森林公园、高井沟生态修复工程主体工程、净德寺公园、门头沟区永定河山峡段综合治理与生态修复工程、“一线四矿”铁路沿线通道绿化项目等一批绿色生态项目完工，西山绿道（石景山段）、“一线四矿”铁路沿线环境整治一期工程等项目新开工，两区国控、市控水质考核断面水质稳定达标。门头沟区坚持生态立区，抑制开发冲动，遏制大拆大建，保持战略定力，出台《关于加快“绿水青山门头沟”建设的实施意见》，跻身国家生态环境部“绿水青山就是金山银山”实践创新基地和第四批国家生态文明建设示范区行列。国家可持续发展实验区建设持续推进，永定河再现碧水长流壮观景象，生态涵养功能有效提升。

二是综合交通体系持续完善。苹果园综合交通枢纽主体工程基本完工，加快国道109新线高速公路项目建设，实施地铁1号线福寿岭站改造工程，开工建设衙门口周边配套6条道路、首钢北区5条道路，建成首钢东南区道路9.7千米，更好满足了居民出行需求。

三是公共服务水平持续提升。金顶街小学、北京市十一学校石景山学校、北大附中石景山学校（新址）加快建设，石景山区新增2所普惠性幼儿园、510个学位，普惠性幼儿园覆盖率达到87%。建成北大首钢医院新建门急诊医技大楼，开工建设阜外医院西山园区二期、五里坨精神卫生专科医院，医疗救治能力进一步提升。

六、经验启示与借鉴意义

（一）坚持产业优化，引导产业结构升级

北京京西产业转型升级以淘汰落后产能为基本任务，逐步实现产业优化更替，调整区域产业结构，从根本上解决了生态环境恶化、结构不合理的问题。石景山区将以新首钢产业复兴为基础，带动产业拓展与转型升级，构建以现代金融为战略主导，科技服务、数字创意、新一代信息技术为特色培育，高端商务服务业为配套支撑的“1+3+1”的高精尖产业体系。门头沟区将坚持生态优先，坚守绿水青山，探索存量工矿用地生态修复与高效利用路径，挖掘资源禀赋，形成以文旅体验、医药健康和科创智能产业为主导方向的绿色创新产业体系。丰台区将按照首都商务新区、科技创新和金融服务的融合发展区的定位

要求，建设北京未来发展的“金角银边”，全面实现经济社会高质量发展。

针对山西省资源型转型中的重点问题，要首先控制产能严重过剩行业的盲目扩张，加快淘汰落后产能，逐步引进新兴产业从而优化产业结构，这也是减少资源依赖性的关键所在。山西省应优化能源结构，加大新能源、再生能源在生产生活中的应用，控制化石能源消费增量。同时，依托重点企业合力推进发展战略性新兴产业，优化产业布局，共同促进区域高质量发展。

（二）坚持基础建设，不断优化营商环境

北京市率先加大营商环境改革力度，以增加企业和群众获得感为目标，以市场化、法治化、国际化为导向，连续推出《北京市新一轮深化“放管服”改革优化营商环境重点任务》等一批创新性强、影响力大的改革举措，取得显著成效。石景山区、丰台区、门头沟区深入推进“多证合一、一照一码”登记制度改革，注销企业实现即批即领，推广容缺受理机制。2023 年 11 月，门头沟区发布“1 +4”行动方案，打造首都营商环境“新高地”，门头沟立足区域功能定位，把优化营商环境作为促进绿色高质量转型发展的重要抓手，在营商环境改革方面继续出实招、见实效，全力营造市场化、法治化、国际化一流营商环境，为地区产业发展创造更好条件、注入更强动力。大力开展“营商环境建设年”工作，从提高速度、温度、安全度、便利度、发展度“五个度”出发，着力打造更优公共营商环境“大气候”和更专产业营商环境“小气候”，形成具有门头沟特色的优质营商环境。

京西地区积极营造良好的投资环境，简化审批程序，提高行政效率，吸引更多企业投资。山西省可以借鉴京西转型升级示范区优化营商环境的经验，以深化“放管服”改革为抓手，在软环境建设上实现新的突破。一方面，合理调整税制结构，降低企业的税收负担。另一方面，积极改善融资环境，深化金融业供给侧体制改革，创新融资模式，建立有效的激励机制，加大对企业的政策支持力度，提供更便利的投资环境。

（三）坚持改革创新，培育壮大新兴产业

发展活力持续优化提升。消费金融新格局基本形成，全国在用信用卡中，每五张就有一张出自石景山。北京银行保险产业园初具规模，成功举办 2021 年中国国际金融年度论坛，园区影响力不断提升。构建以“金融 + 场景”为支撑、多方参与、跨界融合的生态圈，首次以“免申即享”兑现金融服务政

策，提升惠企便利度。培育壮大高精尖产业体系。2021 年，石景山区高精尖产业实现收入 2 573.8 亿元，同比增长 19.5%，修订“科创 28 条”，加快科技成果转化落地，培育科技企业创业服务机构 30 余家，运营场地面积近 30 万平方米，在孵企业 1 400 余家。创新发展新业态新模式。成功举办中国科幻大会，成立全国首个科幻产业联合体，推动设立北京科幻产业基金，推动首钢工业遗址公园—科幻产业集聚区项目建设，虚拟现实产业快速发展，4.23 万平方米大正创想广场虚拟现实产业基地投入使用。

京西地区注重科技创新，通过加大研发投入、支持科技成果转化等举措，推动企业技术创新和产业升级。山西省应更加重视科技创新能力的培育，可以加大科研项目资金支持，培养创新人才，构建科技创新政策体系以推动科技创新在转型中发挥作用。同时，加强人才培养与引进，提升企业的技术能力和创新能力，推动产业转型发展。

（四）坚持区域联动，提升发展内生动力

京西产业转型升级示范区是三区联合的示范区。一方面，三区从空间布局优化、基础设施对接、产业协同发展、要素资源整合、公共服务共享等方面促进京西示范区产业协同发展和要素流通，实现联动发展、一体化发展。另一方面，示范区进一步强化与海淀区、北京经济技术开发区等周边区域的产业分工协作，引导产业合理分工、配套、联动发展，推动产业有序转移集聚，联手打造区域合作产业链和优势产业集群。

京西地区与其他地区、企业之间加强合作交流，推进资源共享、优势互补，实现产业链的协同发展。山西省可以积极与其他地区展开合作，促进产业合作和交流，共同推动转型发展。山西省各市充分利用地理区位，积极加强与区外省市合作以拓展发展新空间。适时发挥地方政府的引领作用，制定区域发展战略与政策，积极摆脱路径依赖，同时也加快了区域要素流动，引导形成区域发展新格局，促进资源型经济转型升级。

第二章 河北唐山产业转型升级示范区发展分析与启示

米 嘉 杜 娆

坚决贯彻习近平总书记指示，把控转型大势，坚定正确产业方向；把握国家发展大势，主动融入国家战略，强化创新驱动，加快数实融合；着力推动国家资源型经济转型综合配套改革试验区建设，用好、用足国家赋予的先行先试政策，敢于“拿来”、善于集成、敏于创设；要在立足自身省情的基础上善于取经于五湖四海，借鉴经验、吸取教训，在更高起点上实现发展新突破；要让转型发展成果更多更公平惠及人民群众，依靠全省人民的接续奋斗、久久为功，走出具有自身特色的转型之路。

一、引言

河北省唐山市是中国近代工业的发源地之一，该地以煤炭为主要资源。这里诞生了中国近代工业史上第一座机械化采煤矿井、第一条标准轨距铁路等数个“第一”。近现代工业的跃迁给唐山城市注入了活力，也孕育了丰富的工业历史和工业文明。新中国成立之后，唐山国民经济的发展深受煤、铁等矿产资源的影响，具有资源型经济地区的显著特征。近年来，唐山走出了符合自身特点的城市转型之路。2021 年 6 月 9 日，河北唐山产业转型升级示范区被国家发展和改革委员会、科技部等列入“十四五”重点支持的产业转型升级示范区。从资源丰富的近代工业的发展，到新中国成立之后资源型经济的成长壮大，再到取得今日丰硕的转型成果，唐山的经验值得参考和借鉴，本案例就相关问题进行阐述和总结。

二、唐山产业转型升级示范区转型发展背景

（一）唐山地区基本简介

唐山地区位于河北省东部，地处渤海湾中心地带，东与秦皇岛市隔滦河相望，南临渤海，西与北京、天津毗邻，北依燕山隔长城与承德市接壤，辖两市、六县、六区、六个开发区（管理区），东西袤约 130 千米，南北广约 150 千米，总面积为 13 472 平方千米，总人口约 737 万人，是全国较大城市和省域中心城市。

唐山市地处交通要塞，是华北地区通往东北地区的咽喉地带，区位优势明显。铁路、公路、高速公路、港口相互交织。京哈、京秦、大秦等铁路干线和京山、大秦、七滦、迁曹、滦港铁路纵横穿越全境。京沈、津唐、唐港、唐承、沿海高速公路与环城高速公路、国道相交连接，形成网络，四通八达。唐山港、京唐港区东望秦皇岛港，曹妃甸港区西邻天津港，位居天津港、秦皇岛港之间，为国际通航的重要港口。根据唐山市第七次全国人口普查的数据，2020 年全市常住人口为 771. 80 万人。

（二）唐山地区资源概况

唐山市矿产资源品种较齐全，相关研究显示，其已发现的矿藏有50余种，其中煤、水泥、铁等矿产资源与国民经济的发展密切相关。煤炭资源主要分布在唐山市的西南部地区，保有量约40亿吨，是国内焦煤的重要产区，主要存在于4个含煤构造盆地石炭二叠系地层中，其中以开平含煤构造盆地最大。铁矿资源主要分布在唐山市的东北部地区，包括迁安、迁西和遵化，其保有量约48亿吨，为国家三大铁矿集中区之一。含锰地层为长城系高于庄组的中下部，储量达21.37万吨。水泥用石灰岩主要分布在唐山西北部地区，包括迁安、开平、遵化、迁西等地。另外，唐山还有银矿、铜矿、铝土矿、相矿、锡矿、汞矿等多种金属矿产。地下蕴藏的其他非金属矿主要有石灰岩、白云岩、石英砂岩、耐火粘土、铁矾土、油石、拓榴石、石墨、油泡石粘土等。

因为有着丰富的煤炭资源，唐山市工业起步较早，是一座以煤而建，以钢而兴的城市，享有“中国近代煤炭工业源头”“中国北方民族工业摇篮”的美誉。始建于1878年的唐山开滦煤矿是中国最早采用西方近代技术开掘的大型煤矿，是中国开发最早的近代煤炭企业，也是目前国有特大型煤炭生产基地。其后，中国第一台蒸汽机车、第一桶机制水泥，第一件卫生陶瓷、第一条标准轨距铁路也都诞生在唐山。表2－1是唐山主要矿业经济区及其区域分布情况。

表2－1 唐山主要矿业经济区及其区域分布

名称	区域
曹妃甸—南堡钢铁石油化工矿业经济区	南堡开发区、唐海、滦南
铁矿采选矿业经济区	滦县、滦南、迁安
开滦煤化工矿业经济区	开平区、古冶区、丰南区
金矿矿业经济区	迁西

唐山也是我国建筑卫生陶瓷工业的摇篮，享有“北方瓷都”的美誉。唐山陶瓷历史悠久，可追溯到明朝。1925年，启新陶瓷厂从德国引进设备，是我国第一家引进陶瓷设备的工厂。同年，首次使用部分国产原料生产出中国的第一件卫生陶瓷，为中国带来了马桶革命，也是唐山工业史上的一个创举。1927年该厂又成为我国第一家生产彩色瓷砖的陶瓷企业。

（三）唐山迫切需要转型的原因及其资源型经济发展面临的主要问题

进入21世纪第1个10年，唐山基本形成了几个大的支柱产业，包括造纸、煤炭、纺织、钢铁、陶瓷、电力、化工、建材等，而新材料、机电一体化、生物工程、电子信息四个高新技术产业群也扎实起步。形成了唐山陶瓷、开滦、三友碱业、唐钢、机车车辆、冀东水泥等一大批大型骨干优势企业，成为全国重要的能源、原材料工业基地。但唐山经济内核和主干仍然是以煤钢为代表的资源依赖型模式，主要有以下表现。

1. 资源开采储量消耗量大，高于全国平均水平

根据1998年唐山探明储量的184处矿产地统计，矿石开采量为0.46亿吨，人均矿石开采占有量为6.67吨，比河北全省和全国人均占有量高5%和66.3%。截至1998年底，唐山市已消耗探明储量14.46亿吨，比河北全省和全国同类矿产储量消耗高0.88%和7.18%。其中煤矿消耗量为总量的14.81%，大于12.9%和2.28%的全省和全国消耗水平。

2. 产业结构相对集中，增长极相对单一

根据2006年的有关数据，在唐山市规模以上工业中，钢铁工业、水泥、陶瓷、煤炭开采和洗选业三个行业增加值占规模以上的62.0%，其中钢铁工业占51.5%。装备制造业和化学工业增加值分别占GDP的1.3%和0.7%。过于集中的产业结构使唐山市增长极单一，区域经济发展协调性较差，资源价格起落波动引起经济发展大起大落的危险逐步增加。表2－2是2010年唐山市主要资源型产品产量占河北省和全国同类产品总产量的比例。

表2－2　2010年唐山市主要资源型产品产量占河北省和全国同类产品总产量的比例

产量	全国（万吨）	全省（万吨）	唐山（万吨）	唐山占全省（%）	唐山占全国（%）
成品钢材	46 893	8 467.1	4 182	49.4	8.9
生铁	41 245	8 250.14	3 784.25	45.9	9.2
原煤	237 300	7 927.71	3 232	40.8	1.4
原盐	5 663	412.56	250.70	60.8	4.4
水泥	123 676	8 482.68	2 910.97	34.3	2.4
钢	41 915	9 096.29	4 427.06	48.7	10.6

数据来源：《唐山统计年鉴2011》。

3. 支柱产业对资源依赖严重

2009—2012 年中国综合城市排名中，唐山市从位列第 20 名直线下降到 50 名以外。虽然有在国内非常靠前的经济排位、有沿海的地理位置、有雄厚的资源产业基础，但是唐山的经济还是大山经济，即经济支柱主要是挖掘大山（地）。2007 年河北省百强企业名单中石家庄 22 家，唐山市入选 18 家，但是第三产业行业仅有 3 家，其余 15 家企业均为资源依赖型企业。

4. 主导产业链条短，缺乏上下游产业支撑

从上游产业看，缺乏技术产业支撑。2012 年的数据显示，全市商务服务业增加值仅占第三产业的 1.2%。

从下游产业看，对主导产业产品进行深加工，并向消费领域延伸靠拢的行业发展不足，使区域经济缺乏内生增长动力。2008—2010 年，唐山市主要的耗钢行业为金属制品业和装备制造业，其增加值占规模以上工业的 6.2% 左右。通用、专用设备和交通运输设备等装备制造业对主要钢铁原材料要求较高，与唐山市主要钢材产品供给存在结构性矛盾，行业依存度不高。

5. 第三产业发展相对滞后，居民消费行业发展质量不高

以 2006 年为例，唐山全市第三产业占比为 31.5%，低于全国第三产业比重 9.1 个百分点，低于全省 2.2 个百分点。这是唐山当时主要的产业结构矛盾之一。表 2-3 反映了 21 世纪第一个十年后半段唐山经济结构的状况。

表 2-3　　2005—2010 年唐山主要经济结构情况　　单位：%

指标 \ 年份	2005	2006	2007	2008	2009	2010
第一产业占 GDP 比重	11.7	9.8	10.3	9.6	9.5	8.7
第二产业占 GDP 比重	57.3	58.7	57.4	59.4	57.8	58.9
工业占 GDP 比重	53.1	54.3	52.9	55.0	53.0	54.3
第三产业占 GDP 比重	31.1	31.5	32.3	31.0	32.8	32.4

数据来源：《唐山统计年鉴》（2005—2011 年）。

6. 自主创新和发展核心技术能力有限

主导行业自主创新投入不足。钢铁工业、非金属矿物制品业研发（R&D）经费投入强度分别为 0.64% 和 1.07%。自主创新人员也相对不足。规模以上工业企业拥有 R&D 人员 7 337 人，占全部从业人员的 1.2%，其中 80% 的

R&D 人员集中于唐钢、开滦和冀东油田三家大的典型资源型企业，R&D 人员投入低于工业增加值增速 10.3%。表 2－4 显示了具体分行业数据。

表 2－4 2006 年唐山市主要行业 R&D 经费投入强度和 R&D 人员比重

行业	经费投入强度（万元）	R&D 占从业人员比重（%）
煤炭开采和洗选业	3.11	1.81
非金属矿物制品业	1.07	0.67
黑色金属冶炼及压延业	0.64	2.06
通用设备制造业	0.96	0.96
专用设备制造业	0.30	0.95
交通运输设备制造业	4.74	2.27
电力、热力的生产和供应业	0.02	0.00

数据来源：《唐山统计年鉴》（2007）。

7. 农业产业化发展处于中低端，优化的城乡产业梯度无法形成

世纪之交的唐山农业生产的信息、资金、技术、制度等市场要素体系尚不健全，发生生产供给与市场需求之间的结构性矛盾。小城镇的快速发展尚未完全建立以充分利用区位优势，顺接中心城市服务的小城镇特色产业体系。城乡协调发展的梯度产业次序尚未形成，小城镇承载农业人口转移的产业吸纳能力极为有限。

8. 生产方式破坏生态，环境问题突出

唐山的煤炭经过百年开采，至 21 世纪初已形成 6 000 平方千米的采空区和 21 400 平方千米的采煤塌陷地，对资源的“群采”使生态环境遭到严重破坏。乡镇工业污染严重，农业生态环境不断恶化。有关统计指标显示，到 2007 年，唐山市共有乡镇企业 238 个，农村工业市场主体约 39 975 个，有污染的约占 85.7%。这些乡镇工业主要集中在小钢铁、小水泥、小造纸等行业，企业生产设备简陋、工艺落后、技术含量低，造成能耗、物耗高，生产过程废弃物大量排放，成为破坏农业生态环境的主要因素。

综上所述，唐山几十年来形成了以煤炭、钢铁等重工业和资源型工业为主要资源型结构的经济格局。从表 2－1 可以看出，唐山市从 2005—2010 年三次产业结构中，第二产业所占比重最大，甚至超过第一、第二产业总和，形成了重型产业结构，而第一产业比重在逐年下降。全市主要以资源密集型的初级工业加工产业和中低档产业为主，产品附加值低，产业结构偏重基础工业。而第

三产业发展相对滞后，一定程度上限制了国民经济的发展。

三、唐山转型制约性因素判定

（一）产业结构全域重复雷同，产品相对低端，经济效益不高

根据产业经济学理论，由于地理位置和自然禀赋等因素的异质性，区域间的产业结构普遍存在着显著的差异性。如果一个区域的产业结构能够发挥出其自身的资源禀赋优势，匹配与之相应的劳动力结构，就可以在一定的程度上降低组织生产成本，能够集聚成产业链条，那么基本可以认为，该区域的产业结构是合理的，是有利于经济结构的高级化发展的。唐山从新中国成立一直到20世纪末，借助其煤炭资源、矿产资源丰富的优势，构筑了以煤、钢、化工、建材为支柱的重工业框架。经过多年的积淀与发展，钢铁产业成为其先锋产业。

而罗斯托的经典部门经济论认为，经济增长过程不单是经济总量的增长，更是一个主导产业部门成长与更迭的过程。主导产业部门可以通过回顾效应、旁侧效应以及扩散效应来带动其他产业部门的协调发展，从而促进经济增长。而主导部门效能的实现，不但需要足够的资本积累和投资，更需要满足市场需求以及质量更好的产品。唐山资源型重工业迅速成长的另一方面，就是在头部企业壮大的同时，也伴随着大量同类企业的大批上马，产品粗加工居多，精加工和深加工少，同类型产业的企业多且同类产品多。在大量企业的初级产品供向市场的同时，附加值高、科技含量高、对资源能够实现高利用率的产品相对很少。而钢材、陶瓷、建材产品则品种少、更新换代慢，使产品结构不易适应市场需求，盈利能力渐趋衰弱。这成为转型的一大制约因素。

（二）高耗能行业集中在优势产业领域，经济增长与节能减排矛盾显著

企业的绿色发展是实现可持续生产的具体体现，因此可持续发展理论成为了企业绿色发展的理论基础之一。其中倡导低投入、低耗能的绿色循环经济更多地关注物质流动与经济发展、资源消耗和环境保护之间的关系，强调了物质资源的循环使用和资源的节约，其与传统线性经济增长方式的根本区别在于其强调“资源—产品—再生资源”的物质循环模式，将经济活动对环境的影响

尽可能降到最低。我国在 2003 年就将循环经济纳入科学发展观，确立物质减量化的发展战略；2004 年，提出从不同的空间规模、城市、区域、国家层面大力发展循环经济；党的十七届五中全会提出坚持把建设资源节约型、环境友好型社会作为加快转变经济发展方式的重要着力点，加大生态和环境保护力度，提高生态文明水平，增强可持续发展能力就成为了我国经济社会发展的基本底色与方向；党的十九大报告更是进一步要求必须推进绿色发展。明确要求加快建立健全绿色低碳循环发展的经济体系。特别是要构建市场导向的绿色技术创新体系，壮大节能环保产业、清洁生产产业、清洁能源产业。

然而在进入新千年的初期，唐山的资源型、高耗能与高污染产业居于主导地位，具体讲就是煤炭、冶金、建材、电力和焦化是唐山的经济主干和优势产业，仅以 2009 年为例，6 个行业占规模以上工业增加值比重达到了 68.72%，占到全市 GDP 的 29.27%，而伴生的能源消耗量占比却高达 95.81%，且“双高”行业高速增长的态势仍在持续，资源能源依赖性强产出率低，环境承载不堪重负。不减不优化则前途暗淡，如若改革则面临发展困境，成为转型的又一大掣肘。

（三）好项目、大项目支撑不足，发展后劲趋弱

项目是一个组织为实现自己既定的目标，在一定的时间、人员和资源约束条件下，所展开的满足一系列特定目标、有一定独特性的一次性活动。改革开放以来，中国的区域经济、地方经济，归根结底是项目经济。世界发展以及我国改革开放的理论与实践都证明，项目通过其更频繁的组织变革、更快速的新产品开发、更迅速的新技术应用极大地推动了短期绩效和长期价值的创造。这是一个全球现象。以德国为例，至少自 2009 年以来，项目占 GDP 的比重一直在稳步上升，2019 年攀升至 41%。而在英国，已有经济史研究表明，该比例从 1910 年的不到 10%，逐渐增加到 2018 年的超过 40%，预计 2025 年将激增到 70%。而中国的这一比例更高，长期以来，以项目为基础的工作一直是中国等新兴经济体经济增长的重要源泉。可以说，项目早已取代了运营，成为我们时代经济的引擎。项目作为投资的重要载体，是先进生产要素的集合体，是转型发展的“源头活水”和强劲动力，是转型发展新路的重要推力和硬核支撑。

唐山在 21 世纪初经济发展的一大问题就是重大项目支撑不足。仅以“十一五”期间为例，唐山市共谋划前期战略支撑项目 320 项，其中工业项目 115

项，占总数的36%，而投资在100亿元以上的仅9项。在谋划的前期项目中，重化工业项目比重占7%，而产业链长、关联度高、技术含量高、产品市场前景好、能够带动一个产业发展的大项目明显少之又少。这成为转型发展路途中的一大难题和重大基础短板。

（四）研发投入有限，自主创新能力弱化

创新又称创造和革新，熊彼特在系统完整地阐述创新理论时认为：创新是在新的体系里引入的“新的组合”，是“生产函数的变动”，这种组合或变动包括以下五个方面的内容：一是产品创新，即引入一种新产品或提供一种产品的新质量；二是工艺创新，即采用一种新的生产方法；三是市场创新，即开辟一个新市场；四是资源开发利用创新，即获得一种原材料或制成品的新供给来源；五是体制和管理创新，即实行一种新的组织形式。创新理论对于资源型地区的转型价值，在于其强调技术进步在提高生产力和推动经济社会发展方面的作用，突破了传统经济学仅从劳动、资本、土地等要素解释经济发展的局限。当代经济理论与实践中，创新是创造与革新的合称，既有新构想、新观念的产生，也有新观念、新构想的运用。我国的改革开放实践则为自主创新赋予了更多的含义。它指以获取自主知识产权、掌握核心技术为宗旨，整合创新资源，进行创新活动，提高创新能力的科技战略方针。自主创新的方式主要包含原始创新、集成创新和消化创新。后两者都是在他人创新基础上的再创新，加强自主创新的精神实质是“要靠自己创新”。一般性的发展需要创新，资源型地区的转型发展更视创新为拱璧，自主创新能力成为地区竞争力的决定性因素，不掌握核心技术和自主知识产权，不具有自主创新能力，就难以把握未来发展的主动权。后发地区、待转型地区既可以借助科技革命的历史机遇，利用后发优势实现社会生产力的跃升，也可能由于因循守旧、固步自封而拉大与发达地区的发展差距，最终被边缘化。

唐山在转型探索期就深受自主创新能力的困扰，其主要表现就是研发投入不足。以2008年为例，市全社会研发投入为27.13亿元，占GDP的比重仅为0.76%，与全省水平基本持平，低于全国0.78个百分点，低于省会石家庄市0.3个百分点，低于国内同类经济规模城市1—2个百分点。规模以上工业企业R&D经费投入占增加值的2%，分别低于全国、全省0.6个百分点和0.3个百分点，转型的动力严重不足。

（五）产业集聚和行业生产集中度低，集约发展系统效应较弱

区域经济学和产业经济学的有关理论认为，在某一块区域中，地方性工业会因不断地为技能提供市场而得到很大的利益，企业跟企业之间存在很强的关联性，并且可以实现专业化分工。产业集聚是相互联系并且地理位置临近的企业聚集在一起，以彼此的共通性和互补性相联结。产业集聚一是可以提高相应企业的生产效率。大量企业集中在同一个区域，彼此之间相互合作、相互竞争，各企业之间能够共享公共基础设施、自然资源、信息资源等，同时竞争会促使各企业通过各种方式降低自己的生产成本，进而达到规模经济，提升企业竞争能力。二是能够产生创新效应。源于竞争的动能使各企业都在努力提高创新水平，技术创新在社会和经济不断发展中得以形成和发展。三是可以引发区域带动效应。产业集聚有助于形成一些核心企业，推动该区域内经济的进一步发展。而基于业务往来，参与方之间的合作信任以及分工协作互补性更强，可以进一步带动该区域经济的发展。

唐山在转型的探索期和深化期的初期先后组建了冀东发展、渤海、长城、津西等一大批企业集团，但整体看仍然存在企业虽然数量多，但集约化水平低等问题。例如，2011—2012 年，全市 6 747 万吨的钢铁产量集中在 50 个钢铁企业，分布在 11 个县（市）区，平均产量不足 150 万吨；全市 3 282 万吨的水泥产量集中在 160 家水泥企业，分布在 11 个县（市）区，平均产量仅为 20 万吨。这也成为制约和延缓唐山转型的重要因素。

四、唐山转型发展历程

新中国成立后的七十多年，唐山工业发展可以分为三个阶段：

（一）资源型产业形成期（1949—2000 年）

这一时期包括了唐山的创业期以及震后重建、加快工业化城镇化建设期。新中国成立后，唐山工业开始进一步发展，形成了以煤炭、钢铁、化工、建材、食品、纺织为主的工业体系，工业产值达到了 2.83 亿元。20 世纪六七十年代，唐山市陶瓷、钢铁、煤炭产业发展迅速。唐钢在 20 世纪 50 年代率先开创一系列国内先进技术，被誉为“共和国转炉的故乡”。启新水泥厂马牌水泥

曾占全国水泥产量的92%，一度垄断全国市场50余年，并最早实现了公私合营。

1976年唐山大地震后，伴随着改革开放，唐山人民紧紧抓住全国工业化、城镇化加快发展的机遇，以工业立市兴市，例如，唐钢震后四个月全面恢复生产。1995年底，唐钢结束模铸钢锭工艺，在全国率先实现转炉炼钢全连铸。陶瓷、钢铁等优势产业发展突飞猛进，以京唐港为载体的港口经济开始布局发展。

该阶段可以概括为唐山以煤钢铁为代表的资源型经济构建、深化时期。特征之一是顺应国家特定历史时期的号召；特征之二是结合了自身的资源禀赋和产业轨迹。

（二）转型探索期（2001—2010年）

21世纪开始，唐山市产业经济体量不断增加，各个优势产业在全国的地位日益凸显，同时唐山临近北京、天津的区位功能逐渐放大。经历了2008年金融危机的阵痛，唐山人深刻认识到，唐山的发展得益于资源，但决不能受制于资源，必须依靠改革创新实现城市生存与发展价值的重构与再造。唐山对以去产能为重点的供给侧结构性改革，经历了一个由过去等待观望到主动压减的过程。

该阶段可以概括为唐山开始主动思索转型问题、进行一定的实践尝试时期。特征之一是既受到了国际环境的警示与影响，也敏锐地捕捉到了区域优势；特征之二是顺应了国家深化改革的战略部署，但是由于资源型经济的强大发展惯性与强路径依赖，虽有转型的主动和初步成果，但是转型仍然面临诸多问题和制约因素，效果有限。

（三）转型深化期（2011年至今）

2010年7月，习近平同志到唐山调研时指出，要深入贯彻落实科学发展观，以转变经济发展方式为主线，以高新技术为支撑，坚持绿色增长的发展方向，大力发展循环经济，着力发展绿色产业，建设绿色城市，努力走出一条资源节约、环境友好、创新驱动的发展道路。

2016年7月，习近平总书记再次来到唐山市考察时强调，希望唐山广大干部群众继续弘扬抗震精神，抓住国家推动京津冀协同发展的有利时机，按照“三个努力建成”目标，全面做好改革发展稳定各项工作，争取在转变发展方式、调整经济结构、推进供给侧结构性改革等方面走在前列。

唐山市牢记嘱托，锚定高质量发展目标，推动工业体系优化升级，打造新型工业化唐山样板，入选国家首批老工业城市和资源型城市产业转型升级示范区，“推动转型发展建设环渤海地区新型工业化基地”被列入中国改革2022年度地方全面深化改革典型案例，努力答好新时代传统工业城市转型发展的时代之问。

该阶段可以概括为以高速增长转向高质量发展为标志的转型走向深化、转型效果实现的重要时期。全域资源型经济转型乘上了新时代的快车，习近平新时代中国特色社会主义思想为转型提供了理论支撑。

五、唐山资源型经济转型发展举措与成效

（一）转型举措

举措1：高位谋划，政府将转方式、调结构作为工作主线

唐山市委、市政府不断在发展中转变思想观念，厘清工作思路，明确工作重点，在转方式、调结构的进程中敢于创新、开拓进取，取得了显著成效。

第一，转变发展观念，明确工作思路。

发展观念决定发展方式，工作思路决定工作重点。唐山十余年来几届政府，每年都利用一个月的时间，集中组织开展专题调研月和群众性献计献策活动。在深入调研问策的基础上，通过召开座谈会、调度会和情况分析会等形式，引导各级干部既充分看到唐山的优势，又清醒认识经济社会发展中存在的深层次矛盾，以此使各级领导班子和广大干部统一思想、转变观念，凝聚起转方式、调结构的共识和合力。

围绕转方式、调结构，2012年，唐山确定了“四个坚持”的工作思路：坚持速度和结构质量效益相统一，促进经济社会又好又快发展；坚持以科技进步和创新为支撑，以节能减排为着力点，促进经济社会可持续发展；坚持改革开放，不断增强经济社会发展的活力和动力；坚持把转方式、调结构作为一个系统工程，确保各项工作统筹协调推进。

第二，打破传统，开创与转型相适应的干部考评机制。

为把各级干部的注意力和工作着力点聚焦到转方式、调结构上来，唐山修

订完善了《领导班子和领导干部综合考评办法》，集中设置了科技创新、发展先进装备制造业、战略性新兴产业和服务业等22项考核内容，形成了以转方式、调结构的实际成效论政绩、用干部的鲜明导向。

举措2：坚定方向，推动传统产业由黑变绿、由旧变新、由大变强

在煤炭领域，针对传统资源型产业，围绕重点企业构建完整产业链。从煤炭开采到发展现代煤化工，再到发展现代化工，作为唐山核心煤炭企业的开滦集团已经成长为综合规模大、产业链长、工艺水平先进的能源化工企业。开滦集团始终将科技创新视为煤化工产业发展的重要驱动力，高标准选择生产工艺技术及装备，已建项目全部采用国内外领先技术。

在钢铁领域，唐山市通过延长钢铁产业链，鼓励生产优质钢材，发展低污染、高附加值的石化产业，改变“一钢独大”的经济结构。面对国家“双碳”战略和环保产业政策，唐山市严格落实钢铁行业能源消费总量和强度“双控”制度，提升工业企业工艺水平，提高资源能源利用效率，不断压减化石能源消费总量，大力推进钢铁全产业链绿色化改造。

2022年，总投资约545亿元的三大钢铁项目备受瞩目：乐亭县河钢高强度、高性能升级换代钢材生产基地项目、丰南区东华钢铁建设精品钢铁基地项目、遵化市整合重组绿色钢铁示范基地项目。其投资额都在百亿元以上，将成为唐山钢铁高质量绿色发展的新引擎。

举措3：动能转换，大力推进高端装备制造成为转型强劲引擎

高端装备制造业是现代产业体系的脊梁，是推动工业转型升级的引擎。唐山提速发展以高新技术为引领的高端装备制造业。以轨道交通装备制造为例，该产业已经融入唐山城市发展的血脉。转型伊始，唐山就依托中车唐山公司等央企驻区优势，打造轨道交通设备配件制造产业集群，配套轨道交通产业企业。在全国率先启动建设了集制造检修、科技研发、综合服务于一体的轨道交通创新发展中心，在京津冀地区率先规划建设了轨道交通装备产业园，在行业内率先组建了覆盖完整产业链条的唐山智能轨道交通产业联盟。同时，唐山机器人产业坚决指向“专、精、特、新”，体现数字经济产业的蓬勃脉动。

举措4：产业为先，坚定不移以优化产业结构推动产业升级

唐山把转方式、调结构的重点放在了产业结构调整上，一产抓特色、二产抓提升、三产抓拓展经济发展战略，加快推动产业结构优化升级，全面构建现代产业体系。

第一，统筹推进三次产业发展。

一是产业稳步发展。积极推进农业生产经营专业化、标准化、规模化、集约化，农业现代化水平不断提高。

二是产业优化提升。把改造提升传统产业作为首要任务，重点抓好传统产业技术改造和钢铁行业的兼并重组，实施钢铁行业优化提升工程和钢铁效益倍增计划；把发展战略性新兴产业作为主攻方向，高速动车组、矿用抢险机器人、新能源汽车等战略性新兴产业正在加速产业化，纳米发电机等一批高科技项目落地开工。

三是产业呈现出加速发展的良好态势。海港物流、北方钢铁物流基地等一批生产性服务业项目加快推进，唐津运河、滦州古城等文化旅游项目异彩纷呈，唐人文化园、启新文化创意产业园等文化产业项目魅力四射，乐购、沃尔玛等现代流通企业引领潮流，唐山被确定为全国区域物流节点城市和流通领域示范城市。

第二，扩大沿海开放打造区域强极。

沿海被认为是唐山转型最大的优势。拥有渤海湾少有不冻港的曹妃甸，经过十多年的开发建设，海岛面积由涨潮时不足 7 平方千米扩充到 200 多平方千米，实现了从盐碱荒滩、渔村小岛向现代工业基地和深水良港的华丽转身。自 2011 年起，唐山港开始大力增加与提升煤炭、矿石、钢铁、原油等各类生产性原材料的泊位数量和质量，首钢两期工程，华润曹妃甸电厂 2 × 30、2 × 100 万千瓦机组，中石油渤海湾生产支持基地，华电曹妃甸重工装备制造一期，重大冶金矿山装备制造基地一期，大功率半导体照明，中石化千万吨炼油，大型海水淡化，东风汽车曹妃甸汽车零部件，唐山港曹妃甸港区通用散货泊位等大项目成为唐山以海港促进转型的先期标志。

第三，以园区为依托，打造区域经济增长极。

唐山把园区建设作为推动县域经济发展的重要平台和载体，有针对性地开展招商引资，推动项目向园区集中。2011 年是转型起步之年，全市具备一定开发规模的工业聚集区就达到 20 个，其中省级工业聚集区 13 个，全市所有县（市、区）全部跻身全省县域经济 30 强。

举措 5：科技引领，加强技术创新，不断增强核心竞争实力

唐山市坚持不断强化政府引领、平台建设、成果转化、企业主体作用和人才支撑，在转型初期的 2011 年专门制定了《创新型城市建设评价考核指标》，深入推进国家创新型城市建设，以创新活力打造核心竞争力。

升级为国家级高新区的唐山高新区，成为科技创新的聚集地和科技成果的集中贡献区域。唐山高新区成为当时全国第一个以机器人命名的国家火炬计划特色产业基地，全国唯一以焊接机器人命名的知名品牌创建示范区。建成了全省第一家机器人专业孵化平台——国家火炬唐山机器人特色产业基地孵化中心和全省第一个机器人公共研发平台——唐山高新区机器人研发中心。

举措 6：人民至上，在转型中统筹城乡发展，保障和改善民生

大力实施城镇化战略，着力完善城市功能、提升城市形象。在转型之初的 2011 年，唐山全年城镇建设完成投资超过 1 000 亿元。36 个环城水系公园和城市广场完工 17 个，水系周边 14 个旧小区和城中村改造同步启动；新青少年宫等重点项目相继建成，新工人医院等重点项目开工建设；城市外环线以内 36 个城中村改造全面启动；已建成主城区路网密度达 6. 8 千米/平方千米；城市建成区绿化覆盖率、绿地率和人均公园面积均达到国家园林城标准，全市城镇化率达到 52. 5%，城镇化发展指数位居全省首位。近年来，面对未来城市功能，唐山又力推“复合空间”，充分发挥城市土地价值的潜力。

为了让更多的农民过上城里人一样的生活，唐山按照因地制宜、分类指导、尊重群众意愿的原则，把推动新民居建设与加快城镇化、拓宽农民增收致富渠道结合起来。率先在全省开展农村资产确权登记工作，率先在全省成立市、县两级农村土地经营权流转交易中心。

转型之初的 2011 年，唐山投资 160 亿元，为群众办的 20 件实事工程全部完成。城镇新增就业 10. 2 万人，下岗失业人员实现再就业 3. 67 万人，新农保制度实现全覆盖，在全省率先启动新农合大病统筹基金。城乡低保标准保障水平居全省首位。

举措 7：文化立市，推动文化产业大繁荣，开拓新兴产业新形态

唐山把文化建设作为转方式、调结构的重要内容和推动科学发展的重要动力，以不断满足人民群众日益增长的精神文化需求为根本出发点，实施“文化立市”战略，提升文化综合实力，在推动文化事业、文化产业大发展大繁荣的同时形成经济增长新兴极。

第一，高位推动，将文化产业作为资源型经济转型重要的突破口。

唐山先后编制专门规划，确定依托唐山独具特色的文化资源，重点培育现代传媒、休闲娱乐等七大文化产业业态，延伸打造工业文化、历史文化等十大产业链条，着力构建南部海洋文化产业带、中部滦河文化产业带、北部长城文化产业带、中心区工业文化产业带四大特色产业带，坚持一地一品，大力推动县域文化产业发展，初步形成了传统产业优势进一步突出、特色产业和县域文化产业逐步兴起的文化产业发展新格局。

从2011年开始，市委、市政府专门印发《关于深化文化体制改革、加快文化产业发展的意见》，每年设立专项资金用于支持引导文化产业发展。加快推动文化产业发展，并成立了由市长任组长的“文化立市”领导小组和文化改革发展小组，把文化产业发展列入年度县级党政班子实绩考核目标。

第二，促进产业融合，搭建融资平台，加快推进文化产业项目建设。

发展文化产业，最根本的目的是将历史和文化资源优势转化为产业优势。在发展路径选择上，唐山采取了积极促进三次产业与文化产业融合发展的方式，直接作用于全市优结构、扩消费、增就业、促转型、可持续。

例如，依托高效农业发展基础，促进文化与第一产业深度融合，建设乐亭现代农业文化产业园等项目，开发了现代农业观光旅游和休闲功能；依托深厚工业历史底蕴，促进文化与第二产业深度融合，推动工业企业与文化创意产业融合，建设开滦国家矿山公园等项目，提升了企业产品的文化附加值和市场竞争力；依托丰富旅游资源，促进文化产业与第三产业深度融合，建设了京东玉龙湾体育文化产业园等项目，以旅游为载体彰显文化活力。

第三，明确发展思路，完善体制机制，以工业旅游为突破点深入实施“文化立市”战略。

文化，凝结城市之根，蕴含城市之魂。唐山市依托自身所具有的煤炭、钢铁、陶瓷、机车、水泥等资源，通过工业遗迹的改造提升，植入文化鉴赏、感官体验、娱乐休闲等创意思维，以工业文化肌理为核心，打造一批工业旅游精品工程，全面激活工业遗产价值。例如，开滦国家矿山公园是唐山实施工业旅游开发战略的先锋，作为一座地下博物馆，同地上的开滦博物馆连在一起，立体展示了丰富的矿业文化，集中展示了唐山独具特色的地域文化，吸引着众多游客。工业旅游新兴业态日益成为唐山的文化名片，也为唐山经济增长贡献了重要的支撑作用。

在工业旅游的突进引领下，唐山围绕工业文化、生态文化、地域文化、抗震文化等具有唐山特色的文化要素，建设富有特色的交流博览空间、富有魅力的城市窗口空间、尺度宜人的市民交往空间和充满活力的市民公共空间。其他文化产业项目，如：唐人文化园、启新1889文化创意产业园、EMA魔力之地、1970影视基地、滦州古城、曹雪芹文化园等项目也显现成效。河北省文化创意产业园、丰南唐津运河文化产业聚集区、京东板栗文化产业园等项目也成为唐山文化产业的名片。

举措8：城市转型，以生态恢复、完善配套政策充实城市功能

在城市空间布局上，曹妃甸南部地区的发展带动了唐山市的生产布局向沿海地区转移，形成了“一港两城”的城市布局，推动了中心城市生产服务功能的发展、产业的提升和绿色产业链的延伸，促进了老城区与滨海新城的协调发展。

唐山市规划建设总长度约60千米的生态廊道，分区域进行生态修复与公共空间塑造，体现城市的山水景观特色。位于开平区东湖片区的“唐山花海”，曾是煤矿开采后的废弃地。规划通过对东湖塌陷区进行改造，向西融入唐山主城，向北联动北湖，以植树绿化为主，建设超级绿道，成为城郊的生态核心，发挥城市绿肺功能，打造市民休闲的花海公园。

2013年，国务院印发《全国资源型城市可持续发展规划（2013—2020年)》，首次在全国确定了262个资源型城市，唐山被确定为河北省5个资源型地级城市之一，而从细分来看，唐山被列为全国16个资源再生型城市之一。这意味着再生型城市基本摆脱了资源依赖。2021年6月，国家发展改革委印发《关于产业转型升级示范区建设2020年度评估结果及下一步重点工作的通知》，河北唐山产业转型升级示范区被列为国家“十四五”重点支持的产业转型升级示范区，这既是对唐山十余年转型实践的肯定，也为唐山进一步实现全面转型提供了新的契机。

（二）转型成效

成效1：传统产业成链条、成体系、绿色化

在煤炭领域，代表企业开滦集团截至2021年煤化工产能总规模达860万吨，实现营业收入202亿元，初步形成五大煤化工产业园区和新能源、新材料、精细化工三大产品体系。一块煤炭实现了“从黑到白”的转变，煤炭作为化工产品的原料，通过先进的加工工艺，实现了“七十二变”。从传统的开采与售卖初级产品，升级至产出高附加值的聚甲醛、己二酸。

在钢铁领域，据统计，截至2022年，唐山市钢企已累计投资780多亿元，完成了1 600余项超低排放改造工程，烧结机机头烟气颗粒物、二氧化硫、氮氧化物排放限值低于国家超低排放限值。目前，唐山A级钢铁企业总量位居河北全省第一。在产能大幅压减、吨钢排放全国最低的同时，唐山钢铁行业还实现了产品迭代升级。首钢京唐公司车轮钢国内市场占有率保持第一；河钢集团唐钢公司汽车用钢直供宝马、一汽、吉利等高端汽车制造企业，家电用钢实现海尔、格力、美的等知名品牌全覆盖；拥有耐低温型钢、耐候型钢、高强度型钢等30余种高端产品的津西集团，正打造全球最大型钢生产应用基地，这就是例证。在产业发展计划上，唐山计划到2025年底，每家钢铁企业拥有终端钢铁产品一项以上，并延伸至汽车、家电、装备制造、建筑、钢结构等下游产业。另外，在其他的传统资源型产业领域，如石油化工、盐化工等都基本形成了完整产业链，实现了绿色化改造。

成效2：高端装备制造业成为区域发展新动能

汽车产业成为新龙头。以中车唐山公司为龙头，华达、威奥、百川智能、宏正机械等90家配套企业协同发展的产业体系日益完善，本地企业配套率达到15%，着力构筑起“技术研发—装备制造—高端服务”全产业链，已具备年生产高速动车组960辆、城轨车1 000辆、碳钢车1 000辆以及年检修动车组1 824辆、客车1 000辆的整车制造和检修能力，具备年生产转向架1 800辆、轨道交通检修成套设备2 000套等配套能力。新能源汽车年生产能力达1.3万辆；无人驾驶小型环卫车研发成功；宏远专汽路面测试车、桥梁检测车市场占有率达80%，桥下病害无人检测系统填补了国内空白，唐山正着力打造中国北方汽车及零部件制造业基地。在2020年初疫情蔓延时，唐山亚特专用汽车有限公司紧急成立抗疫应急装备生产研发小组，仅用3天时间就生产出第一台负压救护车，创下新车型改型研发生产最快纪录。“唐山造”负压救护车奔驰在抗疫一线，为疫情防控作出重大贡献。

机器人产业成为新亮点。大批机器人产业企业已经形成庞大产业链和产业集群，实现了机器人的“上天、入地、下海”。例如，中信重工开诚智能装备有限公司数十种应用于不同领域的特种机器人，在抢险救援中解决了“人不能近、人不能及、人不能为”的特殊需求。近年来，唐山以特种机器人、工业机器人、服务机器人、人工视觉系统、传感器等关键零部件为代表的“唐山智造”已声名远播。

智能化制造引领区域新中脊。唐钢智能制造的大脑中枢广泛应用了新一代信息技术，在众多场景采用了人工智能、工业机器人、模型优化算法，结合5G通信、数字孪生、大数据分析技术，将生产流程管理及产线的工业控制进行了深度融合。在“智慧大脑”的加持下，100多道工序尽在掌握，企业变身千万吨级的“智慧工厂”，呈现了代表中国钢铁业顶尖水平的智能制造卓越成就。

成效 3：区域产业结构不断优化升级

2011 年转型探索开启之时，唐山全市省级以上农业龙头企业达到 41 家，其中国家级 5 家；全市共开工建设农业产业化项目 212 个，累计完成投资 120.1 亿元，农业产业化经营率达到 65.5%，同比提高 1.5 个百分点；每个县（市）区都规划建设了一个面积不少于 5 000 亩的现代农业示范园和一个 500 亩以上的食品工业园区。到 2022 年，唐山盛产干鲜水果，板栗、核桃等干果产量占河北省总产量的 1/3，同时也是渤海湾的主要渔场，海水淡水养殖十分发达，水产品资源占河北省总量的 56%。“冀东粮仓”名副其实。

在转型初期，唐山就谋划了技术改造项目 450 项，总投资达 922.7 亿元；完成技术改造投资 621 亿元，同比增长 19.4%，投资额居河北全省之首。工业领域创造国内同行业领先的单项经济技术指标 117 项，147 个项目列入国家、省重点项目计划。钢铁前五强企业（集团）生产集中度达到 68%，精品钢比重达到 65.8%；煤炭产业通过产业提升，精深加工产品增加值已经是传统产业的一倍以上；装备制造业占规模以上工业的增加值比重达到 12.5%。

成效 4：科技创新成为带动经济增长的核心动力

在转型之初的 2011 年，全市高新技术企业就达 84 家，市级及以上各类科研机构发展到 137 家，专利申请量达到 2 356 个，高新技术产业增加值增速高于地区生产总值增速 8.7%。矿用抢险探测机器人首次研制成功，具有防爆、越障、涉水、自定位、采集识别和传输各种数据等功能，填补了国内空白，使我国成为继美国之后第二个掌握该项技术的国家。

借助开发区高地优势聚集科技创新势能。在唐山高新区机器人研发中心的特种机器人和焊接机器人产业位居全国第一，截至 2022 年，唐山已经拥有机器人企业 75 家，形成了以工业机器人为支撑、特种机器人为特色的机器人产业体系。重点企业有：中信重工开诚智能公司位居我国特种机器人产业规模第一名，市场占有率达 70% 以上，拥有 100 余项关键技术专利和全国唯一的国家级特种机器人实验室；唐山开元集团研发生产了世界首条汽车起重机转台智能化柔性生产线，是国内产业链条最为完备的焊接机器人产业集群，规模为中国第一、亚洲第三、世界前十。基地企业自主研发的大视野 3D 工业相机基本达到模拟人类思维方式的程度。唐山用实际行动证明，资源型地区增强竞争实力，根本出路在于科技创新，科技进步和创新是转方式、调结构的中心环节和重要支撑，创新驱动是转型发展的最大动力。

六、唐山转型的经验与借鉴意义

（一）唐山转型的基本经验

唐山被誉为“中国近代工业的摇篮”。新中国成立以后，唐山以其深厚的工业基础，渐次形成钢铁、水泥、化工等主导产业。进入21世纪，唐山走到了经济社会发展的十字路口：资源依赖弊端显现，经济结构性矛盾比较突出，开放型经济竞争力偏低，产能过剩、污染严重等问题困扰着这座城市。从21世纪之初的谋划启航，到其后20余年的努力转型，再到转型成功，唐山在探索资源型城市转型中有诸多经验和启示。

1. 放大区位优势，多维拓展开放广度和深度

唐山港水深、港阔、不冻不淤，拥有渤海湾唯一不需开挖航道和港池即可建设大型深水泊位的钻石级港址，坐拥长达229.72千米的海岸线。

党的十八大以来，唐山港这一综合贸易大港潜能加速释放，唐山对东北亚尤其是日韩企业的吸引力日益增强。据唐山市商务局数据，截至2021年底，唐山境内有日、韩、蒙、俄等东北亚国家投资企业共96家。同样，唐山企业“走出去”的热情也日益高涨，截至2020年底，唐山累计在册境外投资企业175家，范围遍及全球48个国家和地区。

2. 加速发展动能转换，建设区域性（环渤海地区）新型工业化基地

曾被誉为“钢城”“煤都”的唐山，新兴产业“无中生有”快速发展，机器人、锂电池、城市轨道车辆等高科技产品从无到有、逐步做大，城市处处呈现“新型工业”新气象。

2021年9月，由中车唐山公司研制的“未来系列”新型都市快轨列车在唐山市丰润区下线；2021年12月，唐山航空航天装备产业园项目在唐山市路南区顺利签约；2022年1月，在唐山市高新区开诚机器人生产车间，各类特种机器人正整装待发。据统计，“十三五”期间，唐山高新技术产业增加值累计增长120.7%，高于规模以上工业年均增速7.0个百分点。目前，唐山高新技术企业达到1 415家，比2010年增加1 357家，是2010年的24.3倍；战略性新兴产业增加值占规模以上工业比重提高到14.2%。

发展动能加速转换，唐山对本地资源依赖快速降低，铁矿石原矿产量由

2010 年的 11 020.7 万吨降低到 2020 年的 4 983.4 万吨，原煤产量由 2010 年的 4 404.8 万吨降低到 2020 年的 2 031 万吨。不仅如此，唐山持续推动钢铁行业产品迈向中高端，数据显示，2021 年 1—10 月，钢铁行业实现利润 354.9 亿元，是 2010 年同期的 6.7 倍。

3. 融入京津冀城市群，稳固首都经济圈重要支点地位

早在 2010 年 6 月，首钢京唐一期工程主体设备在曹妃甸全面建成投产，自此，在唐山的首钢成为京津冀协同发展的示范者、引领者、实践者。在首钢示范带动下，越来越多的京津产业转移落户至唐山。据统计，2014 年以来，唐山共实施与京津合作亿元以上项目 796 项，总投资 4 937.2 亿元，其中先进制造业、战略性新兴产业、现代服务业项目占比超过 60%。

此外，在诸多领域，唐山也多点发力，主动融入国家重大区域战略。2021 年 3 月，唐山第二批 30 家医疗机构被纳入“京津冀异地就医普通门诊直接结算”定点医疗机构。在教育领域，唐山对接京津签约项目达 140 项，近 400 所学校与京津优质学校开展合作办学；交通领域，正式开通京唐曹动车组，京唐城际铁路唐山段加快建设，京秦高速、津秦客专唐山段和京唐曹动车建成通车。

4. 环境治理与城市治理一体推进，协同加成区域转型

在产业转型的同时，唐山花大力气进行城市环境的治理与保护，包括矿山修复、清水润城、公转铁系列工程的落实。2021 年，唐山空气质量优良天数达 256 天，占比 70.1%。唐山还先后被授予“国家园林城市”“国家森林城市”荣誉称号，为融入京津冀城市群增添了“宜居”筹码。

5. 实践高质量发展，走出了资源型经济转型奋斗路径

围绕习近平总书记的“三个努力建成”期望与要求，唐山十余年来着力打破钢铁“一业独大”格局，推动供给侧结构性改革，加快新旧动能转换，全力推动城市走上高质量发展之路。

（1）达成了降总量。数据显示，2016 年至今，唐山已压减炼钢产能 3 937.8 万吨、炼铁产能 2 635 万吨，压减总量位居全国第一。目前，唐山市有冶炼能力的钢铁企业，已从 2010 年的 54 家减少至 30 家。由于大力实施传统支柱产业升级改造、培育战略性新兴产业和高新技术产业，确保了去产能不去产值。

（2）完成了优布局。唐山推进钢铁、重型装备制造、化工、陶瓷等制造业向沿海地区聚集，打造特色海洋产业集群。目前，河钢、唐钢等钢铁企业向沿海搬迁已完成；长期困扰全市的钢铁围城、重化围城、污染围城问题得到实质性解决，生产力向沿海布局取得重大进展。

（3）推动了促转型。唐山不断对标国际先进钢铁工业标准，并结合本地钢铁工业发展现状和要求，持续推动钢铁行业产品迈向中高端。通过实施建链、延链、补链、强链，唐山快速推动煤炭、钢铁工业向高端迈进，进一步拓展了新发展空间。同时，出台“工业 40 条”，由市财政每年安排 7 亿元专项资金，大力支持企业技术改造，推动优质要素向新型工业化聚集。

（4）实现了育新兴。为构建现代化产业体系，唐山以建设环渤海地区新型工业化基地为目标，瞄准应急装备、机器人、轨道交通装备、电子智能制造等行业，实施新兴产业倍增计划，吸引一批优质产业项目落地运营。

（5）积极达成了科学扩。河北省委九届六次全会精准定位唐山港、主城区和曹妃甸城区的功能，实现城市建设大突破、大提升、大发展。通过设立海洋口岸和港航管理局，对港口岸线资源实施统一规划、统一建设、统一运营、统一品牌。坚持规划引领，持续实施向海发展战略，用“蓝色思维”改写煤都历史。

（二）唐山转型经验启示

资源型城市转型是一场深刻的革命。唐山转型走上高质量发展之路历经阵痛、充满艰辛。短短十余年间，唐山实现了从“傻大黑粗”到“高新轻绿”的华丽转身，探索出了一条主动转型、内涵发展的路子，为同类地区和城市提供了有益启示和借鉴。

1. 方向正确最重要

十余年来，无论形势如何复杂多变，不管遇到任何困难挑战，习近平总书记“三个努力建成”始终是唐山发展最根本的政治引领、最强大的思想武器、最重要的行动指南。全市上下对老工业城市转型认识上高度认同、思想上高度统一、行动上高度自觉，形成了深化改革、转型升级的浓厚氛围，凝聚了转型发展的强大合力。

山西省的转型实践方向也应该是明确的，那就是要坚持以习近平新时代中国特色社会主义思想为指导，全面贯彻党的二十大精神和习近平总书记考察调研山西重要讲话的指示精神，牢记领袖殷殷嘱托，在转型蹚新路上阔步前行，不断开创全省高质量发展和现代化建设新局面。

2. 顺风扬帆好行船

一个区域、一座城市要在竞相发展中立于不败之地，就必须观大势、识大局、抓机遇。在转型发展的十余年中，唐山敏锐地把握中国发展转型大势，坚定不移对接国家重大战略部署，在深度参与“一带一路”建设，主动融入京津冀协同发展，东北亚合作窗口城市建设、首都经济圈重要支点建设上取得显著成效；坚定不移实施转身向海战略；坚定不移打好打赢环境污染防治攻坚战。唐山的实践证明，顺应中国由高速发展到高质量发展转换期的新要求，准确识变、科学应变、主动求变，才能顺利实现从“数量追赶”向“质量追赶”、从“规模扩张”向“结构升级”、从要素驱动向创新驱动的成功转型。

山西的转型要坚持把制造业振兴作为产业转型的主攻方向，用好产业链“链长制”、特色专业镇等抓手平台，强化创新驱动，加快数实融合。

3. 先走一步天地宽

资源型城市转型的核心是产业转型。十余年来，唐山在资源开采的成熟期就果断地关停并转煤矿、铁矿，实现资源开发利用由粗放型逐渐向集约型转变；在钢铁产业的兴旺期，就以壮士断腕的勇气主动淘汰过剩产能，舍弃短期利益，才有了今天精品钢卖遍全国的豪气；在经济体量的成长期，就主动调整结构、坚持向海发展，用蓝色经济改写黑色煤都历史，构造了支撑未来发展的沿海经济带。唐山的转型实践证明，早转型早主动，早升级早受益。坚决去、主动调、加快转，舍掉的是一时之利，得到的则是碧水蓝天和高质量发展。

山西的转型要着力推动国家资源型经济转型综合配套改革试验区建设，用好用足国家赋予的先行先试政策，敢于“拿来”、善于集成、敏于创设，打造深化改革的“山西样本”。

4. 他山之石可攻玉

资源型城市转型是一个世界性难题，国内外既有成功范例，也有失败教训。只有取他人之长，并紧密结合自身实际大胆创新，才能走出转型升级的成功之路。唐山在转型过程中，充分借鉴了德国鲁尔区经验，确立了培育新兴产业、大力发展科研、支撑产业转型等工作思路；吸取了美国“汽车之城”底特律转型失败教训，时刻提防人口减少、税基流失、财政收支失衡、基建弱化等问题发生；充分学习借鉴了沿海先进城市的成熟做法，以深化改革开放为动力，探索出由内陆经济向沿海经济发展的新路。

山西的转型要在立足自身省情的基础上善于取经于五湖四海，借鉴经验、吸取教训，才能更快地找差距、补短板，激发创新活力，在更高起点上实现发展新突破。

5. 人民至上聚合力

江山就是人民，人民就是江山。唐山坚持把人民对美好生活的向往作为矢志不渝的奋斗目标，坚守人民立场，永葆为民情怀，聚焦民生领域的突出问题和短板痛点，让发展实绩更有“温度”，让惠民答卷更有“厚度”。唐山的实践证明，精神可以变物质，人民内心认同就会行为自觉，就会提振奋发有为的精气神、激发干事创业新活力，凝聚起加快实现转型的澎湃动能。

山西的转型也要深入贯彻人民至上的理念，坚持系统观念，全面提高转型发展的系统性、整体性、协同性，让转型发展成果更多更公平惠及人民群众，依靠全省人民的接续奋斗、久久为功，在转型发展中蹚出新路。

第三章 黑龙江省大庆市产业转型升级示范区发展分析与启示

聂　雷　吴曼雅　包雪丽

由于大庆市的早期发展高度依赖石油资源，因此发展方式亟待转变，这与山西省当前面临的高度依赖煤矿资源发展的困境是一致的。近些年大庆市不断寻求新的发展路径，逐渐凭借其丰富的清洁能源资源和城市特色文化，将传统产业与新兴高科技产业相结合，促进传统产业转型升级，拓宽城市经济发展道路。依据相似的情况，山西省也可以借鉴大庆市的转型方式，为自己的未来发展谋求更多的可能性。

一、引言

黑龙江省大庆市依靠丰富的石油资源，从新中国成立初期的不知名荒原发展为如今黑龙江省的第二大城市，是我国典型的资源型城市之一。但是随着经济的发展和科技的进步，仅仅依靠自然资源的开发利用以谋求长远发展是远远不够的，大庆市的经济转型迫在眉睫。近些年来，为了践行可持续发展和“绿水青山就是金山银山”的理念，大庆市于2019年成功获批建设全国第二批产业转型升级示范区。在省委、省政府的领导下，大庆市委、市政府高度重视，以高质量发展为目标，务实推进示范区建设[1]，探索从资源型城市发展为多方面、多产业、多元化现代都市的新路径。本章通过对黑龙江大庆转型发展的历程和主要做法进行梳理，剖析其转型经验，以期为山西省的资源型城市高质量转型发展提供借鉴。

二、黑龙江大庆地区转型发展背景

（一）大庆地区简介

从地理环境上来讲，大庆市位于黑龙江省西南部，属于北温带大陆性季风气候。大庆市的松辽盆地是当今世界上最大的典型陆相沉积盆地之一，占地面积26万平方千米，横跨黑龙江、吉林、辽宁三省，在黑龙江境内约占地12万平方千米。根据已有地质历史，松辽盆地形成于侏罗纪和白垩纪时期，当时是一个巨大的内陆湖并沉积着丰富的生油物质，中心沉积岩厚7 000—9 000米。受到蒙古国冷空气的影响，加之海洋暖流季风的作用，大庆市的气候呈现“冬季寒冷多雪，春秋季风频繁”的北温带大陆季风气候特点。总体来看，大庆市全年无霜期短且雨热同季，非常适合农作物以及牧草的生长，为大庆市的农业发展提供了良好的自然条件。

（二）大庆地区资源概况

从资源禀赋来看，大庆市蕴含着丰富的油气资源和地热能储备。据专家预测，大庆地区的石油储量，约为100亿—150亿吨，其中可供开采的石油储量为80亿—100亿吨。在天然气资源方面，大庆地区的天然气总储量为8 580亿—42 900亿立方米。1960年起，大庆油田逐步开发，可探明的含油面积、含气面积分别为4 415.8和472.3平方千米，石油地质储量为55.87亿吨，天然气含伴生气储量为574.43亿立方米。在地热资源方面，大庆市林甸县地区的储水层不仅分布范围广、产量大，而且温度高、产水层自喷能力强，因此具有良好的地热能开发利用前景，发展潜力巨大。其中“李三井”井深2 300米，经专家确定，在1 500—2 000米层段射孔，可获得60—80摄氏度的水温，自溢流量25立方米每小时的热水，可用于“43型”温室或普通型大棚的地面或空间升温，以满足各种蔬菜对温度的需求，可使叶菜类增加收获次数，缩短果菜类生长周期。

从产业结构来看，大庆市以第二产业、第三产业为主导，第一产业辅助发展。大庆市的第一产业中畜牧业发展势头迅猛，畜牧业生产占农业生产的一半左右，在粮产方面，大庆作为中国重要的玉米、大豆、水稻、马铃薯等的生产基地，粮食生产基础牢固。在第二产业方面，丰富的油气资源使大庆拥有着基础雄厚的石化产业，同时因其在石油和石化产品深加工方面有自己的潜在市场，具备较强产业承载能力和较好的基础设施配套条件，大庆将把石化产品深加工作为最大的接续产业来发展。在第三产业方面，通过外包服务业，利用大庆的温泉资源，开发温泉休闲、温泉疗养等旅游项目，同时发挥大庆石油石化生产物质优势和大庆精神、铁人精神的精神优势，开发红色旅游项目。但值得注意的是，大庆的特色产业培育和重点项目建设的质量不高，区域经济发展缓慢且科技创新的带动作用不强，这也是未来需要努力的方向。

（三）大庆地区转型原因

1. 产业结构失衡，经济发展方式单一

从大庆油田被勘探发现开始，大庆这座城市的命运就与石油紧密地联系在一起了。作为中国的核心石油工业城市，大庆石油的年开采量在前27年里一直保持在5 000万吨以上，极大地解决了中国石油资源短缺的问题。随着石油开采量的增加，其相关产业如石油化工等也随之兴起，石油加工技术也在慢慢改进。大庆市的GDP和人均收入常年名列前茅，石油国企工人待遇极高，整

个城市都在享受着石油资源带来的红利。但是仅依靠石油资源发展终究不是长久之计，进入21世纪后，大庆油田的石油开采量每况愈下，政府也意识到单纯依靠石油发展经济是不可行的。因此，大庆地区经济转型的核心问题是产业结构单一、过度依赖自然资源。

由于石油资源丰富，且城市最初的发展主要依靠石油资源，因此导致大庆的产业结构以第二产业为主导，属于严重的资源依赖型发展模式，如图3－1所示。20世纪90年代，大庆市的第二产业占GDP比例很大，约为80%，而第三产业占比仅不到10%。直至2021年，第二产业和第三产业的占比才趋于一致。1997—2021年，第二产业的占比有明显的下降趋势，第三产业的占比明显上升，两者在大庆市GDP的贡献中一直占据主导地位。从图3－2也可以看出，大庆市第二产业从业人员占比一直处于较为稳定的高水平，除了在1998年有明显的下降外，其余年份大约保持在50%，而第三产业从业人员占比在1994—2016年保持一定的增长态势并最终维持在45%左右的稳定水平。需要注意的是，第一产业的从业人员占比依旧较小，同GDP占比有大约一致的结论，即第一、第二、第三产业的发展严重失衡。其中工业型产业以资源型为主，重化工业所占比重偏高，对资源形成过多的消耗，由此带来的环境污染问题也不可避免，因此第二产业比重的增长会直接影响到第一产业的发展。

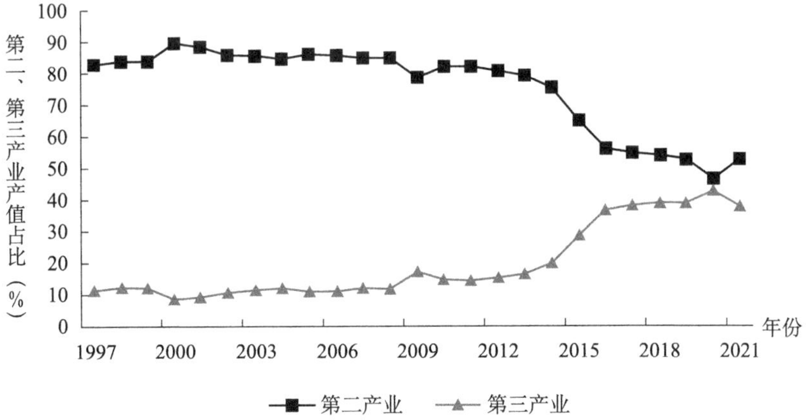

图3－1 1997—2021年大庆市第二、第三产业占GDP比重

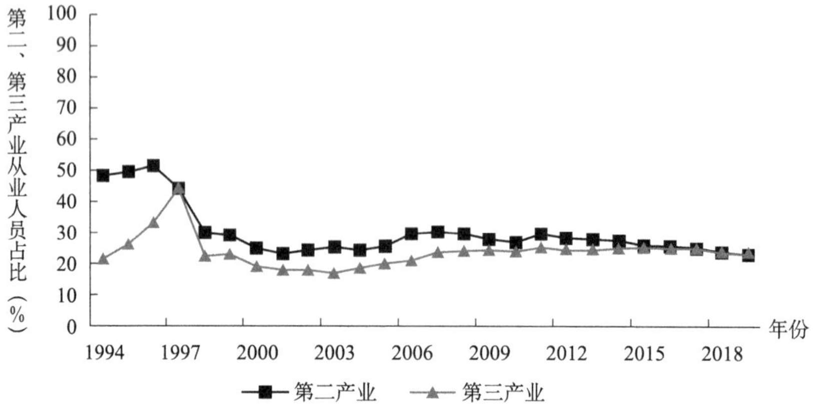

图 3-2 1994—2019 年大庆市第二、第三产业从业人员占比

注：2020 年起不再统计城市从业人员结构。

总之，加快推进大庆市的产业结构升级十分必要。一方面，这是国家宏观经济发展要求，随着我国经济发展阶段由高速增长转为高质量发展，发展方式和发展手段也应随之作出调整，从而实现可持续发展，产业升级势在必行。另一方面，出于大庆市自身经济发展的需要，面对石油资源的过度开采、环境的严重污染等问题，产业结构升级优化迫在眉睫。目前我国处于行业加速整合、产业重新布局、产业集中度加速提高、新兴产业蓬勃发展的重要时期，在这一背景下，大庆市要抓住机遇，打破资源困境，在新一轮产业布局中抢占新机遇[1]。

2. 企业创新意识低下，相关专业人才匮乏

企业精进意识落后，人才引进机制有待完善。多年来黑龙江省大庆市都以石油行业为主，且企业的国有资产占有率高。这在一定程度上导致企业的创新意识低下，诸多企业固步自封，长久地依赖当地资源输出发展经济。此外，由于国有企业之间的竞争力相对较低，因此市场竞争并不能促使他们开拓创新，同时相比中小企业，国有企业的资金来源稳定，经营风险较低，还有国家、政府作为后备支撑。整体来讲，驱动国有企业创新的动力不足，长此以往，随着资源的枯竭，企业的发展将会面临严重危机。

从资金投入来看，2020 年，黑龙江省全社会研发（R&D）经费为 173.2 亿元，研发经费投入强度（R&D/GDP）为 1.26%，而我国研发经费投入达到 24 393.1 亿元，研发经费投入强度为 2.40%[2]。从规上工业企业数量来看，

2020 年，黑龙江省有 R&D 活动的规上工业企业 486 个，黑龙江省规上工业企业 3 583 个，占比为 13.56%，全国有 R&D 活动的规上工业企业所占比重为 36.7%。由此可见，无论是在研发经费的投入上还是工业企业的数量上，黑龙江省的状况都低于全国平均水平，这在一定程度上也反映了大庆市的企业创新创意水平低下。

人力资源在经济发展过程中发挥着不可轻视的作用。近年来，大庆市丰富的石油资源吸引着一大批地质工作者前往，但仍存在一些人传统观念过强、创新意识低下等问题。为了更好地配合产业转型升级，大庆市急需广纳各界相关人才，集思广益为各行各业的发展献计献策。大庆要实现奋斗目标，推动高质量发展，其最核心的要素是人才[3]。

造成大庆市专业人力资源匮乏的原因主要有以下三点：首先，人才引进意识薄弱，大庆市政府未能充分利用省内各大高校以及科研机构的人才资源，而且各企业在用人方面重技能、轻知识，虽然能在短期内为企业带来收益，但是不利于增强企业的长期竞争力；其次，人才引用的激励机制不健全，在人才引进政策的待遇和未来工作前景方面，无法满足高质量人才的发展需要，在大庆市自身条件和整个东北地区经济低迷的双重限制下，更多人才选择南方的发达城市就业；最后，没有形成独具特色的企业创新团队，导致团队的集体智慧难以有效发挥，增加了重大创新成果的获得难度。

3. 生态环境恶劣，城市宜居性下降

生态环境破坏严重，影响城市宜居性。大庆市重工业的持续发展，对当地的生态环境造成了严重影响，主要表现在对土地的破坏、对水资源和大气的污染以及对生物多样性的影响方面。作为人类赖以生存的基础，生态环境也是发展进步的重要前提，因此，近些年经济腾飞带来的生态环境恶化不断督促着人们改变发展思路、重视生态系统的修复，以实现长久发展。

土地破坏方面，石油开采需要建设井场、采油设施、管道等，这些设施会占用大量土地，减少可用耕地面积、住宅面积等。此外，开采过程中还需要进行地面开挖、地下开采等活动，这些活动都会对土地造成损害，从而导致土地资源的减少，可用耕地面积的缩减。

水资源污染方面，石油开采需要大量用水，而且开采过程中会产生含有有害物质的废水和产水，这些水源会被排放到周围环境中，对地下水和地表水造成污染。大气污染方面，石油开采过程中产生的气体，如甲烷、二氧化碳等，会排放到空气中，对空气质量造成影响，同时还会加剧全球气候变化的问题。

从图3-3可以看出，大庆市的工业烟尘排放量在转型发展之前居高不下，致使大气质量严重下降。虽然在当地政府的努力下有一定的下降趋势，但是直至2014年经济转型小有成效后，工业烟尘排放量才有了大幅度下降，大气污染得到了有效的控制。

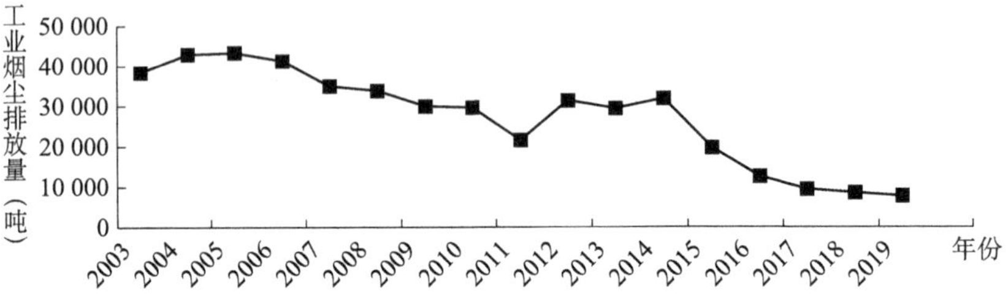

图3-3　2003—2019年大庆市工业烟尘排放量

在生物多样性方面，石油开采会破坏土地，减少野生动植物的可用栖息地；开采过程中排放的有害化学物质会对野生动物带来不可逆转的伤害；石油加工等一系列石油工业的发展对大气质量、水资源造成的破坏会大大降低野生动物的生存环境宜居性。总体来看，石油的开发和加工都导致生物多样性下降，对生态系统造成不可逆转的损害。

生态环境的恶化直接影响着生物栖息环境，随着石油开采工作的进行，大庆市的空气质量每况愈下，严重影响到了居民的日常生活和身体健康，甚至已经成为了整个城市环境污染的危险高发地区和灾害重灾场[4]。恶劣的生态环境意味着城市宜居性较差，因此除开发阶段前来工作定居的石油工人外，近年来外来人口和流动人口的定居率较低。

4. 政府管理方式欠妥，相关制度不完善

政府管理疏忽，相关机制有待完善。对于一个城市的发展来说，政府起着操盘手的作用，引导着整个城市的经济走向和发展脉络。在规划经济发展方面，大庆市政府多年来严重依赖资源输出发展经济，因循守旧导致产业模式单一、过度开发石油资源。在生态环境管理方面，政府在开采石油的同时并未过多关注环境问题，导致环境污染严重，影响居民生活质量；对于重工业企业的污染物排放、处理以及环保意识的提高都没有给予很好的重视，最终影响到城市未来的发展。在人才引进方面，政府并未建立起有效的新兴技术人才引进机制，没有意识到大庆市的转型发展对人才的强烈需求。总体而言，大庆市政府的管理方式欠妥，重视眼前既得利益而忽略了可持续发展。梳理大庆市发展现状中的不足，很多都与政府本身定位不清晰有关。从结果上看，无论是不作为还是乱作为，都严重削弱了政府的公信力，在一定程度上激化了矛盾，影响了市域社会治理效果[5]。

相应地，由于监管意识缺失，相关政策也处于待完善阶段。对于大庆市未来经济发展，政府对于产业结构的升级优化，对于第一、第二、第三产业的协调发展并未作出相应的政策支持。在保护生态环境方面，政府并未重视企业的绿色发展，在控制重工业企业、工厂污染物排放和处理方面监管不严，严重影响了大庆市的生态环境质量。在人才引进方面，政府对于高新技术人才的“一站式”服务不到位，如就业养老、住房落户以及子女教育等问题不能有效解决。我们必须客观地认识到不同制度的激励和约束功能对经济绩效会产生差异性影响[6]，正如制度决定论中所持的观点，制度是影响国家地区经济发展的首要因素。

三、大庆地区转型制约因素

1. 政府管理缺失，制度缺乏全局性考量

政府这只“无形的手”可以弥补市场缺陷，促进经济健康有序发展。政府管理是政府对国民经济的总体管理，它是国家在经济运行中，为了促进市场发育、规范市场运行，对社会经济总体的调节与控制。[7]政府要根据新形势的经济条件来确定自己的新定位，以此保证我国经济的平稳与长远发展[8]。大庆市的政府管理相对来说因循守旧，多年来坚持固有的生产模式和产业体系，这样不仅不利于产业升级转型，不适应现代经济发展，还忽视了重工业发展中的生态建设问题，致使大庆市面临经济转型和生态恢复的双重困境。因此，大庆市政府的协调管理缺失，制定各种制度时缺乏全局性的考量成为制约大庆市转型发展的主要障碍之一。

2. 产业体系转型动力不足，缺乏市场竞争力

产业体系转型能够提高地方产业竞争力，从而推动经济朝向更加合理高效的方向发展。产业体系转型包括产业结构、生产方式、技术水平和管理模式等多方面的整体性转变。这通常需要从传统产业向新兴产业转型，从低端环节向高端环节升级，从粗放型发展向集约型发展转变，从高能耗、高污染

向绿色低碳转型。大庆市国有企业居多，因此创新驱动力不足，企业一味守旧造成产业体系落后，不能很好地适应现代生产力水平的要求，使相比于其他地区，大庆市的产业竞争力较弱。如果大庆市能够加强战略性、系统性、整体性谋划，加快完善产业链配套和供应链体系，努力打造世界级产业集群，同时立足区域实际，加强整体设计，提升开发品质，则能在很大程度上推动经济转型。

3. 高素质人才短缺，高质量发展缺少推动力

人才作为创新驱动发展战略的核心要素，是促进区域发展的第一资源。人才是创新的源泉，在科学研究、技术开发、产品设计等方面具有创新思维和专业知识，能够推动科技创新和产业升级。通过参与新兴产业的发展、传统产业的升级和落后产能的淘汰，推动产业结构向高端化、智能化、绿色化方向发展。一直以来，大庆市的人才政策支持力度低于全国平均水平，高端创新人才、技术研究型人才偏少，科技成果产业化率较低，这些问题的存在一定程度上制约了大庆市新旧动能转换和经济结构升级，使大庆市经济转型与创新发展面临严峻挑战。如果能完善人才引进机制，优化人才培养政策，那么将会为大庆市的高质量发展提供源源不断的动力。

四、大庆地区转型发展历程

（一）因油而生的城市（1949—1959 年）

新中国成立之初石油资源短缺。一直以来，大庆地区的先民都以游牧和渔猎为生，直至新中国成立，大庆地区还是一片未经开发的荒原。新中国成立之初，百废待兴，各行业对石油的需求与日俱增，而那时的中国只有玉门老君庙等三个小油田和四川圣灯山等两个小气田，石油资源极为短缺。同时还受到技术装备、资金等现实条件的限制，中国的石油工业非常落后，甚至出现了“中国油贫”的论调。面对各界对我国石油资源拥有量的质疑，自 1955 年起，我国在党中央的安排部署下，在全国范围内展开石油普查勘探和开发工作，并在后期作出“石油勘探重点由西部向东部大转移”的战略决策。

石油的开采带来大庆的诞生。那时的大庆还使用着旧称——萨尔图，整座城市除了一处火车站外基础设施几乎为零。后来以李四光为代表的地质工作者，将松辽盆地作为重点对象，大踏步“进军”东北地区。1959 年 4 月，位于松辽盆地的松基三井开钻，同年 9 月 26 日，松基三井成功喷出工业油流，标志着大庆油田的诞生，彻底改变了中国“石油贫困”的局面。不仅如此，大庆油田的发现证实了陆相地层能够生油并最终形成大油田，进一步完善了石油地质学理论。恰好 1959 年 10 月 1 日是新中国成立十周年大庆，“大庆油田”因此得名。从此，新中国诞生了一座以石油工业为核心的城市，一改中国石油工业落后的面貌，为日后中国工业发展带来极大影响，也正式拉开了大庆市的资源型发展序幕。

总体来看，这一阶段是大庆发现石油资源并改变新中国石油贫瘠现状的重要时期。在新中国成立之初，大庆地区仍是一片荒原，是数名地质工作者的不懈努力让松基三井成功开采，“大庆”也因此得名，吸引了一大批人才在此定居，大庆市步入初步城市化。本阶段是大庆地区资源转型的第一阶段，是将大庆地区确定为资源型城市的开始。

（二）因油而兴的城市（1959—2000 年）

石油的开采带来大庆的繁荣。自 1960 年油田开发起，数万名地质工作者来到大庆油田展开了艰苦卓绝的油田开采工作。1960 年 5 月末，石油工人们在大庆井场附近盖起了 65 座“干打垒”，用于居住、办公等以满足日常生活需要，总体规模相当于一个小型村庄，这就是大庆第一村“群英村”。自此之后，一片片居民点围绕矿区拔地而起，油田开采到哪里，居民点就建在哪里。1979 年底大庆市成立时，形成了 3 个镇、34 个中心村、110 个居民村和 150 个采油小队等基层生产单位和居住小区，人口达 70.95 万人[9]。

1980 年，中央将“石油化工为主，农业、地方轻工业协调发展的新兴矿工城市”作为大庆市的定位，在城市经济不断发展的情况下，大庆市的基础设施建设逐步完善，未来发展也呈现出良好态势。1990 年左右，随着石油开发地域的不断扩大，再加上肇州、肇源、林甸、杜尔伯特四县的并入，大庆逐步形成了自己的经济发展中心，以让胡路、东风新村为主，其他城区组团式辅助发展，此时的大庆已经初具规模。截至 2000 年底，大庆总人口为 250.58 万人，其中城镇人口为 107.65 万人，城市化率达到 42.96%。大庆市的 GDP 也稳居黑龙江省第二，呈现逐年攀升的趋势。详情见图 3 -4。

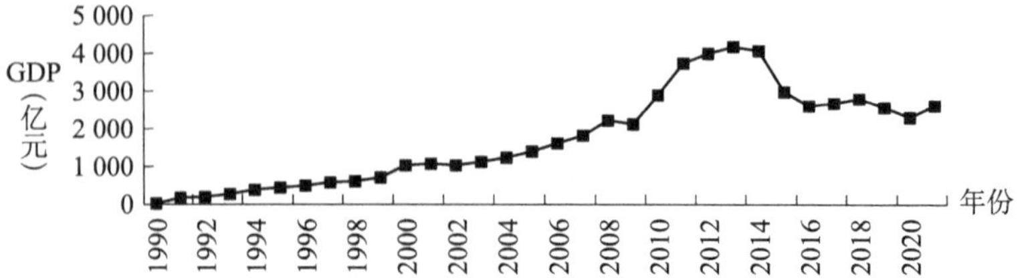

图 3－4　1990—2021 年大庆市 GDP

总体而言，本阶段是建立起石油资源型城市的重要时期。该阶段确立了大庆市总体发展方向，形成了以石油开采、加工为主的行业基调，并为大庆市未来的发展积累了雄厚的物质基础。本阶段是大庆地区资源转型的第二阶段，是大庆市经济繁荣时期，自此大庆市形成了第二产业占主导地位的产业结构。

（三）因油贫而转型的城市（2000 年至今）

石油的贫瘠推动大庆的转型。步入 21 世纪后，大庆油田年产 5 000 万吨的目标逐渐难以为继，从 2003 年年产量 4 840 万吨开始，1976 年以来连续 27 年稳产 5 000 万吨的时代宣告结束。自 2003 年起大庆油田原油产量不断下跌，甚至在 2015 年大庆油田的年产量首次跌破 4 000 万吨。这逐渐让大庆市政府意识到，仅凭石油和石化产业是无法实现可持续发展的，“靠山吃山”的发展模式终究不是长远之计。单一依靠石油资源发展的产能模式亟待转变，这也是大庆经济转型的起点。图 3－5 展示了大庆原油产量的变化情况。

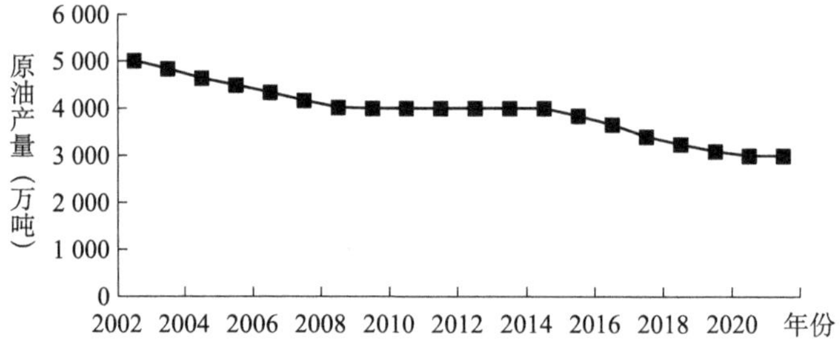

图 3－5　2002—2021 年大庆原油产量

2001 年起，大庆便将城市定位设为“黑龙江省西部重要的区域中心城市”，同时着力打造人与自然和谐相处的生态宜居城市形象。“十二五”期间，大庆着力关注可持续发展，推进农产品深加工、新材料、新能源等产业多元化发展，不断扩大石油化工等新兴产业。“十三五”时期，大庆市不断壮大新材料产业总体规模，筑牢大庆转型振兴坚实产业基础。2021年发布关于数字大庆的发展规划，致力于推动经济社会数字转型升级。

充分发挥资源型城市已有技术优势，推动智慧油田建设，不断拓展新领域、挖掘价值新增长点，有助于缓解资源开发与城市建设的矛盾，进而推动资源型城市向技术创新型城市转变[11]。计划到2025年，大庆将以油气产业为主要产业，构建以石油化学产业、设备制造、食品加工、新材料、新能源产业为中心的产业体系。

总体来看，该阶段大庆市意识到资源依赖型的发展模式无法实现长远发展，石油资源的贫瘠迫使大庆探索经济转型等方式。依据新的城市定位，大庆市开始着力发展旅游业等第三产业，并凭借已有的石油技术优势推动智慧油田等产业升级计划，为大庆市的未来发展找到了无限可能性。本阶段是大庆地区资源转型的第三阶段，是大庆市找到适合自身长久发展模式的关键阶段。

五、大庆地区转型发展举措与成效

（一）转型举措

举措1：多产业结合，大力发展现代农业

把握产业融合浪潮，推动农业转型。大庆的农业与石油工业是同步发展起来的，因而其有着深厚的畜牧业基础，其中肉制品和乳制品的产量常居全国前列。2022年，大庆市粮食作物面积1 063.8万亩，粮食总产量92.15亿斤，再次实现大丰收。作为我国重要的绿色有机粮食生产基地，肇源古龙贡米、肇州大瓜子、杜蒙大豆等，都是大庆的特色食品。商贸业、物流业、金融业和旅游业等产业作为大庆市服务业的主力行业，成为了“十三五”时期的重点发展对象，因而加快了大庆市现代服务业的转型升级。

为此，大庆市不断推进“互联网+传统农业”的新型产业趋势，打造农业与服务业相结合的现代休闲农业，促进传统农业升级。现代农业与休闲服务业的融合可以延伸农业生产链条，增加农业附加值，提升农业发展空间，更好地满足现代居民对农业生产生活的需求[12]。将现代化养殖技术运用到农业生产中，转变为现实生产力，并将粮食生产与现代食品加工业相结合，制定精细化的加工标准，打造大庆市独有的品牌特产。大庆是谷类、水果、蔬菜、肉类、蛋类、牛奶等优质资源产地，依托于此，大庆市构建了十大产业链条，创建了集安全、优质、绿色和特色为一体的国家现代农业示范区。利用互联网平台加快推广大庆农业，提高知名度，与互联网相结合，形成“互联网 + 传统行业”的新型发展模式，如网络直播带货销售农产品等。总之，大庆市通过效仿“互联网 +”的模式，打造“传统农业 + 现代产业”的独特发展方式，推动传统农业转型升级。

举措 2：打造新能源产业，助力清洁能源发展

发展新能源行业，推动产业转型。大庆市有着得天独厚的自然优势，在新能源方面着力打造光能、风能、地热能等产业协同发展。

首先，凭借光照条件发展光能产业。大庆市光照充足，同时针对大庆年平均温度较低、有利于提高光伏组件的效率、适合建设各类型光伏电站等特点[11]，2021 年初国内首个国家光伏储能实证实验平台落户大庆。该平台的建立丰富了国内光伏和储能行业户外实验的经验，正如大庆市委常委、副市长熊敏峰所说：“打造光伏储能实验平台是落实中央碳达峰、碳中和决策部署的重要举措，这一举措不但在很大程度上推动了新能源行业的技术创新，而且有助于大庆可再生能源国家示范区和资源转型创新城市的高质量建设”。

其次，凭借地理位置发展风能产业。大庆地处敖古拉大风口，西北部科尔沁沙地与大庆所处平原区的气压差形成了较好的风资源条件，风力资源丰富，年有效风速持续时间长，年平均风速达 3.8 米/秒，70 米轮毂高度年平均风速为 6.7 米/秒，是国家 9 个千万千瓦级风电基地之一，风电年利用小时数达到 3 000 小时以上。截至 2022 年到 10 月 31 日，大庆市风力发电 355 017 万千瓦时，为大庆市的风能发电产业奠定良好基础。

最后，凭借地热资源优势发展地热能产业。大庆市拥有丰富的地热能资源，静态储量约 5 000 亿立方米，折合标准煤约 35 亿吨。地热能的开发对于大庆市温泉旅游、温室农业、供热等方面都有极大的帮助。将地热能广泛应用于城市供暖，有利于节约标准煤的用度，减少二氧化碳、二氧化硫等空气污染物的排放量；应用于温泉旅游业，开发了林甸北国温泉养生基地等温泉度假区，极大地推动了当地旅游业的发展；应用于温室农业，实现特色棚室种植，使居民在冬天也能吃上新鲜便宜的蔬菜水果。

“十四五”期间，大庆市将规模开发风能、太阳能等一次能源，高效利用氢能、蒸汽等二次能源，发展天然气电站、电蓄热储能及氢能储能调峰项目，加快新能源全产业链发展。新能源产业的发展在很大程度上解决了大庆市的生态环境污染问题，也为大庆市的经济发展找到新的出路，进一步实现可持续发展和资源的高效利用，是大庆摆脱资源依赖型发展的重要尝试。

举措3：建设旅游城市，推动第三产业发展

发挥城市优势，打造新型旅游城市。对于转型阶段的大庆来说，旅游业的带动作用不可忽视，它对于扩大内需、增加就业机会、促进消费升级等都起到一定的助推作用。在生态湿地旅游业方面，作为省内打造湿地旅游产品的“领头羊”城市，大庆于1996年开展全市旅游资源普查，提出对湿地进行保护性开发；1999年，大庆旅游总体规划中提出“双SHI”（石油、湿地）之旅，即依托石油文化和湿地资源开发建设旅游项目，大力发展特色旅游产业。近年来，大庆市旅游局着眼于城市可持续发展，加快打造湿地生态旅游项目，构筑了以优质资源为核心，以重点景区为支撑，以精品线路为纽带的湿地旅游产品体系。在石油文化建设方面，大庆市的铁人精神和大庆精神享誉世界，以“铁人一口井”为代表的工业遗址有44处，是重要的红色旅游城市。转型以来，大庆市在文化产业上的投资高达80亿元，打造了文化创意园并修缮了一批文化设施和人文景观。在特色温泉方面，大庆市湿地总面积占黑龙江省湿地面积约1/6，共有64万公顷。大庆市的连环湖温泉、北方温泉都已初具规模，全市现已探明地热储量达5 000亿立方米，温泉休养、疗养、保养的潜在功能得天独厚[13]。丰富的地热资源为大庆市打造了独特的温泉文化，在“健康旅游”的思潮下，温泉度假区受到许多外地游客的追捧，为大庆市的经济发展贡献了不小的力量。

大庆市依托已有的湿地资源、地热资源、农业资源等优势，将湿地旅游、农家乐、温泉文化等主题旅游品牌做大做强。利用大庆市自有的少数民族文化，打造蒙古族、满族等特有的民俗品牌并做大做强。在推广旅游业的同时也要注重生态环境的维护，两者相辅相成，提高城市宜居性。生态湿地与石油文化、特色温泉成为大庆三大特色旅游品牌，全面助力生态城市建设，助推大庆城市转型、经济转型。

（二）转型成效

成效1：产业结构走向均衡

加快转型脚步，优化经济结构。随着近年来黑龙江大庆市的改革转型，其经济结构也发生了显著变化。由原来过度依赖能源导致第一、第二、第三产业发展失衡，到现在的第一、第二、第三产业协调发展。目前，大庆市全力构建石油化工强区，着力打造新兴繁荣的贸易和物流区，实现产业多元化，并试图找到一种新的、更好的发展方式，使之与经济结构、政策机制、内在动力更加匹配。

“油头化尾”，推动石油精细化加工。近年来，大庆按照国家战略部署，不断做大做强炼化主营业务，推进“油化相宜”的生产模式。实现重构产业布局、重聚发展动能，推动大庆市企业高质量绿色发展，石油工业精细化加工。此外，石油化工强区的建设还离不开大庆市丰富的石油资源和多年积累的技术、人才优势，这都为大庆市摆脱单一石油发展提供了不竭动力。

第三产业崛起，产业结构逐渐均衡。以王进喜、王启民、李新民为代表的三代“铁人”和石油工人发扬的“爱国、创业、求实、奉献”的大庆精神、铁人精神，可谓油田开发史上的奇迹。这些独有的文化底蕴让大庆这座城市焕发出独特的人文光辉。所以，大庆在构造红色文化旅游城市方面更加得心应手，这也使大庆在发展第三产业时取得更显著的成效，从而推动经济结构的协调发展。

成效2：经济水平不断提升

三大产业助力大庆市经济发展。在第一产业方面，大庆市是全国重要的粮食果蔬等农产品生产基地，配有农产品、水产品加工链。尤其近年来着力发展绿色农业，相比粮食数量更加关注食品质量与安全。随着龙头企业和产业链的增长，农村居民也拥有了更多的就业机会，农民收入和地方财政收入稳步增加。在第二产业方面，自大庆油田开采以来，累计生产原油超过24亿吨，占全国同期陆上原油产量的40%以上。近40年更是保持高产稳产，连续多年居全国纳税百强排行榜首位，创造纳税纪录。随着三次采油技术实现重大突破，大庆油田采收率提高近20%，截至2021年底，大庆油田三次采油累计生产原油2.86亿吨，建成了全球规模最大的三次采油生产基地。在第三产业方面，旅游业、金融业、现代物流业增长态势良好，温泉文化、红色景点为大庆市带来十分可观的收入，第三产业占GDP比重持续增加。2022年，大庆市的GDP为2 950亿元，居黑龙江省第二。2023年，为全面贯彻落实大庆市委十届三次全会暨市委经济工作会议和高质量发展大会精神，大庆市工商联合会坚持围绕中心、服务大局，聚焦高质量发展要求，制订了助力民营经济高质量发展“十大提升行动”，为建设“三个城市”、推进中国式现代化大庆新实践贡献工商界智慧和力量。

历经多年的发展和积累，大庆市GDP不断增长，经济水平持续提高。高

GDP 造就雄厚的资金实力，是经济转型取得成果的重要标志，它为日后在人才、环境、基础设施以及配套软件等资源方面投入资金奠定了坚实的物质基础。物质基础对于地区经济效益的提高、经济质量的改善都有一定的保障作用。只有在经济转型中合理分配资金流向，才能实现高效发展。

六、经验启示与借鉴意义

作为典型的资源型城市之一，大庆市的经济转型过程有很多经验和不足，其城市特点和经济发展与许多资源型城市有着共同点，因此可以相互借鉴，取长补短。接下来我们将从四个方面分析新发展阶段下山西如何实现高质量转型。

首先，构建多元化产业格局。事实证明，大庆市在前期发展过程中采取的严重依赖资源的发展模式并不适合长期发展，不利于当地经济的可持续发展、经济抗压能力以及生态环境。同样对于山西省来说，唯有构建多元化的产业格局，探索多方面的经济转型思路，有效利用自身已有的资源优势，才能实现真正的发展。近年来，数字经济蓬勃兴起，正成为持续赋能经济发展和产业转型升级的关键所在。2022 年 12 月 9 日，山西省十三届人大常委会第三十八次会议表决通过了《山西省数字经济促进条例》，明确全省要重点推动新一代信息技术产业发展，将数字经济与传统产业相融合，实现产业升级发展。此外，山西省还紧抓自身资源优势，有效利用文化古迹遗址，大力发展旅游业，实现经济转型和产业多元化发展，做到第一、第二、第三产业协同发展，合理协调各产业所占比重。

其次，充分调动市场和企业活力。作为市场中最活跃的要素，企业的创新能力在很大程度上影响着市场发展潜力，决定着市场竞争力。近些年，山西省一直鼓励中小企业和国企积极创新，与时俱进，找准新时代企业发展定位，提高市场竞争力。将创新融入企业，打破传统的发展思维，利用现代发展技术，实现企业的长远发展。在《促进中小企业特色产业集群发展管理办法（暂行）》中，山西省小企业发展促进局指出，“十四五”期间将在全省范围内培育 30 个左右的特色产业群。其中，着力发展主导产业作为省级重点产业集群的产业链，打造省级特色产业群，同时引导各地市培育具有地方特色的产业集群，将山西文化贯彻到企业文化和企业经营中，打造山西省独特的企业形象，做到各地域同步协调发展。

再次，完善人才引进机制。实现高质量发展的关键是拥有高质量人才，亚当·斯密在《国富论》中提出把人才纳入资本中来，舒尔茨的人力资本理论认为人力资源是一切资源中最主要的资源。提供优厚的待遇和条件以及可以供科研人才发展的平台，能够对山西省的经济发展起到助推作用。在人才引进方面，大同市积极搭建发展平台，做到人尽其才，实施博士研究生引进工程，鼓励和吸引一批高端人才来同创业就业。作为全市引进的急需紧缺人才，他们以先进的工作理念和较高的业务水平，在产业发展、农业增效、疾病防控等多个领域大胆创新、锐意进取，取得明显成效。太原市委常委会定期研究人才工作，太原市委人才工作领导小组发挥牵头抓总作用，全方位培养、引进、用好人才；完善党委联系专家工作制度、建立专家决策咨询制度。

最后，实现产业生态协同发展。对山西省过度开采煤矿所造成的一系列环境问题，更应该给予高度关注。积极践行习近平总书记提出的“绿水青山就是金山银山”的理念，在发展经济、协调多产业共同发展的同时还要关注生态环境问题。2021 年以来，山西省生态环境系统以绿色低碳发展为主线，以减污降碳协同增效为抓手，严格落实黄河流域生态保护和高质量发展战略，推动设立黄河实验室，建设黄河流域生态保护和高质量发展运城示范区（河津先行区），以超常规举措完成 22 座增产保供煤矿环评审批，新增产能 3 470 万吨/年。总体来说，山西省注重产业生态协同发展，相辅相成，将优良的生态环境与本地特色产业相结合，形成新能源、文旅等产业为一体的发展新格局，共同谱出新时代山西省发展新篇章。

参考文献

［1］国家发展和改革委员会，黑龙江省大庆市．激发转型振兴内生动力扎实推动经济高质量发展［J］．中国经贸导刊，2020，958（02）：10－11.

［2］李南南，吴永志，王储，等．黑龙江省企业在技术创新中存在的问题及对策分析［J］．河南科技，2022，41（23）：155－158.

［3］李永亮．大庆推进城市转型谋求可持续发展［J］．宏观经济管理，2011，328（04）：70－71.

［4］王东．关于加大大庆市人才引进工作力度的对策［J］．大庆社会科学，2019，217（06）：73－74.

［5］周资凯．大庆市环境空气污染特性分析［J］．化学工程与装备，2022，311

(12)：332－334.

[6] 黑龙江省社会科学院大庆分院课题组，李春明，章辉．大庆市域社会治理现代化进程的问题与对策［J］．大庆社会科学，2023，237（02）：130－134.

[7] 史彦泽，肇颖，惠国琴．国家权力网络结构视域下我国地方政府制度创新差异与优化研究［J］．理论探讨，2021，219（02）：103－109.

[8] 高莎．市场经济条件下政府经济管理职能定位与实现［J］．财富生活，2021（22）：186－187.

[9] 何强，张满．大庆城市化历史演进与转型研究［J］．理论观察，2016，119（05）：104－105.

[10] 刘合，赵喆，张国生，等．石油资源型城市转型的思考与探索——以大庆市（大庆油田）为例［J］．大庆石油地质与开发，2019，38（05）：18－22.

[11] 张英奇，刘鹏翔，王淞，等．黑龙江大庆 书写“油城”生态转型新答卷［N］．金融时报，2021－08－10（009）．

[12] 张慧琴．现代农业与服务业融合测度研究——以大庆市为例［J］．黑龙江八一农垦大学学报，2018，30（01）：80－86.

[13] 崔玉波．大庆市旅游产业升级路径探析［J］．内蒙古科技与经济，2021，482（16）：44－46.

第四章
湖南中部（株洲、湘潭、娄底）产业转型升级示范区发展状况分析与启示

王丽媛　岳婷婷　吴曼雅　裴彬杰

湖南中部地区产业结构转型升级对山西省经济转型发展具有借鉴意义。实现山西省产业结构转型升级，应该以经济社会系统性变革为依托，着力发展新兴产业。尤其是积极融入新产业的创新链、产业链、价值链，以点带面，逐步实现产业转型升级。此外，在能源结构转型方面大有可为，山西省各地市已经在清洁能源方面作出一定成绩，继续推动能源结构转型有利于山西担当能源革命“排头兵”。

一、引言

湖南中部（株洲、湘潭、娄底）产业转型示范区是一个重要的经济发展区域，旨在通过产业转型升级，推动区域经济高质量发展。国家发展和改革委员会先后出台16个支持示范区改革创新的政策文件，形成了有扶持政策、有专项资金、有年度考核、有表彰奖励的政策体系，鼓励全国老工业城市和资源型城市建设产业转型升级示范区。2021年6月9日，湘中（株洲、湘潭、娄底）产业转型升级示范区正式挂牌，被国家发展和改革委员会列入国家“十四五”重点扶持项目。本文基于实际，总结了湖南中部示范区建设的背景、地域特色和具体举措，为全国各地老工业城市、资源型城市转型发展提供经验借鉴，实现经济跃升。

二、湖南中部（株洲、湘潭、娄底）产业转型升级背景

湘中地区地理位置优越，文化底蕴丰富。湖南中部地区地处中国中南部，毗邻江西、广东、广西、贵州等省份，地处长江中游流域，有丰富的自然资源和美丽的山水风光，历史文化资源丰富，拥有多元产业。其高新技术产业、文化旅游产业发达，在湖南的经济、文化和社会的发展中发挥着重要作用。本章涵盖了株洲、湘潭、娄底市的国土面积、人口、经济结构、特色产业等基本情况，为后文奠定基础。

湖南中部地区三个地级市（株洲、湘潭、娄底）地理位置相近，均属于新中国成立后工业门类比较齐全、在工业领域有特色、有合作基础的老工业基地，一、二、三次产业对经济的贡献度各不相同，其产业、教育、文化产业之间形成了优势互补的格局。

（一）湖南中部（株洲、湘潭、娄底）概况

第一，株洲市距离湖南省长沙市较近，自新中国成立以来就是重要的工业基地。株洲市位于长沙市东南方向40千米处，东临江西萍乡、吉安市，南靠衡阳、郴州，西临湘潭，北接长沙市，又称“神农福地”或“电力之都”，是

湖南的重要一极。全国八大老工业城市之一的株洲诞生过中国工业史上230多个第一，如第一台电力机车、第一台航空发动机等，因此享有“中国电力机车之都”、亚洲最大的有色金属深加工基地等多个美誉。

对湖南中部地区贡献最大的株洲，经济增长状况良好。总面积11 262平方千米，总人口387.11万，在2022年实现地区生产总值（GDP）3 616.8亿元，比上年增长4.5%，人均GDP达到93 284元。分产业看，第一、第二、第三产业增加值分别达到274.5亿元、1 713.2亿元、1 629.1亿元，三大产业对地区生产总值的贡献率分别为6.2%、59.3%、34.5%。分地区看，城镇地区生产总值占全市的比重为48.1%，县域为51.9%。分行业看，汽车制造业、交通运输设备制造业、陶瓷制品制造业的增长率分别为22.0%、12.7%和5.2%。

第二，湘潭市是重要的历史文化名城。湘潭市占地面积5 006平方千米，总人口300万，作为国家森林城市、毛主席的故乡，湘潭市是湖南省长株潭城市群的核心增长极。建城始于南朝，距今已有1 400多年的历史，自古文脉昌盛、人才辈出，是湖湘文化的重要发祥地。一代伟人毛泽东、晚清重臣曾国藩、世界文化名人齐白石以及彭德怀等众多名家都诞生于此，几乎可以称作“伟人的摇篮”。

湘潭地狭人少，经济规模有限。近年来，湘潭市的经济稳中有进，工业对湘潭经济的作用最大。湘潭市2022年度地区生产总值（GDP）为2 697.54亿元，其中，三次产业增加值分别为181.95亿元、1 385.43亿元、1 130.16亿元，全市三次产业结构为6.7:51.4:41.9。由此可见，工业对于湘潭市的经济推动作用最为显著，是湘潭市的主导产业，这也反映了湘潭市的发展壮大离不开工业经济的支持，是典型的老工业城市。

第三，娄底市拥有丰富的文化资源，地势起伏不定，城市化率较低。娄底市是湖湘文化的主要发祥地之一，是中华民族三大始祖蚩尤的故乡，也是长株潭城市群的重要组成部分。娄底市地势西高东低，占地面积8 117平方千米，常住人口394.13万人，城镇化率为49.25%。

娄底市经济增长可观，第三产业贡献最大。2022年娄底地区生产总值为1 929.5亿元，其中，第一、第二、第三产业的增加值分别同比增长3.9%、5.1%和4.8%，三次产业对全市经济增长贡献率分别为9.7%、40.7%和49.6%。由此可见，第三产业产值已成为娄底市经济发展的主力，对推动该市的经济增长发挥了不可替代的作用。相比株洲市和湘潭市，其产业结构服务化程度更高。

（二）湖南中部（株洲、湘潭、娄底）地区资源概况

1. 株洲市的资源概况

株洲市是中国老工业中心城市之一，工业在株洲的地位重要，2022 年工业实现增加值 1 713. 2 亿元，有陶瓷、纺织服装两大传统产业，有轨道交通装备产业、汽车及零部件产业和航空器材三大优势产业。

株洲市具有轨道交通装备产业优势，在行业集群发展方面有先行经验。一直以来，株洲市都是全国最大的轨道交通装备制造产业基地，近年来不断发展壮大，株洲市已成为整机制造、核心部件协调发展的产业集群城市。目前，株洲市拥有中车株机、中车株机研究所等众多龙头企业，拥有 300 多家轨道交通装备产业企业，是全国首个收入过千亿元的产业集群。

株洲市拥有雄厚的航空器材产业基础。株洲市是新中国“一五”计划期间重点建设的六大航空工业基地之一，在中小型航空发动机等核心零件制造方面处于国内领先水平。建有通用航空机场，拥有两个固定翼飞机和一个直升机制造企业，通用航空城规划面积近 60 平方千米。全市航空工业 2020 年完成投资 300 亿元，总产值超 500 亿元。现拥有中国航发南方工业股份有限公司、株洲航空发动机公司、南方燃气轮机有限公司等多家公司。航空装备产业将是中国重点发展和培育的产业，株洲市在航空装备产业的市场前景广阔，航空产业有望成为株洲市的支柱产业。

株洲市拥有完备的新材料产业体系。株洲市新材料产业以配套原有产业为切入口，借力传统产业实现转型升级。现已发展成为包括五大细分领域的、领先全国的、完整的新材料产业体系，在先进硬质材料、先进高分子高性能复合材料、先进储能材料等领域遥遥领先。拥有 10 个企业技术中心、5 个省级工程技术研究中心和 5 个新材料领域重点实验室，有多家知名企业，如株洲时代新材料科技有限公司、株洲市兴隆新材料有限公司等，2020 年株洲市新材料产业工业总产值约 600 亿元。湖南省作为中国有色金属的重要产地，资源丰富，株洲市需要继续培育新材料企业，强化科研，与衡阳市和郴州市合作，将新材料培育成湖南省的万亿级产业。

2. 湘潭市的资源概况

湘潭市拥有湘钢、湘电等一批体系完备的大型国有企业，是新中国成立初

期23个国家重点建设的工业城市之一。近年来，湘潭市工业发展呈现良好态势，按照“工业强市”的战略定位，以打造智造谷、汽车城、军工城和文创城“一谷三城”为方向，着力培育“1+4”特色产业体系，形成了具有地方特色的产业体系，助力地区经济发展。

湘潭市拥有丰富的科技教育人才资源和优越的科研创新条件。湘潭市是湖南省第二科教中心，拥有湘潭大学、湖南科技大学等10所全日制普通高等院校，有16个国家级技术平台和重点实验室，17个国家级工程技术研究中心，是湖南省重要的高等教育中心之一，也是工业人才摇篮和重要的科研基地。同时，位于湘潭市的各类科研机构有97个，各类专业技术人员超过13万人，专业技术人员数量、专利申请量在全湖南省名列前茅。拥有新松机器人创新孵化基地、西交增材制造项目，建有湖南医疗器械产业园、湖南大数据产业园、湘潭市大数据中心和运营中心，创新园区是立足湘潭已有的科研优势而打造的。

湘潭市的装备制造业实力较强。2019年，湘潭市装备制造业增加值同比增长7.4%，主要产品中，钢材908.8万吨，增长3.6%；完成整车23.7万辆，增长22.8%；塔吊17 081吨，增长7.0%；交流电动机519.2万千瓦；风力发电机组46.4万千瓦；直流电动机2.6万千瓦；发电量115.8亿/千瓦时，下降1.7%；水泥518.5万吨，下降10.7%；居民生活用燃气灶具99.2万台，下降30.4%。湘潭市是国家重点布局的工业城市，国有企业众多，产业体系完备，产业基础雄厚，江麓、江南、江滨的产品技术均达到国内领先水平，在神舟系列、天宫系列航天装备上多次应用了华菱线缆、特种线缆等产品。在装备制造业领域具有优势，吉利SUV新能源技改、桑顿2.5期等项目投产达效，舍弗勒、新松机器人、蓝思科技、湘钢宽厚板5G智能工厂、高端汽配产业园二期、湘潭西500千伏输变电等项目顺利推进；迪通控股和华菱线缆完成上市辅导报备工作。湘潭市大力发展以工业机器人、智能成套装备为重点的高端装备制造产业，打造传感、驱动、控制等关键智能装备国内研发基地。

湘潭市拥有丰富的旅游产业资源，形成了以韶山、彭德怀纪念馆、陈赓故居为代表的红色旅游区，以湖南水府旅游区、昭山风景区、盘龙大观园为代表的绿色山水旅游板块以及以东山书院、隐山为主的历史文化旅游。三大板块汇集了湘潭旅游的主要主题，红色旅游更是其优势板块，但相比于其他旅游业更为成熟发达的地区，湘潭旅游仍有较大上升空间。详情如表4-1所示。

表 4－1 湖南中部（株洲、湘潭、娄底）特色产业一览表

城市名称	株洲市	湘潭市	娄底市
特色产业	轨道交通装备产业	装备制造业	装备及零部件产业
	航空装备产业	旅游产业	钢铁产业
	新材料产业	科教产业	新材料产业

3. 娄底市的资源概况

娄底市的支柱产业是钢铁行业和新材料行业。作为湖南省最重要的钢铁产地，2019 年娄底市的钢材产量达 1 362.7 万吨。娄底市多年以来力争实现钢铁产业增效、提质、创品牌。同时，在新材料方面，娄底市现已探明可供开采的矿种 48 个，是湖南省乃至全国重要的新型能源原料产业基地。其中，锑矿储量居世界首位，煤炭、白云石、大理石等非金属矿储量居湖南省前列。除了拥有丰富自然资源外，娄底市不断增强材料与下游产业的协同互补程度，发掘材料的新应用和高精开发度，使物尽其用，为娄底市经济发展助力。

娄底市是三一重工等装备制造企业的诞生地。近年来，娄底市也在大力打造包括三一工业园、冷水江循环经济产业园在内的汽车零部件和工程机械零部件产业园。由于装备制造业的产业链长且产业链之间的关系紧密，娄底市为做大做强装备产业链，大力进行产业链招商引资，形成了较完备的设备及零部件产业链。

（三）湖南省中部（株洲、湘潭、娄底）产业转型面临的主要问题

湖南省的株洲市、湘潭市、娄底市在航空零部件、汽车零部件、机械制造、新材料等市场需求旺盛的行业具有较深厚的产业基础，且产业体系较完善。三市都属于重要的文化历史名城，培养了许多著名人物，具有科学、教育、文化、政策优势。三个城市在新材料和机械制造行业具有协同性，在工业生产和科教文化行业具有互补性，具备协同合作的优势。然而其发展也面临一些问题。

第一，资源规模不足限制发展。三个地级市的地理面积较小，各自拥有的人口规模较小，如果各自独立发展，面临产业协同方面的障碍，且要素规模小在一定程度上制约了供给侧的生产创新和需求侧的市场扩张。

第二，产业结构有待优化。在湖南省中部地区，传统产业仍占主导地位、难以适应现代经济需求的情况下，产业结构除了要实现产业间资源的合理配置外，还需要实现工业结构现代化的目标。目前，湖南省中部地区产业结构合

理，但与发达地区相比，仍存在一定差距，其第一产业占比不足10%，第二产业占比超过50%，第三产业占比在40%左右。此外，湖南省中部的产业结构形成了“三二一”的发展局面，但各行业从业人数排名却是“一三二”，表明其产业结构与劳动力结构的偏离度较高。产业发展尚未出现饱和状态，第三产业仍有进一步吸纳从业人员的空间。此外，湖南省中部地区还存在万元GDP能耗率过高、产业结构绿色化进展不快等问题。

第三，高耗能行业占比高。湖南省中部地区发展模式对第二产业的依赖度较高，尤其依赖重工业带动经济，对自然资源的消耗量较大，导致环境污染严重，经济发展方式仍属于粗放型。这种经济发展模式不利于实现人与自然和谐共生。

第四，湖南省中部地区的工业呈现出“高投入、高消耗、高污染、高产出”的增长特点，高物耗、高能耗、高污染的“三高”问题亟待解决，资源需求急剧增加，环境承载压力较大。从总体经济发展形势看，湖南省中部工业经济占GDP比重快速提升、工业化进程不断加快的同时，已全面进入重工业化发展时期。其中，行业内部集中度较高的高耗能行业仍占据优势。湖南省统计局提供的数据显示，能源年耗总量前三名的产业分别有电力热力生产和供应业、有色金属冶炼及压延加工业和非金属矿物制品业。高耗能产业的发展虽然在短时间内推动了湖南省中部地区的经济发展，带来经济的繁荣，但同时也造成了湖南省中部地区经济结构的高能耗状态。

第五，缺乏自主创新能力。湘中地区高新技术产业企业大部分集中在两大领域：新材料技术和高新技术改造传统产业。尽管其增加值占比较高，但这两大领域的相关产品在拥有自主知识产权、附加值高、高科技水平方面却有待提升。占全省高新技术产业增加值比重较大的企业，大多也处于价值链中低端。相比之下，高技术含量、高附加值的电子信息技术和高科技服务业却规模过小，不足以支撑整个经济发展。此外，湖南省以化学制药为主的生物药品种类较少，如新型剂及制剂技术、基因工程等方面有待壮大。信息产业中数字化整机和终端消费类产品占比较小，软件和信息安全技术占比有待提升。

第六，对环境生态造成严重污染。突出问题是发展传统产业造成空气质量下降。大量工业排放物、交通尾气和建筑施工扬尘导致湖南省中部地区的空气质量恶化，PM2.5等有害颗粒物浓度升高，对居民的健康构成了威胁。此外，水质恶化也是一个严重的环境问题，工业排放和农业化肥流入水体，导致湖泊和河流的水质受到污染。水质问题不仅危害了人民的饮水安全，还对生态系统造成破坏，影响了渔业和水生生态环境。另一个环境问题是土壤污染，工业废物的不当处理、农药和化肥的滥用导致了土壤质量下降，影响了农业生产和食品安全。此外，还存在生态问题。森林砍伐是一个突出问题，由于木材需求和城市化的扩展，大片森林受到破坏，对生态平衡和生物多样性构成了威胁。生态系统破坏是另一个引起担忧的生态问题，湖南省中部地区的一些地方存在湿地和野生动植物保护问题，由于人类活动的干扰，生态系统遭到了破坏。

三、湖南省中部（株洲、湘潭、娄底）地区转型发展历程

（一）资源型产业形成期（1978—1998 年）

在这一时期，株洲已基本成为江南工业重镇，其“四大支柱”产业包括机械制造、冶金、化工、建材等。1978 年，株洲工业与时俱进，在改革开放新时期展开了第二次创业蓝图。株洲市高新区“一区三园”的建设助力传统优势产业通过自主创新和结构调整焕发出新的活力，园区承载能力日益增强，新兴产业呈现百花齐放、竞相发展的态势。自 1988 年开始实施“科教兴市”，到 1998 年被评为全国科教兴市先进城市，再到国家知识产权示范城市、长株潭国家自主创新示范区、改革开放 40 年创新城市三块科技创新“金字招牌”花落株洲，折射出的是株洲市转型创新发展的历程。进入 21 世纪后，在大量引进民营企业、股份制企业和外资企业的“主攻工业”经济发展思路下，积极发展园区经济和板块经济。逐步形成采掘、机电、建材、医药、食品加工（槟榔、莲制品）、新材料为主导产业的新格局。

1997 年，国有和集体企业产权制度改革在湘潭县正式启动，2002 年，全县 878 个乡镇集体企业的改制任务全部完成。2010 年，产权制度改革和职工安置工作任务全部完成，建立了“产权明晰、责权明晰”的科学现代企业制度。

1978—1998 年，娄底市先后深入推进了一系列改革，包括农村家庭联产承包责任制改革，企业改革，财政、税收、金融、投资、价格、流通体制、社保、土地、住房等改革，初步形成了社会主义市场经济体制，大力推动了社会生产力的发展。这段时期，娄底市集中财力物力加强经济建设，在农业经济全面发展的基础上，工业、建筑、运输、邮电、商贸等第三产业也得到了长足发

展。特别是在工业领域，已经形成了以能源和原材料生产为主体、其他加工行业辅助发展的工业体系。全市地区生产总值由1978年的8.04亿元增长到1998年的148.29亿元，年均增长9.0%；三次产业结构由1978年的36.4:43.5:20.1调整到1998年的28.1:37.7:34.2，实现了产业结构优化。同时，多层次、多渠道、多规格的教育网络逐步形成，社会事业取得了长足进步；拥有160个各类科研单位，已有982项科研成果；构建了医疗卫生体系，多层次结构，学科设置齐全。人民群众在生产发展的基础上也得到更多实惠，城乡居民人均可支配收入分别达到4 628元、1 817元，较1978年分别增长12.2倍、11.3倍。

（二）转型探索期（1999—2012年）

1999—2012年，娄底市借助其丰富的资源禀赋和已有的产业基础，坚持“工业强市”战略，力求实现娄底市新型工业化、农业产业化和城镇化，进一步加大国有企业改革和农村改革力度，继续完善宏观调控体系和要素市场体系，全市经济进入改革开放以来发展最快的时期。2012年，全市地区生产总值为1 005亿元，首次突破1 000亿元大关，年均增长11个百分点，增速比1978—1998年加快2个百分点，特别是2004年以来连续9年保持两位数增长。工业主体地位进一步凸显，规模以上工业企业达到646家，工业增加值占GDP比重由1999年的34.2%逐步攀升至2012年的50%。在此期间，娄底市的各项社会事业也有了新发展：全国优秀旅游城市、国家园林城市、全国绿化模范城市创建工作取得了圆满成功，娄底市的各项社会事业取得了新发展；基础教育不断加强，基本实现了义务教育阶段学费全免，职成教、高教、民办教育、特殊教育、幼教协调发展；全面实现基本药物制度全覆盖和基本药物零差率销售，进一步推进医药卫生体制改革；失业、工伤、医疗、生育保险工作得到进一步完善，城乡居民养老保险参保工作已全面启动；园区建设成效明显，顺利晋升为国家级经济技术开发区，万宝新区挂牌运行，经国务院批准，娄底市经济开发区正式挂牌运行。

（三）转型深化期（2013年至今）

2013年1月，株洲国家轨道交通装备高技术产业化基地荣获首批国家级高技术产业化基地，在全国名列前茅。同年7月，国家科学技术部下发《关于开展首批创新型产业集群试点认定工作的通知》，株洲轨道交通装备制造创新产业集群入选全国首批试点，这也是湖南省目前唯一一个通过认定的千亿级创新产业集群试点项目。同一时期，株洲顺势而为，提出了建设“中国动力谷”的战略目标，以中国轨道交通城为支撑，以中南地区通用航空城为依托，以中国新能源汽车产业城为支撑，着力实现这一构想。株洲的中国动力谷囊括了全球最大的轨道交通研发生产基地和国内唯一的中小型航空发动机研发生产基地，拥有国内最全的新能源汽车产业链。株洲加快推进动能转变，产业转型持续提速，主要产业向全球价值链中高端提升。轨道交通产业产值突破千亿元，成功获批“中国制造2025”试点示范城市的株洲，其制造的国内中小型航空发动机占全国90%以上。其传统产业发展日新月异，株洲硬质合金集团跻身世界行业前两强，醴陵陶瓷产业年产值突破600亿元，占世界1/3的陶瓷产量。其战略性新兴产业发展壮大，株洲诞生了世界首列智能轨道列车、世界首列储能式有轨电车等，一座座智慧轨道列车的诞生，让株洲创新驱动成了株洲优质发展的“新动能”。不断实施的“科教兴市”战略，使株洲拥有3名中国工程院本土院士，39名国家突出贡献专家，394名享受国务院特殊津贴专家，建成了4个国家特色产业基地，27个国家技术创新平台。先后突破和掌握了包括绝缘栅双极晶体管（IGBT）、磁悬浮、深海机器人等一大批核心技术，连续9年获得国家科技进步先进城市。

四、湖南省中部（株洲、湘潭、娄底）的转型举措与成效

湖南省人民政府办公厅在深入调研、了解园区和企业政策诉求、借鉴各方面经验做法的基础上，于2022年印发了《关于支持娄底市先进材料产业优质发展的若干政策措施》。政策措施分为三大板块。第一部分是总体奋斗目标。提出要把娄底市建设成为在全国具有重要影响力的材料名城，成为先进材料产业的一流高地。第二部分为支持政策。提出了五个方面22条具体支持政策。

在产业布局方面，包括支持娄底市融入国家“一带一路”倡议、西部陆海新通道、龙头企业推进项目布局导向等3项政策措施。在创新发展方面，包括鼓励引导技术攻关、区域合作，组织凝练设计重大科技攻关项目，探索“异地研发+娄底市孵化生产”新机制，支持建设国家级和省级创新平台，提升国家先进结构材料产业集群水平，支持相关企业参评国家标准“领跑者”等6条政策措施。在企业培育方面，包括3项政策措施，扶持培育知名产品、知名企业、知名集群、知名区域品牌的骨干龙头企业和“专精特新”企业，

完善娄底市企业挂牌服务平台等。在绿色安全发展方面，包括两项政策措施，鼓励和支持节能降碳技术改造，以及发展绿色财政和转型财政。要素保障方面，主要围绕园区、财政、金融、用地、用能、人才等方面提出了8条政策措施。第三个环节是组织执行。建立先进材料产业发展中的重大问题定期研究、协调解决的工作协调机制。

（一）优化产业布局

第一，推进娄底市融入“一带一路”倡议、西部陆海新通道等国家战略，打造国家物流枢纽承载城市，以“冠名+接续”的模式，推动娄底市先进钢铁材料、高端锑材料、先进电子陶瓷等特色优势产品“走出去”。推动涟水复航、长韶娄高速扩建、娄底市春田机场、娄底市东站货场、娄底市“材料谷”铁路专用线等重大项目建设和娄底市新型基础设施项目建设，湖南省高铁（益娄段）、沪昆高速娄底市至洞口段、桥头河至白果高速等项目开工建设加快推进。

第二，支持娄底市服务融入“强省”战略，加强省联席会议制度，构建产业与科技创新区域协调联动机制，推动湖南省中部地区产业转型升级示范区建设。支持娄底市“材料谷”与株洲“动力谷”、湘潭“智造谷”三者联合发展，有序实现产业转移，推动长株潭骨干企业优先布局，鼓励长株潭园区与娄底市园区合作共建产业园区，支持娄底市先进材料产业聚集区组建产业联盟，加强与长株潭优势产业聚集区的产业链供应链协同，促进产业协同发展。

第三，推动引导重点考虑娄底市布局的中央和省属企业重大物资项目。支持湘钢、涟钢推进产能整合，加快集中集约集群发展先进钢铁材料产业，扩大优质产品供给，支持涟钢与娄底市联手打造娄底市先进钢铁材料基地。强化上游供应链对先进材料行业的支持能力，依托资源优势，支持娄底市增强白云石、煤炭等原材料燃料就地供给能力和品质。

（二）支持创新发展

第一，鼓励引导与娄底市在科技攻关、科创服务、创新平台等方面开展合作，促进长株潭地区相关高新区和岳麓山大学科技城的融合发展。支持娄底市参与建设岳麓山产业创新中心的相关工作任务，发挥优势产业，满足发展需求。

第二，鼓励和引导娄底市组织凝练设计重大科技攻关项目，推动重大科技成果在先进钢铁材料、先进电子陶瓷等优势领域的应用和产业化。增强自主创新能力和市场竞争力，加强知识产权创造、保护和运用。

第三，支持娄底市培育建设国家级、省级钢铁材料及丘陵地区农用机械创新平台。

第四，引导扶持娄底市升级材料产业集群水平。支持娄底市优先转化高性能金属结构材料研究成果和先进金属复合材料。

第五，支持娄底市探索“异地研发＋娄底市孵化生产”的科创合作新机制，鼓励湖南省重点高校、科研院所优先在娄底市布局科技成果转移转化分中心，优先在娄底市开展科技成果孵化工作。支持娄底市举办、承办材料产业创新创业大赛和高层次学术交流活动，鼓励永久落户娄底市的材料产业学术会议和专业论坛等活动。

第六，支持娄底市主导或参与制定国际、国家先进钢铁材料、先进陶瓷、现代农机、新金属复合材料等领域的标准。积极引导相关企业参与国家标准“领跑者”的评审工作。

（三）大力培育企业

第一，支持娄底市加快培育形成一批特色产业骨干龙头企业、“专精特新”小巨人企业和具有国内外行业竞争力的单项冠军企业，助推省级工业金融资金向娄底市先进材料领域倾斜。

第二，支持娄底市加强质量基础设施协同服务，深入开展质量提升行动，利用“中国品牌日”等国家级平台，打造“全国质量品牌提升示范区”，延伸企业品牌价值和品牌服务，打造材料领域的知名产品、知名区域品牌，宣传推广娄底市材料品牌。对列入湖南省“十四五”重点培育展会的先进材料产业相关博览会，按程序支持娄底市申办，使之成为国际性区域性品牌展会。

第三，对重点企业收购相关产业链上市企业，按照“一事一议”的原则给予支持。积极支持娄底市企业在省财政发展专项资金支持下挂牌上市。

（四）支持绿色安全发展

第一，鼓励支持娄底市钢铁、建材等重点领域先进材料企业开展节能减煤、节能降碳技术改造，创建能耗标杆企业，建立绿色园区，并将节能减排降碳技术改造工作纳入全省先进材料企业节能减排降碳技术改造范围。加大省级重点生态功能区转移支付力度，包括工业废渣的无害化处理和重金属污染防治。鼓励支持娄底市及相关企业在提高物资行业发展安全水平、加强物资行业安全生产管理等方面实施安全生产整治工程。

第二，支持娄底市大力发展转型金融和绿色金融。引导银行机构加大对煤炭清洁高效利用的碳减排支持工具和再贷款支持力度，加大对娄底市绿色低碳转型重点领域的信贷投入力度。支持娄底市开展企业碳账户试点，制定金融支持绿色低碳转型目录。

（五）强化金融业服务保障

第一，对娄底市省级及以上工业园区实行当年增量50%的增值税和企业所得税的奖励政策，园区基础设施项目由市县统筹安排。对符合条件的专项债券项目，加大政府支持力度。

第二，省级国有资本经营预算对涟钢集团传统产业提升和技术创新给予重点支持，促进其转型升级。

第三，中央财政支持娄底市普惠金融发展示范区申报工作。促进更多中小微企业享受信用贷款，支持娄底市享受国家融资担保基金分担风险的政策。引导金融机构量身定制融资方案，为“白名单”企业提供差异化的融资支持。

第四，支持娄底市与省金融信贷集团合作，鼓励省融资担保集团与省金融担保集团合作。娄底市先进材料产业发展按照市场化方式，支持省新兴产业股权投资引导基金积极参与。对于先进材料产业发展专项资金，由娄底市与省有关政府共同引导设立。

第五，支持娄底市园区调区扩面，在国土空间规划、永久基本农田、生态保护红线、城镇开发边界等符合节约集约用地和相关规划的前提下，按照“三区三线”划定规则，对园区土地整合利用、复合利用程度进行统筹布局。对国家、省规划布局的重大先进材料产业项目，新增建设用地计划指标并由省级统筹保障，将用地需求合理化。娄底市利用开展废弃矿山治理产生的城乡建设用地增减节余指标，在市域范围内优先安排先进材料产业项目。在调区扩面完成前，可按园区项目政策对老工业区项目用地进行管理。

第六，支持娄底市规划建设新的电力系统，实现智能电网、储能调峰的逐步成熟。能耗指标、主要污染物总量控制指标由省级统筹，用于国家和湖南省在娄底市布局的重大先进材料产业项目。

第七，实施绿色电价政策，支持材料企业节能降碳改造，存量企业和在建、拟建能效达标的企业实行用电不加价，未达标的企业则按能效级差实行阶梯式电价。

第八，建立创新平台人才协作培养及联评互认机制，支持长株潭娄人才整合协调机制。支持娄底市在同等条件下开展产教融合、申报教育强国推进项目试点城市建设。扶持娄底市先进陶瓷现代产业学院定向培养专业技术人才和现代化先进陶瓷企业高级技工，支持娄底市技师学院培养复合型技能人才。

第九，组织实施方面，建立由省发展改革委牵头，各相关单位参与，定期研究、协调解决先进材料产业发展中的重大问题的工作协调机制，推动娄底市先进材料产业优质发展。

1. 老工业区传统产业实现绿色化转型升级

株洲市在清水塘老工业区搬迁改造工作中坚持“五个同步推进”，即土地收储、搬迁改造、避险安置、治污、新城建设五个同步推进。先后制定了《市搬迁改造工作指导意见》《关于关停搬迁奖补办法的补充规定》等一系列扶持政策，对搬迁改造企业失业人员实施再就业帮扶。目前，已有147家企业被关停；签订收储协议或价格确认书的有55户，确定转移改造意向的企业有61家，已建成投产的企业有46家；11个重金属污染治理项目有序推进，铜塘湾保税物流中心正式运营。湘潭市探索“以治理促发展、以发展促治理”的“三区”发展路径，在全国率先探索重金属污染治理PPP模式，28家涉锰企业关停锰矿独立工业矿区，工业源头污染得到有效遏制，以绿色转型发展成就的“百年锰都”正在启动工业新城建设。娄底市实施“腾笼换鸟”，打造骡子坳老工业区，为全省首批军民融合型示范区——娄星工业集中区钢铁小镇；实施百年老矿重披绿装的锡矿地区污染防治综合治理三年行动计划。

2. 实现战略性新兴产业可持续发展

株洲市动车组、自主可控计算机等一批创新成果惊艳亮相，着力打造轨道交通装备、汽车及零部件、航空装备等三大动力产业，聚焦15个新兴优势产业链条。湘潭市着力打造智造谷、汽车城、军工城三大产业布局和“1+4”产业体系（智能装备制造+汽车及零部件、食品医药、新材料、新一代信息技术），创新推出的“产业链长+产业联盟盟长+牵头行行长”的“三长”联动工作机制，获国务院办公厅督查室专刊推广，打造专业化产业园区和产业链群，如新能源电池及储能、先进复合材料、先进陶瓷等，新兴产业发展呈现良好势头。

五、经验启示与借鉴意义

以老工业基地振兴为主攻方向，集中力量抓好工业振兴。“十三五”期间，各示范区围绕产业振兴，坚定不移跟随制造强国战略，支持重点产业链发展，提升传统产业竞争力，发展壮大新兴产业，培育壮大市场主体，着力打造一批特色鲜明的强竞争力新兴产业集群。

坚持产业竞争优势集聚型发展。加快产业链条延伸和拓展，使传统优势行业的竞争能力得到提升。湖南省株洲市探索“标准引领 + 会展经济 + 清洁改造”的陶瓷发展模式，培育起集陶瓷材料、陶瓷制造、陶瓷机械、陶瓷颜料等于一体的产业集群。

培育发展以龙头企业为牵引的新兴产业。湖南省株洲市依托龙头企业打造轨道交通产业集群，轨道交通产品出口全球 70 多个国家和地区，轨道交通牵引设备交流传动及控制系统产品占国内约 80% 的市场份额，先进轨道交通装备集群在先进制造业集群竞赛中胜出，产业集群发展水平显著提升。

在承接产业转移方面主动作为，在比较优势领域发挥作用。湖南省娄底市积极融入长株潭都市圈，建立与长株潭的产业联盟，与长株潭开展产品配套合作的企业达到 200 多家。

立足资源禀赋发展壮大特色优势产业。扎实开展工业项目建设年活动，强化转型支撑。三市围绕“工业建设百项工程、科技创新百项工程、产品创新百项工程、引进‘500 强’企业百项工程、引进科技创新人才百名”的总体目标，以工业项目为抓手，加快推进工业转型升级。三市累计投入资金 256.3 亿元，引进“500 强”企业项目 39 个，引进科技创新人才 64 名，完成工业、产品等重大产业建设。

加强产业分工协作，促进各城市间协同发展。株洲市全力打造“中国动力谷”，湘潭市围绕加快推进株洲市、湘潭市、长沙市一体化发展，铺排三干两轨四连线等重点合作项目，着力打造“智造谷”，娄底市打造新材料新能源基地，加强与长沙等中心城市的分工协作，促进协同发展。娄底市启动实施“打造大长沙扩区、对接融入长株潭”战略的水府新城建设和东扩东联战略；与长沙经开区、株洲市高新区共同推进产业链项目。同时强化联防联控，合力打好保卫蓝天碧水攻坚战。

在转型升级中坚持创新驱动，增强内生动力。老工业基地要提高发展活力和竞争力，创新是引领发展的第一动力。“十三五”期间，各示范区形成了以科技创新和体制创新为引领的产业转型升级动力机制，加快创新平台建设，强化创新研发，激发人才创新创业创造活力。

围绕产业链加大科技成果转化和创新链布局。株洲市连续两年实施100项科技成果转化项目，2018年认定121项科技成果转化项目；创建国家创新型城市；创建以全国唯一的IGBT技术创新战略联盟、南方军民融合协同创新中心为代表的七大产业技术创新联盟，共计309家各类技术创新平台成立。湘潭市走出一条“双创+”新路，加快老工业基地调整改造和产业转型升级步伐，全力推进双创+“放管服”改革、双创+智造谷聚、双创+招智引智建设；累计完成各类创新能力平台110个，促成300多个产学研合作项目。娄底市与中科院、中南大学、湖南省大学等科研院所和院校的老专家技术中心签订了《战略合作框架协议》，从而建立产业技术创新战略联盟，实现合作共赢。

培育和吸引科技人才，健全产教融合体制机制。华菱湘钢智慧钢铁解决方案获评湖南省湘潭市2020年度推进数字化经济一体化发展行业优秀解决方案，数字化全流程覆盖全市规模以上工业企业85%以上。

坚持产城一体，增强城市综合承载能力。老工业城市、资源型城市建市较早，工业区、矿区集中分布，迫切需要完善城市功能。“十三五”时期，各示范区结合产业结构调整，加快融入经济区和城市群建设，深入开展城市更新改造，提高人口和经济支撑能力，为区域经济发展和城市群融合发展发挥支撑作用，构建了产城融合的有效途径。

培育壮大以工业园区为载体的市场主体。不断健全优化城市发展环境的体制机制，推动城市功能提质升级。湖南省株洲市实施老工业区企业关停与土地收储、搬迁改造、人员安置、污染治理、园区建设“五同步”，清水塘老工业区企业关停搬迁工作全面完成，生态保护、城镇化建设、产业转型升级实现了有机统一。

全面改善生态环境质量，因地制宜发展新能源产业。老工业基地集中了重工业和能源资源业，因此节能降碳的任务比较重。“十三五”期间，各示范区按照生态文明建设、循环经济发展、生态环境保护、人居质量提升、经济社会发展全面绿色转型的要求，推进重点领域绿色发展。坚持绿色转型，提升可持续发展能力，促进能源资源节约集约利用。

对示范区建设工作细化任务措施、健全政策体系。从税收、资金、金融、用地、降低企业成本、技术支撑、人才、园区等 12 个方面给予政策支持，《关于支持湘中产业转型升级示范区（株洲—湘潭—娄底市）建设的若干政策措施》的出台，将株洲市按照示范区建设规划编制示范区建设五年行动计划，湘潭市编制老工业城改造提升实施计划，娄底市编制新材料新能源基地建设实施计划，并制定出台了一系列扶持政策，在全市老工业城改造提升实施计划中，株洲市重点推进了新材料新能源基地建设。

湖南省中部城市群产业转型升级的做法、经验值得其他老工业基地结合实际进行选择性借鉴。实现山西省产业结构转型升级，应该推动产业结构优化升级，加快能源结构调整，提高科技创新水平，发展新兴产业，促进社会经济系统性变革。立足于经济社会的系统性变革，重点发展新兴产业，积极融入新产业的创新链、产业链、价值链，以点带面，逐步实现产业转型升级，特别是在能源结构转型方面大有可为。山西省各地市在清洁能源方面已经做出了一定的成绩，继续推进能源结构转型，有利于山西打造能源革命的“排头兵”，在能源结构转型方面取得更大的进展。

第五章
广东韶关产业转型升级示范区发展分析及启示

任建辉　易金凤

韶关市从华南老工业基地到粤北地区的经济强市和生态中坚力量的成功转型，对于山西省这样一个典型的资源依赖型地区的产业转型有着重要的启发。参考韶关的转型经验，山西应从自身资源禀赋出发，以资金、人才引进为发展原动力，以科技创新为核心驱动力，把绿色作为产业转型的底色，主动适应市场环境，抓住时代机遇，力争早日实现高质量转型发展。

一、引言

韶关市在20世纪50年代至70年代凭借本地丰富的自然资源，建立了雄厚的工业实力，并一举成为广东省乃至华南地区重工业基地。然而，作为典型的资源型经济发展城市，随着经济发展质量提升，韶关市不可避免地面临着产业转型发展问题，特别是其在2011年被列入国家第三批资源枯竭城市行列，韶关产业转型升级势不可挡。如今，韶关市已经成功地从华南的典型老工业基地发展成为广东省北部重要的制造业城市。其在对传统产业改造的同时，大数据、生物医药、旅游文化等六大新兴产业也异军突起。回顾其转型升级的历程，其主要做法有：对传统产业推行“厂区变园区、产区变城区”的全面深化改革试点，对发展新兴产业采取大规模的招商引资、招才引智；同时，紧抓国家“东数西算”和碳达峰、碳中和等国家战略，积极加强与东莞、粤港澳大湾区以及深圳等周边区域的产业协作发展。抓先机、巧借东风，韶关市产业的成功转型升级，无论是作为资源枯竭城市转型谋变，还是全国老工业城市转型升级的示范作用，均具有重要参考价值。

二、韶关地区转型升级背景

（一）韶关地区简介

韶关市，广东省最北部的一个直辖市，地处北江流域中上游，包括2个市、3个区和5个县。其东边和东南边分别与江西省和本省的河源市接壤，南边与本省的惠州市和广州市接壤，西北边和西南边分别与湖南省和本省的清远市接壤，有“广东省北大门”之称。全市占地约1.84万平方千米，位居全省第二，其中市区占地3 468平方千米。韶关市地形以山地、丘陵为主，平原面积约占20%，地势整体北高南低。2022年末，韶关市常住人口数量为286.18万人，其中城镇人口数量167.54万人，城镇化率为58.54%。

作为一个典型的山城，自1949年以来，经过70多年的发展历程，韶关成功地从一个传统的农业城市转变为一座富有新兴工业体系的制造业基地。韶关市在2019年被批准为我国第二批产业转型升级示范区，是目前广东省唯一一个示范区。发展至今，韶关市已经成为珠江三角洲区域“南北轴线”的重要节点城市之一，面临承接珠三角产业转移与泛珠三角合作的两大发展战略机遇，大有可为。

（二）韶关地区资源概况

1. 水资源

韶关市水资源丰富，有浈江、北江和章江（长江流域）等八条河流，其中北江由北向南贯穿本市，且两侧分布大小多条支流，水流湍急，流量大。韶关市年平均降雨量为1 700毫米，年平均温度为21摄氏度。丰富的水力资源对于韶关市工业、农业和生活用水都至关重要。

2. 矿产资源

韶关市矿产资源比较丰富，且很多矿种分布广泛。目前，从已经发现的矿产来看，韶关市有88种（广东省共117种）。从已探明储量来看，韶关市有55种（广东省共84种）。同时，韶关市矿产资源品类繁多，如黑色金属、稀土、有色金属、燃料矿产、贵金属等，包括铅、银和锌在内的多种矿产资源拥有量均居全国首列。其中，优势矿种达到12种，以铀、铅、锌、铜、钨、稀土、陶瓷土等为首，素有“中国有色金属之乡”和“中国锌都”之称。图5-1展示了2019年末韶关市主要的矿产资源储量。

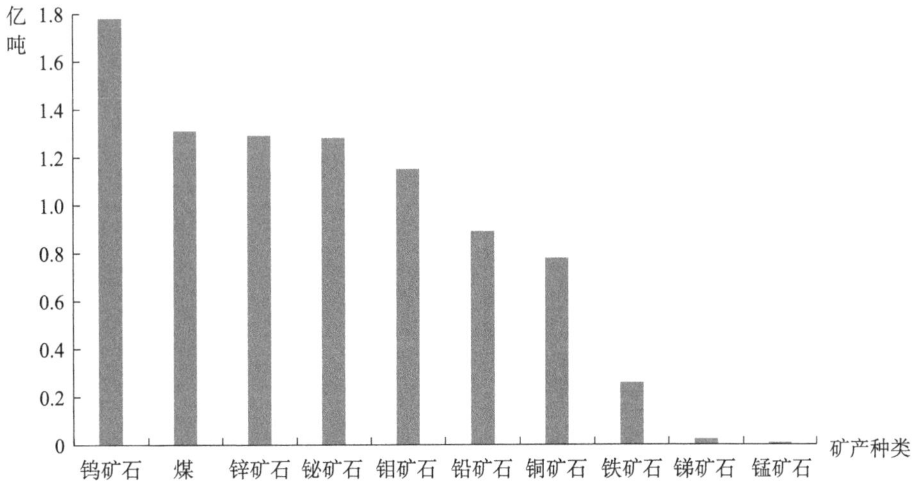

图5-1　2019年末韶关已探明的主要矿产资源储量

3. 工业基础雄厚

20 世纪 50 至 70 年代，韶关被国家定位为“华南重工业基地”和“广东省战略后方”，建立了一大批骨干工业企业，如韶关钢铁厂、韶关冶炼厂、大宝山矿等企业，培育超过 200 个门类的工业体系，创造了广东乃至全国工业史上诸多的“第一”，奠定了工业在其经济总量中的坚实地位，韶关也发展成为广东省重要的工业基地。20 世纪 80 年代后，经过不断的调整和改造，其工业实力得到进一步增强，尤其是轻工业、重工业产业结构得到优化。自 21 世纪以来，韶关工业始终以“建设粤北经济强市”为目标，积极发展优势产业，已基本发展成资源型优势产业突出、加工工业雄厚、部分轻工业分量较重的综合类工业城市。

目前，韶关市拥有两个省级大型钢铁生产基地，还是广东省特钢生产基地，并建成华南特钢产业园，发电产业和机械装备产业也在强势发展中。产业园建设方面，已建成和规划建设有莞韶产业园、乐昌产业园、南雄产业园、仁化产业园、始兴产业园、翁源产业园、新丰产业园、乳源产业园等产业园区。

4. 交通基础设施较完善

韶关市已经形成了以“三铁五高一航”为骨架的综合交通网，实现了县县通高速公路，是粤北第一个、广东省第四个建成环城高速公路的城市，此外，国道、省道、水运交通、农村道路硬底化建设也都在完善中，是建设中的全国一级铁路枢纽和公路运输枢纽。如今，韶关新港水运货物可在一天之内直达港澳地区。便利的交通建设和现代物流运输业的快速发展，大大地促进了韶关市与外部地区的经济联动，为韶关市产业发展提供基础保障。

5. 林木资源

韶关市不仅是广东省林木基地，也是我国的重点林区之一，被誉为华南生物基因库、粤北生态屏障。全市林业用地面积 144.8 万公顷，森林覆盖率为 75.05%，稳居广东省首位，是广东省林业生态市和国家生态文明先行示范区。

（三）韶关产业转型升级的原因

1. 重工业产业得到大力发展，资源枯竭问题凸显

在 20 世纪中后期，受益于国家发展战略定位，韶关积累了较强的工业实力。然而，改革开放后，由于产业布局调整，众多原有传统企业的变迁导致大量厂房、土地被闲置，如韶关冶炼厂迁建后有近20亿元的资金被闲置。

此外，重工业前期的发展过程中粗放式挖掘和超过半个世纪的大规模资源开采，使韶关市可开采资源锐减。对于其他可开采煤矿资源，由于开采环境恶劣且安全性低，开采成本过高，开采活动较少，也面临经济可采煤量减少的困境。受各种原因的影响，“源竭城衰”问题日益凸显。且受限于较落后的开采认知和技术，一系列生态环境问题层出不穷，例如，土壤质量破坏、植被消失、水土流失等。特别是韶关市在2011年和2013年被分别列为全国第三批资源枯竭型城市和全国老工业基地调整改造规划城市，产业转型升级迫在眉睫。

2. 传统产业结构比重过高，产业高质量发展不足

自1970年韶关第二产业所占比重初次占据首位后便居高不下。20世纪90年代以来，韶关经济增长迅速，且主要由第二产业和第三产业循环推动，城市总体竞争力提升显著，但与全国、全省相比较来看，其在产业结构和城市竞争力上仍然存在较大的提升空间。

截至2023年，韶关市第一、第二和第三产业占城市GDP比重分别为14.7:34.5:50.8，同期广东省第一、第二和第三产业所占比重分别为4.1:40.1:55.8，而全国为5.9:33.9:60.2。

3. 粗放型的工业生产和产业大环境的冲击

韶关市发展之初依赖本地丰富的矿产资源，重点发展资源加工工业，建立了其在广东省意义上乃至全国范围内的工业基地地位，形成了雄厚的加工工业格局，但与此同时，伴随着的是高耗能、高污染、粗放型的工业特点。随着世界钢铁、煤炭生产过剩，原材料价格不断提升，以高耗能换取经济增长的韶关工业难以实现可持续发展，产业转型升级成为必由之路。

4. 下岗人员增多，就业问题突出

资源型产业的萎缩导致下岗、失业人数的增加，劳动力人数的减少。随着主要产业关闭破产和关联产业陷入萧条，下岗职工和提前退休人员激增，社会参保人数明显下降，欠费增多，各项社会保险基金严重入不敷出。又因工矿企业的劳动者大多只拥有本专业领域内相关技能，对其他产业的适应能力较差，再就业难度加大，就业问题亟须解决。

三、韶关地区转型制约性因素判定

1. 产业结构与就业结构不匹配

20 世纪 90 年代以来，韶关就业结构变化基本符合“配第—克拉克定理”，但产业结构与就业结构呈现出明显的不对称现象。第一产业产值比重小于就业比重，第二、第三产业产值比重大于就业比重。第二产业就业吸纳能力有所萎缩，第三产业的产业结构与就业结构发展较为均衡。总体来看，近年来韶关产业结构和就业结构的差距在缓慢扩大，调整两者的比例仍是一项重要工作。

2. 管理体制落后，供需失衡

国有企业是韶关市经济发展的“领头羊”，此类企业虽然有政府作为支撑，但由于体制特征，其在改革升级中面临着许多挑战。以韶关钢铁集团为例，其自成立之初就发展迅速，但此过程是一种高耗能、高污染的畸形发展模式。另外，相较于国内其他大型钢铁集团，韶钢产品类型较为单一，产品的附加值低。在转型发展中面临着以下问题：一是特殊的管理体制导致集团规划落后，难以较好地适应多变的市场环境；二是产品结构不尽合理，产能过剩较严重；三是自主创新能力不足，阻碍其发展；四是水运条件差，很大程度上增加了运输成本；五是由于国内铁矿大多数品位较低，加上国内原材料价格越来越高，所以韶关钢铁集团对外矿和焦炭的依赖性相对较大，以上问题在一定程度上增加了其产业进行转型升级的难度。

3. 技术水平低，生产效率低

一方面，改革开放以来民营企业得到了巨大的发展，但是此性质企业普遍存在自主创新能力低、产业生产效率低的问题，低水平的产品附加值使其产品缺乏市场竞争力。另一方面，此类企业缺少品牌，多处于全球产业链低端，粗放型增长特征明显。此外，产业空间分布失衡、生产活动趋同、产业布局不合理等问题也比较突出。

四、韶关地区产业转型升级历程

（一）传统产业形成期（20 世纪 50 年代至 20 世纪 80 年代）

在新中国成立初期，韶关市主要以农业为主，农村经济占主导地位。国民经济恢复时期，官僚资本工业被没收并转变为国营工业，此后韶关市逐步建立起新的管理制度。“一五”时期，开始了有计划、大规模的工业建设，先后建立起一批成熟的中央企业。

1958 年起，国家将韶关定位为华南重工业基地，积极筹划建立钢铁、机械、煤炭等八大工业，新建起以大宝山矿、凡口铅锌矿、韶关钢铁厂、韶关冶炼厂、韶关（乌石）发电厂等“八大厂矿”为代表的一大批工业企业。

1966 年起，还是广东“小三线”城市的韶关，通过新建和产业迁移的方式，实现大量民营企业落地韶关，如制药厂、印刷厂、机械厂等。

1978 年，韶关市工业总产值达 14.97 亿元，占工农业总产值的 66.2%，产品的结构发生了根本性变化，能成批地生产水轮发电机组、电子计算机、机制纸等。这批企业利用当地资源和劳动力，为国家提供了一定的建设物资、资金、经验和出口货源。随着改革开放政策的实施，韶关市的工业化进程开始加速，特别是钢铁、有色金属和化工等传统产业开始崭露头角。

“小三线”建设为粤北工业提供了发展机遇，培养了一批人才。历经十几年的发展，韶关在冶金、金属锻造、矿产开采机械等领域拥有领先的技术水平。这期间，韶关市创造了多个全国、全省第一。试制成功的“高分辨率大间隙光栅测量系统”和“微处理机光栅坐标测控系统”填补了国内空白，居国际先进行列。

（二）转型探索期（1980—2018 年）

经历了改革开放大发展时期，韶关基本建立了钢铁、冶金、机械等传统工业，基本形成华南重工业基地的地位。在此基础上，韶关市产业进入产业转型升级探索期，20 世纪 80 年代末，韶关市加强技术创新和引进外资，开始发展高新技术产业，如电子信息、新材料等领域。经过将近十年的探索发展，在进入 21 世纪之前，韶关市已经逐渐形成了一些特色产业，如石材加工、家具制造等，并开始在国内市场崭露头角。21 世纪初期，韶关市大力发展装备制造业、汽车零部件制造等高附加值产业。此后 10 年里，韶关市积极响应国家政策，推动企业技术改造，提升产业竞争力。同时，也加大了环境保护和资源节约型产业的发展力度，鼓励清洁生产和循环经济。

2008 年国际金融危机爆发，钢铁行业产能严重过剩，韶关钢铁产业受到严重冲击，为此，韶关钢铁提出“从传统的普通钢铁领域向优质的特殊钢铁领域逐步转型升级”道路，10 年间，韶关钢铁的特钢产品从零起步，最终成功打入东风日产、比亚迪、吉利等企业的供应链，广泛应用于高端制造行业。

在此期间，韶关也根据客观环境不断调整工业的内部结构，并形成以下特点：一是在以重工业为主的工业格局下迅速发展轻工业；二是在工业内部，采掘业和原材料比重降低；三是形成了一批支柱产业，初步建立起了能源、机械、冶金、化工、食品、纺织六大支柱产业。而面对“生态门槛高、用地约束紧”的转型发展难题和挑战，韶关开始了大刀阔斧的“二次创业”，从改造传统产业、培育新产业新业态新模式、承接产业转移和开展产业合作等方向出发，力争逐渐实现生产模式从粗放型生产向集约型生产、从低技术水平向高技术水平、从高消耗向高附加值的转变。

（三）转型深化期（2019 年至今）

自 2019 年入选国家第二批产业转型升级示范区，韶关以高质量发展为指引，致力于传统产业深化转型，使城市焕发新发展活力。除了继续对传统产业结构进行调整，加大发展现代服务业、文化创意产业、旅游业等新兴领域的力度，以及积极参与粤港澳大湾区建设，加强与周边城市的合作，促进产业互联互通。并着力打造绿色产业和建立高新技术企业，加速科技创新，提升核心竞争力。韶关市还主动适应新时代发展阶段下的市场环境变化，积极主动发展各类新兴产业，同时为响应国家提出的“碳达峰、碳中和”发展战略作出相应的战略性产业调整。在通过信息化手段为韶钢、韶关冶炼、韶关电厂等传统企业注入新发展动能的同时，积极培育大数据、新能源、生物医药等新兴产业，大力发展旅游业、博物馆等现代服务业，推动第一产业、第二产业和第三产业间的融合协调发展。

举例来看，2019 年，韶关引进规模亿元的大数据项目，开启大数据产业时代。2021 年，在全省率先建立“厂区变园区、产区变城区”试点，对韶关钢铁、韶关冶炼等一批传统产业进行改革，这场“双变”之风，不仅为传统产业带来新活力，使原本单一的产业园区改造转型为多种类的综合型园区，同时也吸引了一批批新兴产业落地韶关，如高端技术制造业、科研型企业和新能源产业等。2022 年 2 月，借助广东省建设全国一体化算力网络枢纽的规划，启动建设数据产业集群。同年，韶关市举办了首届“东数西算”粤港澳大湾区（广东）算力产业大会，此次大会促成几十个数据相关合作项目的签约，推动大数据产业实现跨越式发展。

在打造华南“数字凤凰”的同时，韶关市也注重生态环境保护和绿色发展。以中央生态环境保护督察整改为契机，借“督”促“改”，韶关市走出了属于自己的新发展道路。主要有以下几点举措：开展各项环保升级和绿色提升改造项目，对原本高污染厂区进行一系列“绿色”改造升级，如采用工业风和环保风相结合的方式，将钢铁厂变为旅游景区；充分利用旧矿坑和荒地，将矿区改造为矿山公园；注重工业生产活动中产生的废气、废水、固废的处理。作为曾经的华南重工业基地、现在的粤北生态发展中坚力量，韶关市既是一个老工业城市又是一个资源型城市。近些年来，韶关紧紧围绕新发展理念，全力打造绿色发展韶关样板。

2022 年 11 月印发的《支持韶关建设国家老工业城市和资源型城市产业转型升级示范区的若干意见》中提出了一系列关于韶关产业转型升级的指导方针，特别是对于电子信息产业、高新技术装备制造、大数据、节能环保等新兴产业，力争将韶关建设成为粤北经济强市。总的来说，韶关市的产业转型升级历程经历了从传统制造业向高新技术产业和现代服务业的转变。政府引导、技术创新、产业结构调整以及与周边城市的合作都是推动实现这一历程的重要因素。

五、韶关地区转型发展举措与成效

（一）转型举措

举措 1：招商引资和招才引智双管齐下

韶关市大力开展招商引资工作，从市内和市外两个招商团队定位出发，对接大湾区“大招商、招大商、招好商”，抓好项目落地跟踪服务。还建立多个招商平台，采取不同的招商方式，如以商引商、中介招商、园区吸引、线上线下相结合等方式和途径，吸引区域外产业转移入韶关。

功以才成，业由才广。人才作为招商引资的重要因素，是汇聚高质量发展的首要资源。韶关市制订了“丹霞英才计划”、“双百”人才工程，出台《韶关市扶持产业科技人才实施意见的实施细则》《韶关市扶持高校毕业生在韶就业实施意见》等具体人才培养方案，以吸引人才和进行高端人才培养。除此之外，韶关市还大力开展招才引智活动，紧跟全省科技创新战略布局，制定并实施了“百团千才万匠”人才工程。通过设立奖学金、引进外部专业人才、建立产业学院等举措，鼓励人才的培养和引进，不断丰富人才储备，以满足产业升级对于人才的需求，为提升科技创新能力提供人力资本保障。

举措2：抢抓时代机遇大力发展新兴产业

首先，为了实现产业升级，韶关市积极发展新兴产业，如新能源汽车、高端装备制造、生物医药和信息技术。政府制定了产业政策，吸引了一批高科技企业入驻，同时提供土地和税收优惠等激励措施，以促进新兴产业的发展。

其次，借助得天独厚的地理优势、气候环境条件，大数据成为韶关市近年来重点集聚的新兴产业。韶关市把握规划建设粤港澳大湾区算力中心的重大机遇，一是举办了首届大湾区（广东）算力产业大会，吸引了各大龙头企业来韶考察，成功引进签约12家数据中心企业，总投资达395亿元，是韶关市历史上单个产业最大投资。二是成立了广东韶关数据产业投资发展有限公司，与相关实验室开展合作，成立大数据产业研究院。三是持续建设数据产业中心集群，积极承接广州、深圳等省内外城市的实时性算力需求，在打造韶关数字经济产业的同时，力争构建华南地区乃至全国的算力基地。

最后，以入选碳中和试点示范城市为契机，积极谋划建设碳中和装备产业园，发展低碳新能源全产业链，推动风机塔筒厂和光伏支架制造基地等3个项目落地，总投资约18.5亿元；设立韶关市碳中和产业基金，到账基金2.2亿元，首个拟投项目——韶关数字化绿色低碳微循环示范项目已签订落地协议，并列入省重点建设项目计划。

举措3：重视交通基础设施的建设和完善

示范区不断加快硬件设施建设，提高要素保障能力，注重推进交通基础设施建设。韶关市针对高速公路、普通公路和航海道分别实施不同策略，以完善运输基础设施建设，其中，对于高速公路建设，加快在建项目进度和促进新项目的报批；对于普通公路建设，切实将银行贷款资金合理利用在问题道路的修理改造和旅游道路建设上；对于航海运输通道和其他项目建设，加大了建设和升级改造中土地征用拆迁协调力度，加快推进货物存放场地建设。

举措 4：向内改造和向外合作相结合

向内改造方面，韶关根据自身情况和发展现状，广泛推行“双变”改革试点（厂区变园区、产区变城区）。韶关制造业产业体系门类齐全、基础较好，发展实体经济特别是制造业的条件得天独厚，在第一批推行“厂区变园区、产区变城区”产业改革试点取得成功后，韶关继续实施第二批、第三批改革试点，推动传统产业转型升级，探索老工业城市发展的新道路、新模式。为了振兴有色金属、机械装备制造和纺织业等传统产业，韶关市政府采取提供财政支持、降低企业税负、鼓励企业技术创新和产品升级等一系列政策措施。为此，韶关市政府还鼓励企业进行并购重组，提高整体竞争力。

向外合作方面，一是建设粤港澳大湾区和深圳“双区”合作示范区，积极承接珠三角地区的产业转移，主动与大湾区开展产业活动分工协作，重点发展大数据、商贸物流、大健康、特色农业、文旅和先进技术装备制造业六大新兴产业。打造大湾区“菜篮子”生产基地，现代农业产业园顺势发展起来。为更好地实现“双区”经济联动，韶关有针对性地从交通、产业合作和机制建设三个方向制订一系列详细实施方案。二是与东莞建立“双城”产业协作，取各自的优势条件进行互补式发展，充分发挥对口帮扶机制作用，不断拓展发展空间。自 2013 年与东莞建立对口帮扶以来，双方开展多项产业共建项目，建立了以莞韶城、华南装备园为主的“2 + 10 + N”产业发展园区，达成亿元以上级别项目超过 200 个，引进上千亿元巨额投资。

举措 5：以创新驱动为引擎

科技创新是企业生存的沃土，是吸引产业转移的法宝，更是示范区高质量发展的关键。面对企业自主创新能力不足问题，韶关市出台一系列具体可行的方案提升本地市场科技创新水平，具体包括做强本地创新中心和科研基地孵化平台、吸引优秀科研院所到韶关设立分支机构、与大湾区先进科技创新企业建立合作协作项目、与国际企业开展技术交流和合作研发项目等方式，以推动产业升级和创新。此外，韶关市注重科技创新的生产力转化效率，不断将技术创新结果应用到钢铁、冶炼等传统产业的转型升级中，不仅优化了原本粗放型的生产过程，有效改善了生产中存在的生态污染问题，也提高了产业技术水平，增强了产品的市场竞争力。

举措 6：把绿色作为底色，推动绿色转型发展

在对传统产业进行改造升级的过程中，韶关市积极响应“碳达峰、碳中和”战略目标，切实履行“绿色”发展新理念，通过技术创新来革新生产工艺、生产流程，使生产过程中的效率进一步取得突破式提升。同时，韶关市政府也开展水资源保护、清洁能源推广、污染企业监管等工作，走“源头—终端”两头抓的绿色发展道路，巩固了其作为“粤北生态区中坚力量”的地位。此外，韶关市还将“厂区”变“景区”、将“矿坑”变“公园”，有效改善了历史工业发展中遗留长久的生态破坏问题。

举措7：深化体制机制改革，优化营商环境

为了吸引更多的投资和企业发展，韶关市政府努力改善营商环境。简化办事流程，提高政府服务效率，降低企业的行政负担。一方面，韶关市采取商业办事全流程电子化，大大缩短了企业注册登记所需时间。另一方面，将互联网技术应用到政府办事系统，建立“数字政府”，细化至乡镇、村，实现了“全市通办”、事务公平公正的无差别处理过程。尤其是各类投资项目（政府投资和社会投资）审核时间得到明显压缩，极大地提高了全社会投资效率，激发了市场活力。

韶关市持续优化政务服务环境，建设一体化政务大数据中心，完善韶关版的“粤省事”和“粤商通”等服务系统，实现电子化、网络化更高覆盖率，努力打造高效率、高透明的“一网通办”事务处理模式。目前，全市许可的政务事项达到95.9%的全程网络办理率，将近700项政务服务事项实现“免证办”，大大优化了韶关营商环境。此外，建立莞韶产业园、南雄产业园、始兴产业园、新丰产业园等各大产业园区，形成产业集聚，提供越来越完善的现代化工业用地和基础设施。

（二）转型成效

成效1：人才和资金的引进取得较好成效

人才方面。一是获批各类科技立项5项，合作建立联合实验室、创新中心9个，孵化企业8家；二是引进高端产业科技人才（项目团队核心成员）30人，开发科研助理岗位完成率排全省首位；三是组建碳中和丹霞智库，组织各类峰会论坛等活动13场，累计访韶院士22人次、各类技术专家70余人次，为韶关碳中和产业提供重要支撑；四是通过科技企业高端人才来韶开展合作项目，建设了11家高水平科研机构，认定了8家省级新型研发机构，引进了6个“南岭团队”，构建了“揭榜挂帅、常年受理、专业评价、实体落地”的良好格局。通过一系列举措大力引进急需紧缺高层次人才，为韶关市产业转型升级提供了坚实的智力支撑。

资金方面。2011—2022年韶关市共获得资源枯竭城市转移支付资金43亿元；2020—2022年共获得国家重点地区转型发展专项（资源型地区转型发展方向）资金11 170万元，其中，产业转型升级示范区项目获得7 030万元，仁化凡口独立工矿区搬迁改造项目获得4 140万元。同时，利用“双变”改革试点项目，累计完成投资100亿元，37个项目竣工投产，华南装备园三期扩园有序推进并已经完成上万平方米的厂房建设。

成效2：产业结构优化

一是凭借较好的制造业基础，制造业等实体经济进入新发展阶段。利用“双变”改革试点，盘活千亩荒废土地。以中南股份公司为龙头企业，优化钢铁产业链；充分利用矿产资源集聚区延伸有色金属产业加工链条；积极推进“专精特新”发展道路，开发出多种类、高附加值、低污染的产品。二是培育发展了大量新兴产业，特别是大数据产业、新能源产业和生物医药产业等均取得了巨大发展。三是一、二、三次产业总产值占生产总值（GDP）比重排序发生明显变化（图5－2），1994年，三大产业对经济的贡献率由高到低依次为第二产业、第一产业和第三产业。2007年，第二产业发展达到峰值48.47%，全市将近一半的GDP由第二产业产生，此后这一占比呈现出逐年下降的趋势，而第三产业占比在逐年攀增，并在2009年占据首位，从此韶关市进入第三产业引领发展时代。整体上，三大产业发展的演进过程表现为：从第二产业为主导逐渐转变为第三产业领跑的发展趋势，且这一趋势在不断得到强化。

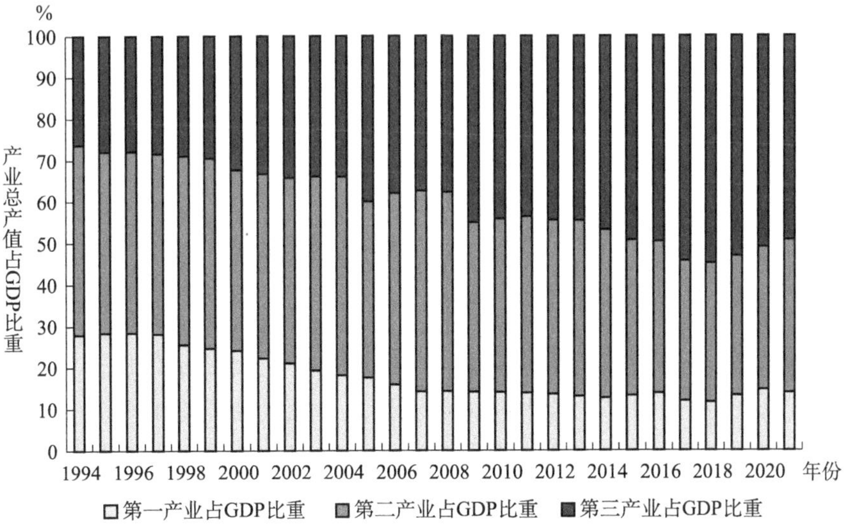

图5－2 1994—2021韶关市一、二、三次产业占GDP比重演进趋势

成效3：工业和制造业产能显著提升，重点企业强势回暖

2021年，韶关市工业增加值469.42亿元，比上年增长12%，扭转了工业增加值占总产值比重下降态势，实现逆增长，其中高技术制造业增加值同比增长27.9%。装备制造业投资52.21亿元，增速72.6%。2023年初，东阳光集团成为唯一一家产值破百亿的制造业民营企业，全市新增8家国家级“小巨人”企业。此外，两项数据增速均在珠江西岸先进装备制造业带内排名第一。如今，韶关市已成为我国装备制造业重要基地之一，也是全省乃至华南地区最大的、唯一的高端钢铁生产基地。

成效4：先进制造业搭上珠西产业带发展快车

2017年，争取省珠西办的支持，为韶关增设“基础零部件和原材料研发制造及应用等先进装备制造产业项目”；获得珠西办扶持资金1.81亿元，用于支持建设华南装备基础设施、技术研发和重点装备制造产业项目。全年实现先进制造业90.04亿元的增加值，同比增长6.9%。

成效5：生态环境得到良好改善，筑牢北部生态屏障地位

韶关全市空气质量指数达到了91.9%的优良达标率；13个地表水国考断面水质优良率、9个县级以上在用集中式饮用水源水质达标率均达100%；累计建成万里碧道291千米；受污染耕地和重点建设用地安全利用率超过90%，韶关市整改推动老工业城市生态发展成效显著，绿色低碳发展持续见效，被列为广东省“督察整改看成效”5个正面典型案例之一。

韶关完成广东粤北南岭山区山水林田湖草生态保护修复试点项目19项绩效目标，实现矿山、石场治理恢复绿地面积544.05亩，累计完成造林与生态修复面积29.5万亩。全市森林覆盖率达到74.19%，获得全国绿化模范城市的称号。

六、经验启示与借鉴意义

作为全国产业转型升级示范区、全国绿色矿业发展示范区、国家产融合作试点城市和全省首批碳中和试点示范区，韶关市产业转型的成功也为新阶段山西实现高质量转型提供了现实的发展经验，主要体现在以下五个方面。

（一）充分利用先天禀赋，勇抓时代的、国家的政策机遇

韶关市紧抓国家“东数西算”和碳达峰、碳中和等国家级战略，积极加强与东莞、粤港澳大湾区以及深圳等周边区域的产业协作发展，不断推进莞韶“双城”“厂区变园区、产业变城区”的“双变”改革试点工作，实现了从传统重工业城市到新兴工业城市的转变。作为我国煤炭产量大省，借助先天丰富的煤炭资源禀赋，又逢国家“碳达峰，碳中和”的发展战略目标，山西可以通过政策引导实现煤炭产业加工工艺升级，推动传统产业向高端、精细化发展，以促进企业转型升级。同时，也要注重提升企业自身的管理和经营能力，增强产品品质和市场竞争力。

（二）以基础设施建设为先导，提升承接产业能力

韶关市通过狠抓铁路、公路路网等交通建设，日益完善运输体系，为其精准承接国内、国外其他地区的产业转移提供了物流保障能力，使韶关市成为粤北区交通枢纽。示范区还通过承接转移和转型升级“双管齐下”的方式，实现高端引领、集群带动，在不断发展壮大本地区特色产业的同时也催生了一大批新兴产业的萌芽和发展。以此为启发，在新发展阶段，一方面，山西省可以在全面掌握本地交通、路网等基础设施发展水平的基础上，因地制宜地优化或扩大基础设施建设。另一方面，根据自身产业优势进行内部产业转移和外部产业的承接，不断提高本地与外部地区的经济联动水平。

（三）加强招商引资和人才引进，助力新兴产业落地

韶关市通过积极主动地大力引进人才、项目和资金，不仅为传统产业注入了新鲜活力，而且还催生了大数据、生物医药、先进装备制造等新兴产业。对此，山西省更要加强人才引进和培养的力度，构建人才高地。首先，人才引进上，一方面，整合本地人才资源和市场岗位需求，关注劳动力生活和工作保障，降低青年劳动力尤其是人才的流失风险。另一方面，注重人才补贴政策的制定和落实情况，增加外地劳动力的流入和驻地意愿。其次，人才培养上，基于追本溯源的思想，可以聚焦高校、研究院和企业等人才高聚集地，注重人才培养方案的推陈出新，为新兴产业落地山西提供坚实的人才储备力量，更为提升地区科技创新水平提供原动力。

而在招商引资上，山西省可以考虑从多方位、多渠道及多平台角度拓宽外

来资本参与本地投资。充分发挥政策性投资的引导带动作用，丰富资金来源渠道，优化管理各项资金的资助方式。可以以项目为抓点，发挥经济联动效应。为传统产业转型升级和新产业的萌芽及落地打造更加开放的大市场环境。

（四）加大科技创新力度，细分市场龙头企业

科技是第一生产力，是产业转型升级的核心推动力。创新是推进新旧动能转换、产业转型升级的核心动力，加快产业转型升级，必须增强企业自主创新能力。韶关市通过加大科学研究的资金投入、吸引科研院所落地本地、加大人才培养和引进力度等举措不断提高自身的创新水平。山西省作为一个典型的以煤炭产业为主导的地区，其创新水平仍较落后，除了开展外部技术引进和合作、高端人才引进和培养工作之外，更需要以提升科技创新能力为核心，要充分发挥企业在科技创新中的主体身份，注重学习先进技术和先进管理理念，分产业、分平台地开展创新活动，可以集中有限的财力和人力优先发展某些领域，而后带动其他传统产业进入新发展路径、新发展模式。在做大做强“本土特色”的基础上，最终实现产业高质量、高端化转型。

（五）注重绿色发展，以谋求经济健康长远发展

在对传统产业进行转型升级的过程中，韶关把绿色作为底色，不断推动传统产业的绿色转型发展，不仅重构产业竞争新优势，实现传统产业高质量转型发展，而且改善了城市整体生态环境，为生态旅游提供新的发展契机。在当今绿色、可持续的发展理念下，山西仍须持续加强生态环保建设，进一步推进绿色发展，加快生态文明建设。可以尝试借助环境监测等手段，推进大气、水、土壤等环境污染治理，走可持续发展道路。

参考文献

[1] 侯海霞. 谋篇绘蓝图 发展正提速——我市加快产业转型升级推动高质量发展综述[N]. 韶关日报，2023-01-28.

[2] 吴梦雁，陈立新，张伟. 以产业为路 与趋势为友——老工业城市韶关转型升级综述[N]. 韶关日报，2022-11-04.

[3] 陈靖斌. 厂区变园区、产区变城区 广东韶关探索老工业城市高质量发展新模式[N]. 中国经营报，2022-12-24.

［4］吴楠．一个老工业基地的华丽蝶变［N］．中国市场监管报，2021－12－04（001）．

［5］卢恒，许树辉，王莹．资源枯竭型城市转型升级模式探究——以广东韶关为例［J］．韶关学院学报，2013，34（05）：108－112．

［6］刘战慧．韶关市乡村旅游产业转型升级的路径与对策［J］．广东农业科学，2012，39（03）：179－181．

［7］本报特约评论员．转型升级，韶关高质量发展必由之路［N］．韶关日报，2019－09－09（A04）．

［8］赵丽．韶关市产业结构转型升级的测度分析［J］．韶关学院学报，2018，39（01）：47－51．

［9］韶关：加速建设产业转型升级示范区［N］．人民日报，2021－01－13．

［10］邓琪蓉．韶关：抢抓绿色转型“风口”打开制造业高质量发展之门［N］．韶关日报，2022－11－19．

［11］广东省人民政府地方志办公室，韶关市人民政府地方志办公室．特色产业 百年工业之城：韶关市［EB/OL］．（2023－02－10）．http：//dfz. gd. gov. cn/gdcy/zyzhxtj/content/post_ 4092674. html.

［12］龚元翔．高质量发展背景下传统有色金属产业转型发展对策研究——以韶关冶炼厂为例［J］．世界有色金属，2020（20）：131－134．

［13］杨蕾，杜鹏，夏斌．基于 SSM 的韶关市产业结构演进特征分析［J］．江西农业学报，2009，21（03）：149－153．

［14］田广增．韶关市全域旅游发展存在的突出问题与对策［J］．韶关学院学报，2018，39（01）：73－77．

第二篇

坚持绿色低碳

第六章 内蒙古西部产业转型升级示范区发展分析与启示

张聪聪　雷　冉

内蒙古西部地区产业转型对山西转型的启示：第一，基于地区比较优势推动产业融合发展，推动传统产业新型化，主导产业多元化，新兴产业集群化发展；第二，明确新兴产业发展重点，加快发展新技术、新产业、新模式，不断提升全要素生产率；第三，不断提升新兴产业发展的创新支撑；第四，强化新兴产业发展的人才支持；第五，强化政策支撑和投入保障，聚焦科技合作和人才引进，建设一体化城市群发展模式，打造低碳产业集群。

一、引言

近年来，随着极端天气频繁发生，环境问题越来越受到人们的关注。内蒙古西部地区资源储量丰富，是重要的矿产资源及农牧业基地。为了应对环境问题，内蒙古西部地区积极推动产业转型升级，以应对环境变化给经济发展带来的新需求和挑战。本章旨在通过剖析内蒙古西部地区发展现状和转型过程中所面临的问题，梳理归纳内蒙古西部地区转型的关键举措和转型成效，总结内蒙古西部地区的转型发展经验，得出资源型地区转型发展的指导性对策建议，进而为山西省转型发展提供经验启示。

二、内蒙古西部地区转型发展背景

（一）内蒙古西部地区简介

内蒙古西部地区作为中国内蒙古自治区的重要组成部分，拥有丰富的自然资源和独特的地理环境。该地区以呼和浩特、包头、鄂尔多斯三市为核心和引擎，辐射带动阿拉善、乌兰察布、巴彦淖尔、乌海 4 个盟市。该区域 7 个盟市的经济总量、地方财政收入、规模以上工业增加值和固定资产投资约占内蒙古自治区的 70%，人均生产总值是全区平均水平的 1.64 倍。此外，该区域集中了内蒙古 69% 的电力装机容量、79% 的钢铁产能、50% 的有色金属产业以及绝大部分的煤化工、装备制造、农畜产品加工、建材等行业。内蒙古西部地区还是国家“呼包鄂榆（榆林）重点开发区”和“呼包银（银川）经济带”的重要组成部分，显示出其在全国经济发展中的重要地位。

近年来，内蒙古西部地区将产业转型作为其发展的关键战略，致力于实现经济的可持续增长和生态环境的改善。该地区正积极增强对清洁能源开发、旅游业及现代农牧业等新兴领域的扶持与培育。得益于其丰富的太阳能和风能等可再生能源，内蒙古西部地区正大力发展清洁能源产业，以降低对传统能源的依赖。同时，该地区利用其独特的草原、湖泊等自然景观，不断加强旅游业的宣传与推广，以吸引更多的游客。此外，该地区也在推动农牧业现代化，通过引进先进的农业技术和管理模式，提升生产效率和产品质量，并通过品牌建设和市场推广，增加农业收入，增强农业竞争力。

专栏一　内蒙古西部地区简述

呼和浩特市：内蒙古自治区的首府及第二大工业城市，同时也是国家新能源汽车试点城市，与包头、鄂尔多斯及吉林省的松原市并称为中国北方经济增长的“四小龙”，并且因其在乳业的领先地位而被誉为“中国乳都”。

包头市：内蒙古自治区的第一大城市和第一大工业城市，国家稀土、钢铁、冶金、机械制造、军工基地。它是内蒙古自治区绿化最好的城市，被誉为“稀土之都”。

鄂尔多斯市：全国重要的能源基地和“呼包鄂”金三角的重要组成部分。中国煤炭产量最大的城市，同时拥有占全国六分之一的天然气储量。

乌兰察布市：中国古代北方文明的发祥地，草原丝路和万里茶道的重要节点。作为“一带一路”倡议和中欧班列中唯一的非省会枢纽节点城市，乌兰察布市的战略地位不言而喻。此外，它还荣获“国家卫生城市”“全国双拥模范城”等称号，并且是文旅康养城市联盟的共同发起城市之一。

巴彦淖尔市：被誉为“塞上江南，黄河明珠，北方新城，西部热土”。

乌海市：形成了能源、煤化工、建材、冶金四大支柱产业，是中国西北地区重要的煤化工基地，也是国内电石、硅铁等高载能产品的重要产地。

阿拉善盟：内蒙古自治区面积最大、人口最少的盟市。

（二）内蒙古西部地区资源概况

在自然资源方面，内蒙古西部地区拥有丰富的矿产资源。涵盖了煤炭、石油、天然气、稀土以及铁矿石等多种类型。除矿产资源外，内蒙古西部地区还蕴藏着丰富的农牧和旅游资源。以下是对该地区自然资源情况的具体数据分析。

1. 内蒙古西部地区煤炭情况

煤炭是内蒙古西部地区最重要的矿产资源之一，该地区的煤炭储量得天独厚、誉满中华，位居全国前列。煤炭资源主要分布在乌兰察布、包头、鄂尔多斯等地，尤其以鄂尔多斯市为主。鄂尔多斯市作为中国最大的煤炭生产基地，其煤炭储量丰富，面积达到86 752平方千米，70%的市域面积下蕴藏着煤炭资源，且开采条件优越。内蒙古西部地区的煤炭资源在国内外都具有重要的经济价值，被广泛用于发电、冶金和化工等行业。该地区的煤炭不仅满足了能源需求，而且成为推动当地经济发展的关键因素。

图6－1的数据显示，2020年鄂尔多斯市在内蒙古西部地区的煤矿数量和年产量方面均遥遥领先，位居榜首。相比之下，其他地区的煤矿数量和年产量远远低于鄂尔多斯市的水平。这一显著差异突显了鄂尔多斯市作为内蒙古西部地区煤炭供应的主导地位。图6－2的数据显示，鄂尔多斯市在原煤产量上也处于领先地位，其产量远远超过了内蒙古西部地区的其他城市。紧随其后的是乌海市，其产量虽然不及鄂尔多斯市，但在地区内仍占据次要位置。相比之下，其他地区的原煤产量则显得微乎其微，进一步凸显了鄂尔多斯市在该地区煤炭产业中的主导作用。

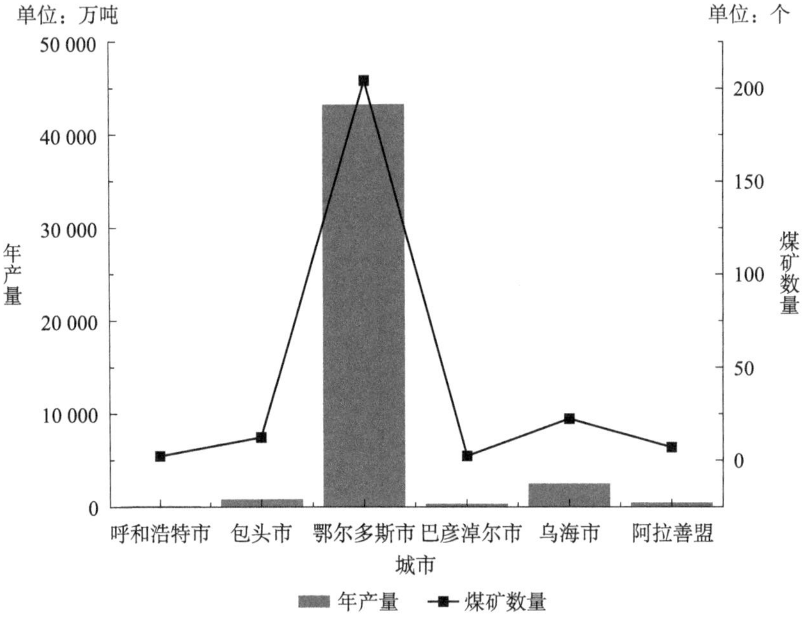

图6－1　2020年内蒙古西部煤矿数量和年产量情况

2. 内蒙古西部地区稀土资源情况

内蒙古西部地区的稀土资源极为丰富，其中包头市的白云鄂博矿区尤为突出，被誉为世界上最大的稀土矿山之一。白云鄂博矿区蕴藏着约3 500万吨的稀土资源，占中国稀土氧化物总量的90%以上，其储量在全球排名第

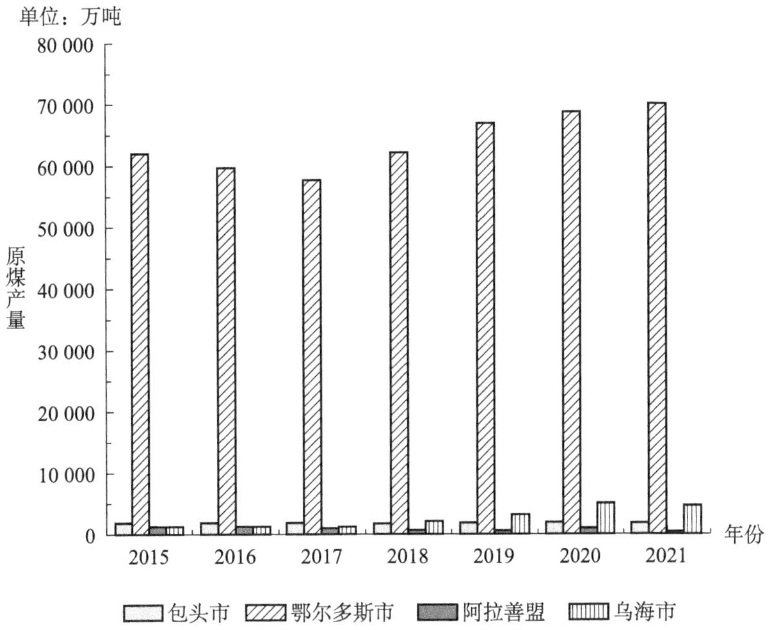

图 6－2　分城市分地区原煤产量

二，仅次于巴西。2022 年，内蒙古西部地区的稀土产业产值突破 650 亿元，丰富的稀土资源为内蒙古西部地区乃至全国的高科技和工业发展提供了宝贵的原材料。

3. 内蒙古西部地区石油和天然气情况

内蒙古西部地区蕴藏着丰富的石油和天然气资源，特别是在巴彦淖尔、乌海和鄂尔多斯等地区的油田和气田，储量尤为丰富。鄂尔多斯盆地更是其中的佼佼者，其天然气资源量高达 10 000 亿立方米，是世界级大油气田陕甘宁油气田的主要部分，此外，该地区还拥有大量的风能和太阳能资源，具备发展清洁能源的巨大潜力。

图 6－3 显示了内蒙古西部地区在人工或天然气供气量方面的分布情况。呼和浩特市和包头市在供气量上遥遥领先，远远高于内蒙古西部的其他地区。乌海市的供气量呈现出较大的波动性，而其他地区则展现出较为稳定的供气水平。这表明呼和浩特市和包头市在供气量方面具有显著优势，而乌海市需要更稳定的供气政策来平衡其供应波动。

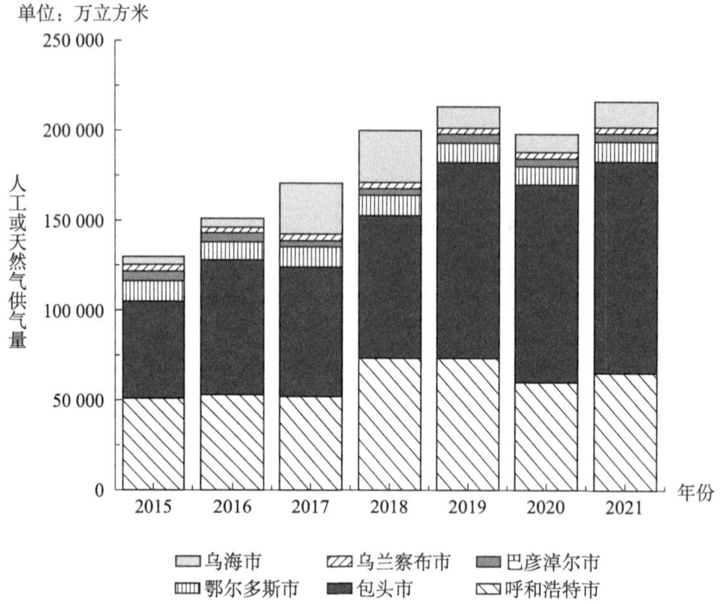

图 6－3　分城市分年份人工或天然气供气量

图 6－4 显示了内蒙古西部地区的不同城市在液化石油气供气总量方面的分布情况。包头市的供应量在内蒙古西部地区显得尤为突出，明显高于其他地区。鄂尔多斯市和乌兰察布市的供气量相近，处于同一水平。而巴彦淖尔市和乌海市的供气量则保持一个相对稳定的水平。

4. 内蒙古西部地区农牧业和旅游业情况

内蒙古西部地区的农牧业是当地经济的支柱产业，为居民提供了主要的经济来源，并带来了丰富的农产品和畜禽产品。这里的畜牧业以牛、羊和马的养殖为主，规模庞大。农业方面，主要种植小麦、玉米和大豆等农作物，近年来积极推动农业现代化发展，通过引进先进技术和种植模式，提升农产品的质量和产量，满足市场需求。

根据图 6－5 的数据，在内蒙古西部地区的肉类产量方面，乌兰察布市和巴彦淖尔市的产量相对较高，而乌海市的产量最低。尽管这些是 2003—2008 年的数据，但考虑到数据的可获得性以及肉类生产具有一定的稳定性和连续性，这些数据仍然能够反映出该地区农畜产品的分布和生产状况。因此，本案例采用 2003—2008 年这段时间的数据来观察和分析内蒙古西部地区的农畜产品生产情况。

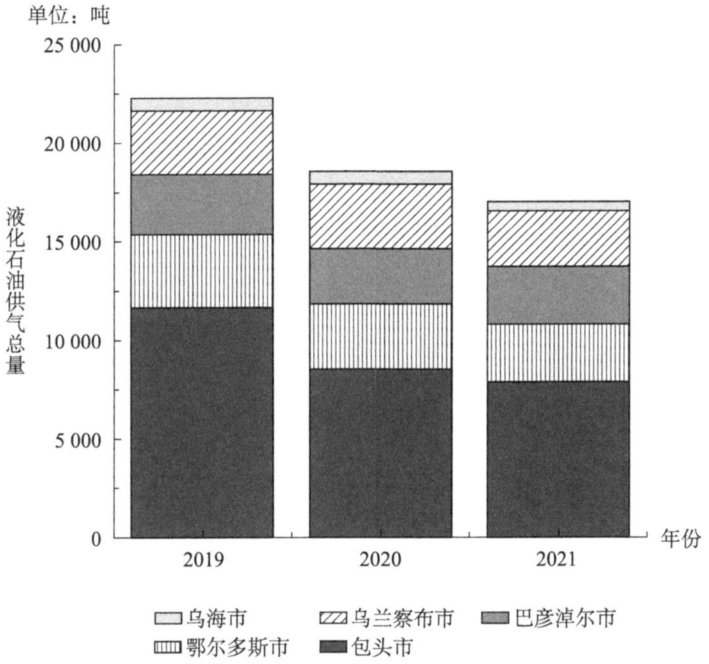

图 6－4 分城市分年份液化石油供气总量

内蒙古西部地区的旅游业具有巨大的发展潜力。这里自然景观壮美，拥有广袤的草原、湖泊和山脉等自然风景，如神泉生态旅游景区、莫尼山非遗小镇和五当召等知名景点，吸引着众多游客到访。为了进一步提升吸引力，该地区正积极开发旅游资源，加强推广，并不断完善旅游服务和设施，以期为游客提供更加丰富和舒适的旅游体验。

综合以上分析发现，内蒙古西部地区拥有包括煤炭、石油、天然气、稀土、农牧业和旅游业在内的丰富资源。这些资源的合理开发与利用对于推动地区经济的持续增长至关重要，同时也对产业结构的优化升级具有深远影响。

（三）内蒙古西部转型原因剖析

1. 资源环境问题

内蒙古西部地区矿产资源丰富，其中呼和浩特市和包头市分别是第一大和第二大工业城市，包头市还被誉为“稀土之都”，稀土资源占到全国总储量的 83.7%，鄂尔多斯市是煤炭产量最大的城市，2021 年原煤产量高达 70 043 万吨。此外，该地区的农牧业同样发展迅猛，成为中国重要的农牧业基地，呼和

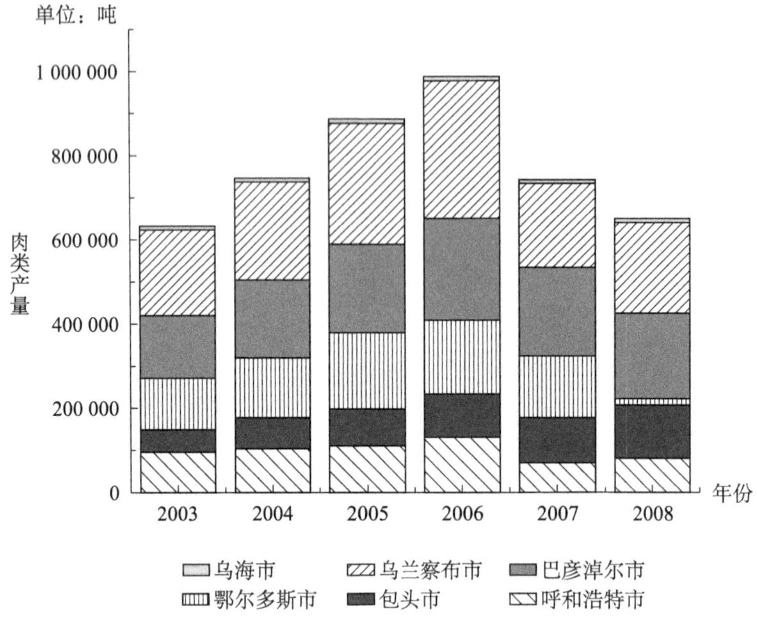

图 6－5　分城市分年份肉类产量

浩特市更被誉为“中国乳都”。

然而，煤炭等矿产资源以及农牧业作为高污染高排放类的产业，会对环境造成一定影响。例如，鄂尔多斯市 2019 年碳排放量达到 5 518.443 万吨。随着环境问题日益受到公众关注，清洁能源的需求不断上升。面对这一趋势，传统产业正面临着前所未有的挑战。作为传统产业的典型代表，内蒙古西部地区亟须进行产业转型升级，以应对经济发展中的问题和挑战。

2. 产业结构问题

内蒙古西部地区的经济结构以第二产业为主导，其中鄂尔多斯市 2021 年第二产业产值占生产总值的比重达到了 65.27%。然而，服务业和高新技术产业等第三产业的比重相对较小。发展新兴产业或第三产业对于提升地区经济的多元化和增加产业附加值至关重要。因此，内蒙古西部地区迫切需要进行产业结构的优化和升级，以促进经济的可持续发展，并提高产业的竞争力和创新能力，这不仅有助于减少对传统产业的依赖，还能为地区经济增长注入新的活力。

3. 能源结构调整

内蒙古西部地区拥有着丰富的矿产和畜牧业资源，同时也拥有着丰富的风能、太阳能等可再生能源。与山西省相比，内蒙古西部地域更加辽阔，例如，阿拉善盟地广人稀，风能和太阳能资源尤为充沛。呼和浩特市作为新能源示范城市，已成为可再生能源发展的标杆，享有国家政策的有力支持。这些优势预示着内蒙古西部地区在新能源发展上具有巨大的潜力和明显的优势，为产业转型升级提供了广阔的空间和动力。

三、内蒙古西部地区转型制约性因素分析

内蒙古西部地区的产业转型进程面临着各式各样的挑战和制约因素。下面将对这些制约因素进行深入分析，既包括普遍存在于整个地区的问题，也包括各个城市所特有的问题。

（一）技术创新能力缺乏

根据创新和市场竞争理论，创新是推动地区经济发展的关键动力，而市场竞争则能进一步提升地区的创新能力。内蒙古西部地区产业转型面临竞争力不足的问题，亟须强化创新驱动。为此，应不断提升科技创新能力，并加强区域间的合作机制，此外，内蒙古西部地区应尽快解决产业升级和产业链延伸不足的问题，尤其是煤炭、冶金、稀土等资源型产业，它们大多仍处于产业链的底端。与此同时，新能源、大数据等新兴产业存在产业链断链和缺链的问题。而且龙头骨干企业带动能力较弱，大中小企业高度配套的发展格局尚未形成。产业链与创新链融合程度不高，科技支撑能力仍然较弱。

（二）人力资本不足

产业转型需依赖高素质人才的支撑，涵盖技术、管理和创新等多个领域。然而，内蒙古西部地区因研发投入不足、创新环境较差以及政策激励机制不够，导致缺乏具有专业技能和创新能力的人才，特别是在高新技术、新能源等新兴产业领域。而且内蒙古西部地区的教育资源有限且分配不均，影响了人才培养的质量。同时，由于经济发展水平和就业机会不足，导致人才流失问题严重，更不易吸纳高端人才。

（三）产业结构单一

内蒙古西部地区长期以来依赖煤炭、稀土等资源的开采和初加工，形成了以资源型产业为主的经济结构。同时产业结构以初级产品和原材料为主，高附加值的深加工产业和高技术产业较少，导致产业层次不高，且该地区内各盟市的产业结构高度相似，缺乏特色和差异化发展，竞争力不强，创新能力较弱。虽然农牧业是内蒙古西部地区的重要产业，但其现代化水平、生产效率和产品附加值仍有较大的提升空间。

（四）营商环境较差

内蒙古西部地区自然资源丰富，然而在资源开发利用中，逐渐引发土地退化、水资源匮乏和空气污染等环境问题。根据环境库茨涅茨曲线理论，经济增长与环境质量之间存在倒 U 型关系，意味着产业转型必须在保护环境和可持续发展之间找到平衡点。而该地区的环保意识不足、资源尚未实现充分、可持续利用，导致其生态环境问题依然存在。

与此同时，内蒙古西部地区的基础设施建设也面临着一些挑战，特别是在交通、能源和水利设施等方面存在滞后。“要想富，先修路”，基础设施是地区发展的基石，对产业转型尤为关键。生态环境问题以及基础设施建设滞后问题导致内蒙古西部地区的营商环境相对较差。

专栏二　　内蒙古西部地区各城市制约因素分析

呼和浩特市：

（1）产业结构单一。尽管光伏和乳业等新兴领域取得了一定的进展，但传统产业仍占据了约 60% 的比例。科技和资本密集型产业，如电子信息行业，目前还处于发展的初级阶段。

（2）集约程度依旧较低。产业集约式发展程度不足，未形成产业链发展集群，造成产业规模不足、创新能力不够。

（3）创新能力不足。人力资本和创新能力缺乏，与沿海地区相比差距较大。

包头市：

（1）技术创新能力不够。先进的研发装备和技术人才缺乏。

(2) 环境问题严重。该市的装备制造业较多，面临着较重的环保压力。

(3) 产业结构单一。作为国家重要的工业城市，产业结构单一。

(4) 人力资本不足。区域竞争力不足，影响其对高端人才的吸引力。

(5) 缺乏资金投入和政策支持。

(6) 核心竞争力不够、集约发展不足、未形成品牌效应。

鄂尔多斯市：

(1) 人力资本不足。该市高等教育机构和科研院所的数量有限，导致专业和科技人才的供给不足。

(2) 创新意识不强，创新能力不够。新兴产业的生产在本地，研发在沿海发达城市，凸显了本地在创新研发能力上的短板。

(3) 产业结构单一。严重依赖传统产业，造成产业结构单一。

乌兰察布市：

(1) 产业结构失衡，第二产业占比较高。

(2) 营商环境较差。

巴彦淖尔市：

(1) 产业结构失衡，产业结构中第三产业占比相对较低。

(2) 技术创新能力缺乏，技术改造与创新脱节、创新能力不够。

乌海市：

(1) 技术创新能力缺乏，驱动力不足，存在较多短板。

(2) 产业结构单一，对传统能源依赖程度较大。

(3) 营商环境较差，传统基础设施不完善，新型基础设施也相对滞后。

阿拉善盟：

(1) 环境问题严重。环境生态问题依旧艰巨，绿色生态道路任重而道远。

(2) 营商环境较差。基础设施建设相对滞后。

(3) 产业结构不合理，竞争力不足。

四、内蒙古西部地区转型发展历程

（一）资源型产业形成期（20 世纪 80—90 年代）

内蒙古西部地区资源型产业形成期是该地区产业转型发展的一个重要阶段。在这个时期，该地区正逐步从传统的农牧业转向开发利用能源和矿产资源。伴随着大规模的资源勘探和开采活动，这一时期吸引了大量的外来投资和人力资源。在资源型产业的形成与发展中，内蒙古西部地区特别注重煤炭、石油、天然气等能源产业的发展，以及稀土等重要矿产资源的开采和加工。例如，包头煤炭集团、克什克腾旗、乌拉特前旗等大型的煤矿开采项目，巴彦淖尔市临河区的石油开采以及阿拉善盟的稀土矿开采项目。

内蒙古西部地区的资源型产业发展带动当地经济增长的同时，也增加了就业机会。随着大量资源开发项目的实施，吸引了人口流动和资本投入，为地区经济注入了活力。资源型产业对国家能源安全和经济建设起到了关键作用，但同时也伴随着一些挑战。一方面，资源开采和加工活动可能导致环境污染和生态破坏，给当地生态环境带来负面影响。另一方面，资源型产业受价格波动和国际政治经济形势的影响较大，面临着市场风险和周期性波动的不确定性。

内蒙古西部地区的资源型产业形成期是其产业转型的关键阶段，为该地区的经济增长和资源开发奠定了坚实的基础。但随着时代的演化和环保意识的增强，该地区正积极寻求一条更加可持续化和多元化的发展道路。旨在兼顾经济的长期稳定增长与生态环境的可持续发展，以期达到经济发展与环境保护的双赢局面。

（二）转型探索期（21 世纪初—2010 年）

在内蒙古西部地区的产业转型探索期，该地区正致力于寻找新的发展道路，以适应经济和社会的演进。例如，阿拉善盟正在开发风电和太阳能发电项目，减少对传统化石能源的依赖；巴彦淖尔市建立了生态农业示范区和新型牧场，通过改进灌溉系统、种植技术和牧场管理，推动农牧业向现代化、绿色化和可持续性方向发展；乌兰察布市实施了现代农牧业科技创新示范工程，提升先进技术在农牧业生产中的应用，增强产业的附加值。

该时期主要的特点如下：

1. 多元化发展

内蒙古西部地区的转型探索期见证了经济结构向多元化的稳步转变。在这个过程中，除了传统的农牧业和资源型产业，该地区还重点发展新兴产业，如高技术产业、现代农业、生态旅游等。这一转型策略意在减少对单一经济支柱的依赖，从而增强经济的整体稳定性和对市场变化的适应能力。

2. 技术创新和升级

为了增强经济竞争力，内蒙古西部地区在转型探索期专注于技术创新和产业升级。该地区通过引进先进技术、孵化高科技企业和建立研发中心来促进科技与产业的深度融合。这一系列措施旨在提升产品和服务的附加值，推动地区经济向更高层次的价值链迈进。

3. 区域合作与开放

内蒙古西部地区在转型探索期积极拓宽合作与交流的渠道。通过与周边地区、国内外企业和机构建立合作关系，该地区成功吸引了技术、资金和市场资源。此外，通过积极参与国际合作项目和响应开放政策，内蒙古西部地区不仅扩大了对外贸易，还拓宽了投资渠道，为地区经济的多元化发展和全球化布局注入了新动力。

4. 环境保护与可持续发展

在转型探索期，内蒙古西部地区正逐步加强对环境保护和可持续发展的重视。通过加强环境监管，推动清洁能源的发展和能源利用效率的提高，该地区努力实现经济发展与生态环境保护的和谐共进。

尽管内蒙古西部地区在多元化发展、技术创新和产业升级、区域合作与开放以及环境保护与可持续发展方面取得了一定的进展，但仍面临一些挑战。关键核心技术还未突破，合作与开放程度有待进一步提高，新兴产业有待进一步发展。

（三）转型深化期（2010 年至今）

在内蒙古西部地区的产业转型深化期，该地区显著增强了转型的深度和广度，致力于经济结构的优化和升级。在该时期内蒙古西部形成了产业转型升级示范区，以自身优势产业为重点，着力推动传统产业新型化、主导产业多元化以及新兴产业集群化。至2021年度基本完成建设任务，并获得了合格的评估结果。例如，乌兰察布市依托当地丰富的石墨与合金资源积极发展新材料产业，并大力布局风能和太阳能发电项目。巴彦淖尔市则在绿色农牧业、新材料、光伏装备制造以及风电装备制造等新兴产业领域取得了发展。

该阶段的一些关键特点如下：

1. 产业结构调整

内蒙古西部地区在产业转型深化期积极推进产业结构调整，降低对传统资源型产业的依赖，并大力发展新兴产业。重点发展高新技术产业、装备制造业、现代服务业等，以提升经济的技术密集度和附加值。通过引导企业进行技术改造和设备更新，以提高产品质量和市场竞争力。同时，内蒙古西部地区也在积极培育战略性新兴产业，如新能源、节能环保、现代农业等，从而培育新的增长点和经济增长的新引擎。

2. 创新驱动发展

为了加速产业转型，内蒙古西部地区将创新作为发展的核心驱动力。该地区致力于强化科技创新能力，通过培养创新型企业和人才，加速科技成果的转化应用，并促进科技与产业的紧密结合。

3. 优化营商环境

为吸引投资并助力企业成长，内蒙古西部地区在产业转型深化期采取了一系列措施来优化营商环境。这些措施包括简化行政手续，提供系统的投资流程，以及加强知识产权保护等，从而为企业打造一个更加公正、透明且盈利性强的商业氛围，激发市场活力和促进经济多元化发展。

4. 加强人才培养

内蒙古西部地区在产业转型深化期注重人才培养与引进。增强对高端人才的吸引力，建立高标准的人才发展平台，提升劳动力的技能和创新能力，为产业转型升级提供坚实的人才基础，为地区的长远发展注入创新动力和智力支持。

5. 资源优化配置

加强资源的整合与优化配置，提升资源利用效率。鼓励产业间的协同发展，实现资源共享和优势互补。通过建立产业园区和促进产业集群化发展，旨在激发企业间的合作与交流，进而实现规模经济，增强资源的综合利用效率和整体经济效益。

6. 绿色发展

在产业转型深化期，内蒙古西部地区推动清洁能源的广泛应用，倡导资源的高效利用和循环再利用，减少污染物排放，实现经济发展与生态环境的良性互动。

内蒙古西部地区在产业转型深化期，在产业结构调整、创新驱动发展、优化营商环境、人才培养、资源优化配置和绿色发展等方面取得了一定的成效。然而，产业转型是一个复杂的过程，该地区仍须深化改革，加大创新力度，加强合作与协同，以实现经济高质量发展和可持续发展的目标。

五、内蒙古西部地区转型发展举措与成效

（一）转型举措

1. 加快科技创新

在加快科技创新方面，鄂尔多斯市持续加大政策扶持力度，出台相关的投入保障措施，实施“三清零”和“双倍增”。专注于科技合作和人才引进，积极构建研发机构，致力于关键技术的突破，搭建创新载体和孵化平台。与此同时，包头市以老工业企业转型升级为核心，不断推动新技术的开发，确保科技创新在全面创新中的引领作用。加强科技与经济融合，促进创新成果与产业发展的有效对接，培养了创新主体，汇聚了专业人才队伍，并加大科技投入，形成了具有包头市特点和优势的科技创新驱动体系。

2. 人才培养与引进

在人才引进方面，不断深化体制机制改革。内蒙古西部地区采取引进与培养人才并举，高端与实用人才并重，面向人才开发全链条全周期，着力打造政策优、力度大、层级多、方式活、更具比较优势的“一揽子”人才政策。加大对高层次人才的引进力度，建设高水平的人才培养机构和平台。以利好政策释放人才“红利”，奋力打造极具吸引力的人才集聚区、极具承载优势的产教融合区、极具发展潜质的创新活力区。

3. 抢抓政策，大力发展新兴产业

针对产业转型中产业结构单一的问题，积极采取抢抓政策，大力发展新兴产业。例如，鄂尔多斯市构建新型电力系统，培育新型产业。同时，通过提高资源的本地转化和增值率，推动产业向绿色化和高端化转型升级，如建设绿色矿山。包头市不断推出新产品、衍生新业态。支持老工业企业提高特种钢、优质钢比重，重点开发广泛用于汽车、能源、高速铁路等领域的新特种钢和终端应用产品。同时，扶持高附加值产品的开发，如不锈钢延伸加工，鼓励煤—电—铝—铝后加工联产，构建铝业循环经济模式。大力发展先进制造业，并建立全国领先的网络协同制造云平台。包头与鄂尔多斯建立定期会商和协调沟通机制，加快传统优势产业改造升级，延伸产业链，推动新兴产业发展、军民融合发展等；在产业链、技术链、创新链、人才链、价值链上加强协作，积极探索老工业城市和资源型城市协同转型的有效模式。

4. 推动产业集群发展

在营商环境改善方面，鄂尔多斯市不断壮大优势产业集群；加快一体化城市群发展。包头市加速集聚光伏产业集群，成为全国首批光伏产业产值超千亿元城市。此外，稀土产业集群成形成势，打造铝产业集群发展示范区，建设西部地区重要的铝产业基地。

（二）转型成效

1. 科技创新取得进步

为解决技术滞后问题，内蒙古西部地区加大技术创新的力度。通过加强科技研发和创新平台建设，引进和培育高新技术企业，推动技术与产业的深度融合。例如，包头市向创新要发展，着力构建新发展格局，推动老工业基地产业转型升级和结构调整。据统计，全年规模以上工业单位工业增加值能耗同比下降7.7%，单位工业增加值用水量与2020年相比降低了32%；全年实施关键技术攻关和成果转化项目达80个，自治区“揭榜挂帅”榜单项目入选数量、全社会年度研发投入和强度均居自治区首位，成为全区唯一获批自治区科技成果评价试点的城市。

2. 人才不断集聚

为满足产业转型的人才需求，内蒙古西部地区加强人才培养和引进工作。2022年，鄂尔多斯市搭建了“一心两城一院八基地”的综合性平台体系，旨

在促进国家级绿色矿山安全实验室、鄂尔多斯—上海交通大学联合研发中心、自治区硅基新材料重点实验室等创新研发平台落地建设。支持引导鄂尔多斯市工业骨干企业先后建成国家羊绒制品工程技术研究中心、煤基新材料研究院、高分子材料技术研究院和粉煤灰提取氧化铝实验室等多个研发平台。成功引进 68 名具有高级职称的紧缺人才、硕博研究生 367 人，重点高校本科毕业生 415 人。

3. 经济结构和产业结构不断优化

包头市实施工业节能技改项目 76 个，率先实施传统工业电机高效替代工程。引入 43 个现代装备制造业项目，并将应急装备制造产业园签约落地，同时有 26 项产品被入选自治区技术装备的首台套、关键零部件及新材料首批次产品；实施企业智能化、数字化改造项目 106 个，实现规上工业企业“上平台、用平台”的全面覆盖。实施 168 个战略性新兴产业项目，完成投资 316 亿元；推进稀土功能材料创新中心建设，获得国家及自治区稀土项目专项资金 1. 95 亿元，以支持稀土产业的产业链延伸和转型升级；明确“2 + 2 + N”稀土产业发展方向，吸引了安泰科技等 6 家全国十强稀土磁材企业落户，稀土产业在建项目数量、投资额度均创历史新高。在一系列举措和政策的推动下，2022 年包头市战略性新兴产业、高技术制造业增加值分别增长 53. 6% 和 84. 6%，规模以上工业增加值突破 1 200 亿元，增速在 18 个月中保持全区第一；实施工业技改项目 202 个，完成投资 112. 6 亿元，投资增长 90. 1%；推进数字化改造项目 106 个，建成行业级工业互联网平台 7 个，工业企业“上云用数赋能”基本实现全覆盖，国家级智能制造示范试点和工业互联网示范试点入选数量分别占全区的 50% 和 100%；以高效的服务有力地推动项目建设，全市待批项目手续办结率 100%，位居全区第一。

通过引导和支持新兴产业的发展，如新能源、装备制造、现代农业等，实现经济结构的多元化。这种战略调整不仅有助于减少对传统资源的依赖，也增强了经济的稳定性和可持续性。其中，包头市致力于打造“世界绿色硅都”，已成功吸引通威、协鑫、东方日升、双良、弘元等 13 家头部企业入驻，成为全国单晶硅、多晶硅产能最大的城市之一。依托绿电优势和产业基础，包头市积极承接电池片、组件等下游产业和坩埚、光伏玻璃、逆变器等配套产业，以构建高质量的光伏产业生态。鄂尔多斯市构筑“四个世界级产业”——能源产业、现代煤化工产业、新能源产业和羊绒产业，作为国家集中布局的现代煤化工产业示范区，享有原料煤供应、要素保障、科技支撑、财税金融等方面的政策优势，并实施最优营商环境行动500条，入选“全国投资热点城市”。乌海市全面推进煤焦化工、氯碱化工产业迭代升级、耦合发展，加快传统产业向高端化、智能化、绿色化转型。知名企业如永太科技、永宁药业、三维控股等已选择乌海市作为投资和发展基地，重大项目如兴业、三维、华恒、协鑫也相继在乌海市落地。

4. 产业集群发展

鄂尔多斯市建设全球首个零碳产业园，致力于形成低碳产业集群。包头市在光伏产业集群发展上取得显著成就，成为全国首批光伏产业产值超千亿元城市。稀土产业集群成形成势，稀土原材料就地转化率达到79%。同时，陆上风电装备产业集群快速壮大，产值增幅达到189.5%；新能源产业集群也在加快发展，新能源装机容量和年发电量分别占全区11.8%和11.9%。巴彦淖尔市支持五大产业集群发展和八条产业链协同发展，辐射带动了巴彦淖尔市工业的绿色化、智能化制造以及绿色农产品生产等。

六、经验启示与借鉴意义

山西省作为能源大省，与内蒙古在能源产业方面有很多相似之处。在面对环境挑战和实现“双碳”目标的过程中，山西省同样站在了资源型经济转型的十字路口。但山西省在转型中依旧面临着一系列问题，具体包括六个方面：第一，产业结构单一。山西经济高度依赖于煤炭和煤化工产业，导致产业结构单一。第二，技术创新能力不足。新兴产业和高新技术产业的研发水平和创新能力较低。第三，人力资本短缺。缺乏专业型和科技型的高端人才和管理人才。第四，土地资源有限。山西的土地资源受到一定限制，不利于新兴产业的扩张与发展。第五，粗放的管理体制。传统的管理模式和企业运行模式较为粗放，难以适应市场变化和产业升级的需求。第六，较大的环保压力。长期依赖资源型产业对环境造成一定的影响。环保政策的加强使产业转型升级面临更高标准。

考虑到山西省面临的问题和内蒙古西部地区有很多共性，可以借鉴内蒙古西部产业转型升级示范区的成功经验，并注重发挥资源和区位优势，以装备制造、煤化工等产业为重点，注重传统产业转型与军民融合特色化发展。具体经验和启示如下：

（一）经验

1. 注重发挥资源和区位优势

以装备制造、稀土、煤化工、陶瓷和羊绒产业为重点，在传统产业转型与军民融合特色化发展的基础上，着力推动传统产业向新型化发展、主导产业向多元化发展、新兴产业向集群化发展。传统产业集高端化、智能化、数字化、绿色化为一体进行综合改造。大力发展战略性的新兴产业，加快产业基础的高级化进程，推动产业链向现代化转型。

2. 扣紧发展需求，深化体制改革

强化政府的政策激励措施，以企业为主体，以科技创新为核心，鼓励大众创业、万众创新，打造优良的创新环境和平台。强力推动“五化”——新型工业化、信息化、城镇化、农牧业现代化和绿色化，深度融合发展、合作互动，协作发展。

3. 大力发展新型材料产业

大力推动七大产业集群化发展——稀土新材料、先进钢铁材料、先进有色金属材料、高性能纤维及复合材料、先进化工新材料、先进无机非金属材料和前沿新材料。

4. 加快发展现代装备制造业

以技术突破为重点，成果转化为途径，培养新一代信息技术、新材料、高端装备、新能源汽车等战略性新兴产业。推动智能化与数字化研发应用，加快智慧矿山与智慧车间等典型示范项目建设。推动发展现代服务业与物流园区建设。

（二）启示

内蒙古西部地区的产业转型经验对山西省具有一定的启示。具体如下：

1. 明确新兴产业发展重点，促进多产业融合发展

以新兴产业发展为重点，着力推动传统产业向新型化、主导产业向多元化发展，新兴产业实现集群式发展，以促进多产业的协同发展。一是聚焦新兴产业规模化。加快布局新能源汽车、工业机器人等重大项目并建设高标准的国家大数据综合试验区。二是聚焦数字经济。实施智能制造示范工程，加快布局人机智能交互、数字化设计、柔性自动化生产线等关键技术项目，推进智慧园区和智能工厂建设。实施工业互联网创新发展工程，建设一批工业互联网平台，推动规模以上工业企业数字化改造。三是聚焦绿色经济，加快布局生态经济产业链。依托特色生态资源，扩大生态旅游、健康养生、休闲娱乐等新兴产业，释放生态经济效益。四是聚焦服务业提质升级，促进互联网、大数据、云计算与服务业融合发展。加快布局大旅游、大健康、大物流和现代金融等现代服务业项目，建设国家级现代服务业集聚示范区。五是聚焦现代能源经济，打造世界级的多种能源综合利用基地。

2. 提升新兴产业发展的创新支撑

一是完善创新发展的体制机制。确立企业在技术创新中的主体地位，制定具体政策以激励新兴产业增加研发投入。强化对企业技术创新的源头支持，建立以创新为导向的企业考核评价体系。完善科研成果转化机制，打造“互联网＋技术转移”服务平台，构建覆盖研发到生产的全链条科技创新融资模式。二是加强创新平台支撑。在数字经济、绿色经济、现代能源经济等重点领域建立国家级技术创新平台，推动自主创新。支持新能源、新材料等行业龙头企业创建国家级工程（技术）中心、重点实验室，强化其在新兴产业创新发展中的领军力量。三是加强科技创新服务体系建设。确定科技创新服务机构的性质及市场地位，完善相关服务标准及行为规范。整合各类公共创新载体和资源，建立开放式公共科技服务中心。

3. 强化新兴产业发展的人才支撑

随着创新成为经济发展的驱动力，区域竞争由拼产业、拼资本时代转向拼人才的时代，人力资本在产业转型和经济发展中的作用日益凸显。应不断加强人才培养和引进。一是实施精准聚焦的引才工程。面向全球引进携带项目和成果的人才团队，特别是海外优秀高层次人才、团队和企业家，并通过提供总部回迁、项目回移、资金回流、技术回乡等支持措施，激励人才创新创业。二是建立灵活开放的柔性用才机制。在高校、科研院所、重点园区和企业设立“万人计划”专家工作站，吸引专家开展创新研究。制定高层次人才到市县域挂任科技副职的激励措施，拓展基层借智借力渠道。鼓励用人单位通过薪酬补贴、项目资助等方式灵活使用“候鸟专家”。确保人才在不同体制间的流动畅通，解决高层次人才在身份编制、职称评聘、社会保障等方面的顾虑。三是建设实用有效的技能型人才培养模式。加强现代能源经济、人工智能、智能制造、大数据等新兴交叉领域的专业建设，促进高技能人才与工程技术人才的职业发展。建设一批高水平技能集训基地，推动职业教育、企业生产对接国际标准。

4. 强化对新兴产业发展的资本供给

新兴产业的发展伴随着较高的风险和不确定性，特别是在科技研发和科技成果转化为实际生产力的过程中。为确保这些产业能够获得必要的资金支持，必须建立多元化的资金保障机制。一是扩大基金规模。建立新兴产业发展引导基金，构建多元化的基金群体，推动基金运作向市场化转型。二是统筹财政专项资金。加强对企业牵头的创新平台的财政支持，对新兴产业的关键环节提供贴息资助，对能够吸引战略性新兴产业风险投资的项目给予补助。三是支持商业银行设立科技型企业服务专营机构。四是建设高效稳定的担保、再担保体系。实施金融机构创业创新担保贷款贴息，对初创期科技型企业和具有自主知识产权、市场前景好的科技型企业给予倾斜性的资金支持。五是扩大企业直接融资规模。设立新兴产业企业上市相关的储备库，启动科技型、中小微企业、新三板和区域性股权交易市场挂牌培育计划。

5. 强化政策支持和投入保障

制度经济学理论强调体制机制对经济发展有一定影响，应加大制度和政策扶持力度。而且新兴产业的发展具有一定未知性和不确定性，其发展壮大离不开政策支撑。特别是在其起步阶段，更需要制定针对性政策。因此，需要遵循新兴产业的发展规律，加快构建支持新兴产业发展的政策体系，优化新兴产业发展的政策环境。一是强化规范与放活并重的治理理念。对现有准入、产业、财政、土地、环保等方面政策进行全面审查清理，破除制约新经济发展的不合理束缚和“隐性壁垒”。二是建立差别化的资源要素价格动态调整机制。三是建立不同级别的公共资源交易平台，提高资源要素配置效能。四是完善新兴产业监管机制。建立对跨界融合新产品、新服务、新业态的协同监管机制，推动信息互换、监管互认、执法互助，构建线上监管与线下管理协同配合、产品质量与应用安全协同监管的体制。五是加大科技创新政策扶持力度。加大对研发机构和关键技术攻关的资金支持力度，建设创新载体和孵化平台，增强企业创新能力和动力。六是推动城市群一体化发展。优化产业营商环境，推动城市更新和功能完善，朝着一体化方向发展。

第七章
辽宁中部产业转型升级示范区发展分析与启示

聂 雷 吴曼雅 包雪丽

山西省同样拥有丰富的矿产资源，并且钢铁企业等重工业行业也一直是其主导产业。所以辽中地区的资源禀赋及发展特点与山西省高度相似，其在资源转型过程中所面临的问题和挑战，如产业结构单一、创新驱动力不足、相关专业人才缺乏等问题是山西省未来转型发展要关注的重点。其在经济转型过程中所采取的发展主导产业、拓展产业链等方式对山西省转型也有很大的启发。

一、引言

辽宁中部地区包括沈阳、鞍山和抚顺三个城市。该地区土地肥沃、矿产资源丰富，同时具备雄厚的工业基础，其装备制造业在我国有着很大的产业优势，重大装备制造业如今依旧占据重要地位。但是随着经济发展需求的转变，辽中地区老工业基地的落后性逐步显现，其结构性矛盾日益突出，体制问题也暴露出来，因此未来发展面临着许多难题，经济转型迫在眉睫。实现经济发展方式和产业结构的顺利转型及可持续发展，是该地区面临的一系列极其迫切的问题。2017 年，在《关于支持首批老工业城市和资源型城市产业转型升级示范区建设的通知》中，国家发展和改革委员会将辽中地区（即沈阳、鞍山、抚顺）确定为首批产业转型升级示范区。近年来，辽中加快重大改革开放平台建设，提升装备制造业等传统优势产业核心竞争力，推进老工业区搬迁改造和棚户区改造，2020 年，沈阳被评为优秀产业转型升级示范区城市，而作为沈阳经济区副中心城市的鞍山和抚顺也在逐步转型发展。辽中的转型历程、转型成效及做法能够给我国其他资源型城市转型提供宝贵的经验及启示。

二、辽宁中部地区转型发展背景

（一）辽宁中部地区简介

沈阳市是辽宁省的省会城市，位于中国东北地区的南部。沈阳市作为辽宁省省会、副省级城市、特大城市、沈阳都市圈核心城市，是东北地区重要的中心城市。沈阳市东部与抚顺市接壤，南部连接本溪市和辽阳市，西部接壤台安、黑山和彰武县，北部则与内蒙古自治区相邻。沈阳市土地辽阔且多以平原为主，平均海拔仅 50 米，其山地丘陵大多位于沈阳市东北部和东南部，属于辽东丘陵的延伸。

鞍山市因钢而立、因钢而兴。拥有百年工业历史的鞍山市素有“祖国钢都、中国钢铁工业摇篮”等美誉，是辽宁省第三大城市。鞍山市地处辽东半岛几何中心，是沈大黄金经济带的重要支点，是沈阳经济区与辽宁沿海经济带的重要连接带，辽东半岛南北与东西交通大通道在此交会。

抚顺市位于辽宁省东部，又被称作“煤都”。作为沈阳经济区副中心城市，同时也是全国31个特大城市之一。抚顺市不仅有着丰富的煤炭资源，还凭借满族故里和清朝发源地成为中国优秀旅游城市和国家森林城市。“一五”时期，抚顺市也是国家重点投资的老工业基地之一，共156个重点项目，抚顺市就独占8个，具有极其重要的工业地位。

（二）辽宁中部地区资源概况

沈阳地下有煤、石油、天然气、铁矿等矿产资源，有大型煤田2处，探明总储存量18亿吨，因此是全国先进装备制造业基地和国家历史文化名城[1]。鞍山市矿产资源丰富，全市已发现12大类33种矿产资源，铁、菱镁、滑石、玉石等探明资源储量居全国首位，因此形成了以钢铁、菱镁、装备制造等为主导的产业体系[2]。自新中国成立以来，抚顺市在成品油、铝、镁、硅、钛等方面创造了多个我国的“第一吨”，改革开放后，也依靠着能源、原材料和石化工业继续成为现代化工业的主力城市。

沈、鞍、抚三市在地理环境、自然资源以及产业结构等方面都十分相似，都拥有丰富的矿产资源，是辽宁主要的重工业基地。然而，伴随着资源的有效性和产业结构的失衡性等问题逐渐暴露，沈、鞍、抚三个资源型城市面临着相同的转型难题。所以，在东北老工业基地振兴的大环境背景下，沈阳经济区一体化也被纳入了全国经济发展战略。综合来看，沈阳在区域经济中扮演着关键角色，致力于推动数字转型和工业现代化。鞍山作为沈阳都市圈的一部分，专注于区域一体化发展。抚顺虽然在经济排名上较低，但仍为辽宁省的多元经济格局作出了贡献。

目前，国家发展改革委等5部委发布了关于沈鞍抚经济示范区的转型政策文件，《关于支持老工业城市和资源型城市产业转型升级的实施意见》等文件中指出，沈、鞍、抚三市要协调推进经济示范区的建设和东北振兴的发展，促进传统产业升级转型的同时也要扩大新兴产业的规模，实现产业群的整体升级。

（三）辽宁中部地区转型原因

1. 产业结构不合理，第三产业发展缓慢

在自然资源优势和国家政策的扶持之下，沈、鞍、抚等东北地区城市均形成了以重工业为主的不均衡的产业结构。从三大产业来看，第二产业比重高导致第一、第三产业发展水平落后。其中，农业机械化的推广率低，且经营者的文化程度较低，使农业等第一产业生产水平低下。而在国家发展初期，新兴产业大多繁荣于东部沿海地区，内陆城市，尤其是东北地区的金融、保险等第三产业发展水平很低。

由表 7－1 可以看出，2021 年，沈阳的第三产业总产值占比明显大于第二产业，而作为资源型城市的鞍山、抚顺，第二、第三产业总产值占比则不相上下，但是第二产业产值还是略占优势，所以在协调产业结构方面，抚顺仍有升级、优化的空间，沈阳和鞍山则需要继续协调三次产业之间的比例，全力推动产业层次由低向高转变。

表 7－1　沈阳、鞍山、抚顺 2021 年产业结构表　单位：%

地区	第一产业	第二产业	第三产业
沈阳	4.5	35.5	60.0
鞍山	6.5	40.1	53.4
抚顺	7.0	47.7	45.3

数据来源：《沈阳市统计年鉴》（2022 年）、《鞍山市统计年鉴》（2022 年）、《抚顺市统计年鉴》（2022 年）。

统计数据显示，2007—2014 年，沈阳的产业结构同现阶段的抚顺相似，第二、第三产业总产值占比一致。2015 年，抚顺三大产业占比为 5.7%、54.4%、39.9%，第二产业占据一半市场，过于依赖矿产资源，三大产业结构极其不合理。2017 年，辽宁中部（沈阳—鞍山—抚顺）被确定为首批产业转型升级示范区，抚顺市也抓住机会，大力发展第三产业，但目前抚顺产业结构依旧不够协调，第三产业发展速度依然缓慢。

2. 新兴产业发展缓慢，创新驱动能力不足

传统产业创新能力低下，新兴产业发展滞后。在传统产业方面，以机床产业为例，普通机床相比于数控机床耗资大且产值低、利润低，但是沈阳机床工业仍以生产普通机床为主。2010 年，沈阳铁西机床的数控机床产量占机床总

产量的比例不到25%。在新兴产业方面，2015年鞍山市新兴产业增加值仅占规模以上工业增加值的4.3%，第二产业和第三产业中，存在战略性创新活动的仅占4.7%。高新技术产品产值达到114.8亿元，其中，钢铁压延业实现新产品产值98亿元，占全市新产品产值的85.4%。这表明，新产品也是围绕传统产业的研发，并没有触及传统产业转型升级的根本[3]。2017年，抚顺GDP为955亿元，增速为2.2%，低于辽宁省平均4.2%的增长率。

与全国平均水平相比，东北资源型城市科技投入严重不足，科技创新实力与其他地区差距越来越大。2017年，北上广等经济发达城市的科技研发投入均超过1 000亿元。在投资强度方面，广东排名第一，为2.61%，与辽宁隔海相望的山东投资强度为2.41%，而辽宁投资强度仅为1.84%，低于全国2.13%的平均水平。科学技术对经济的拉动力弱，高新技术产业规模小，科技与金融融合度低，财政资金筹措不足，科技型小微企业融资难问题长期存在。科技中介服务机构不活跃，创新驱动发展的体制机制和政策环境亟待完善，抚顺作为资源枯竭型城市，科技投入一直处于较低水平，不足1%[4]。

3. 高素质人才缺乏，就业问题凸显

卢卡斯曾指出，人力资本积累是经济增长的源泉，如果现代产业没有高素质人才做支撑则难以发展。20世纪90年代中期，抚顺大量国企改制导致大批工人下岗，城市就业问题严重影响抚顺的经济发展。这一后果直接导致抚顺的年轻人外流，城市建设没有后备人才，间接阻碍了未来产业转型和发展新兴产业。

鞍山高学历（博士以上）人才紧缺，高新技术创新人才更是凤毛麟角，远低于其他发达城市。在引进的人才中，高学历的人才也非常少，大部分来自鞍山本地院校和省内普通院校。近年来，鞍山人才流失严重。2011—2015年，减少大中专毕业生7 800人，其中流失6 396人。焦化与抗氧化研究所和华北冶金设计院也搬到了大连。在现有人才中，地区之间、行业之间的分布也不均衡。科研人员主要集中在市属直属部门、市属直属科研院所、鞍钢等大型企业，但乡镇企业、中小企业、农业生产一线人才非常短缺，不能满足生产发展的需要。

4. 环境问题突出，工业污染严重

20世纪90年代，沈阳市工业产业集中，以污染大、能耗高的重工业为主。石化加工和重型机械工业等产业导致了高强度的“三废”排放，对城市和区域生态环境造成了严重破坏，一度成为全国少有的环境污染重灾区。沈阳市每年排放大量工业废水、固体废物。这些环境污染问题一直困扰着沈阳市的发展，一度使沈阳市成为全国重度污染城市之一。鞍山同样作为我国重要的钢铁城市，一直依靠重工业发展，其在开采铁矿时产生的废弃矿坑、废弃物以及污染气体等也对生态环境构成了严重威胁。因此，对于鞍山市的未来发展而言，环境问题仍是重中之重。

在环境问题方面，虽然辽宁省对抚顺的环境治理已经投入了大量的人力、物力和财力，一些区域已经实现生态修复，但矿山塌陷、湿地缩小等难题仍没有克服。2015 年，抚顺经过百年的煤炭开采，破坏土地面积达 48 平方千米，其中 25. 03 平方千米的岩体受到严重损伤和破坏，成为地质灾害多发区。目前，受地质灾害影响的人口 97 400 人，企业 508 家，农田 13 338 亩，大量城市基础设施被破坏。占地 20 多平方千米的 3 个排土场，露天堆积自燃排放大量有害气体，对空气、土壤、地下水造成严重污染。并且采煤沉陷区面积达 18. 4 平方千米，造成厂房损坏，居民住宅开裂倒塌，大面积良田被迫弃耕，直接影响了城市的生态安全。

三、辽宁中部地区转型制约性因素

（一）聚集和扩散效应的结合较弱，地域之间相关性差

聚集效应和扩散效应的有机结合可以促进区域协调发展。聚集效应使资源要素和经济活动趋于集聚，使区域内经济发展协调有序；扩散效应促使资源和生产活动主动地避免经济中的不良作用。因此，聚集效应和扩散效应的协同促进能够通过中心区域和先富地区的不断升级，发挥率先示范和引领作用，推动地域的总体发展。辽中地区包括沈阳、鞍山和抚顺三个城市，三者之间的协调程度关乎总体经济发展。沈阳作为省会城市，在地域中的示范效应较弱，未能很好地带动周边地区的发展，鞍山和抚顺的资源要素也未能被辽中地区高效利用，致使地区整体发展落后，经济转型未见明显成效。如果能提高沈、鞍、抚三市之间的经济相关程度，实现优势互补、资源共享，则能很大程度推动经济顺利转型。

（二）区域空间产业价值链体系不完善，地区整体竞争力弱

区域空间产业价值链体系的健全可以实现地域内的产业协同发展，提高区域整体的竞争力和发展水平。在区域空间产业价值链体系中，各个产业部门和企业之间通过产品或服务的交换和合作，形成一个紧密的价值链。这个价值链包括上游供应商、生产商、下游销售商和最终消费者等环节。每个环节都创造价值，并通过交易和合作将价值传递给下一个环节。这个系统通过协同合作和资源共享，实现区域内产业的高效运作和持续发展。对于辽中地区而言，其并未建立起完善的产业价值链体系，三个地市的产业链较为独立，交互效应较弱。因此，势必会造成一定程度上的资源利用效率不高、产业链运作效率低下等问题。这不仅不利于辽中地区经济转型，对于其拥有的矿产等不可再生资源来说也是一种威胁。

（三）绿色产业体系不健全，城市环境污染严重

绿色产业体系的建立有助于实现经济的可持续发展和高质量发展。绿色发展体系着眼于人与自然的和谐共生以及经济社会发展与环境保护的协调统一，即不仅关注经济的增长，更关注增长的质量和可持续性。体系还涵盖三次产业的绿色化生产和生态化改造，包括绿色基建、绿色能源、绿色金融和绿色消费等方面，其最终目的是通过绿色农业、绿色工业和绿色服务业的协同发展来实现可持续发展，具有非常强大的辐射拉动潜力。辽中地区在发展初期忽视了经济与生态之间的平衡关系，矿产的开采加工、制造业等重工业的发展崛起都对生态环境的平衡有很大的影响，所以后续带来的一系列环境问题成为制约该地区转型变革的主要原因，不仅降低了城市宜居性，还阻碍了经济的可持续发展。

四、辽宁中部地区转型发展历程

（一）起步阶段（20 世纪 20—70 年代）

新中国成立之前（20 世纪 20—40 年代），外来殖民统治者对东北的煤、铁、矿等资源进行了大批量的开采掠夺。特别是在日本侵略战争的推动下，超

常规、超数额的掠夺性开采对东北地区资源型城市产生了深远的影响。在此背景下，许多铁矿、煤矿区域内的人口快速集聚，为矿业城市的形成创造了条件，抚顺、鞍山等典型资源型城市就是这一历史时期形成的。

新中国成立之后（20 世纪 50—70 年代），丰富的资源优势和良好的工业基础使东北地区成为国家重要的工业基地。为加快建设我国工业化进程，东北地区绝大多数不可再生资源被再一次大规模、粗放式地开发开采，许多城市的资源开采范围进一步扩大，开采种类也有所增加。

解放初期，抚顺被国家列为重点建设地区，并在“一五”“二五”时期进行了大规模投资，使抚顺工业得到扩大、改造和提高，形成了以煤炭工业为主导，石油加工和电力等行业为重点，国有大型企业为骨干的工业体系，抚顺发展为我国重要的原材料基地。20 世纪 60 年代，随着大庆石油的开发，抚顺石油工业迅速发展。截至 1979 年，石油工业占工业总产值的比重达到 45%，以煤炭工业为主导的产业格局被逐步打破，抚顺成为全国重要的石油炼制基地[5]。

经过“三年经济恢复”和“一五”时期的建设后，鞍山市的经济发展逐渐步入正轨。鞍山市的钢铁产业完成了大批建设项目，其产业地位也得到了进一步巩固，形成了最初的钢铁产业主导的产业结构，从而确立了鞍山钢铁工业在全国的重要地位。1967 年，鞍山市三次产业构成为 6. 2:85. 1:8. 7，第一产业和第三产业发展十分缓慢，产业结构不合理，重工业占工业产值的 95. 5%[6]。在此阶段，辽中地区乃至整个东北都在进行着多项大规模的资源开发开采活动，抚顺、鞍山作为资源型城市，在这一时期的产业结构发展变化更为显著。

总的来看，在 20 世纪 20—40 年代，丰富的矿产资源为辽中地区聚集了大量的人口，初步形成了城市发展的条件。新中国成立后为辽中地区资源开发及利用提供了稳定的经济基础和社会背景，随后便建立了辽中地区资源转型产业，为国家的制造业等重工业行业作出巨大贡献。本阶段是辽中地区资源转型的第一阶段，是将辽中地区确定为资源型城市的开始。

（二）试验阶段（1978—2002 年）

改革开放以后，我国实行市场化经济体制改革，无论是投资重点、对象、政策倾向还是经济发展中心均发生转移。相比之下，东北地区资源型城市生产方式落后、技术水平低、资源枯竭、环境恶化、产能过剩、计划经济体制转变困难等现实问题严重制约了整个区域的再发展。

沈阳市作为新中国成立后国家重点投资的重工业基地，工业一直占有较大的比重。改革开放以来，伴随经济体制改革，沈阳市产业结构不断优化升级，从原来的第二产业（尤其是工业）为主，转向第二产业和第三产业协调发展的格局。在这一阶段，沈阳市产业结构最大变化发生在第二产业内部。沈阳市是一个工业门类齐全的城市，全国共有165个工业门类，沈阳市占142个门类，产业门类过于分散。经过几年的调整，142个门类集中到装备制造、汽车、航空等八大主导产业，这八大主导产业占全市工业总规模的85%左右。随着城市经济的发展、产业集聚及产业结构转换的加快，这些都深刻地影响着工业的发展和结构调整[7]。

随着抚顺煤炭资源的不断枯竭和生态环境的严重破坏，与煤炭相关的产业也不断衰退。为实现城市的可持续发展，早在20世纪70年代中后期，对抚顺市“保城限采”的城市建设方针就已经被国家提出。在听取相关政策后，抚顺市委、市政府开始了探索城市转型之路。1985年，抚顺市成立了相关部门，主要负责环境灾害的治理工作。1997年，时任国务院总理朱镕基到抚顺考察时，进一步明确了“重点保城，限界开采”方针。2002年，抚顺市委、市政府决定把石油产业的发展作为抚顺市产业转型的主导，抚顺也从此开始了产业转型阶段。

改革开放后，鞍山市为了保证工业发展的空间充足性，开始着手扩大生产建设用地。1980—1990年，鞍山市第二产业产值比重下降了19.4%，虽然重工业仍占据着主导地位，但已看到明显的优化调整。20世纪90年代中后期，国有企业改革，以鞍钢为主体的企业进行了全面整改，第三产业产值占GDP比重由1990年的26.6%上升到2000年的36.1%，产业结构进一步优化。

总体来看，改革开放后我国市场化的经济体制改革取得了卓越的成效，中国经济发展展现出新的面貌。东北老工业基地的一些发展弊端逐步暴露出来，对于辽中地区而言，资源枯竭、环境恶化、产能过剩等现实问题严重制约了区域的发展，因此转型之路亟待开拓。本阶段是辽中地区资源转型的第二阶段，是认识到辽中地区资源依赖型发展模式无法实现可持续发展的开始。

（三）全面转型阶段（2003—2016年）

2003年，国家正式颁布了《关于实施东北等老工业基地振兴战略的意见》，至此，东北地区资源型城市转型正式启动。在老工业基地振兴过程中，由于产业结构升级和新型工业化的实施，沈阳工业内部结构转型逐渐趋向技术密集型、高附加值产业发展，主导产业日益凸显。“十五”期间，沈阳市高新技术产业产值以每年 20% 的速度保持增长，2005 年达到 1 100 亿元，占工业增加值的比重由 2001 年的 25. 5% 提高到 2005 年的 30. 2% 。从经济转型的成果来看，未来高新技术产业也许会成为沈阳市的重点产业。

2007 年 9 月，《加快推进沈抚同城化协议》的签署正式启动了沈抚同城化建设。这一举措不仅能够解决沈阳市的产能过剩问题，还能在一定程度上推动抚顺市的城市化建设和产业转型升级，促进东北老工业基地的振兴，是一举多得的重大举措。

抚顺市在 2009 年被确定为第二批全国资源枯竭型转型试点城市，2013 年又根据国务院印发的《全国资源型城市可持续发展规划（2013—2020)》中资源型城市的分类，被确定为资源再生型城市。2014 年，抚顺市委、市政府更是坚定了可持续发展的战略目标，更加积极地进行城市转型，提出了“以城市转型为主线，全面推进经济结构战略性调整，推动三次产业结构提质升级的发展思路”，并提出把抚顺市建设成为“消费主导型”城市的转型目标模式。

在这一阶段，鞍山的经济发展则呈现先上升后下降，进而逐步平稳的趋势，2013 年之后我国钢铁产能过剩，同时在国家去产能政策的冲击下，鞍山市的钢铁行业受到重创，钢铁行业作为鞍山市的主导产业，此次改革使鞍山经济下滑明显，这也坚定了鞍山市继续推进经济转型的决心。在此期间，国家重视生态环境保护，推动生态文明建设，实施了严格的环保政策，关停了一批高耗能、高污染企业，积极推广新能源、新技术，从而使鞍山这类资源型城市更好地实现可持续发展。

这一阶段，在国家和地方经济合作的转型政策支持下，辽宁中部的三个城市分别在资源转型方面取得了一些成效。对于城市未来的转型目标和方向也有了更加明确的定位，标志着辽中地区正式迈向经济转型的行列。本阶段是辽中地区资源转型的第三阶段，是沈阳、鞍山和抚顺全面采取转型措施，摸索转型路径的重要阶段。

（四）深化转型阶段（2016 年至今）

2016 年，《全面振兴东北地区等老工业基地的若干意见》的颁布无疑再一次强调了要继续促进可持续发展，重点提出对老工业基地的规划指导方向、优惠政策和搬迁部署等，东北资源型城市经济转型进入再深化阶段。2017 年，在《关于支持首批老工业城市和资源型城市产业转型升级示范区建设的通知》

中，国家发展和改革委员会将辽宁中部的沈、鞍、抚三市确定为首批产业转型升级示范区，并指出要在示范区内积极推行传统产业升级和新兴产业的规模化。同年，辽宁省发展和改革委员会等5部门联合印发了《辽宁中部（沈阳—鞍山—抚顺）产业转型升级示范区建设方案》，明确示范区建设的总体思路、基本原则、近远期目标和考核评价指标体系，提出了4个示范园区、6个重点园区和3大产业集聚区的“4+6+3”发展模式，为示范区建设提供了行动指南。2018年1月，鞍山、抚顺等五市共同签署《沈阳经济区一体化发展共同行动计划》和框架协议，进一步构建常态化协调联动机制，巩固提升沈阳核心城市作用，不断提升发展能级，努力探索示范区产业一体化发展模式。

沈阳市继续推进装备制造业升级。2020年，沈阳市着力打造、完善、支持制造业转型升级的政策体系，培育、支持了一批公共服务平台，完成了促进要素协同、产业链协同、大中小企业融通发展三项任务，实施了100个重大技术改造等项目，建设完成70条数字化生产线、40个数字车间、40个智能工厂，将高端装备制造业产业占全市工业比重提升至25%以上。

鞍山市着力将鞍钢打造成世界级产业。2023年，总投资229亿元的西鞍山铁矿采选联合项目，由鞍钢矿业与鞍山市政府共同建设，是央企与地方合作的标志性项目，也是维护我国钢铁产业供应链安全的重大标志性工程。作为国内尚未开发的资源禀赋最好、资源储量最大的单体地下铁矿山，其建成投产后，将成为一座年产铁精矿千万吨级的世界一流地下铁矿山。西鞍山铁矿项目瞄准世界先进水平，聚焦“世界级规模、世界级成本和世界级产品”，以打造一流的成本管控、一流的体制机制、一流的创新能力、一流的生态环境、一流的智能制造为实践路径，以先进的技术带动管理模式和体制机制创新，推动主要采选工艺指标、技术经济指标达到世界一流地下铁矿山水平。

抚顺市转向绿色发展。在抚顺矿区西舍场200兆瓦光伏发电项目现场，绵延上千亩土地的光伏“矩阵”宛如深蓝色的海洋，蔚为壮观。2023年9月，抚矿日晟200兆瓦光伏发电项目实现全容量并网发电，西舍场400兆瓦光伏发电项目全部投产运行。风能开发方面，抚顺市中石油辽河油田风电项目顺利签约，预计年发电量5.2亿千瓦时。清原40兆瓦生物质热电联产项目是抚顺市引进的又一重大清洁能源产业项目。中能建投（清原）新能源有限公司相关负责人介绍，项目全年可消耗农林废弃物28.4万吨，发电3亿千瓦时，供热30万平方米，年节约标准煤12万吨。

总体来看，在2016年之后，沈阳、鞍山、抚顺三市都紧紧把握国家对资源型城市扶持改革的时代机遇，在地方政策的引导下，深化各市改革。在已有成效之上不断推进经济转型，城市转型取得初步预期成效，未来转型路径更加明确，转型任务也更加艰巨。本阶段是辽中地区资源转型的第四阶段，是辽中地区深化转型、找到适合自身长久发展模式的关键阶段。

五、辽宁中部地区转型发展举措与成效

（一）转型举措

1. 协调产业结构，构建现代产业体系

（1）发展主导产业，提升产业科技水平。

鞍山市首先注重传统产业的转型升级。可凭借鞍钢发展金属品制造业、通用设备制造业和非金属矿物制造业等相关产业，依靠多年的钢铁加工技术和新兴科学技术，促进鞍钢的转型升级，做大做强其特色品牌。辽中地区经济示范区的建立也使鞍山市可以依托沈阳市发展其设备制造业，同时也能在一定程度上支持沈阳经济区的制造业发展。

在国家和地方政府的支持下，抚顺市双管齐下。一方面大力发展原有的石化产业以巩固其主导产业的地位；另一方面则利用中石油“千万吨炼油、百万吨乙烯”项目落户抚顺的机会，拓展出碳纤维产业，引进新兴技术和体制，实现石化产业的升级完善。碳纤维产业的发展，延伸了石化产业链，也增加了品牌效应和企业的抗风险能力。

（2）扩展产业链，创新发展接续产业。

完备产业链，鞍山市发挥矿产优势。在已有的钢铁加工业基础上，鞍山市继续发挥其非金属矿产资源的优势，发展菱镁矿、玉石、水泥大理岩等开采业，但同时注重规划，保证资源可持续利用。在轻工业方面，鞍山市应大力发展纺织业、服装业等，以协调产业结构，缓解就业压力。在原有产业中，抚顺市的初级原材料占比相对较大，这样会导致高端产品无法得到有效发展，企业获得的经济利润有限，未来发展受到限制。抚顺应借助世界装备制造业向发展中国家转移和沈阳经济区作为我国装备制造业改革试验区的优势，加快冶金行业的技术创新和产品升级，发展特钢、特管、新钢材、铝镁合金、钛合金及相关铸件设备的生产[8]。

（3）发展服务业，建立现代服务体系

建立现代服务体系，发展第三产业。鞍山市凭借丰富的热能资源发展温泉等旅游业；成立物流商贸基地，为沈阳经济区提供物流周转平台；引进相关人才，发展金融、信息等技术密集型服务业，紧跟时代步伐。抚顺市同样借助了高新技术改善农业生产方式，提高农产品的质量和产量以及农业抗风险能力。总的来说，发展旅游业为主导的第三产业是东北地区经济转型的大势所趋，同时辅助以新兴技术行业，提高科学技术利用率。

2. 依靠科技创新，发展新兴产业

（1）提升传统产业链附加值。

辽中地区要真正实现振兴发展，追赶东部发达地区，就不能丢弃传统的工业优势，不然就会造成新的产业没有培育出来，原有的优势消耗殆尽，使发展动力彻底衰竭。以抚顺为例，实现传统优势产业增值升值，需要拉伸产业链条向产品附加值高的一端延伸。抚顺的两大传统优势产业是煤炭采掘业和石油加工业，对于煤炭采掘业因面临资源逐渐枯竭的困境和环保压力，要改变以往注重采掘技术研发的思路，要加大对煤炭产业高附加值的煤化工产业发展力度，利用抚顺市煤炭研究所多年的技术积淀，学习和借鉴国外煤化工技术最新发展思路，联合地处抚顺市的石油化工大学，形成“企业＋科研机构＋大学”技术研发模式，政府出资、金融融资、民间筹资的模式加大投入，从传统煤炭采掘逐步过渡到煤炭深加工和精加工的煤化工产业链，拓宽传统产业新的利润增长空间。

（2）培育新的产业链价值。

促进辽中地区全面振兴，在做大做强传统产业链的基础上，要紧跟科技和时代发展的潮流大力发展新兴产业模式，必先构建创新创业的发展环境。创新创业机制体系涉及生产企业和科研机构、科研成果与实际生产以及技术发展与市场供求之间的关系，需要予以平衡和统一，否则就会无法形成合力，造成事倍功半。政府应起到牵头抓总的作用，组织有关部门、机构和院校以国家“十四五”发展规划为指引，因地制宜确定适合本市的新兴产业发展目标。借助国家“一带一路”建设带来的重要发展机遇，推动“互联网＋”、大数据与云计算、机器人与人工智能、物联网等新兴技术产业的发展，坚持产业创新和各行业协调发展，实现传统行业升级与新兴产业发展的有机融合。紧跟国内外市场的需求，推动借机成果向生产力转化，掌握核心技术，培育新兴产业的核心竞争力。

（3）为发展创新创造良好环境。

通过转变政府职能，从管理型向服务型转变，构建有利于科技创新发展的良好环境。政府应建立以税收和金融为主要手段的扶持机制，为新兴科技产业提供审批便利、生产便利、融资便利和销售便利，尤其是要加强对高新技术产业中占主体的小微企业的支持。2020 年，沈抚示范区强化招商引资工作，聚焦“引智”项目，研究制定更加灵活的政策和措施，加大与国内科研院所和省内重点高等院校间的联系，努力寻求创新发展的智力支撑，探索能够实现双赢的科技创新之路。

同时，沈抚示范区围绕建设“东北地区创新驱动发展引领区”的目标，大力推进科技强区的发展战略，制订了创新驱动发展引领区实施方案和“高企”奖励办法、科技项目管理办法、“双创”孵化平台奖励方案等一系列支持、鼓励政策，与科研院所和高等院校的合作力度进一步增强。

3. 优化人力资源，健全人力资源体系

（1）根据产业转型需要调整人才结构。

引进高技术人才，完善现代服务业人才体系。为了确保辽中地区原有资源型产业的产业链顺利延伸，实现传统产业的转型升级，同时还要关注资源利用对生态环境的影响，辽中地区的产业转型需要更加注重资源深加工的效率。因此，辽中地区大力引进和培养了石化业、装备制造业等技术产业的相关人才，以增加产业高端人才的比重，实现传统产业精细加工。在高新技术产业方面，为实现辽中地区产业结构的合理化，需要新兴产业作为接续产业发展。因此需要引进关于医药、新能源等高新技术的相关人才，同时还要重视金融、保险等现代服务方面的人才。

（2）制定相应的人才发展策略。

整合现有人才资源，培育引进新人才。由于辽中地区一直以重工业发展为主，因此在重工业发展方面具有相当的人力资源优势。所以在人力资源培养方面，要先整合利用现有的人才资源，建立健全现有的人才激励机制和相关保障机制，以保证现有人力资源不流失。高等院校努力培养高素质的综合型人才，职业院校培育专门型和技术型人才，企业则对职工进行技术培训，全方位提高人才素质。在此基础上，辽中地区不断引进和培养新型人才，不断适应经济发展的需要。

（3）创造良好的人力资源环境。

营造良好的社会环境和政策环境。社会环境会潜移默化地影响人才引进的质量和数量。所以辽中地区努力营造尊重知识、尊重人才的社会氛围，形成崇尚科学、崇尚劳动的社会风气。同时还要注重对人才的人文关怀，满足其在生活、娱乐、学习等各个方面的需求。在此基础上，政府的政策环境也影响着人才引进。所以政府在完善人才引进机制和激励机制的同时也要关注其未来的发展，保证人力资源有足够的发展空间和自由创作的环境。减少户籍、社会保障甚至城市文化等方面对人才带来的阻碍，形成自由流动的人才环境。

4. 改善生态环境，解决环境问题

（1）确立明确目标，发展资源循环型产业。

2022 年 4 月，沈阳被成功纳入国家“十四五”时期首批“无废城市”建设范围。根据沈阳市提出的“无废城市”相关工作方案，全市将大力推行工业绿色生产，推进工业固体废物综合利用。其中就包括高质量发展再制造产业，培育再制造产业的领军企业。从此，沈阳市逐步淘汰技术落后、环境污染严重的行业，严格控制高污染、高耗能、高排放的企业，同时大力发展装备制造、电子信息和农产品深加工等五大产业作为沈阳市的支柱产业。经过多年大幅度提高资源利用效率、提高科技含量、降低污染排放，优先发展资源循环型经济和资源循环型产业，大力建设污染消退、生态恢复、清洁优美的城市环境，沈阳的环境不断好转。沈阳对于环境问题所采取的措施值得鞍山市和抚顺市借鉴学习。

（2）总结成功经验，发展绿色低碳经济。

鞍山市借鉴德国鲁尔工业区的成功经验，在后续的铁矿资源开发利用中积极发展绿色低碳经济，严格执行污染物排放标准，加强采矿区和工业废区的生态恢复与建设。在开发利用自然的同时，更加以尊重自然、顺应自然、保护自然为先。对于闲置的工业废弃建筑物也加入了鞍钢产业特色文化，并发展为特色景点，实现了工业和旅游业的融合发展。构建生态文明体系，营造宜人的绿色生态环境，建设生态美好型绿色城市[9]。抚顺县铁资源丰富，随着矿产资源开采，环境破坏严重。现如今，毛公铁矿实施洞采，企业周边绿植覆盖，树木丰茂。下一步将对采矿企业全部实施环保升级，实现老矿区绿色发展。为了还民众一片绿水青山，抚顺县实施“青山工程”，推进闭坑矿生态治理、退坡地还林草工程、封山禁牧等生态修复工作，综合治理水土流失，加强矿山生态修复。

（3）治理地质灾害，建设生态文明城市。

对于抚顺市长期以来开采形成的地质灾害问题要加强治理，把建设生态城市的目标与整个治理过程相结合，通过完善管理机制和规划，调整出能够适应城市可持续发展的产业结构来促进城市的转型。对原有的衰退型产业进行整改，在原有工序基础上加入环保的理念，处理好废物排放的分类整理，进行全面的监督，严格治理。对于城市内部污染严重的企业进行整治，对污染源头进行排查。虽然一部分污染企业已经搬离市区，如抚顺市新钢铁公司、抚顺石油一厂、抚顺铅厂等企业建成了符合自身特色的新的产业园区，但这并没有完全制止污染行为，仍有一些中小型重污染企业在生产中，政府应该对相应的企业严加监督，从源头上遏制污染的形成，帮助相应企业做好产业转型，树立起可持续发展的理念。发挥好政府宏观调控的基本功能，完善监督管理条例，让污染型企业没有可乘之机。

（二）转型成效

1. 升级完善产业体系

主导产业接续发展，优化已有产业体系。鞍山市依托先进的科学技术，继续进行钢铁工业深加工，做大做强鞍钢的特色品牌。沈阳市同样继续依靠其设备制造业的发展，大力发展石化产业。抚顺市则凭借其石油加工技术优势，发展碳纤维产业等。除此之外，鞍山市还结合自身的地热优势发展旅游业，沈阳市依靠发展金融、保险来优化服务业的内部结构，抚顺市则更加注重科技和创新，将科技与基础农业相结合，实现农业增收增量。所以整体来看，辽中地区不仅将自己原有的产业优势与现代化技术结合形成新的发展动力，同时也结合现代化的发展需要，健全完善服务体系，发展第三产业。

新兴产业助力转型，完善产业体系。企业创新、科技创新，为各大产业的转型发展注入不竭动力。在政府产业创新的政策支持下，辽中地区致力于促进传统产业链升值，培育新的产业链价值，从而营造良好的创新发展环境。对于抚顺地区传统的煤矿采掘和使用加工业来说，与国外最新煤化工技术相结合，实现了煤化产业的高效、高质量发展，完善了深加工、精细加工的工业链。同时还依靠互联网+、大数据、云计算、机器人与人工智能等新兴技术，实现新兴产业与传统产业的有机融合，增强产业的核心竞争力和产业链的价值。发展第三产业的同时，提高了原有产业的质量，更加适应市场需求，经济结构焕然一新。

2. 实现地域特色发展

共建国家级综合性钢铁产业基地。以鞍钢为龙头，整合本溪、辽阳等城市钢铁产业资源，加快全产业链协同发展，共同谋划推动国家矿石储备基地建设。强化了特色商贸物流中心功能，加快海陆大通道建设。推动了文教卫健产业协同发展，共同签署沈阳现代化都市圈文化旅游体育一体化合作框架协议，围绕千山风景区等鞍山特色旅游资源，联合推进四季游、文化旅游的营销推广和互动宣传活动，促进文化旅游体育协同发展、共建共赢。加强了与沈阳卫生医疗领域合作，依托汤岗子温泉省级特色小镇，推动都市圈各市中医诊疗技术及中医药产业与汤岗子医院康复理疗技术融合发展。

增强县域经济综合实力。在城镇化建设的过程中，着重关注以县城为载体的经济发展状况，致力于提升县域综合能力，补齐弱势短板，发展壮大特色优势产业。推进了县域商业体系建设，建设改造县级综合商贸服务中心、物流配送中心和乡镇商贸中心，实现县乡村联动、衔接互补的县域商业网点布局。利用沈阳、鞍山和抚顺市的经济辐射效应，带动周围地域协同发展，实现各地域之间共同进步、共同富裕，协调一致发展。

六、经验启示与借鉴意义

针对以上问题，沈、鞍、抚三个城市利用一切现有资源积极应对、处理，在转型过程中不断取得新的成就，其中的经验教训对于山西省的发展改革有很深的借鉴意义，具体如下：

首先，解决产业结构单一和产业层次低的问题。山西省等大多数资源型城市传统产业基础良好，但普遍面临资源枯竭、技术老化、生态质量下降等一系列挑战，因此协调产业结构刻不容缓。以大同市为例，大同是晋冀蒙区域中心城市，山西省域副中心，是42个全国性综合交通枢纽之一，不仅是陆港型国家物流枢纽承载城市，还有高铁枢纽与动车所、跨境电子商务综合试验区、保税物流中心和对外开放口岸等众多有利于生产贸易和物流交通的条件。在历史文化方面，作为全国首批24个历史文化名城之一，中国九大古都之一，大同有众多历史文物遗存，文化底蕴深厚，是全国著名的文化旅游城市，拥有云冈石窟、悬空寺和恒山等著名景区，每年吸引众多游客前往。因此，利用地域和文化优势丰富产业结构、拓宽发展领域是转型的第一步。

其次，创新驱动是传统产业转型升级的核心推动力。在传统优势产业方面，山西省的高新技术投入率较低，高新科技不能与传统产业很好地结合，导致产品质量、数量一直无法得到有效提升。近年来，山西省紧紧围绕重点产业链建设布局创新链，加快建设科技创新平台，2020—2023 年累计投入财政资金 5.6 亿元，推动新获批和重组国家级创新平台 10 家，新建 5 个省级实验室、142 个省级重点实验室、76 个省级技术创新中心、20 家中试基地、12 家省级临床医学研究中心，与国内知名高校共建清华大学山西清洁能源研究院、山西北大碳基薄膜电子研究院、山西浙大新材料与化工研究院、山西省能源互联网研究院 4 家省校合作新型研发机构。正是因为坚持创新驱动，山西省作为一个老牌煤业大省，从“一煤独大”到现在的产业转型，大数据、半导体、光电、光伏等 14 个战略性新兴产业集群正在加速形成并产生效益，同时作为国家资源型经济转型综合配套改革试验区之一，山西省正不断践行高质量发展，以此为前进方向。

再次，实现人力资源和产业结构的协调发展。产业结构影响人力资源结构的形成，人力资源结构促进产业结构发展，两者密切联系，相互促进、相互影响。山西省作为传统资源型大省，一直面临产业结构不合理和人力资源缺乏的困境，因此要实现经济转型发展，就必须建立适合的人力资源体系，形成合理的产业结构。高质量人才的引进可以助力山西省新兴产业的发展，加速传统企业转型升级，为省域内未来经济的发展注入活力。山西省人力资源和社会保障厅近日发布了《加快建设高标准人力资源市场体系 2023 年行动计划》，其中提出 14 条措施，以加快建设统一开放、竞争有序、管理规范、充满活力的高标准人力资源市场体系。

最后，重点关注生态环境问题。不管是矿产资源的开采还是重工业企业的发展，都严重影响着城市的生态环境问题。废水废气废物的排放、矿区和工业废弃区的不合理利用，都会影响空气质量、水资源质量以及生物多样性等。有效地解决环境重点突出问题有利于山西地区更好地发展转型。2021 年，山西省生态环境系统围绕“扛起使命、担起责任”“精准施策、铁腕治污”“多措并举、主动作为”“科学防范、有效应对”“夯实基础、完善体系”“全面从严、一严到底”六大方面开展工作，一体推进治山、治水、治气、治城，深入开展污染防治攻坚，统筹抓好生态保护修复，助推经济社会发展绿色转型。

参考文献

[1] 沈阳市人民政府 http://www.shenyang.gov.cn/wssy/scfm/csgk/.

［2］鞍山市人民政府 http：//www. anshan. gov. cn/asszf/zjas/index. html.

［3］康学召．沈阳经济区资源型城市产业转型研究［D］．沈阳：沈阳大学，2014.

［4］单薇．以创新驱动引领东北资源枯竭型城市转型发展［J］．中国科技信息，2019（05）：99－100.

［5］王翀．抚顺市产业发展和产业空间布局研究［D］．沈阳：沈阳建筑大学，2013.

［6］王福君．城市产业结构升级与空间结构演变互动发展——以辽宁省鞍山市为例［J］．学术交流，2018（03）：101－108.

［7］董丽晶，张平宇．老工业城市产业转型及其就业变化研究——以沈阳市为例［J］．地理科学，2008（02）：162－168.

［8］崔晓玲，郭小平，高晟．论辽宁抚顺的经济转型与发展——基于资源枯竭型城市转型视角［J］．中小企业管理与科技（下旬刊），2017（01）：66－68.

［9］高禄年，董会和．城市收缩背景下的资源型城市发展与效率评价：以鞍山市为例［J］．中国矿业，2022，31（03）：42－48.

第八章
河南西部（洛阳—平顶山）产业转型升级示范区发展分析与启示

裴耀琳 李月蓉 赵 聪

河南西部（洛阳—平顶山）产业经过多年转型发展取得了不错的成效。河南西部产业转型发展为山西产业转型升级带来了丰富的经验：既要注重传统产业高质量转型，又要推动新兴产业提效增质及产业集群化发展，还要强化产业链与创新链精准对接，促进科技成果转化成为现实生产力，并以此内生性地刺激经济活力迸发。此外，还应关注城乡及产业与生态的整体发展，以产业高质量绿色转型促进经济可持续发展。

一、引言

河南西部（洛阳—平顶山）地区位于豫西山地丘陵区向黄淮海平原的过渡地带。作为我国第二批产业转型升级示范区，河南西部（洛阳—平顶山）地区既经历了“以煤崛起”的辉煌历史，又遭受了“因煤负累”的诸多磨炼。近年来，作为以“煤炭”闻名的能源重化工基地，洛阳与平顶山两市通过推进传统产业转型升级，并在新材料、智能装备产业、高端装备制造等领域多处布局，努力打造绿色产业体系。从“一煤独大”到“多业并举”，洛阳与平顶山两市转型成效初显，成为我国资源型城市转型的代表。本章以河南西部（洛阳—平顶山）产业转型示范区作为研究对象，通过对其转型发展历程的研究，探明其现状和发展规律，并挖掘转型发展路径，为其他资源型城市可持续发展提供参考借鉴。

二、河南西部（洛阳—平顶山）转型发展背景

（一）河南西部（洛阳—平顶山）简介

洛阳市和平顶山市位于河南省西部，地处河南省中原城市群的核心发展区，占据重要的区域位置，拥有丰富的矿产资源，是河南省乃至全国重要的原材料工业和装备制造业基地[1]。洛阳市和平顶山市是《全国老工业基地调整改造规划》确定的老工业城市，并被《全国资源型城市可持续发展规划》分别认定为再生型和成熟型资源型城市，在全国重大发展战略中占据重要位置。自 2020 年起，两市共同建设河南西部产业转型升级示范区。

洛阳市现辖8 县1 市6 区和2 个国家级开发区、11 个省级开发区，总面积 1. 52 万平方千米，总人口 713. 67 万，是国务院首批公布的历史文化名城、新中国重点建设的老工业基地、丝绸之路经济带主要节点城市，也是国家区域中心城市、中原城市群副中心城市。平顶山市现辖 2 市 4 县 4 区和 1 个国家级开发区、8 个省级开发区，面积 7 882 平方千米，总人口 550 万，是中国优秀旅游城市、中国曲艺城、中国汝窑陶瓷艺术之都。

洛阳与平顶山两市是河南省重要的人口和产业密集地区。其中，洛阳市在中国大陆城市 GDP 百强榜中排名第 46 位，在河南省所有地级市中 GDP 总量排第 2 位。2022 年，洛阳与平顶山两市 GDP 合计 8 514.53 亿元，占河南省全省的 13.8%。两市作为典型的资源型城市，促进两者产业结构转型对河南全省可持续发展具有重要意义。

（二）河南西部（洛阳—平顶山）资源概况

1. 平顶山市资源概况

平顶山市已发现矿种 58 个，查明资源储量的矿种 34 种，查明资源储量的矿区 140 处，其中大型 26 处、中型 35 处、小型 89 处。截至 2020 年底，全市优势矿产资源包括煤矿、铝土矿、岩盐、铁矿、水泥用灰岩等。平顶山市煤矿资源蕴藏丰富，主要分布在平顶山市区、汝州市南部及韩梁地带，保有资源储量 59.4 亿吨，居河南省第 3 位。铁矿资源主要分布在舞钢市和鲁山县，并以舞钢市为主，该市已查明的铁矿石矿区有 30 处，保有资源储量 7.03 亿吨，居全省第 1 位。平顶山市盐矿资源也很丰富，河南省已探明储量的盐矿大部分分布于平顶山市境内，盐矿保有资源量 855 026.78 万吨，居河南省第 2 位。与此同时，累计查明磷矿保有资源量 7 342.57 万吨、硅灰石保有资源量 1 210.57 万吨，均居全省第 1 位。此外，平顶山市还有大量其他资源，例如，石墨保有资源量 297.48 万吨、石膏矿保有资源量 33 687.4 万吨，均居河南第 2 位。

2. 洛阳市资源概况

截至 2020 年底，洛阳全市已发现各类矿产（含亚矿种）106 种，其中查明资源储量的矿产 44 种，钼、铝、金、银、钨、煤、铁等甲类矿产资源 26 种，这些矿藏储量大，品位高，易于开采利用。已查明资源储量的矿产地（含共伴生矿产）882 处，其中，大型 73 处、中型 118 处、小型 691 处。洛阳市的钼矿储量全国第一，是世界三大钼矿产区之一和全国最大的钼精粉基地。在矿种分布上，煤炭、铝土矿、水泥灰岩等沉积矿产集中分布在洛阳北部的新安、偃师、宜阳等地；金矿集中分布在洛宁南部、嵩县西部的熊耳山南麓；钼钨铅锌等有色金属矿产集中分布在洛阳南部的栾川、嵩县、汝阳一带；萤石矿集中分布在栾川合峪—嵩县车村一带。整体看，洛阳市的资源分布相对集中，便于资源开发利用和产业集聚区建设。

（三）河南西部（洛阳—平顶山）亟须产业转型升级的主要原因

由于洛阳、平顶山两市在产业转型发展历程中存在主导产业等方面差异，所以在河南西部（洛阳—平顶山）产业转型升级的主要原因的分析上，本章对两座城市分别进行论述。

1. 平顶山市亟须产业转型升级的主要原因

（1）产业体系不完善，产业竞争力弱。

作为能源生产基地，平顶山市主要出口煤炭、岩石、铁矿石等初级能源材料，主导产业包括煤炭产业和相关的化工、机械等产业。平顶山市过去的粗放式生产，造成了资源利用效率低、附加值低、生产效率低下等问题。虽然部分行业凭借资源开采与初加工等取得了一定的发展，但总体上单位固定资产价值利税贡献率较低，经济效益和经济发展水平不理想。这与平顶山市主导产业缺乏竞争力，产业体系布局不完善等原因密切相关。

（2）环境破坏严重，地质灾害频发。

平顶山市聚集了众多煤矿和化工企业，它们的生产活动引发了一系列的环境问题。一是平顶山市多年的煤炭资源开采，造成了部分地区出现严重的地表塌陷。2017 年，平顶山市采煤沉陷区总面积达到了 83 955 亩。二是采煤和洗煤过程中的废渣、废水等没有得到很好的处理，大量煤矸石没有得到及时处理，甚至形成了煤矸石山，并长期暴露在环境中，增加了地质灾害风险，降低了环境承载能力。同时，煤炭挖掘过程中产生废气，如二氧化硫的排放量已远远超过国际卫生组织规定的标准，这些都对环境造成了破坏。三是不合理的矿区生产规划及过度开采导致地表作物大量破坏、地表水干枯、地下水恶化等地质灾害。

（3）就业问题难以解决，社会问题凸显。

由于煤炭资源的逐渐枯竭以及出于对生态环境的保护，平顶山市已关闭和计划关闭矿井产能超过 4 000 万吨，造成大量人员失业。此外，平顶山市第三产业发展滞后，就业机会与岗位相对较少，加之煤炭开采的专业性，大量人员由于技术不对口、工资待遇低等问题，很难适应新的就业环境，导致平顶山市的失业率一直在 3% 以上，造成各种社会问题，激化社会矛盾，增加社会不稳定因素。此外，平顶山市社会医疗保障也不尽如人意，这更加阻碍了平顶山市产业转型升级。

2. 洛阳市产业亟须转型升级的主要原因

（1）第二、第三产业协同发展局面欠佳。

洛阳以高加工度工业为主，其主导产业为装备制造、石油化工、有色金属冶炼加工等，第二产业占据份额较大。近年来，洛阳市第三产业增速明显，截至 2022 年，洛阳市服务业占 GDP 比重为 51.9%，其中住宿餐饮、批发零售、交通运输三大传统行业增长值 41.1%，现代服务业增加值增长 13.1%，但现代服务业增速相较于传统服务业相对缓慢，增长势头相对较弱。第二产业相较上年，增加值为 2 473.9 亿元，增长 3.2%，但高端制造业占比较低，产业整体呈现出大而不强、资源依赖严重的特征，并存在产业链不够完善、以初级加工为主等诸多问题，且多从制造端向产业链前端延伸，产业链后端拓展程度较小，服务型制造业发展不足，第三产业尤其是新兴产业需求较低。总的来看，洛阳市第二产业发展仍趋于初级化，且以制造业为导向的服务业需求不足，导致生产性服务业对工业的增值作用较为有限。对比洛阳市 2010—2019 年第二、第三产业集聚水平（如图 8－1 所示）可以看出，洛阳市近十年第二产业集聚程度有所波动，但相较第三产业其集聚程度呈上升趋势。进一步测算第二、第三产业协同集聚水平，如图 8－2 所示，2010—2019 年，洛阳市第二、第三产业协同集聚呈下降趋势。

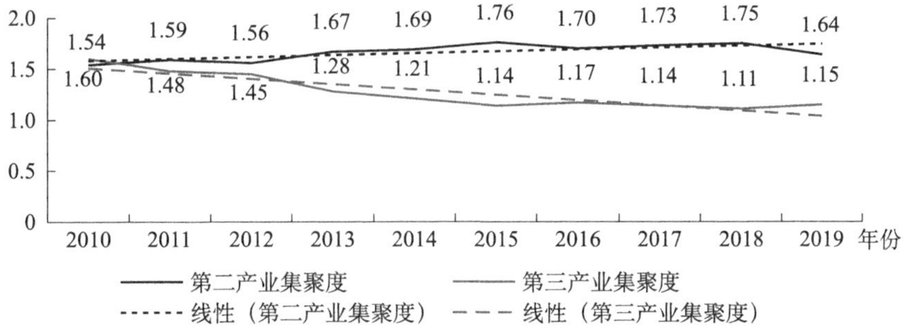

图 8－1　洛阳市 2010—2019 年第二、第三产业集聚度

（2）工业产业发展面临结构性困境。

洛阳作为老工业基地，在计划经济体制下取得了一定的发展优势，也在发展中形成了以重工业为主的产业发展惯性。加之矿产资源丰富，又进一步强化了洛阳市工业经济对重工业化的路径依赖。新中国成立以来，洛阳市经济一直以第二产业为主，重工业在其中保持着绝对优势。到 2021 年，洛阳市重工业企业在规模以上企业主营业务收入中占比高达 89.45%，重工业占比仍然较

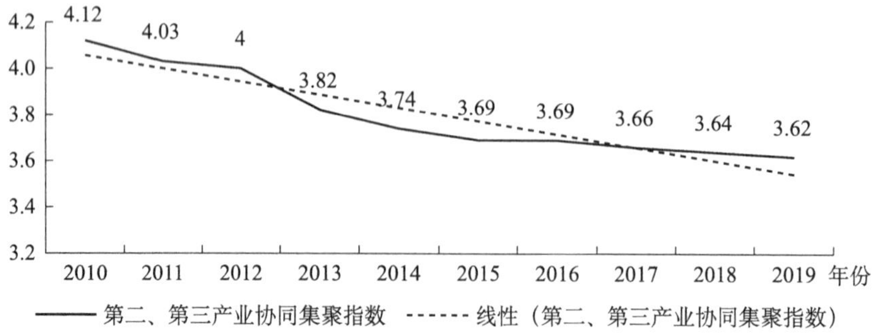

图 8-2 洛阳市 2010—2019 年第二、第三产业协同集聚指数

高。这既表明洛阳市重工业能耗高，产能过剩严重，也意味着轻重工业搭配不合理，工业产业结构呈现明显的刚性强的特征，并由此导致洛阳市产业体系抵御市场风险能力较弱。

（3）科技创新支撑作用不足。

洛阳市重工业化路径依赖强，存在占比高、能耗高、产能严重过剩等问题，缺乏科技创新基础。洛阳市主营业务收入排名前十位的制造业企业，R&D 投入强度大多低于全国平均水平，研发投入对产业发展的贡献不足[2]。根据 2022 年洛阳市统计年鉴显示，2021 年洛阳市 R&D 经费内部支出达到了地区生产总值的 2.83%，对经济发展的引领作用有所显现，但城市产业转型及其结构演变却并未取得明显成效。同时，洛阳市新兴产业起步较晚、自主创新能力不强、高技术人才缺乏、市场份额低，尚且不能作为洛阳市产业全面发展的支柱，对产业结构转型的拉动作用较弱。由于新兴产业带动能力不足、成长性不强，缺乏对工业发展的可持续拉力，科技创新能力不足会是洛阳市下一阶段产业结构优化面临的难题。

（4）城市经济发展缺乏活力。

据统计，2020 年，洛阳市制造业中的国有及控股企业的比重高于全国平均水平。但是国有及控股企业利润总额占比（14.03%）远低于全国平均水平（26.43%），且洛阳国有及控股企业主营业务成本（38.87%）和管理费用（41.41%）又远高于全国平均水平（26.43%、24.82%），这表明洛阳市国有企业经营绩效低于全国同类企业。2022 年，洛阳市规模以上工业增加值增长 4.5%。从经济类型看，国有企业规模以上工业增加值增长 4.7%；集体企业增长 42.1%；股份制企业增长 0.4%。洛阳市的第二产业发展主要依靠国有及控股企业，压缩了民营企业的发展空间。同时，由于长期受政府的大力支持，大部分国有企业缺乏竞争力与创新精神，加上有关部门对第三产业部分行业的严格管控，一定程度上限制了企业发展、产业壮大和供给扩张。这些都是导致洛阳市经济发展缺乏活力的重要原因。

三、河南西部（洛阳—平顶山）地区产业转型升级的制约性因素判定

（一）转型观念落后，体制机制产生束缚

河南西部（洛阳—平顶山）地区的资源开采和能源价格主要由国家宏观调控，导致国有经济在地区经济中占比较大，城市的发展大多依赖于少数国有企业。但多数国有企业缺乏完善的现代企业制度，“政企不分”“政资不分”等问题突出，并且各利益主体之间相互关联，这些都导致地区产业转型意识不强，转型观念落后，缺乏创新意识和创新能力，并存在较为严重的“惰性”。河南西部地区作为我国重要的能源基地，受传统计划经济的影响较大，市场体制不够完善，市场缺乏活力，支持民营企业发展的政策法规仍欠缺，营商环境存在“短板”。

平顶山市和洛阳市作为资源型城市，以资源的开发利用为经济基础，其发展可预见地会经历从形成、成长、成熟到衰退的周期性过程。城市生命周期理论指出，如果资源型城市能够在资源型产业发展的“繁荣成熟期”就着手准备后续出现“衰退期”的转型储量，利用前期积累的资金、人才和技术等，带动后续新兴的替代产业的发展以取代煤炭产业作为支柱产业的主体地位，就能降低对煤炭经济的依赖，实现经济的可持续发展。平顶山市和洛阳市分别是成熟型和再生型资源型城市，根据城市生命周期理论，两市正处于转型发展的最佳时期。在这一时期，由于转型观念落后，体制机制对产业转型升级产生束缚，如果河南西部地区不采取相应的措施，将错过转型发展的最佳时期，当煤炭经济进入衰退期再考虑产业转型升级，政府不仅要面临衰退的经济，还需要处理失业率上升、新兴替代产业发展缓慢、支柱产业无法提供经济增长动力等问题。

（二）技术、人才和资金制约

河南西部（洛阳—平顶山）地区产业转型升级应该向高质量、多元化、

绿色化等方向共同转变，但该过程离不开技术、人才和资金等要素的支撑。根据路径依赖理论，平顶山市和洛阳市作为资源型城市，经济长期依赖煤炭资源，在报酬递增的正反馈机制下，河南西部地区逐步形成与资源类产业相关的特定产业结构，并随着时间的推移而丧失对其他产业的发展能力，最终锁定在以资源开发和加工为主体的产业中，从而导致创新能力下降，精深加工技术缺乏，无法延伸传统产业链条，经济发展后续动力不足，这将严重阻碍煤炭产品质量和产品结构的优化以及产业的转型升级。

河南西部地区发展的基础是其丰富的自然资源禀赋，通过对资源的开采和开发来获得经济增长。但资源诅咒理论认为，丰裕的资源禀赋会阻碍经济的发展。就资源型产业的挤出效应来说，河南西部地区以资源型产业为主，该产业的发展和高收入使其他产业及教育与人力资本的投资不足，人才的培养和吸收多集中于资源型产业，缺乏新兴替代产业的人才，当地人才的就业面狭窄，其他产业人才外流，人才结构不合理。而糟糕的城市生态环境、较低的薪资待遇又很难吸引外部人才的流入，这些都加剧了产业转型升级的难度。

河南西部地区以煤炭经济为主，而煤炭的价格容易受国际环境影响且波动幅度较大，这就导致煤炭经济的收入不稳定，影响企业的持续经营和转型发展。此外，煤炭企业的融资多依赖于银行，融资渠道单一。近年来，国家出于环境的考虑对高耗能产业的发展进行了限制，这些都很大程度上加大了煤炭企业的融资难度，资金的缺乏也让河南西部地区产业转型升级变得更加困难。

（三）资源环境约束趋紧

河南西部（洛阳—平顶山）地区经济发展长期依赖不可再生资源，对资源的开发采取粗放型的方式，加工也仅停留在初级加工的层面，精深加工技术不成熟。这些导致河南西部地区耗能问题突出，资源环境受到严重的破坏，地表塌陷面积逐渐增加，水土污染日益严重。虽然河南西部地区一直在进行生态环境的治理，但资源环境对经济的约束仍然突出。循环经济理论的核心特征是低开采、高利用、低排放，强调物质循环和生态效率，资源能被高效重复利用，注重物质在生产、流通、消费的全过程中实现资源节约和最大化利用。河南西部地区对资源的开发利用显然是不符合循环经济理论的。随着国家环保标准的不断提高和执法力度的不断加大，环境约束会越来越明显。

从城市生命周期理论、资源诅咒理论、路径依赖理论和循环经济理论来看，河南西部地区在经济发展初期，依赖煤炭资源得到了蓬勃的发展。然而，随着煤炭资源减少，面临着资源枯竭的问题，经济增长乏力，进入了经济增长的瓶颈期。因此，河南西部地区出于城市生存和发展以及经济的持久稳定增长的需求，进行产业转型是必然的选择。在产业转型升级的过程中，转型观念落后，体制机制的束缚，技术、人才、资金的制约，资源环境约束趋紧以及耗能和污染问题都阻碍着河南西部地区产业转型。

四、河南西部（洛阳—平顶山）转型发展历程

（一）平顶山市产业转型发展历程

平顶山市作为河南省的重要工业城市、资源型城市，在全国范围内发挥着越来越大的作用。其转型发展大致经历了以下三个阶段：

1. 资源型产业形成期（1953—2006 年）

1953 年，平顶山市的煤炭开始勘探开发。作为我国第三大煤炭和炼焦煤生产地区，平顶山市产业对煤炭资源依赖性强，产业集中在煤炭开采、有色金属冶炼、电热供应等耗能高的行业[1]。煤炭产业作为主导产业，也是平顶山市的优势产业，1953—2006 年煤炭年产量超过千万吨，位居全国统配煤矿第二名。同时，平顶山还利用当地水资源丰富的优势，建成了一批电厂及电力配套的高压开关厂等。平顶山市以新型工业化为主导，大力发展煤盐化工、尼龙化工等产业，并建成了尼龙 66 盐工程等煤基尼龙工程，为煤盐化工产业成为新的支柱产业奠定了基础。

2. 转型探索期（2006—2019 年）

平顶山市因煤而建，依煤而兴。作为典型的资源型城市，平顶山市经济发展取得过辉煌成就。随着经济社会发展进入新常态，煤炭及相关产业偏重、产业结构单一、产品初级化较重等问题日益凸显，转型发展迫在眉睫，城市进入转型探索期，并在以下五个方面作出努力：

第一，促进传统畜牧业转型升级，不断提高第一产业质量。2006 年平顶山市政府报告中指出，加大对农业产业化的培育力度，加快发展畜牧业。2016 年，河南省同意平顶山市为河南省现代生态循环农业试验区。2006—2019 年，平顶山市将农业生产和循环经济相结合，建设循环内农业试验区，以畜牧业为龙头，大力发展循环农业。同时，平顶山市各级农业部门把循环农业作为大力

发展现代农业的突破口和切入点，对农林牧实行产业融合，先后培育了农牧结合型、养殖带动型等六类大型循环企业典型50余家，形成了“农牧结合、资源循环、生态高效”的现代畜牧业生产体系，完善、修补、拓展产业链条，推动循环农业快速发展，不断提高第一产业质量，使三次产业结构的比例更合理。

第二，延伸传统产业链条，积极培育新兴产业。平顶山市自然资源丰富，煤、铁、岩盐等储量丰富，目前已发现矿种58个，能源化工、冶金建材、装备制造、轻工食品等传统产业优势明显。通过往后延伸传统产业链条，向服务型制造业转变，培育战略性新兴产业。通过改造提升传统产业，积极培育发展电子信息、机车及零部件、医药和医疗器械、新能源、新材料等战略性新兴产业，着力打造产业集群，建成中国尼龙城、中部能源城、中原电气城和长江以北最大的不锈钢生产基地。2016年，为进一步优化产业结构，平顶山退出煤炭产能503万吨，非煤产业和高新技术产业比重分别提高0.6和0.3个百分点，能源原材料和六大高耗能行业比重分别下降1.5和0.6个百分点，第三产业增加值比重提高1.9个百分点。

第三，优化营商环境，持续鼓励投资创业。平顶山市坚持开放招商，持续优化发展环境，努力打造投资创业热土。同时构建了“四位一体”智慧政务便民新体系，提升一体化政务服务能力，整合企业办证流程。“十三五”时期，平顶山市把开放招商作为转型发展的主战略，转换发展动能，厚植发展优势，开放的成效逐步显现，政策环境依然强劲。在此期间，与平煤神马集团合作共建中国尼龙城，出台专门的招商引资政策，以融资支持、资金奖励等方式吸引项目入驻，打造千亿级尼龙材料产业基地，尼龙产业不断壮大，推动平顶山市向中国尼龙城转型。

第四，打造特色产业，助力居民增收。2015年以来，平顶山市大力推进建设中原玉石城的项目，促进珠宝玉石特色产业的发展，使之成为长江以北最大的现代化管理模式下的专业珠宝玉石批发交易中心，并将中原玉石文化旅游小镇打造成中原乃至华北地区最大的玉石原料交易集散地、全国品种最全的玉石加工批发基地。通过该项目对周边产业的辐射作用，促进相关产业的蓬勃发展，加快培育特色产业集群。2006—2019年，平顶山市各区（县）还根据自身优势，积极发展食用菌、大米、红牛、葫芦、茶叶、汝窑等特色产业，助力居民增收，加快转型发展。

第五，因地制宜发展服务业，不断扩大产业规模。平顶山市依托平顶山玉鹰文化和大香山观音文化，打造了集珠宝玉石与文化旅游于一体的服务业集聚区，延长服务业产业链条。这一时期，平顶山市突出服务业兴市战略导向，深入挖掘地域特色，促进旅游业发展，创新区域旅游发展模式，提高平顶山市旅游业国内外知名度，拓宽服务业发展渠道。

3. 转型深化期（2019 年至今）

平顶山市立足自身资源优势和产业基础，通过转型升级降低传统能源产业占比，加快战略性新兴产业建设，加强科技创新，通过产业结构优化升级促进经济高质量发展[4]。2019 年，平顶山市正式被国家确立为转型升级示范区，产业转型进入深化期。

第一，改造提升传统产业，实现绿色转型升级。平顶山通过拓展传统化工产业链条，推动智能制造发展，培育一批智能制造示范企业、智能化示范园区；推动特高压输变电、智能电网等产业发展，目前入驻 50 多家企业，产业规模超过 200 亿元。近五年来，平顶山市以技术改造、智能化改造、绿色化改造为重要抓手，促进产业结构绿色转型升级，促进产业结构向中高端迈进，实现新旧动能接续转换。截至 2022 年底，平顶山市培育创新型企业 706 家，建成研发平台 400 个，实施国家和省重大科技专项 200 多项，解决了特殊性能钢、电子级金属靶材等一批“卡脖子”难题，滚动实施了 311 个绿色化改造项目，工业固废综合利用率超过 85%，单位生产总值能耗下降 18.7%。以绿色发展为主题，借助创新型企业和科技创新，改造提升传统产业，实现绿色转型升级。

第二，加快培育新兴产业，推动产业迈向中高端。“十三五”期间，平顶山市尼龙产业迎来了强劲的发展，大力发展尼龙新材料产业集聚项目，并入选国家级战略性新兴产业集群发展工程。2023 年平顶山市政府报告指出，中国尼龙城入驻企业 200 多家、产值突破 1 000 亿元，成为国家级高新技术产业化基地。随着生物医药等新兴产业闯入主流市场，阿兹夫定作为我国第一个拥有完全自主知识产权并具有全球专利的治疗新冠的特效药获批上市。同时，平煤神马集团也加快尼龙新材料产业发展，利用现有产业基础，以商招商，向尼龙城集聚人才、技术和资金，吸引锦纶民用丝、聚碳酸酯等下游企业投资，产品附加值提高，推动尼龙战略链向高端延伸。近年来，战略性新兴产业、高新技术产业对规模以上工业增加值增长贡献率分别达 20.1%、44.3%，高质量转型发展取得显著成效。2022 年，平顶山市全年生产总值 2 839.33 亿元，规模以上工业增加值同比增长 6.4%，增速分别高于全国（3.6%）、全省（5.1%）

2.8 个和 1.3 个百分点。战略性新兴产业持续壮大，增加值同比增长 8.5%，对规上工业增长的贡献率达到 23.5%；高技术产业实现快速增长，增加值同比增长 54.5%，快于全市 48.1 个百分点。工业经济平稳增长，新兴动能持续引领，经济呈现出较强的韧性和潜力。

第三，坚持改革创新，强化转型发展动力。“十三五”期间，平顶山市积极打造“高校院所 + 技术平台 + 产业基地”创新链，在环保、经济转型、矿产等领域建设产学研创新体系，加强关键技术研发，源源不断地为转型发展提供动力。2022 年，平顶山市高标准谋划建设科创新城、高新智慧岛、科技创新中心等创新载体，培育国家高新技术企业 102 家。同时，平顶山市实行“鹰城英才计划”“归根”工程等，招才引智签约 1.7 万多人，主导产业骨干企业实现市级以上研发平台覆盖，以创新赋能产业高质量发展。

第四，推进农业发展，打造系列品牌。2017 年，平顶山市入选第一批国家农业可持续发展试验示范区、国家农业绿色发展试点先行区建设，实施“循环农业 + 品牌农业 + 协同农业”发展战略，推进农业高质量转型升级。近年来，平顶山市在生态循环农业发展方面，全面推进了 24 个县级现代生态循环农业试验区建设，在全国首创了“百亩牵头生态方”种养结合循环发展模式，推进农牧结合循环发展及农业废弃物的无害化处理和资源化利用；在绿色农业方面，推动农业与科技、金融、信息等现代生产要素的融合利用，创新绿色发展体制机制，推行农业绿色生活方式；在农业可持续发展方面，以实现“农业产业、资源环境、农村社会”可持续发展为重点，规划了 50 个重点项目，总投资 618 亿元；在特色农业方面，构建以生态养殖、特色种植、绿色食品加工为主导的产业发展格局，突出“一县一业”，支持红牛、鹁鸽、韭菜、酥梨、珍稀菌等产业创建国家级农业系列品牌和农业升级产业园，打造“两品一标”“鹰城名优”品牌。

经过多年转型发展，平顶市地区生产总值由 2012 年的 1 447.60 亿元增加到 2021 年的 2 694.16 亿元，年均增长 6.8%。2021 年，平顶山市地区生产总值增长 7.1%，居河南省第 7 位；一般公共预算收入增长 14.2%，居河南省第 3 位；规模以上工业增加值增长 9.4%，居河南省第 5 位，主要经济指标增速高于全国、全省平均水平[5]。对比平顶山市与河南省经济增长率（如图 8 - 3 所示）也可以看出，平顶山市近年来的经济发展水平略高于河南省的平均发展水平，转型发展初见成效。

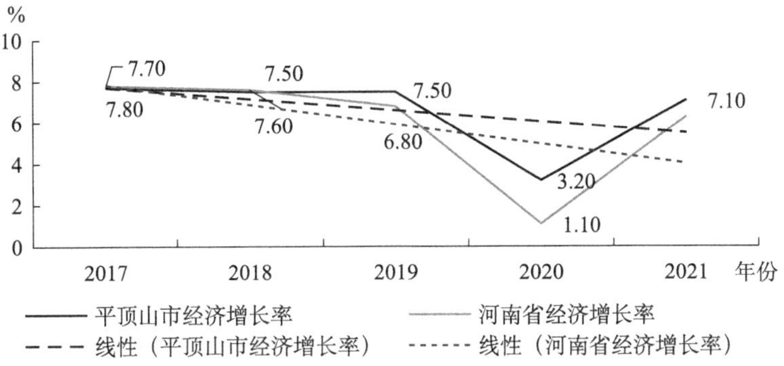

图 8-3　2017—2021 年平顶山市与河南省经济增长率对比图

（二）洛阳市产业转型发展历程

1. 资源型产业形成期（1950—2002 年）

洛阳市是中国中西部地区的一个老工业城市，第一个五年计划期间，全国 156 项重点骨干项目中有 7 项建在洛阳，相继建立了中国第一拖拉机厂、洛阳轴承厂、洛阳矿山机器厂、洛阳铜加工厂等一大批国有大中型企业。1956 年以来，洛阳耐火厂、洛阳玻璃厂、洛阳棉纺织厂、洛阳水泥厂陆续建成投产。为配合国家重点工业项目，截至 1957 年 8 月，国家工业主管部门还从上海、广州等地迁入 17 家工厂，使洛阳迅速形成了以国家重点项目为中心，大、中、小企业相配套的工业体系。到 20 世纪 70 年代，又有十几家“三线”企业进驻洛阳，丰富了洛阳的工业体系。这些企业为洛阳老工业基地曾经的辉煌贡献了自己的“青春”。

2. 转型探索期（2002—2019 年）

进入 21 世纪，随着国家宏观发展战略的变化，洛阳市资源型经济的问题加剧，洛阳市经济开始进入新阶段，并围绕以下四个方面作出了探索：

第一，推动传统产业结构调整，促进转型升级。2002 年，洛阳市以结构调整为主线，紧抓河南省建设洛阳先进制造业基地的机遇，强力推进改造提升传统产业的“1648”工程和高新技术产业化，启动了一批市场潜力大、科技含量高、带动力强、关联度高的项目，对工业发展后劲起支撑和主导作用，有力推动了产业的升级，新的产业结构框架初步形成。2002 年，在工业结构调整的作用下，高新技术产业得到加强，工业新产品产值达 25.09 亿元，比上年增长 34.7%。2002—2019 年，洛阳市政府秉持着“工业强市”“调结构”的理念，围绕六大优势产业，着力培育纺织服装、硅材料及光伏、光电技术、生物制药、节能环保等高成长性关联产业和特色产业，形成一批特色产业集群，工业结构不断优化，促进传统产业转型升级。洛阳市工业总产值由1949年的0.12亿元增加至2010年的4 980亿元，年均增长16.9%。特别是改革开放以来，洛阳市加快了产业升级的步伐，积极扶持装备制造、能源电力、石油化工、有色金属和材料工业五大产业，加快产业结构调整，逐步淘汰了一批高耗能、高污染、低效益的项目，扶持五大支柱产业实施跨越式发展。2019年，洛阳市“三产超二产”格局稳固，三次产业结构为4.9:46.3:48.8。

第二，培育新兴企业，构建现代产业体系。该阶段，洛阳市工业由发展煤炭、机械、钢铁等传统产业转向发展石油、化工、材料、光伏等高新技术产业和新兴产业，其特点是由市区向全市各县区迅速扩张。2002年，洛阳市加大对新兴产业的政策和资金支持，高新技术产业化取得重大进展。2016年，洛阳市提出加快构建“五强六新五特”现代产业体系。2002—2019年，洛阳市以新材料、节能环保和现代装备制造、生物医药等为重点发展战略性新兴产业，不断壮大战略性新兴产业，加强政策扶持，加大招商引资力度，着力提升产业层次，构建现代产业体系。经过努力，在2019年，高新技术产业增加值增速高于规上工业7.9个百分点。

第三，大力发展服务业，促进现代服务业提质增效。在这个阶段，洛阳市有效实施“旅游强市”战略，服务业发展水平显著提高。依托历史文化和自然资源优势，加快景区建设和旅游产品开发，龙门石窟入选5A级旅游景区、全国文明风景旅游区，“千年帝都、牡丹花城、丝路起点、山水洛阳”的城市品牌享誉海内外。2008年，洛阳市旅游总收入224亿元，旅游创汇9 399万美元，分别是2003年的3.4倍和8.5倍，洛阳正加快迈向国际化旅游目的地城市进程。在现代服务业方面，洛阳市大力发展信息产业、现代物流业、现代金融业、现代商贸业、社区服务业、科技服务业、健康服务业等；开通运行国际互联网数据专用通道，物联网、电子商务等产业发展，培育信息产业园区；利用综合性交通枢纽，建设区域性物流枢纽；金融机构和后台服务陆续在洛阳市设立；优化传统商圈布局，建设一批特色商业街道。2019年洛阳市政府报告中指出，服务业增速高于生产总值增速1.1个百分点，占GDP的比重同比提高2个百分点，多措并举，现代服务业实现提质增效。

第四，改革开放取得突破，增强经济活力。在这一阶段，洛阳国有企业战略重组顺利进行，国有大中型企业产权制度改革取得突破，一批国有企业成功进行资产重组及辅业分离。其他领域改革进一步深化，农村信用社改革、乡镇机构改革、公路系统改制工作基本完成。与此同时，非公有制经济加快发展，市域经济实力迅速壮大，积极完善非公有制经济政策，优化环境，培育大型骨干企业带动工程。2018 年政府工作报告中指出，洛阳市深化供给侧结构性改革，提前完成 30 万吨煤炭产能退出任务；“放管服”改革力度加大，建设服务中心，提高审批服务效率。

3. 转型深化期（2019 年至今）

“十三五”以来，洛阳市积极融入促进中部地区崛起、推动黄河流域生态保护和高质量发展等重大国家战略，不断深化提升“9+2”工作布局，经济实力、科技实力、综合竞争力得到极大提升，产业结构不断优化升级，全方位开放格局加快形成，城市综合承载力提升，走出了一条洛阳特色的高质量转型发展之路。2019 年，洛阳市和平顶山市正式被国家确立为河南西部产业转型升级示范区，产业转型进入深化期。

第一，强化创新引领，转换发展动能。创新平台提质扩量，2021 年洛阳市龙门实验室入选第二批省实验室，聚焦新材料与智能装备科技前沿；一批重点实验室、新型研发机构等建成投用；普莱柯 P3 实验室纳入国家规划；关键技术攻关取得新突破，攻克“卡脖子”项目 7 个；新增创新平台 396 家，高新技术企业 148 家。为激活创新第一动力，加快构建现代创新体系，洛阳市“引育用服”协同发力，柔性引进两院院士，培育中原学者，引育青年创新创业人才。2023 年政府工作报告中指出，高技能人才达到 19 万人。在此期间，洛阳市科技成果加速转化，洛阳市入选全国知识产权强市建设试点市，为高质量发展注入强大动力。

第二，深化结构调整，转型升级成效显著。洛阳市在 2020 年加快了传统产业转型升级，所有规模以上工业企业都实施了高端化、智能化和绿色化改造，六大产业园也取得了进展。格力、银隆等龙头企业成功落户，大数据产业园被评为国家新型工业化产业示范基地。2023 年洛阳市政府报告显示，百万吨乙烯项目通过了规划审批，规模以上工业企业的研发活动覆盖率高于河南省平均水平 11.8 个百分点，汝阳产业集聚区被评为国家新型工业化产业示范基地。同时，新兴产业也有了迅猛增长。洛阳市积极发展战略性新兴产业，引导产业走向中高端。洛阳市实施了三年氢能产业发展行动计划，积极参与了郑汴洛濮氢走廊的建设，还加强了与中科院计算所等机构的战略合作，聚焦人工智能和第三代导体等领域，标志性项目如中州时代也成功落地。报告指出，洛阳市的智能装备被列为河南省战略性新兴产业集群之一，光电元器件产业规模在河南省位居第一，十大产业集群的规模达到了2 400亿元[6]。洛阳市在文化旅游产业方面与方特实现了合作，将其作为中国主题公园的龙头项目，并结合洛阳的特色文化，打造大型科技文化旅游项目。此外，汉服体验、沉浸演艺等新兴文化旅游产业也正在崛起，洛阳市委书记江凌指出，文旅产业要融入唐宫夜宴、龙门金刚、风起洛阳等文旅IP，发挥持续引流作用。洛阳市正在对文旅产业进行布局，追求做大做强的目标。2023年上半年，洛阳市的旅游人次和收入同比分别增长了96%和134.6%，文旅产业呈现逆势上扬的态势。洛阳市也在风口产业方面全面崛起，一方面，通过招商引资引入和培育风口产业；另一方面，将传统产业与风口产业关联起来，并强调集群发展理念。洛阳石化百万吨乙烯、中航光电高端光电子器件产业园、洛轴新能源装备轴承智能化生产等重大产业项目正在酝酿发展。宁德时代、海澜集团、三六零、华为、万达、华强方特等行业龙头企业纷纷落户洛阳，吸引了一批产业链配套企业跟进发展。

第三，加快副中心城市建设，打造新增长极。2020年河南省财政厅印发《关于加快洛阳副中心城市建设重点任务责任分工》，从推动制造业高质量发展、深化科技和金融领域改革、财力保障和资金分配、文化遗址保护、支持人才发展等7个方面实施16条措施，全力支持洛阳副中心城市建设。2021年，洛阳市全面启动都市圈建设，加快中原城市群副中心城市建设，郑洛西高质量发展合作带纳入国家《黄河流域生态保护和高质量发展规划纲要》。2022年河南省政府工作报告明确提出，支持洛阳建设万亿级中原城市群副中心城市，支持洛阳建设国际消费中心城市，提质发展郑洛新自创区。这一阶段，洛阳市启动洛阳都市圈专项规划研究，编制国土空间规划并印发实施，落实千余个重点项目，构建综合交通枢纽，使城市功能更加完善，推动区域协调联动发展，为副中心城市建设提供全国保障，全面启动都市圈建设。

五、河南西部（洛阳—平顶山）转型发展举措与成效

（一）转型举措

河南西部（洛阳—平顶山）产业转型升级示范区是国家批复的全国第二批产业转型升级示范区，按照“依托核心、轴线拓展、辐射全域”的总体要

求，在洛阳、平顶山两市的整个市区范围内，以国家级开发区、新型工业化产业示范基地和发展基础较好的省级产业集聚区作为主要平台，推动产业转型升级。通过构建“一带、两核、九点”的产业空间总体布局，努力实现要素合理流动、空间布局有序、族群相对集中、区域特色鲜明的产业发展新格局。

1. 深化“放管服”改革，营造良好营商环境

支持示范区纵深推进简政放权、放管结合等营商环境改革，复制推广自贸区、自创区创新经验，赋予县（区、市）更多市级行政审批权限，并按照“同级审批”的原则依法将相关前置审批下放。深化“放管服”改革，打造一流政务环境、市场环境、法治环境，建设一体化政务服务平台，建设“数字政府”，启动优化营商环境立法。

2. 培育壮大新兴产业，推动产业结构转型

支持示范区智能装备、尼龙新材料、新能源及网联汽车等领域园区、企业和项目优先纳入省新兴产业重点园区、重点企业和重点项目清单管理，在省级及以上专项资金申报、环境容量配置、能耗指标等方面给予倾斜支持。推动洛阳市先进制造、洛龙、伊滨和平顶山尼龙新材料等产业集聚区纳入国家开发区目录。推进洛阳、平顶山装备制造、煤盐及尼龙新材料、煤炭等电子商务平台建设，支持洛阳市建设有色金属交易中心，将河南省空白的新产品或首台（套）重大技术装备和河南名牌、地理标志等名优产品在全省范围内推广。

3. 强化创新平台建设，优化服务体系建设

加快国家农机装备制造业创新中心、洛阳智能装备产业共性关键技术创新与转化平台建设，支持在轴承、尼龙新材料等领域创建国家级产业创新中心等。构建创新园区、创新示范园区、重点园区环评机制，以园区规划环评为基础简化项目环评程序。

4. 健全财政金融政策，加速建成良好融资体系

对示范区内拥有国家独立工矿区改造提升、采煤沉陷区综合治理等工程试点的省辖市，在分配相关转移支付时结合资金性质和工作实际适当给予支持。鼓励金融机构对示范区在贷款额度、融资总量等方面予以支持，适当下放并提高审批权限。鼓励金融机构将信贷产品和服务创新在示范区先行先试。

5. 推动实施重大工程，探寻转型新路径

对具有明显支撑、引领和示范作用的重大项目，优先纳入省、市重点项目管理，优先保障建设用地计划指标。鼓励原国有土地使用权人通过自主、联营、入股、转让等方式对城镇低效用地实施再开发。完善示范区区域交通基础设施网络，推动洛平漯周高铁等项目纳入国家相关规划，规划研究安鹤新城际铁路。加快洛阳高端装备制造、平顶山尼龙城、鹤壁中原光谷等重大产业基地建设。支持洛阳市和平顶山市建立全域旅游联盟，完善旅游综合基础设施建设。

（二）河南西部（洛阳—平顶山）产业转型升级取得的成效

近年来，两市坚持把产业高质量发展作为主攻方向，着力推动传统产业转型升级，加快创新驱动发展，示范区经济运行稳中向好，产业结构不断优化，综合实力跨越式提升。在洛阳市和平顶山市政府的不懈努力下，河南西部（洛阳—平顶山）产业转型示范区取得了明显的进展和成效。

1. 经济运行稳中向好

如图 8 -4 所示，在 2006—2021 年，平顶山市生产总值由 671. 9 亿元增长到 2 694. 2 亿元，增长了 4 倍左右；全市全年人均地区生产总值由 13 312 元提高到 57 193 元；2022 年一般公共预算收入、财政总收入分别突破 220 亿元、380 亿元。如图 8 -5 所示，在 2006—2021 年，洛阳市生产总值由 1 333. 65 亿元增长到 5 447. 12 亿元，生产总值迈上 5 000 亿元台阶，2022 年在全国城市排名跃升到第 45 位。

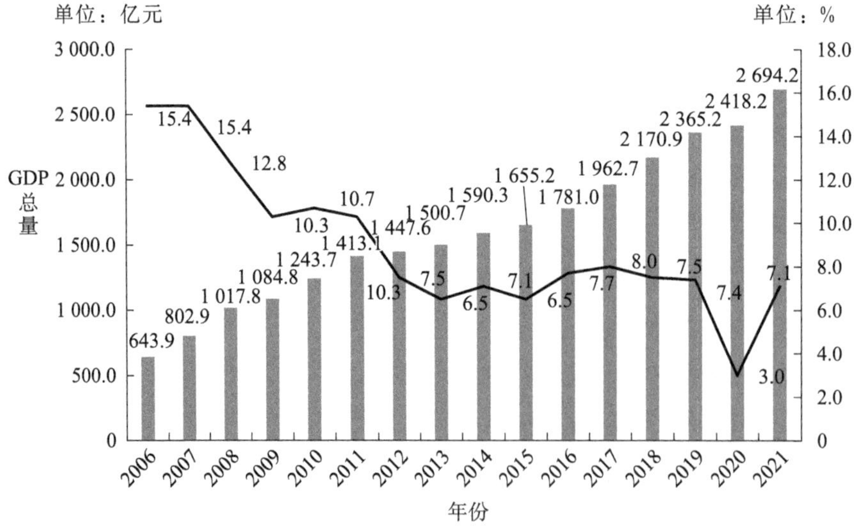

图 8 -4 2006—2021 年平顶山市地区生产总值（GDP）及增长速度

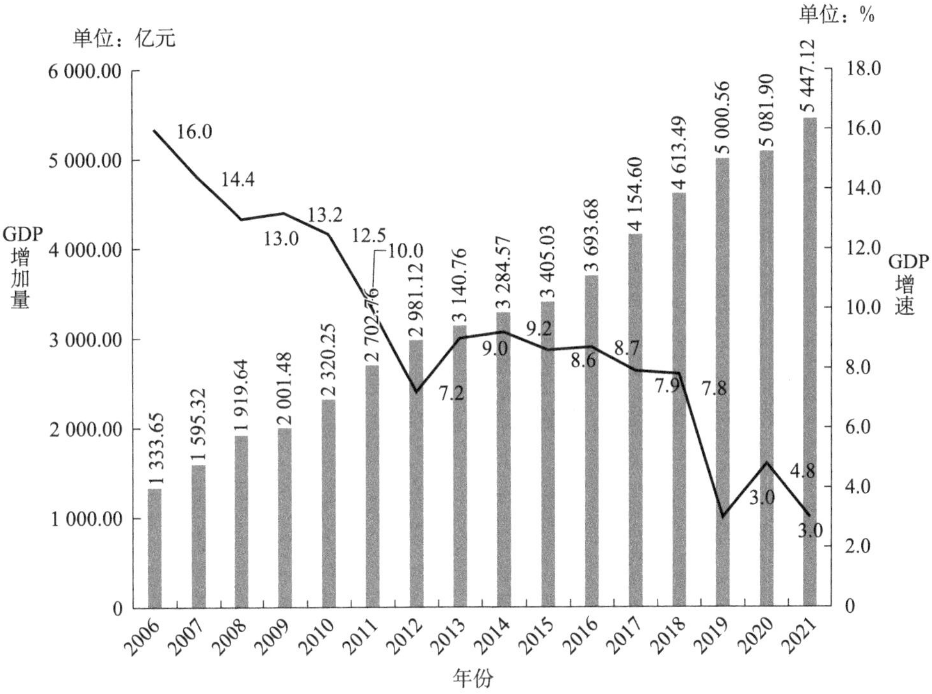

图 8－5　2006—2021 年洛阳市地区生产总值（GDP）及增长速度

2. 产业结构不断优化

随着产业转型进入深化期，两市示范区产业转型取得明显进展。产业结构调整明显。到 2020 年，服务业占地区生产总值比重达到 48% 左右，两市装备制造业增加值突破 1 000 亿元，化工产业增加值突破 600 亿元。2022 年，两市规模以上工业增加值年均增长均在 4% 以上，形成生物医药、电子信息、新材料、新能源、人工智能等一批特色产业和新兴产业集群。平顶山市三次产业结构从 2010 年的 9. 3∶65. 2∶25. 5 调整至 2022 年的 7. 5∶46. 0∶46. 5；洛阳市三次产业结构由 2010 年的 7. 5∶61. 6∶30. 9 调整至 2022 年的 4. 5∶43. 6∶51. 9，两市的第三产业占比不断提高，实现了从“一二三”到“三二一”的变化。传统产业迭代升级，新兴产业培育壮大，洛阳市和平顶山市产业逐渐迈向中高端。服务业占地区生产总值比重达到 48% 左右，两市装备制造业增加值突破 1 000 亿元，化工产业增加值突破 600 亿元。

3. 改革开放持续深化

两市政府坚持以供给侧结构性改革为主线，深入推进各领域改革，推进双

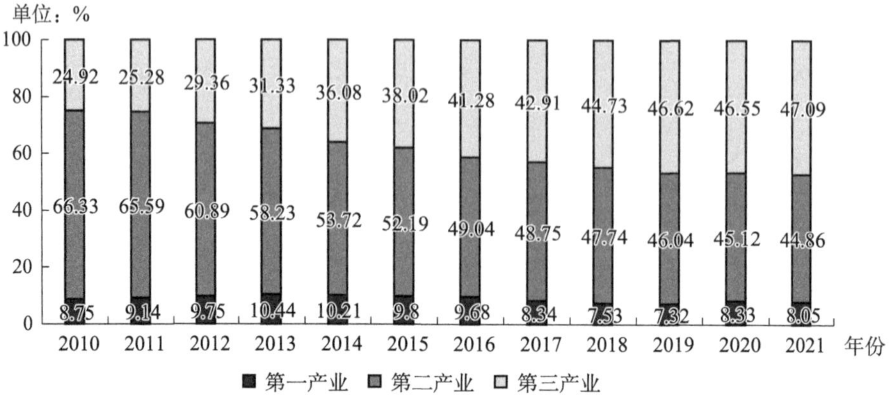

图 8－6 2010—2021 年平顶山市三次产业增加值占生产总值比重

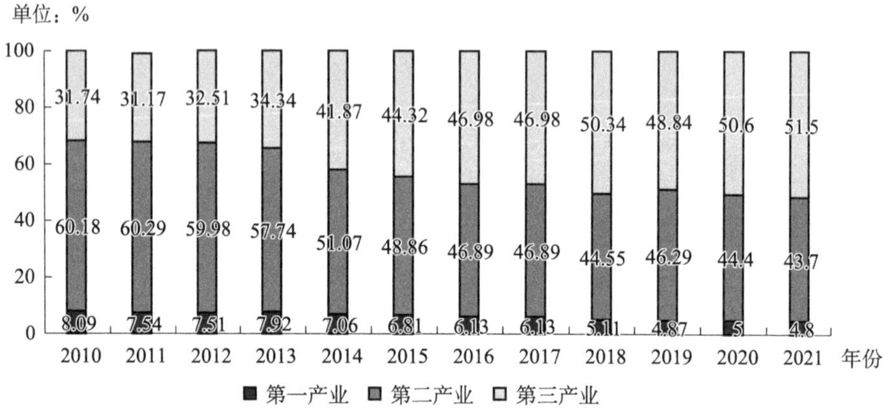

图 8－7 2010—2021 年洛阳市三次产业增加值占生产总值比重

向开放，不断优化政务服务[7]。一是国资国企改革取得突破。洛阳市以国企改革三年行动为抓手，按照“根上改、制上破、治上立”的总体思路，优化国资布局，深化企业内部改革，出台了《2020 年洛阳市深化国有企业改革工作方案》，在河南省地级市中率先推动重组整合，原 15 家市属国有企业重组整合为 4 家，洛轴混改基本完成，国晟集团、文旅集团分获 AAA、AA + 信用评级。洛阳市在全省国企改革三年行动评估中被评为 A 级；平顶山市国有资产重组、国有资本运营试点、优化监管方式等专项改革方案的实施，拉开了平顶山国企改革的序幕。2020 年，平顶山市纳入处置计划的“僵尸企业”25 户，共涉及资产 9 098. 59 万元，分离移交企业“三供一业”、开发区“三化三制”改革基本完成。二是开放水平不断提升。洛阳市自贸试验区等开放园区落地建设，吸引了格力、银隆等龙头企业落户，积极融入“一带一路”，对“一带一路”沿线进出口突破 90 亿元，出台了《洛阳市“十四五”招商引资和承接产业转移规划》，全方位开放格局加速形成；平顶山市高位推动开放招商，引进多个项目和企业来平顶山市投资，扩大对外开放。三是营商环境持续改善。洛阳市积极创造便利营商环境，提高政府服务线上办事效率，简化审批流程，工程建设项目审批时限不断缩短，出台了《洛阳市优化营商环境三年行动方案》，一流的营商环境正在成为洛阳加速资源汇聚的“强大磁场”；平顶山市推动在线政务服务平台和“互联网 + 监管”系统对接，构建“一网通办”政务服务体系，实施政务服务提升“149”工程，构建政银通办、云叫号、一件事一次办、有诉即应“四位一体”智慧政务新体系，审批流程不断优化，“一照多址 + 一证多址”大大提升了政务服务效率。

4. 创新驱动显著增强

创新是发展的第一动力。一直以来，两市大力实施创新驱动发展战略，积极构建现代创新体系，进一步激发转型发展的内生活力。洛阳市高新区为创新龙头，形成“一核四区多点”联动发展格局，“引育用服”协同发力，选树“河洛工匠”多名，引进和培育多名学者，高技能人才达到 19 万人。龙门实验室揭牌运行、中试基地挂牌成立、普莱柯 P3 实验室纳入国家规划，新增创新平台连年突破 300 个，2020 年以来新增高新技术企业均达百余家，科技成果加速转化，2023 年洛阳市科技合同成交额增长 34.5%，首次突破百亿元大关，创新体系加快建设。平顶山市建立“高校院所 + 技术平台 + 产业基地”创新链条，研发投入强度达 1.8%，建成研发平台 400 个，攻克了特殊性能钢、电子级金属靶材等一批“卡脖子”难题，2022 年获国家、省科学技术进步奖 35 项，通过“鹰城英才计划”“归根”工程招才引智上万人，平煤神马控股集团智能化改造领跑全省，成为国家自主创新领军企业试点。

表 8－1　2010—2021 年平顶山市高新技术产业企业数量　　单位：个

年份	医药制造业	航空航天器及设备制造业	计算机、电子及通信设备制造业	医疗仪器设备及仪器仪表制造业	信息化学品制造业	总计
2010	12	0	1	7	0	20
2011	9	0	1	5	0	15
2012	10	6	1	3	0	20
2013	11	4	2	5	0	22
2014	12	4	4	6	0	26

续表

年份	医药制造业	航空航天器及设备制造业	计算机、电子及通信设备制造业	医疗仪器设备及仪器仪表制造业	信息化学品制造业	总计
2015	13	4	7	8	0	32
2016	12	4	7	8	0	31
2017	16	4	8	8	0	36
2018	12	4	5	6	0	27
2019	1	1	0	1	0	3
2020	9	1	3	2	0	15
2021	10	0	3	1	0	14

六、经验启示与借鉴意义

（一）坚持改革开放发展，优化营商环境

洛阳与平顶山两市以推动供给侧结构性改革为主线，以改革开放激发各领域发展活力，推动政务服务朝着标准化、规范化、便利化的目标不断发展，扩大对内对外开放格局，为产业转型发展带来了显著成效。两市坚持把产业高质量发展作为主攻方向，贯彻落实供给侧结构性改革，充分发挥制造业基础优势。洛阳市进行老工业基地调整改造、推广 PPP 模式成效等；平顶山市落实差别化电价政策。因此，山西省作为老工业基地，也要深化改革，激发新活力，深化国资国企改革，发挥产业优势。另外，洛阳、平顶山两市积极招商引资，洛阳市出台了《洛阳市优化营商环境三年行动方案》，激发企业活力。洛阳市还加大营商环境优化提升的督查力度，完善服务企业机制，为企业发展提供保障。平顶山市营造的良好营商环境，解决了经营主体办事的诸多痛点难点，累计完成投资 1 201.5 亿元，使企业提质增效，降低运行成本。同时，两市对企业也给予创新补贴，实行倾斜式补贴政策。这些都为山西省产业转型升级过程提供了宝贵经验，注重营商环境的优化，适当实行税收减免、政府补贴、融资便利等方面的政策支持，吸引企业进驻山西省发展，引导社会资本投向招商引资重点项目带动就业，激发经济活力。

（二）坚持“双轮驱动”，推动产业集群化发展

立足资源禀赋和产业基础，依托自身资源优势和现有产业基础，改造升级传统资源产业，培育壮大战略性新兴产业，提高产业核心竞争力[8]。其一，要加快传统产业转型升级。通过技术改造、延链补链等方式，推动传统产业向中高端迈进，同时也要注意将传统产业与数字经济相结合，加快数字化转型。洛阳市成功建立大数据创业园，加快工业互联网创新发展，中国依托大型智能拖拉机生产线，可以自动获得变速箱、覆盖件等相关信息，与数字化作业指导书智能匹配形成推荐参数组合，15 分钟内即能完成调试。这大大提高了工业的智能性，延伸了产业生命周期，为企业高质量转型发展提供了动力。煤炭作为山西省的主导产业，也要注重将传统产业与数字经济相结合，通过技术改造等提高生产效率和资源利用率。其二，要推动新兴产业提效增速。依托地区比较优势，平顶山市建立了中国尼龙城，又通过中国尼龙城吸引了龙头企业入驻，大大提高了经济活力。洛阳市也凭借其工业基础重点发展机器人及智能装备产业，中国首座特种机器人智能化工厂在洛阳建成。其三，推动产业集群化发展。两市布局建设 28 个以制造业为主的产业集聚区和 27 个以服务业为主的“两区”，产业集聚区规模以上工业主营业务收入占比超过 60%，增长贡献率超过 80%。洛阳市已形成了装备制造、新材料、机器人及智能制造特色产业集群；平顶山市形成了能源化工、装备制造、钢铁深加工特色产业集群。山西省煤炭、煤层气、黄河水资源以及盐碱地等资源丰富，可以以煤为基，发展煤化工、炼焦化产品深加工、盐化工等产业，建设化工产业基地和区域性产业集群。

（三）坚持科技创新引领发展，加快构建产业发展新格局

洛阳、平顶山两市都把创新作为发展的第一动力，坚持科技创新引领发展，这也为山西省等资源型地区转型带来有益启示。第一，要着力构建创新发展平台。洛阳市抢抓国家“双区叠加”政策机遇，促进自创区、自贸区、高新区“三区融合”，推进创新主体和创新平台协调，增强自主创新能力。同时，推进产教用融合，大力培育科技创新人才，解决部分企业“卡脖子”难题，实现科技创新自立自强。第二，要强化产业链与创新链精准对接。推动上下游企业创新链产业链联动协同发展。包括促进示范区产业链与创新链的交叉融合，相互补强；实现示范区产业链与价值链的深度融合[9]。山西省也同样

面临着过度依赖传统产业、科技创新不足、企业发展后劲不足等问题，需要抢抓国家的相关政策，提高自身的创新能力，实现产学用融合，加强科技创新与传统产业的融合发展，相互补强。

（四）树立整体发展理念，实现城市可持续发展

资源型城市的城乡差距、产业发展与资源环境之间的矛盾较为突出，在高质量转型发展过程中，不仅要注重城乡整体发展，也要注意产业绿色低碳发展。一是关注城乡整体发展。洛阳市中心城区经济实力强，带动周边城镇发展，提高区域辐射力，依托综合运输通道形成了城镇集聚带。平顶山市调整市域经济结构，大力推进城镇化，建设产业集聚区。农村是矿业城市赖以生存发展的依附体，为城市提供了丰富的劳动力和农副产品，在资源型城市转型发展中，必须将城市和农村纳入区域发展的共同轨道。二是促进产业与生态整体发展。资源型城市早期的过度开采对环境生态造成了伤害，平顶山市长期以资源的大量消耗来带动经济的发展，造成了生态环境承载性能日益脆弱，水源污染、“三废”排放等一系列环境问题严重影响城市发展。洛阳市也同样存在地表水环境质量差、大气环境污染严重等问题，阻碍了经济发展。两市针对生态环境问题出台了一系列政策，减排效果明显，环境质量得到显著提升。山西省在实现高质量转型发展过程中，不仅要注重产业绿色生态，也要坚持合理开发资源与保护环境的统一，加快构建产业新发展格局。

参考文献

［1］范荣华．资源型城市转型中的商贸流通业发展路径分析——以河南平顶山为例［J］．商业时代，2012（07）：27－28.

［2］张馨予．洛阳：痛失“中西部非省会第一城”之后［N］．中国新闻周刊，2023－07－24（1101）.

［3］王茵．经济新常态下洛阳市产业结构优化升级对策研究［J］．科技经济市场，2020（07）：79－81.

［4］郝靓佳．河南省资源型城市转型的效果评价与路径选择研究［D］．石家庄：河北地质大学，2022.

［5］吴学清．转型发展：柳暗花明又一“春”［N］．平顶山日报，2022－10－11（001）.

［6］陈曦，李航．我市入选全国制造业高质量发展50强城市［N］．洛阳日报，2023－

01-12（001）.

［7］河南省西部：坚持“双轮驱动”持续深化改革开放［J］. 中国经贸导刊，2020（02）：20-22.

［8］韩二东. 依托自贸试验区助推河南产业转型升级策略分析［J］. 洛阳理工学院学报（社会科学版），2021，36（01）：32-41.

［9］马宗国，刘亚男. 新发展格局下国家自主创新示范区产业转型升级的困境与对策［J］. 科学管理研究，2022，40（03）：30-39.

第三篇

扩大开放融合

第九章
大连产业转型升级示范区发展分析与启示

张　静　吕鑫凯

大连经过多年转型探索，在新兴产业中锚定数字大连建设不动摇，坚持数字产业、数字城市双管齐下，以产业集聚区为抓手，形成软件和信息技术服务业、集成电路制造业“双轮驱动”发展模式。作为重要的港口城市，大连紧抓地理优势，坚持对外开放，强力发挥面向日韩合作的先锋作用，日渐成为重要的贸易港口。

一、引言

2021年6月9日，大连产业转型升级示范区被国家发展和改革委员会、科技部等列入“十四五”重点支持的产业转型升级示范区。2023年4月，国家产业转型升级示范区建设2022年度评估结果公布，辽宁省大连经济技术开发区（以下简称“大连经开区”）在全国35个城市的参评园区中脱颖而出，因推进产业转型升级“真抓实干成效明显”被国家发展改革委等部门通报表扬，标志着大连这个曾经的“重工业城市”，逐渐转变成了一个新兴产业城市，这也充分证明了大连产业转型的成效。

二、大连市产业转型发展背景

（一）大连市简介

大连市地处辽东半岛最南端，东濒黄海，西临渤海，南与山东半岛隔海相望，北依辽阔的东北平原。是东北、华北、华东的海上门户，是我国北方重要的港口、贸易、工业、旅游城市，是东北亚国际航运中心、国际物流中心、国际贸易中心和区域性金融中心，是东北对外开放的窗口，同时也是国务院批复确定的中国北方沿海重要的中心城市、港口及风景旅游城市，辽宁沿海经济带中心城市，还是国家卫生城市、国家森林城市、国家园林城市、全国文明城市、国家知识产权强市建设示范城市、中国国际化营商环境建设标杆城市和首批全国法治政府建设示范市，并于2018年和2020年入选GaWC[①]世界二线城市。全市下辖7市辖区、2县级市、1县，还有高新园区、保税区、长兴岛开发区、花园口经济区4个国家级对外开放先导区。总面积12 574平方千米，其中老市区面积2 415平方千米，人口603.6万人。

① 全球化与世界城市研究网络（Globalization and World Cities Study Group and Network，GaWC）。

（二）大连市资源概况

大连市地区矿产资源比较丰富，已发现并有探明储量的各类矿产 44 种，矿产地 350 处。以非金属矿产为主，占矿产资源总量的 83.6%。其中，金刚石保有资源储量 901 万克拉，分别占全省和全国的 100% 和 49.2%；熔剂用灰岩保有资源储量 4.25 亿吨，占全省 38.87%，居全省第 1 位；水泥用灰岩保有资源储量 8.18 亿吨，占全省的 23.96%，居全省第 2 位；制碱用灰岩保有资源储量 3.84 亿吨，占全省的 100%；玻璃用石英岩保有资源储量 1.41 亿吨，占全省的 42.66%，居全省第 1 位；建筑用花岗岩保有资源储量 9 272 万立方米，占全省的 17.51%。

（三）大连市转型的必要性

21 世纪以来，大连一直以重化工业作为发展重心和支柱产业。当然，大连以重化工业作为发展重心有一定的历史必然性，其重化工基础既有日俄统治时期留下的痕迹，也有新中国成立后计划经济体制下国家对于产业资源配置的需要。而且，多年来，作为支柱产业，大连重化工业为辽宁和东北的发展乃至整个国民经济体系的构建，都作出了重大的历史性贡献，一直是大连经济的纳税大户和就业大户。然而，改革开放之后，随着市场经济体制对计划经济体制的替代以及节能减排和降低碳排放逐步达成国际共识，大连这种以资源、能源和低廉劳动力的巨大消耗为代价的粗放增长模式进入了一个艰难的挣扎期，以重化工业为支柱产业的大连经济也遭遇了一些挑战。

首先，重化工业大多属于资源、资金密集型产业，又具有高投入、高能耗、高污染的特点，对环保、资源及安全性要求极高。

其次，我国的重化工业布局分散，缺乏统一规划，导致严重的重复建设和产能过剩。在国家将“大力发展重化工业作为主导战略”的精神指导下，东部沿海各省市纷纷上马大型重化项目，呈现出重化项目在东部沿海遍地开花的局面。当然，重化工业向沿海布局，可以更加有效地利用资源、缩短运输距离、节省成本，是大势所趋。但目前中国这种重化工业在整个沿海地带“撒胡椒面”的现状与国际上对重化项目“集中布局、集中治理”的原则背道而驰，不仅加剧了资源和环境的压力，也势必带来严重的重复建设和产能过剩，项目的效益无法保证，前途堪忧。据悉，目前包括辽宁大连、天津、浙江乃至珠三角等很多省市的产业发展方向都陆续向重化工业倾斜，与它们相比，大连现阶段在重化工业的发展上并未显现明显优势。韩增林用偏离份额分析法分析了大连产业结构，得出结论，振兴东北老工业基地战略实施以来，即使是相对辽宁省各市，大连第一、第二产业的发展也不具备明显优势。

最后，尽管大连的重化工业历史悠久、基础雄厚，也拥有一些行业的领头企业，但长期以来，由于缺少技术创新，大连的重化工业还停留在“生产要素利用效率低、资源和环境代价大”的以要素推动发展的粗放型增长阶段。甚至部分新兴产业领域，在全球产业分工中，仍然处在一个中下游和中低端的位置，被迫承担着发达国家和地区不愿做的工作，总体看来，行业竞争力差、产品的附加值低。

因此，依靠重化工产业的大连市，无论是产业发展要求，还是自身发展限制和外部竞争压力，都迫使其必须走向产业转型的道路。

三、大连市产业转型制约性因素判定

大连市在产业转型过程中，面临了诸多阻碍和问题。具体包括：

第一，传统产业路径依赖。长期以重工业为主导的大连经济，对传统产业存在严重的路径依赖。这使大连在转型过程中，难以迅速放弃原有的产业模式，转向新的发展方向。这种路径依赖不仅限制了大连的经济发展，也使产业结构调整变得困难。

第二，体制机制的束缚。传统的计划经济体制的阴影和僵化的管理模式限制了企业的灵活性和创新能力，不利于产业的转型升级。

第三，人才流失与技术瓶颈。在转型过程中，大连面临人才流失的问题。许多高素质的人才流向了其他发达地区，这使大连在高新技术产业、现代服务业和文化产业的发展上面临人才短缺的困境。此外，部分新兴产业的技术研发也存在瓶颈，制约了大连的产业转型。

第四，市场需求与国际竞争。随着全球经济一体化的加速，大连的产业发展面临着来自国际市场的竞争压力。一些新兴产业在国内乃至国际市场上都存在激烈的竞争，这使大连在转型过程中需要不断提升自身的竞争力。

第五，环境和资源的压力。随着经济的快速发展，大连的环境和资源压力逐渐增大。传统的重工业对环境的影响较大，而新兴产业的发展也需要大量的资源支持。如何在保护环境的同时实现经济的可持续发展，是大连在转型过程中需要面对的一个重要问题。

四、大连市产业转型发展历程

大连市工业历史悠久、基础雄厚，始终是我国重要的工业基地。新中国成立初期，大连工业发展填补了我国工业大量空白，有力支援了国家经济建设。经过多年发展，已具有较强的承载世界制造业转移的能力，石油化工、造船、机车、大型机械、轴承、制冷设备等生产规模在全国同行业位居第一。2018年，因“老工业基地调整改造力度较大、工作成效突出”，大连市受到国务院通报表彰，获得“优先支持设立产业转型升级示范区和示范园区，优先支持在重大改革和重大政策方面先行先试”等政策支持。

（一）转型起步阶段

1905 年，日本入侵大连，修建了从大连到东北的“南满铁路”，大连成为海陆联运城市的历史自此而始。东北的一切农副产品出口都需经过大连，国外输往东北的商品也多由大连港运入，大连成为名副其实的交通枢纽。到了 1930 年，大连成为中国北方对外开放的核心门户，对外贸易总量仅次于上海，位居全国第 2 位。

新中国成立后，鉴于大连在日俄统治时期所奠定的重化工基础，中央把大连定位为重要的国防工业城市，延续了发展重化工业的路子，造船、化工、冶金和机械制造等重化产业在大连逐步发展起来，直到改革开放前，大连一直是国内举足轻重的工业城市。

1984 年，神州第一开发区——大连经济技术开发区设立，这是我国第一个经开区，也是中日两国政府合作建设的开发区。1985 年，大连成为计划单列市，拥有省级管理权限。雄厚的工业家底、独特的区位优势、开放的政策导向、优良的港口条件使大连成为了日资企业抢滩登陆我国的“桥头堡”，东芝、松下、夏普等一批日资巨头纷至沓来。20 世纪 80 年代到 90 年代，大连经济持续高速增长，GDP 稳居全国前十。进入 20 世纪 90 年代，随着国家经济结构的调整和改革开放的推进，为了适应新的经济形势，大连开始尝试调整产业结构，向高新技术产业、现代服务业等方向转型。

（二）转型迂回阶段（1992—2014年）

1. “北方香港”设想

20世纪90年代，改革之风吹向中国大地，向世界打开了中国的国门，在设立4个经济特区后中国又开放了14个沿海城市，浪漫之都大连也位列名单之中，1992年，大连提出建设“北方香港”的设想，计划用20年时间，在经济实力和社会发展水平上接近亚洲“四小龙”，成为东北亚地区重要的金融、贸易、航运中心。

在这一方针指导下，大连产业结构逐步向金融、旅游、地产、高新技术等第三产业转型。这一时期，大连着力塑造国际化城市形象，开展了适度超前的城市规划，建设了亚洲第一大城市广场——星海广场等标志性建筑。与大规模基建同步进行的是城市环境整治工作。在绿化方面，大连选择了见效快的植草绿化，短时间内大规模提高了城区植被覆盖率。

除此之外，大连还缔造了大连国际服装节、大连国际啤酒节、大连足球城等一批城市新名片。到20世纪90年代末，大连的城市面貌、产业体系在国内城市中首屈一指，城市美誉度也迅速提升，走出国门、走向世界。

2001年，大连被联合国评定为世界环境500佳城市，这是中国第一个获此殊荣的城市，也是属于大连的高光时刻。

但是，大规模的城市基建投入极大地加重了财政负担，政府财政赤字率增加，为经济的长远发展埋下隐患。这些隐患直接导致了后期大连财政无力扶持本省企业发展科技，不利于经济活力的增强和持续发展。

2. “大大连”战略

2001年，我国加入世界贸易组织，外向型经济发展如火如荼，东南沿海城市民营经济大放异彩。而此时，大连没有选择跟随沿海城市前进的步伐，而是相背而行，逐渐陷入迷茫。

2003年，大连提出“大大连”战略，重新重视工业，以规模重塑发展优势，盲目追求大而全。一个最典型的例子，大连在1998年就提出重点发展软件产业，打造中国的“班加罗尔”，然而随着政府扶持力度的弱化，软件产业在大连并未形成规模。

在产业体系上，大连也抛离了在“北方香港”时期确立的以第三产业为主的产业结构，到2004年左右开始复兴重化工业，转而扶持昔日嫌弃的纺织、机械、石化、船舶等重工业。除市区仍以中高端服务业为主外，“北三市”都在兴建工业园区，长兴岛、花园口等新兴产业基地，也均以重化工业牵头。大连此举摒弃了20世纪90年代中期确立的“不求最大，但求最好”的发展思路。

“大大连”战略的提出，让大连一瞬间从沿海城市发展模式转向内向经济发展模式，而重工业优先发展的方针，让大连直接错失发展民营经济、利用外资进行经济结构调整的黄金十年。同一时期，深圳、苏州、无锡等南方沿海城市凭借发达的民营经济迅速崛起，而大连却离他们越来越远。

大连又从曾经的“花园城市”回归到“重化工城市”。

3. 重提“北方香港”

2010年，大连提出“三个中心、一个聚集区”的城市定位（东北亚国际航运中心、东北亚国际物流中心、区域性金融中心），试图重回“北方香港”时期的方针政策。

只可惜因东北经济整体下行，大连在北方地区的竞争力已不如往昔。

进入“十三五”时期，随着中国经济结构调整，国家对环保要求越来越高，受到环保政策和化解重工业产能过剩政策的影响，大连多年来构建的产业体系备受打击，经济增长引擎瞬间熄火，迫切需要转型。

（三）转型深化阶段（2015年至今）

“十三五”期间，大连市大刀阔斧，产业结构优化先导区建设初具成效，获批全国第二批产业转型升级示范区。建成金普新区、高新区两大电子信息制造业聚集区，初步形成数字视听与数字家庭产品、信息通信及信息安全设备、新型元器件、应用电子、集成电路五大主导产业，积极发展智能硬件、半导体材料、半导体设备等新兴产业。

2016年4月，国务院批复同意沈阳、大连两个国家高新区建设沈大自创区，明确将沈大自创区打造为东北亚科技创新创业中心，建设成为东北老工业基地高端装备研发制造集聚区、转型升级引领区、创新创业生态区、开放创新先导区。根据《沈大国家自主创新示范区发展规划纲要（2017—2025）》，沈大自创区包括沈阳高新区、大连高新区、沈阳市和平片区、中德园、大连市金普片区5个片区，其中，沈阳、大连高新区为核心区。大连高新区、金普区位列其中，开启大连创新发展新路程。

2021年，国家正式批复了以大连为龙头的《辽宁沿海经济带高质量发展规划》，这对大连来说无疑是一剂强心剂。同时，RCEP（区域全面经济伙伴关系协定）正式生效，大连再次成为中日韩自由贸易区先导试验区，享受诸多政策优惠。

为贯彻落实国家“十四五”规划《纲要》部署，按照《“十四五”特殊类型地区振兴发展规划》《“十四五”支持老工业城市和资源型城市产业转型升级示范区高质量发展实施方案》要求，在国家发展改革委等有关部门的指导下，北京京西、辽宁中部等20个产业转型升级示范区，河北正定、河南兰考等20个县城产业转型升级示范园区的“十四五”建设方案先后按程序印发实施。

大连发布的该方案主要包括“示范区建设总体思路”“示范区探索的重点领域和重点任务”“园区建设”“重点项目情况”和“组织保障措施”等方面的内容。该方案表明，围绕加快建设现代化经济体系，增强城市核心竞争力，加速推进新时代“两先区”“三个中心”建设，奋力实现振兴发展新突破。未来几年，大连要打造成“东北地区产业结构优化的先导区”“东北地区经济社会发展的先行区”“东北亚海洋经济的示范区”“东北亚开放合作新前沿”。同时，大连要吸引和汇聚国内外创新要素和资源，着力增强东北亚国际航运中心、国际物流中心、区域性金融中心和东北亚国际贸易中心竞争力，加快建设亚太对流枢纽。

五、大连产业转型发展主要举措及成效

大连是辽宁省最重要的港口、贸易、工业及旅游城市，经过多年发展，大连已经拥有石化、船舶、现代装备和电子信息四大支柱产业。与东北大多数城市不同的是，大连在拥有较好工业基础的同时，也拥有极为出色的环境和港口优势，这就为大连的城市定位、主导产业及经济发展模式提供了更多的选择和可能。

（一）转型举措

1. 打造数字产业新业态

第一，数字经济加快发展。通过“互联网+”“大数据+”“人工智能+”等新技术，大连正不断加快对农业、制造业、健康养老、教育医疗、

旅游文化、物流交通、能源环保等产业的数字化升级，推动大数据与各行各业深度融合，提高全要素生产率，释放数字对经济发展的放大、叠加、倍增作用。通过发展数字经济，重塑商业模式，优化生产流程和产业结构，改变了人们的工作和生活方式。

“一枢纽三高地”是未来大连数字经济创新发展建设的框架。一枢纽，即打造全国重要的大型数据枢纽。三高地，即打造全国知名的数字技术创新高地；打造全国一流的数字产业发展高地；打造全国领先的数字经济融合应用高地。为把握新一轮技术发展趋势、培育数字经济发展新优势、打造数字经济发展新亮点，大连提出努力把数字经济打造成推动大连市经济社会高质量发展的新引擎。

2022 年，大连加快工业互联网平台建设，两化融合贯标企业累计 146 家，占全省 80% 以上。加强数字新型基础设施建设，累计建设开通 5G 基站 14 451 个，重点场所 5G 网络覆盖率 97%，进入“千兆城市”行列。大连人工智能算力中心建成运行，中国“北硅谷”半导体产业生态加速构建，大连数谷等 200 余个数字经济重点项目有序推进，数字经济核心产业增加值占地区生产总值比重为 8.5% 左右。

第二，推动数字化绿色化协同发展。数字化绿色化协同转型发展是新时期我国打造竞争力新优势的战略抉择，大连被确立为全国首批开展数字化绿色化协同转型发展（双化协同）综合试点的 10 个试点地区之一。试点工作于 2023 年 1 月启动，为期两年。

作为东北地区最为重要的港口、贸易、工业和旅游城市之一，大连市正在构建以数据为关键要素的数字经济，探索打造数字化绿色化协同转型试点城市，力争成为全省领先的双化协同发展先行区，实现高质量发展。

同时，大连市也将在电力、石化、冶金等领域推动数字技术与传统行业全要素、全产业链、全价值链绿色转型的深度融合，加速推进企业生产、治污设施全流程数字化改造，加快传统行业双化协同转型。

到 2024 年，大连市大型数据中心、通信基站等数字基础设施要实现全生命周期的节能降碳，数字技术赋能重点高排放行业绿色化转型效果明显，培育多家双化协同数字科技领先企业，双化协同工作在全国形成试点示范效应。

为确保双化协同试点建设工作有序运行，大连市制定了多项政策，支持两化协同融合发展，不仅将“推动数字化赋能，建设数字大连”和“夯实绿色发展根基建设生态宜居城市”作为大连市“十四五”期间重要的工作内容，还印发了《大连市促进数字经济发展行动方案》《大连市碳达峰碳中和“1 + N”政策体系编制工作方案》，以大连市的城市地理、自然资源、环境、人口、经济、社会等实体系统为对象，实现城市的信息化和数字化，从多行业的视角加快支持大连市的绿色低碳发展。

此外，大连市不断建立健全行业数字化绿色化协同发展管理机制和手段，持续关注行业数字化绿色化融合创新能力的发展思路。一方面，大连市加强“双化”组织协调和统筹管理，建立健全行业数字化绿色化协同发展推进机制，探索建立企业绿色信用等级评定机制，推动企业建立健全“数字双碳”工作机制。另一方面，大连市也健全生态损害究责与补偿机制。将生态环境成本纳入经济运行成本，完善权责明晰的责任追究标准和层级，健全信息强制性披露、严惩重罚等制度。

同时，大连市运用数字技术赋能绿色管理机制，要求企业建立覆盖主要用能设备设施建设、运营、服务等各环节的能耗和碳排放管理平台，通过数字化技术手段提升全行业能耗和碳排放数据信息的统计、监测、分析和核查水平。并充分发挥市场机制作用，鼓励龙头企业推进产业链协同创新和技术转化，支持科技型服务型企业和第三方机构创新数字低碳服务模式。

2. 做好传统产业的转型升级

第一，石化产业。大连市是国家重要的石油炼化基地和化工产业基地之一。通过推进重点企业强链、补链、延链，石化及精细化工产业新旧动能加速转换。已形成长兴岛（西中岛）石化产业基地、松木岛化工产业开发区、大孤山化工园区三大石化产业集群。

长兴岛（西中岛）石化产业集群依托长兴岛（西中岛）石化产业基地和长兴岛经济区化工园区两个第一批省级化工园区，其中长兴岛（西中岛）石化产业基地是国家《石化产业规划布局方案》重点规划建设的七大石化产业基地之一。长兴岛（西中岛）石化产业基地规划面积 110 平方千米，长兴岛经济区化工园区规划面积 14.01 平方千米。其发展目标是：突出炼化一体优势，形成以石油化工为主，烯烃、芳烃产业上下游协同、催化材料、医药化工、新能源等高端化项目集聚，产业结构合理，发展充分均衡，集群化、精深化、基地化、产学研合作特色突出的大型石化基地。

松木岛石化产业集群依托松木岛化工产业开发区，是辽宁沿海经济带重要的化学工业园区、第一批省级化工园区、省级绿色工业园区，规划面积 14.92 平方千米。松木岛化工产业开发区依托精细化工和海洋化工基础优势，与长兴岛石化基地形成优势互补、错位发展的格局，主要发展电子化学品、催化新材料、电池新材料、高分子新材料、医药新材料五大核心产业，是精细化工企业在北方地区产业布局的重要承接地。

大孤山石化产业集群依托大孤山化工园区（集中区），规划面积 15.89 平方千米，是第二批省级化工园区。现已成为集石油加工、石油化工、精细化工以及原油码头、储备、油品贸易为一体的综合型产业集中区。依托西太平洋石化、福佳大化、逸盛大化，基本形成了原油—石脑油—PX—PTA—PET 产业链。在精细化工方面，主要集中于农药、医药中间体、手性中间体等专用化学品领域。

第二，装备制造业。大连装备制造业历史悠久，基础雄厚，产业门类齐全，行业优势明显，是我国重要的装备制造产业基地，在大型船舶、机床、轴承、轨道交通、制冷设备等行业一直在全国占据重要的地位。第一艘航母、第一支大型船用柴油机曲轴、第一台大功率内燃机车、第一台核反应堆压力容器和核环吊、第一座海上钻井平台、第一台千吨级加氢反应器、第一台兆瓦级风电机组等重大装备均出自大连。实现了新能源汽车、核电装备、风电装备、海洋工程等新兴产业从无到有，船舶、机车、制冷设备等传统产业从小到大，数控机床、高端轴承、高技术船舶等从弱到强的历史性转变。

第三，消费品工业。大连市消费品工业是大连工业的重要组成部分，在保障民生、拉动内需、促进社会和谐稳定等方面作出了巨大贡献，已形成重点产业引领、门类齐全的产业体系。近年来，大连市大力实施增品种、提品质、创品牌的“三品”战略，推进消费品工业结构调整和优化升级，积极培育高质量、高美誉度的品牌、产品。食品加工、服装纺织、木业家具、生物医药四大重点产业发展势头良好，金普新区生物医药产业集群、庄河家具产业集群、庄河农产品深加工产业集群、普兰店服装产业集群等获评省级产业集群，特色产业发展壮大，先后获得了“中国辽参产业之都”“中国贝类产业之都”“中国橱柜名城”“中国海盐之乡”等称号。瑞驰集团、大杨集团、瑞光集团、辽宁垠艺生物、医诺生物、盛友门业等企业品牌知名度不断提升，定制服装、实木家具、生物疫苗、海洋保健食品和休闲食品等产品享誉国内外市场。

第四，船舶行业。大连船舶工业经过百余年的发展，已基本形成了集船舶建造、修理、配套、技术研发等为一体的船舶工业体系，在企业规模、经济总量、研发能力和新产品开发上处于全国领先水平；是我国发展海洋工程装备最早的地区，并且一直处于我国海洋工程装备产业领先地位。具备建造 30 万吨及以下各种类型船舶和海洋工程装备产品的能力，是中国北方地区造船业龙头城市。大连船舶重工、大连中远海运重工、大连中远川崎及大连船用柴油机、大连船用推进器、大连船用阀门等大型造修船及船舶配套企业已具规模、技术、效能等优势，为船舶工业进一步发展奠定了良好的基础。近年来，大船重工集团成功开发并建造了超大型油船（VLCC）、大型化学品船、20 000 箱集装箱船、大型滚装船、大型液化天然气（LNG）船、大型浮式生产储油轮、半潜式钻井平台、自升式钻井平台等多型高技术、高附加值船舶和海洋工程装备产品；中远川崎获评国家级船舶智能制造试点示范项目；重工起重大型船用柴油机曲轴实现了系列化，破解了船舶工业的制造瓶颈。

3. 积极推动文旅融合新动能

大连位于辽东半岛南部，三面临海，地处暖温带地区，具有海洋性特点的暖温带大陆性季风气候，冬无严寒，夏无酷暑，四季分明，气候宜人，是全国闻名的滨海城市，中国北方的旅游避暑胜地。特殊地理位置决定了大连拥有丰富的海滨资源和海岛资源，拥有长达 1 906 千米的海岸线和 170 个大小岛屿，大连的滨海景区（景点）多达 100 余处，海滨风光是大连旅游资源的主体。

大连自然资源得天独厚，城市风貌特色鲜明，历史文化底蕴深厚，文艺创作力量雄厚，推动文旅产业高质量发展大有可为、大有作为。大连市文旅融合承载力不断增强，2022 年全市旅游总收入增长 30%，2023 年谋划推进文化旅游产业重点项目 276 个、总投资超 3 000 亿元，为文旅产业高质量发展提供了有力支撑；文旅品牌影响力成果显著，邮轮旅游、游艇示范基地项目列入国家旅游“十四五”规划，智慧文旅平台正式上线，发布《遇见大连》系列宣传片，当选 2024 年“东亚文化之都”，城市文旅形象更具辨识度；文旅产业竞争力有效提升，入选中国邮轮旅游发展实验区、全国文化和旅游市场信用经济发展试点市，获首批“中国旅游休闲示范城市”及“中国最佳旅游避暑胜地”等称号，多次荣登全球宜居城市榜单，文旅产业规模居东北各城市首位。

2023 年 4 月 19 日，以“文旅融合新动能，产业发展新活力”为主题的 2023 年大连市文化和旅游产业发展大会召开。大会发布《推动大连市文化旅游产业高质量发展措施》，大连市政府全年拿出 1 亿元支持重点文旅产业项目和文旅企业，促进大连市文化和旅游产业向全域全季全业态发展，包括对组织入连旅游包机的旅行社给予补助、推出景区门票五折优惠、支持邮轮游船旅游项目等。同时，大会还重点推出了八大精品文旅招商项目，举行了辽宁沿海经济带六城市共签文旅合作协议，为大连的旅游业拉开了大幕。

大连以全球视野定位城市文旅产业发展，对标国内外一流旅游名城，全面提升文旅综合实力，加快建设国内旅游首选地、东北亚滨海休闲旅游目的地，推动大连成为世界知名旅游城市；强化规划先导，深度优化完善旅游规划体系，以科学规划引领大连文旅产业向高端化、特色化、品牌化发展；更加注重统筹联动，持续优化跨行业资源开发、大产业协同发展、大市场联合管理、城市旅游形象推广的大文旅治理格局，让大连文旅产业与时代同行、向国际化进发。以高质量供给满足人民对美好生活的需求。用足全域资源优势，布局公共文化设施项目，打造龙头型、旗舰型文旅项目群，整体提升魅力观光湾区功能，把大连的山海风光、城市魅力、文化特色串珠成链。用活全季文旅场景，推动形成“一刻钟文化圈”，加快历史文化街区和历史文化风貌区改造建设，创建国家历史文化名城；用好全产业融合链条，构建浪漫都市新生活，搭建更多文旅消费新场景，推动大连文旅产业为千家万户创造新业态、带来新体验。

4. 积极培育战略性新兴产业

第一，软件与信息服务业。大连市软件和信息服务业起步于 1998 年，经过 20 多年的积淀和发展，建立了具有大连特色的人才培养体系和产业发展模式以及业界普遍认可的“官助民办”园区建设体制。大连是全国第一批 10 个国家软件产业基地之一，6 个国家软件出口基地之一，第一个服务外包基地城市，第一个软件知识产权保护示范城市，获得软件产业国际化示范城市、软件人才国际培训基地和创新型软件产业集群等荣誉称号。同时，大连也是国家三网融合试点城市、智慧城市试点示范城市、信息消费试点示范城市、“宽带中国”示范城市、首批 5G 试点城市。

坚持推进开放合作，持续加快国际化步伐。大连市始终把软件和信息服务业纳入全球软件和服务业的产业链条之中，抢抓全球服务外包转移的历史机遇，在国际 IPO、BPO 业务上争得一席之地。近十年来，大连始终保持每年至少 5 家世界 500 强或全球行业领军企业落户的喜人态势，软件行业服务的对象遍布东北亚、北美、欧洲等十多个国家。软件业务出口收入一直位列全国副省级城市前列，信华信技术股份有限公司、东软集团（大连）有限公司、大连文思海辉信息技术有限公司多年保持国内出口前三强业绩，对日外包承接能力尤其突出，整体发展水平和交付能力处于全国领先地位。

为加快软件和信息服务业高质量发展，2018 年出台了《大连市软件和信息服务业 2028 行动纲要》（大政办发〔2018〕73 号）、《大连市支持软件和信息服务业发展若干政策》（大政办发〔2018〕74 号）文件。制定了《大连市软件和信息服务业发展专项资金管理办法》（大经信发〔2018〕388号），支持全市软件和信息服务业企业创新发展。大连已连续三年（2021—2023年）安排近3亿元专项资金，共支持206家软件企业、390个软件项目，有效提升了企业自主研发和创新能力，有力促进了产业转型升级和高质量发展。

第二，电子信息制造业。近年来，大连市政府坚持规划先行，主抓龙头企业，引领行业不断发展壮大。大连市电子信息制造业产业规模不断扩大，智能制造作为主攻方向正在兴起，低端业务正在逐步退出市场，以数字视听与数字家庭产品、信息通信及信息安全设备、新型元器件、应用电子、集成电路为主导的产业链布局初步形成，智能硬件、智能家居、新型线路板、高端储能电池、光电子、半导体材料、半导体设备等新兴领域加速发展。

（二）转型成效

经过一系列创新举措，大连市的产业转型工作取得了显著成效。

1. 数字产业成为大连新支柱

第一，数字大连有序推进。数字经济在大连推动经济转型、动能转换中的作用不断增强。通过数字技术、信息技术加速普及和大规模应用，正不断衍生出大量新产品、新服务。大连正通过推动数字产业发展壮大，推动创新驱动、数据驱动，进而推动高质量发展。

“数字大连”建设将成为大连城市智慧化的基础和重点，大连将不断加强新型数字基础设施建设，深化信息技术和数字化应用，推进医疗、教育、养老等各领域数字化建设。

“十三五”期间，大连市建成高新区与金普新区两大核心产业集聚区，形成了软件和信息技术服务业、集成电路制造业“双轮驱动”发展模式。坐落于大连金普新区的“大连数谷”致力于打造中国产业数字化转型升级示范区和新基建算力高地、政产学研创新合作高地、产城融合应用高地。在大数据、云计算、工业互联网、创新孵化等领域，“大连数谷”现已汇集350余家知名企业和机构，初步构建起数字产业发展新生态。

第二，数字城市建设初见成效。数字产业快速发展，加快了大连数字城市建设步伐，源源不断地为城市发展注入新活力。

新冠疫情期间，大连市第六人民医院通过建设“5G远程医疗系统”，实现了对患者的专业高效救治。同时，大连市远程办公、远程教学、“云招商”、智慧工厂等5G技术应用遍地开花。

随着5G技术的普及和应用加速，“5G场景”在大连越来越丰富，不断激发城市的“数字功能”。大连市相关负责人表示，数字产业快速发展，加快了大连数字城市建设步伐，源源不断地为城市发展赋予新动能、注入新活力。

登录“市民云”App预约领取口罩，免去排队时间，降低感染风险。疫情期间，大连“市民云”App开通“口罩预约”服务功能，确保口罩高效投放市场，解决了市民空跑、排队时间长、人员聚集交叉感染等问题。

在新冠疫情防控期间，以“云”为主题的数字化服务在大连比比皆是。在大连第六人民医院，中国移动完成了5G基站建设和5G网络铺设，实现了远程就诊。中国联通、腾讯等19家国内知名企业也为大连市中小企业提供了67项免费云服务。大连市工业和信息化局推出“云端战疫”公益扶持计划，助力1 000余家中小企业开展远程办公、居家办公。华信、东软等企业推出了基于5G和虚拟现实技术的解决方案，以支持抗击疫情。

5G在大连新冠疫情防控和复工复产中发挥了重要作用，与大连市近年来实施的通信畅通工程密不可分。自2018年大连实施通信畅通工程以来，5G基础设施建设不断加快，重点企业加快工业互联网、智能制造等的应用。目前，大连冰山集团、恒力石化股份有限公司等20多家龙头企业均实现了远程智慧诊断、专家远程指导、智能计量、智能管理、远程安防等。

2. 战略性新兴产业格局持续优化

经过多年努力，大连市产业结构持续优化，获批全国第二批产业转型升级示范区。软件和信息服务业、电子信息制造业成为大连战略性新兴产业的支柱产业。

坚持规划布局，形成了以高新区和旅顺南路软件产业带为核心的产业集聚区，汇集软件企业3 000多家，从业人员20余万人，产业集群规模超过千亿元。坚持推进产业集聚，持续扩大产业规模。经过20多年的发展，软件和信息服务业已成为大连特色主导产业之一，产业集聚效应不断凸显，大连软件园、腾飞园区、天地园区、华信（国际）软件园、东软软件园等聚集了大批企业和人才，软件收入和从业人员均占全市80%以上。

随着国家新型工业化产业示范基地、国家级辽宁（大连）数字家庭应用示范产业基地的获批和创建，围绕龙头企业和重点产品，逐步形成了以金普新区元器件产业、高新区数字视听产业为主体的特色产业集群。金普新区和高新园区电子信息制造业企业产值占全行业总产值85%以上，是大连市集成电路、新型元器件、信息通信与安全、储能电池、办公设备、数字视听等产业的主要聚集区和新一代信息技术产业的发展核心区。大连市拥有众多电子信息企业，如大连友邦、大连船舶重工集团、华为大连研究所等，这些企业在5G、云计算、人工智能等方面有着很强的实力和技术优势。

3. 东北亚开放“先锋”作用凸显

随着中俄经贸合作持续升温，大连有望成为俄罗斯货物通往我国华北乃至中西部地区的一个重要门户港口和原油进口中转基地，这对于大连的发展将是个极大的利好。

区域全面经济伙伴关系协定（RCEP）让大连面向东北亚开放的“先锋”地位越发凸显。大连一直是我国面向日韩合作的“先锋”，如今，随着RCEP正式生效，大连成为中日韩自由贸易区先导试验区，享受诸多政策优惠。

数据显示，2021—2022年，来自日本和韩国的实际利用外资额在大连占比均超过50%。2022年，大连市实际利用外资20.3亿美元，同比增长16.7%，增幅位列5个全国计划单列市首位。

综上所述，大连市通过实施一系列创新举措，成功实现了产业转型和经济结构的优化升级。传统产业的升级与优化、高新技术产业的快速发展、现代服务业的崛起、文化产业的发展壮大以及环境和资源的可持续利用等方面都取得了显著成效。这些成效不仅为大连市的经济增长注入了新动力，也提升了城市的综合实力和国际影响力。这为其他资源型地区实现经济转型提供了有益的借鉴和经验。

六、经验启示与借鉴意义

大连市产业转型的成功经验，对于我国其他资源型地区具有重要的启示和借鉴意义。首先，要坚定不移地推进产业转型升级，优化经济结构。这需要摆脱对传统产业的路径依赖，积极培育和发展新兴产业，提升产业的附加值和竞争力。其次，加强政策引导和支持，发挥政府在产业转型中的重要作用。政府可以通过制定优惠政策、加大投入、建设产业园区等方式，吸引优质资源和投资，推动产业的集聚和发展。此外，注重人才培养和引进也是关键。通过加强职业教育、提供人才激励政策等措施，为新兴产业的发展提供充足的人才支持。

（一）坚持数字经济大方向不动摇

大连有效推进全方位、全领域数字化转型，加快新经济、新技术、新产业、新模式发展，形成了新发展动能。通过数字技术、信息技术加速普及和大规模应用，正不断衍生出大量新产品、新服务，推动创新驱动、数据驱动，进而推动高质量发展。

作为助力辽宁省实现全面振兴、全方位振兴的中流砥柱，大连市聚焦实体经济发展新目标新格局，着力做好改造提升“老字号”、深度开发“原字号”、培育壮大“新字号”三篇大文章，进一步加快产业结构优化升级和新旧动能转换，不断为“数字辽宁、智造强省”建设贡献“大连智造”的力量。

（二）坚持“五个聚焦”推动新型工业升级

聚焦优化服务，全力稳定工业增长态势。工业在全市宏观经济大盘中发挥着“压舱石”作用。2022 年，全部工业增加值占全市 GDP 比重达到 38.1%，拉动全市 GDP 增长 2.2 个百分点。大连市持续完善规上工业企业工作秘书服务机制，确保全市规上工业企业全覆盖，针对制约企业发展的主要问题，一抓到底，全力解决。持续推进“准规上”企业升规入统。通过优化政策供给，加强惠企政策宣讲，不断壮大规模以上工业企业队伍，推动规上工业企业数量、质量和效益同步提升。

聚焦项目为王，不断加快产业结构调整。近年来，大连市不断深化结构调整“三篇大文章”，坚持清单化管理、项目化推进，取得积极成效。大力发展壮大优势产业集群，加快打造万亿级绿色石化产业集群、2 000 亿级高端装备产业集群、2 000 亿级新一代信息技术产业集群、1 000 亿级新一代汽车产业集群和 1 000 亿级中高端消费品产业集群。

聚焦顶天立地，着力提升产业发展能级。制造业发展中，重大技术装备起到“顶天”的引领作用，而产业基础起到“立地”的支撑作用。第一，实施产业基础再造工程。围绕产业基础高级化，建立重点技术改造项目库，努力发展一批核心基础零部件、基础元器件、基础材料、关键基础软件和先进基础工艺。第二，推进重大技术装备攻关。围绕国家重大战略产品需求，发挥大连市产业优势，特别是在船舶与海工装备、工业母机等方面，努力突破一批创新性、标志性的装备，鼓励并支持重大技术装备推广应用。第三，实施好产业链提升工程。切实发挥产业链专班作用，围绕“15 + N”产业链，以产业链现代化为方向，实施一批重点延链补链强链项目。此外，强化产业扶持政策供给，加快出台全市智造强市专项资金管理办法，以实实在在的政策举措支持产业发展，培育一批竞争力强的领军企业。

聚焦创新驱动，不断加快产业升级步伐。创新是驱动振兴发展的第一动力，在制造业高端化智能化绿色化升级发展中发挥着“揭榜挂帅”等方式，攻克一批关键共性技术，突破一批基础产品，支撑工业体系不断创新升级。深入推进产业数字赋能，积极培育一批智能工厂和数字化车间，推动企业转型升级，提高产品竞争力。大力发展工业互联网，重点围绕石化、船舶、装备等重点产业链，推动工业互联网平台建设和应用，助力企业数字化转型，促进两化深度融合。推动工业绿色低碳发展。积极培育一批国家级和省级绿色工厂、绿色设计产品、绿色工业园区和绿色供应链管理企业，带动全行业绿色低碳化转型。

聚焦培大育强，全力打造优质企业梯队。2024 年大连市成功召开了全市民营经济发展大会，市委、市政府出台了《关于建立民营经济健康发展服务保障机制的实施意见》，营造出切实为民营企业保驾护航的浓厚氛围。强化梯度培育，建立并完善以创新型中小企业—省级“专精特新”中小企业—国家级专精特新“小巨人”企业—制造业单项冠军企业为主体的梯度培育体系。截至 2022 年，全市已培育国家级制造业单项冠军企业（产品）17 家，居东三省之首，占全省 53%；培育国家级专精特新“小巨人”企业 73 家，省级专精特新中小企业 434 家，创新型中小企业 640 家。支持头部企业建立“整零共同体”，促进企业与上下游企业联动发展，实现同步研发、制造、数字化，打造良好产业发展生态。

（三）制定支持新兴产业发展的一系列政策

大连市积极推动新兴产业的发展，出台了一系列政策和措施来扶持新兴产业的发展。首先，大连市在科技创新方面投入了大量的资金和人力，鼓励企业加强自主创新，推动技术创新和应用创新。其次，大连市加大对新兴产业的金融支持力度，为企业提供便捷的融资渠道。最后，大连市还鼓励企业“走出去”，积极参与国际市场竞争。

第十章
贵州六盘水产业转型升级示范区发展分析与启示

阎　晓　张晏华　任苏平

六盘水这座因“三线”建设而兴起的典型老工业基地，2005 年开始进入系统转型期，其代表性、可借鉴性经验包括以产业多元化发展推动产业转型升级，实现产业从“一业独大”向“多业并举”转变，增强城市经济韧性；以开放式发展提升经济发展质量，特别是要在区域合作中找到自身的适当位置，冲破行政和体制性束缚；以绿色化引领构建生态文明示范区，根据自身自然生态特征切实落实“绿水青山就是金山银山”理念；以创新驱动发展战略释放社会经济发展强大活力，尤其是要在科技成果的转化和运用上发力。

一、引言

六盘水坐落于贵州西部乌蒙山区，是一座“三线建设”时期因煤而建、因煤而兴的年轻工业城市。改革开放40年间，其地区生产总值大约增长了380倍；以全省排名第七位的国土面积和常住人口，创造了全省排名第四的GDP和排名第二的人均GDP财富。然而，如同全国多数资源型城市一样，六盘水存在着严重的资源依赖、产能过剩、生态破坏等问题，转型发展的探索步伐从未停歇。庆幸的是，近年该市加快转变发展方式，调整优化产业结构取得初步成效，2019年进入全国第二批产业转型升级示范区建设序列，2020年被评为“优秀”示范区，并被列为国家“十四五”重点支持对象。那么，六盘水这座典型资源型城市，在转型升级过程中取得了哪些经验呢？这座城市是如何加速崛起，成长为一座绿水青山、宜居宜业的区域中心城市呢？

二、六盘水市转型发展背景

（一）城市概况

六盘水市自然资源富集。首先，该市素有“江南煤都”“西南煤海”之称。煤炭储量大、种类全、品质优，预测储量569亿吨，其中炼焦煤保有储量95亿吨，煤层气和浅层天然气的储量在1万亿立方米以上，是我国长江以南最大的煤炭工业基地之一，全国“14个亿吨级大型煤炭基地”之“云贵基地”的重要组成部分。其次，水能资源丰富。理论蕴藏量117万千瓦，平均每平方千米118千瓦，高于全国平均值。再次，自然风光独特。旅游资源丰富且独具特色，盘县碧云洞已加入国际洞穴协会，并列入了国际洞穴探险基地。六枝西南部北盘江畔的古夜郎国遗址，早为中外史学界和旅游学界所瞩目。盘县丹霞山、老厂“竹海”、妥乐千株古银杏、水城野钟黑叶猴自然保护区、六枝桃花洞、六枝滴水滩瀑布群等都享有盛名。最后，气候资源独特。冬无严寒，夏无酷暑，舒适宜人，是消夏避暑的天堂，别称“中国凉都”，是全国唯一以气候特征命名的城市。

六盘水市文化悠久多彩。一方面，其历史悠久。除了见证人类史距今20多万年的“盘县大洞人”、距今8万年的“水城人”、距今1万年的“桃花洞人”，还沉淀了神秘的古夜郎文化、宝贵的长征文化、多元包容的“三线”文化。另一方面，文化多元。49个少数民族孕育了盘县彝族山歌、盘县布依盘歌、六枝梭戛苗族蜡染技艺、水城南开苗族芦笙技巧等多姿多彩的民族文化，还有彝族火把节、苗族跳花节、回族开斋节、仡佬族吃新节等丰富多样的节庆文化。同时，还建成了亚洲第一座生态博物馆“六枝梭戛苗族风情生态博物馆”、中国第一个彝族文化园“海坪彝族文化园”、中国最大的布依族铜鼓“月亮河布依族铜鼓”。

六盘水战略地位重要。从交通区位角度看，该市地处川滇黔桂结合部，与成都、重庆、昆明、贵阳、南宁五个省会城市的直线距离均在500千米以内，有“四省立交桥”之称。同时，其月照机场的开通，架起了西南腹地与沿海发达地区的便捷通道。从区域国土空间开发角度看，该市是国家确定的“攀西——六盘水地区资源综合开发区”的重要组成部分，是全国国土资源重点开发地区，又是国家西部大开发南、贵、昆经济带中的重要结点城市。从全国能源战略角度看，该市是西部大开发和“西电东送”战略部署区，江南唯一的“西电东送”和“黔煤外运”并举地区，是国家规划的全国十大煤炭基地之一。

（二）面临的主要问题

六盘水经济长期面临资源指向明显、产业结构偏重、产业链条不健全、发展不平衡不充分等问题。当前，从三次产业结构角度看，第二产业依然是经济发展的支柱产业，且以劳动密集型和资源密集型行业为主。虽然近几年第三产业中的交通运输业、批发零售业等有了较快发展，对经济增长作出了一定的贡献，但总量和质量上仍有较大提升空间。此外，经济发展的创新能力较弱、人才支撑不足等问题也较为突出。

三、六盘水市产业转型升级历程及举措

（一）资源型产业形成期（1964—1978年）

20世纪60年代中期，国家因国防战略需要铺开“三线建设”工作。六盘

水以其区位优势和煤炭资源优势，特别是其优质冶金焦煤的巨额储量，被国家确定为西南三线建设的主要煤炭基地。1965 年 1 月，西南煤矿建设指挥部在六枝成立，随即六盘水大规模的煤矿建设拉开序幕。同年底，根据邓小平同志在昆明会议上的意见，六盘水又增加了钢铁、电力两大部类。由此，六盘水工作发展的最初底盘基本确定，即煤炭、钢铁和电力。

此后六盘水工业发展如火如荼。煤炭生产方面，从 1965 年至 1978 年底，全市煤矿建设累计完成投资 14.6 亿元，开工建设矿井 23 对，总设计生产能力 1 210 万吨/年；钢铁生产方面，从 1970 年 10 月 1 日水城钢铁厂一号高炉出铁，到 1978 年 12 月底 2 号高炉建成投产，基本形成了 65 万吨铁/年的综合生产能力；电力生产方面，1966 年 12 月，110 千伏六水线送电，水城地区并入贵州电网；1978 年 12 月 26 日，Ⅱ号机组开机发电。此外，该市在建材领域取得发展，1970 年 12 月 26 日，水城水泥厂第一条水泥生产线建成投产，1971 年 12 月 1 日，水城水泥厂第二条水泥生产线建成投产，使该厂成为贵州省当时最大的水泥企业。

20 世纪 70 年代后期，六盘水基本形成以煤炭、钢铁、电力、建材四大工业为支柱的产业体系。而且在四大支柱产业的带动下，地方化工、小水电、农机、造纸、食品等小型工业和文教卫生事业得到迅速发展。这些建设成果，使六盘水的产业结构发生巨大的变化。据统计，1978 年，六盘水地区一、二、三次产业结构由 1964 年的 73.40:10.02:16.58 调整为 1978 年的 33.9:42.4:23.7，第二产业的比重明显超过第一产业。

（二）局部转型期（1979—2004 年）

1978 年，六盘水设市。在党的十一届三中全会精神指引下，全市经济保持持续、快速、健康发展的良好势头，工业基础和经济实力增强，工业经济持续稳步增长，生产力水平明显提升。然而，产业链条短、企业管理水平不足、城乡二元结构突出等问题成为困扰，也成为这一阶段六盘水转型发展的试水领域。在此阶段：

第一，着力于传统支柱产业链延长、产品附加值提高、产业门类和产品种类扩增，不断推动发展方式从粗放向集约转变。例如，利用粉煤灰、煤矸石等工业废弃物发展新型建材，有色金属工业向后端加工延伸，电解锌形成一定规模等。

第二，加大国有企业改革力度，提高企业竞争力。关闭技术工艺落后的小企业，压缩过剩生产力，采取多种形式放开搞活国有中小企业，并以产权制度改革为重点，促使其向“专、精、特、新”方向发展。同时，国有大企业以建立现代企业制度为目标，深化各项改革，通过兼并、重组等方式壮大实力，挖掘潜力，提高效益。

第三，持续把农业放在经济工作的重要位置，把脱贫攻坚作为中心任务。一是推进农业结构调整，支持发展优势经济作物、特色农产品，重点抓好烤烟、辣椒、生姜、茶叶、核桃、中药材的生产和深加工，建设一批优质绿色产品基地。加大对良种工程的投入，抓好优良品种的引进、培育、推广和产业化经营。二是大力发展畜牧业，以良种繁育为重点，优化养殖结构，发展规模饲养和家庭饲养，提高出栏率、商品率。大力推广皇竹草、黑麦草等优良饲草，促进草食牲畜的发展。三是在提高烤烟单产量和效益的同时，因地制宜发展油菜、蔬菜、生姜、大蒜、芭焦芋、魔芋、麻类等经济作物，积极发展银杏、核桃、板栗、杜仲、茶叶、桑蚕、水果等经果林。

此外，加快发展第三产业，以适应第一、第二产业发展的需要。在继续发展商业和生活服务等传统服务业的同时，积极发展金融、保险业，引导房地产业健康发展，加快发展旅游、信息、咨询、技术服务、法律服务和社区服务等新兴产业，大力发展邮电通信和交通运输业。

（三）系统转型期（2005—2018 年）

随着工业的高速增长，六盘水煤炭资源储量逐渐下降，加之煤炭价格波动，经济发展受到严峻挑战。与大批多资源型城市遭受的厄运类似，六盘水境内水城、六枝两大矿务局接连崩溃。先是与煤炭相关的各种辅助性行业的企业破产、倒闭，然后是各种服务性行业逐渐暗淡，大批工人下岗继而导致社会购买力不足、城市商业凋敝。同时环境污染日渐加剧，面临着科学发展、及时转型的紧迫战略任务。为此，六盘水市政府把转变发展观念、创新发展模式、提高发展质量作为首要任务，提出了改变黑色煤都形象，打造凉都品牌，积极推进工业强市、三产旺市和生态立市的发展战略。具体措施如下：

第一，积极推动煤炭产业改革。具体来说，一是改变过去煤炭粗放开采利用的“傻大黑粗”经营方式，科学开采、就地转化、高效利用。2018 年全年释放新增煤炭产能 840 万吨，完成 41 处煤矿智能机械化升级改造，发耳煤矿 31004 智能化采煤工作面成为西南地区第一个通过省级验收且正常生产的智能化工作面。煤矿机械化采掘率达 82.5%，位列全省第一。二是整合发挥煤电产业集群优势，加强地企共建。充分发挥盘江煤电集团公司、水城矿业集团公司、六枝工矿集团公司、水城钢铁集团公司、水城水泥股份有限公司等国有大企业在工业强市中的主力军作用，大力发展煤—气—化联产，煤—焦—化联产、煤—电—化联产，并在市中心实施煤气使用工程，用煤气替代锅炉煤、民用煤、取暖煤，既节约了能源，又洁净了城市。煤电产业集群优势日益显现，作为国家重要的能源、煤化工基地的功能作用日益发挥。以煤炭、冶金、电力、建材为主的四大支柱产业在经济发展中的支撑作用越来越显著，工业经济踏上良性循环的轨道。

第二，积极培育发展新兴产业。紧盯纺织、农产品加工、新材料、新能源、旅游装备、现代物流、物联网七大产业板块。多项具有全国领先水平的新技术逐渐形成新的产业支撑，玄武岩纤维、硫酸锰、高精铜箔、瓦斯综合利用、煤制车用氢能源等新材料、新能源产业迅速发展，2017 年玄武岩纤维年产量达 1.5 万吨，硫酸锰一期工程单线生产 3 万吨；成功引进能矿装备项目 5 个；煤层气综合利用率达 45.4%，煤矸石综合利用率达 62.8%，煤炭资源就地转化率达 80.8%。大力实施“互联网+”行动计划，以 2016 年云上贵州·大数据招商引智再出发活动为契机，引进 100 家企业、100 名人才、100 亿投资，培育壮大以大数据为主的电子信息产业。

第三，加快发展特色农业。按照“强龙头、创品牌、带农户”的发展思路，深入推进农村产业革命。一是加快特色种植产业化。实施巩固“3155”工程，猕猴桃、刺梨、茶叶等产业规模效应显著，建成“六枝落别—木岗万亩茶叶基地”“盘州两高沿线万亩刺梨基地”“水城县百里猕猴桃长廊”等具有一定规模的特色产业基地。打造“天刺力牌”“水城春”“信友牌”等一批名特优品牌。二是推进畜牧业发展。相继引进温氏集团、大北农集团、贵州努比亚牧业集团等大型畜牧龙头企业，全市牛、羊、猪存栏率和出栏率得到提高，2018 年畜牧业增加值占农林牧渔增加值比重达 26%。三是切实加快园区建设。以水城县现代农业产业园创建国家现代农业产业园为契机，2016 年全市同步启动 10 个市级现代农业产业园创建工作，形成“1+10”发展格局；稳步推动现代高效农业示范园区建设，全市省级农业园区达 31 个，引领型园区达 12 个。

第四，推动现代服务业发展。一是发展现代物流业。铁路“四线一站”在“十五”期间竣工运营，形成了交通枢纽大格局，为现代物流业提供了“硬通道”和“物流网”。建成六枝木岗物流园，加快推进市粮油储备中心、农产品仓储交易物流园等一批重点物流项目，打造红果经济开发区和钟山经济开发区两个综合型生产性服务业集聚区。二是加快发展旅游业。确立“凉都”城市服务品牌面向全国、走向世界的发展方向，大力整合城乡旅游资源，以“凉都”消夏文化节为龙头，构建“凉都”七大系列旅游，加快开发旅游业。三是促进其他服务业发展。重点支持生产力促进中心、生产性服务业公共服务平台建设；积极推进电子商务应用，加快商务服务业发展，支持计算机软件及信息服务业发展壮大；扶持农业技术推广机构、经纪人和农产品专业协会发展，加快涉农服务业发展。“引金入市”力度不断加强，成功引进兴业银行；建立上市企业和“三变”企业主体上市（挂牌）后备资源库；盘州市久泰邦达能源控股有限公司在香港联交所正式上市挂牌交易，是贵州省第二家、本市第一家上市的民营煤炭企业。农村电子商务服务站点达700个，六枝特区获批国家级电子商务进农村综合示范县，实现国家级电子商务进农村综合示范县国家级贫困县全覆盖。

第五，加强生态文明建设。六盘水深刻认识到生态环境与经济发展相互依存、相互促进，因此从经济社会发展的实际出发，制定了生态立市战略，建设生态文明城市。一是推进产业绿色发展。实施绿色经济倍增计划，开展绿色制造三年专项行动，大力发展“四型”十五种产业，创建绿色示范企业2家以上。充分发挥立体小气候点多面广优势，着力培育和发展林下种植、林下养殖、森林康养、森林人家等林下经济，推动林下经济多元化组合发展。二是加强绿色生态建设。优化经济结构，转变经济增长方式。用循环经济理念和技术，建设资源节约型和环境友好型社会，科学发展各类工业、调整优化工业结构。以项目为载体，全面启动实施退耕还林工程；加强以朵、老鹰山、玉舍、发耳等污水处理厂项目建设；坚决淘汰落后产能，严格节能环保审查，控制“三高企业”建设等。

（四）深化转型期（2019年至今）

2019年8月，国家发展改革委、科技部、工业和信息化部、自然资源部、国家开发银行联合印发《关于进一步推进产业转型升级示范区建设的通知》（发改振兴〔2019〕1405号），明确支持六盘水市建设全国第二批产业转型升级示范区。六盘水市抢抓机遇，按照“立足煤、做足煤、不唯煤”的发展思路，坚持“两手抓、两促进”，一手抓传统产业升级改造，一手抓新兴产业培育壮大，不断促进生态环境持续改善，不断促进贫困群众持续增收，全力推动经济转型纵深推进。

第一，“老树发新芽”，做好传统产业升级改造文章。该市坚持对传统产业开展绿色化、高端化、集约化改造，实施“百企改造”工程，传统产业持续转优、转强。构建“煤、电、钢、焦、气、化、材、热”要素保障的循环经济产业链。煤炭产业方面，一是实施煤矿优化布局和资源整合，淘汰落后产能，加快推进兼并重组；二是实施煤矿智能化、机械化“两化”改造，推进安全高效示范矿井建设；三是坚持“减量化、再利用、资源化”的原则，推动煤矿“三废”资源化利用。电力产业方面，一是强化煤电清洁低碳发展，改造全市现役煤电机组；二是强化固体废物综合利用；三是强化农光互补，采取光伏项目+种养殖产业协同发展措施。钢材产业方面，一是实施退城进园，优化厂区布局和土地集约利用，延伸发展新业务；二是持续推进产品提升行动，不断强化“制造+服务”品牌建设；三是推进关联产业发展，构建“煤、电、焦、气、化、材、热、纺”要素保障的循环经济产业链。以煤电焦气化为重点，推进煤电化、煤电钢、煤电铝、煤电材“四个一体化”和现代煤化工全产业链发展；四是深化“煤电+产业”模式，构建“煤矸石—发电—粉煤灰（脱硫石膏）—建材”的循环经济产业链。

第二，“新树扎深根”，做好新兴产业择优发展文章。六盘水市按照“板块布局、产业耦合、链条发展、集聚建设”原则，依托资源、依据市场、依靠创新、依赖环境，在延伸拓宽传统产业链条的基础上，集中力量推动纺织、新材料、物联网、农产品加工、新型能源化工、装备制造、现代物流等“2+7”产业板块全链条发展。一是产业链条延伸、层次提升，打通纺织产业“纺纱—织布—染整—服装”链条。二是铝及铝加工产业链环环相扣，短流程铝项目全面建成，产业链不断拓展。水城经济开发区按照“1+3+N”发展模式，聚集形成了完整的铝产业链条。三是物联网“感知—传输—平台—应用”产业链条逐步完善。四是推进以“凉都三宝”为主的精深加工，以猕猴桃、刺梨、茶叶、中药材、小黄姜、“盘县火腿”“人民小酒”七大产业为重点推动全链条发展。五是围绕省“培育壮大新动能，推进‘双千工程’，打造十大工业产业”目标，推进氢能源产业规划布局建设。六是装备制造从无到有，不断发展壮大。

第三，“短板变长板”，做好山地特色农业提质增效文章。六盘水市“立足山地资源优势，以“两园一田”建设为引领，发展以猕猴桃、刺梨、早春茶“凉都三宝”为主导的特色农业，打造猕猴桃“吨产园”、刺梨“千斤园”、茶叶“万元田”；形成全国最大的刺梨基地、全省最大的猕猴桃基地。

第四，“弱业转强业”，做好全域旅游扩面提速文章。六盘水市以丰富业态为重点，以融合发展为途径，念好全、新、融“三字经”，实现“留人、留钱、留心”，旅游发展新篇章的思路和构架十分清晰。首先，念好“全”字经，让游客乐意留下来。一是通过发展市域一体化的全域旅游，坚持示范引领、一体推进，全市 4 个县、市、区均成为国家全域旅游示范区创建单位。二是通过县县通高速、县县通高铁、民用航空和日臻完善的旅游公路体系，把这些旅游资源串联起来，形成全市“快进慢游”的全域旅游格局。其次，念好“新”字经，让客人把钱留下来。立足西冲玉带、野玉海、梅花山、牂牁江等景区景点，推出天然滑雪、四季滑雪、5D 球幕电影等一批新业态新产品，促进门票经济向产业经济转变。再次，念好“融”字经，让客人把心留下来。一是围绕文旅融合，深挖长征文化、“三线”文化、民族民间文化内涵，推出盘县会议会址、“三线”博物馆、海坪彝族文化园等一批有影响力的景区景点。二是围绕农旅融合，把“美丽田园”“文化千岛”“生态博物馆”结合起来，打造全国乡村旅游重点村、休闲农业和乡村旅游精品线路。三是围绕工旅融合，充分展现丰富的工业遗址、工业文明，建成盘州 671“三线”文化主题园、六枝记忆 · 三线建设产业园。四是围绕康旅融合，把凉爽天气、清新空气、氤氲温泉、“凉都珍好”等资源与四季康养结合起来。五是围绕体旅融合，发挥广袤水面、广阔山野、奇峰绝壁、奇山秀水等亚高原户外运动基地优势，打造马拉松国际铜标赛事——六盘水夏季国际马拉松赛，形成山地汽车越野、攀岩等“一县一特、四季四品”体育赛事。

第五，“生态内外兼修”，做好生态环境和谐宜居文章。按照“生态产业化，产业生态化”的要求，促进经济社会发展全面绿色转型，唱响“江南煤都”“中国凉都”和“生态绿都”的“三都赋”。外修“颜值”方面，一是优化城市空间布局和城市规划，推动山水林田湖草沙综合治理，结合石漠化治理、退耕还林等政策，开展大规模植树造林、封山育林和退耕还林，2022 年六盘水成功创建国家森林城市。二是以农业特色产业“3155 工程”为载体，规划建设了 26 个省级农业园区，把产业做成生态，把生态做成产业。三是打造牂牁江、妥乐古银杏、野玉海、梅花山等一批景区景点，以市域一体化推进全域旅游，把六盘水全域打造成公园。内修“气质”方面，一是将绿色发展和民生改善融合到产业转型升级全过程，建设幸福六盘水，开展蓝天、碧水、净土保卫战，编制《市中心城区大气污染源溯源减排清单》。二是以创建全国文明城市为抓手，全力创建干净整洁、井然有序、和谐文明、幸福宜居的城市。

四、六盘水市产业转型升级成效

六盘水市深入贯彻新发展理念，坚持“立足煤、做足煤、不唯煤”的发展方略，坚持“前后抱团、内外兼顾、上下联通、左右关联”的发展路径，牢牢守住发展、生态、安全三条底线，坚持煤炭工业战略性基础地位不动摇，认真贯彻落实国家能源战略和煤炭产业政策，产业结构不断优化，经济发展迈上了新台阶，生态环境持续改善、综合竞争实力全面增长，产业转型升级取得了较明显成效。

第一，经济结构不断优化。从昔日的“江南煤都”到如今的“中国凉都”，六盘水在产业转型升级过程中不断取得新成效。如图 10－1 所示，2000—2021 年，六盘水地区生产总值由 87.61 亿元增长到 1 473.65 亿元，增长了近 17 倍，全市城镇居民人均可支配收入由 4 808 元提高到 37 585 元，农民人均纯收入由 1 313 元增加到 13 298 元。经济发展呈现出速度比较快、效益比较好、结构逐步改善、协调性逐渐增强的良好态势。三次产业比例由 1978 年的 33.9:42.4:23.7 调整至 2021 年的 12.2:45.5:42.3，产业结构由“二、一、三”调整为“二、三、一”，国民经济总量增长从第一、第二产业带动转为第二、第三产业带动（图 10－2 和图 10－3）。

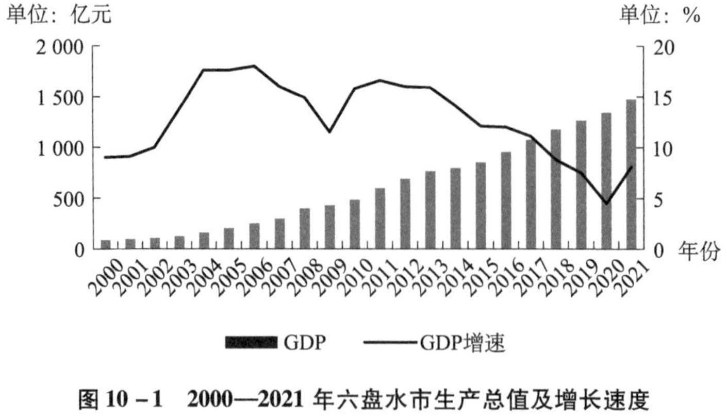

图 10－1　2000—2021 年六盘水市生产总值及增长速度

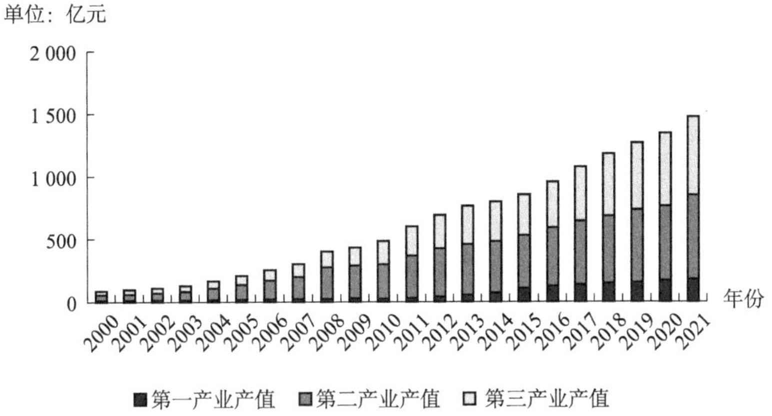

图 10－2　2000—2021 年六盘水市三次产业产值

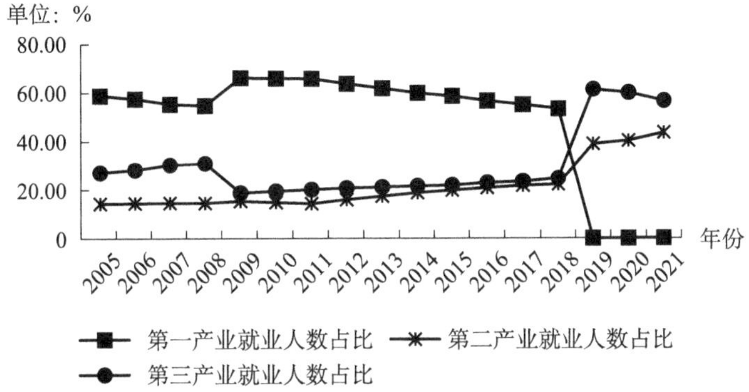

图 10－3　2005—2021 年六盘水市三次产业就业人数占比

第二，从“一煤独大”走向多元发展。一是对传统产业依赖度降低，经济增长与煤炭生产逐渐脱钩。煤焦税费总额占全市财政收入的比重由 2008 年的 62.48% 下降至 25%；煤炭产业增速逐渐减慢，对 GDP 的贡献率逐渐减少（图 10－4）。二是战略性新兴产业发展势头强劲。六盘水持续推进“百企引进”和“千企融合”，进一步推动产业集群化发展，持续推进新材料、新型能源化工、旅游装备制造、农产品加工、现代纺织、物联网、现代物流等“七大产业板块”全链条发展。截至 2021 年 10 月底，七大产业板块已投产企业 343 家，实现产值 254.74 亿元。推进“科技银行”试点，设立科技型企业贷款利息补贴专项资金，发放资金 1 270 万元。设立“产业转型升级贷”，为产业转型升级项目新增贷款 23.6 亿元，推动企业发展。三是新兴产业快速崛起。高新技术企业数量持续增长（图 10－5），到 2020 年达到 54 家，产值达 300

亿元。因支持传统产业改造、培育新产业新业态新模式、承接产业转移和产业合作等工作成效突出，六盘水连续两次获得国务院通报表扬。特别是，示范区在2020年度国家评估考核中获“优秀”等次，并被列为国家“十四五”重点支持的产业转型升级示范区。

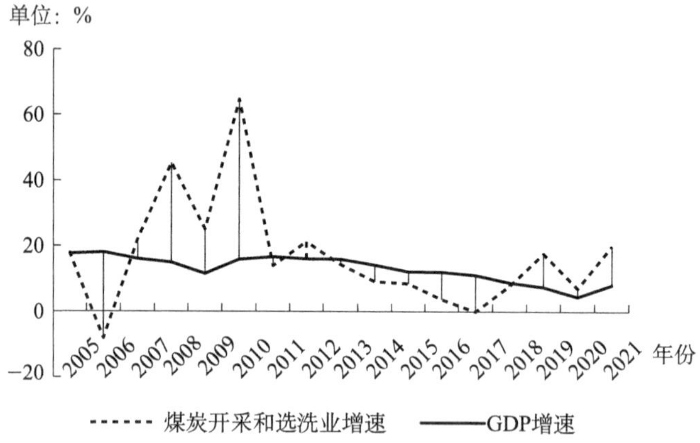

图10－4　2005—2021年六盘水市煤炭开采和选洗业增速及GDP增速

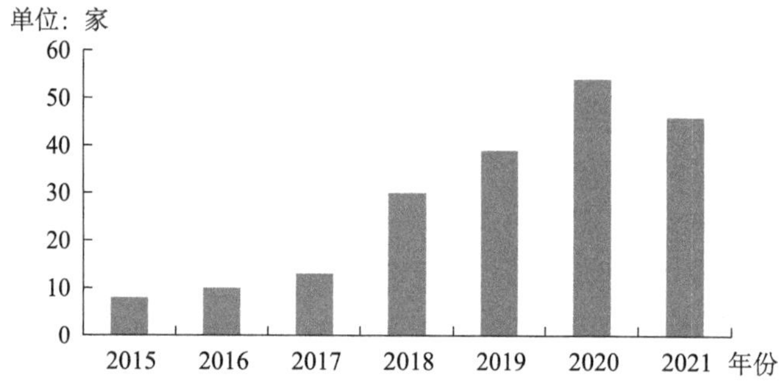

图10－5　2015—2021年六盘水市高新技术企业数量

第三，“凉都三宝”特色农业品牌化、规模化前行。六盘水市突出规模化与标准化并重，品牌化与市场化并举，平台化与内涵化并行，变荒山荒坡为千顷良田，产值持续增加（图10－6）。一是全市以“两园一田”（猕猴桃“吨产园”、刺梨“千斤园”、茶叶“万元田”）建设为引领，建成万亩以上产业基地15个，发展以“凉都三宝”为重点的特色农业种植面积近400万亩，实现刺梨种植和加工规模全国最大，红心猕猴桃种植规模全省最大，打造了年加工万吨的猕猴桃精深加工中心和贵州最先进的分级包装生产线，设立了“中国刺梨产业研究院”等研发平台，凉都“弥你红”红心猕猴桃在北京世园会斩获金奖，凉都刺梨原汁搭上中欧班列。其打造猕猴桃“吨产园”、刺梨“千斤园”、茶叶“万元田”（简称“两园一田”）的经验做法获推广并得到通报表扬。二是国家地理标志保护产品达 31 个、绿色食品达 46 个、有机农产品达 44 个，2 个农产品被纳入“全国名特优新农产品”名录，6 个农产品获批“生态原产地保护产品”认证。三是水城农业现代产业园在贵州率先创成国家级现代农业产业园，培育国家农业龙头企业 2 家、国家级示范社 23 个。“三变”改革 9 次写入中央文件，获批创建全国农村改革试验区，成为群众增收致富的“黄金腰带”。全市有 55.8 万户农户成为股东，受益农民 185.4 万人。

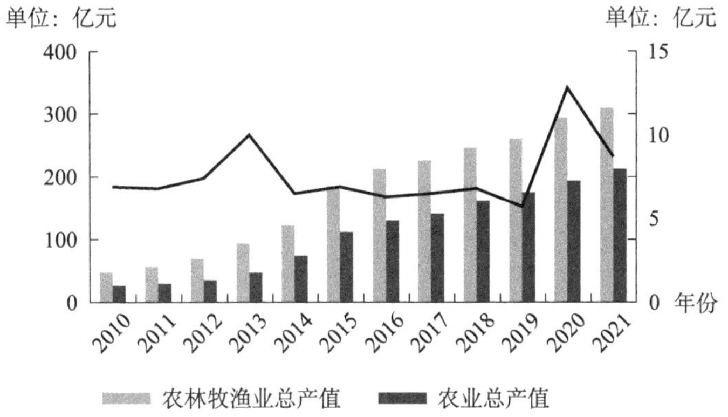

图 10－6 2010—2021 年六盘水市农业发展情况

第四，“中国凉都”城市名片享誉全国。2005 年，六盘水获中国气象学会颁发的“中国凉都”称号，此后又获得“避暑旅游十佳城市”“最受欢迎全域旅游目的地”等荣誉称号。十年来，六盘水依托“中国凉都”城市名片，突出“夏季避暑”和“冬季滑雪”两大特色，促进文旅、农旅、体旅、工旅融合发展，实现旅游景观全域优化、旅游服务全域配套、旅游治理全域覆盖、旅游产业全域联动和旅游成果全民共享。如今，六盘水成为贵州第一个省级全域旅游示范区，全市 A 级旅游景区增加到 28 个，2021 年实现旅游总收入 719.37 亿元，旅游业增加值连续多年排名全省第一。同时，依托“中国凉都·六盘水夏季国际马拉松赛”、国际滑翔伞赛、环中国自行车赛等一系列体育赛事，以赛为媒，以会卖“凉”。数据显示，2010 年六盘水接待旅游人数不足 300 万人次，到 2015 年接待旅游人数超过 1 000 万人次，2017 年达到 3 000 万人次，到 2021 年则暴增至 7 642.42 万人次（图 10－7）。如今，六盘水 4 个县市区均成为国家全域旅游示范区创建单位。凉都大地“处处都是景、四季皆可游”

的“快进慢游”旅游格局基本形成。

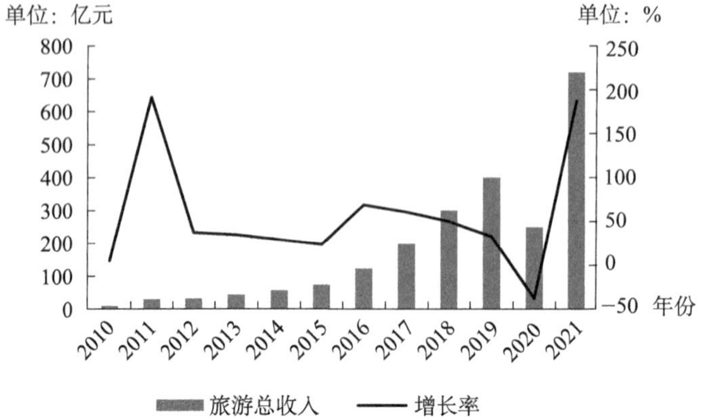

图 10－7　2010—2021 年六盘水市旅游发展情况

第五，产业“含绿量”赋能发展“含金量”。按照“生态产业化、产业生态化”发展思路，六盘水市积极探索推广绿水青山转化为金山银山的路径。一是在传统产业升级改造上，坚持抢抓碳达峰、碳中和的窗口期，推动煤炭、电力、钢铁等传统产业绿色转型。一手抓“减排”，淘汰煤炭落后产能，大力加强对传统重工业的减量化和智能化改造，通过技术手段把传统产业纳入绿色发展的轨道。一手搞“循环”，通过废物交换、循环利用、清洁生产等手段，打造以煤炭精深加工为主的循环经济产业集群，延长产业链提升附加值，成效显著，如图 10－8 所示。全市生态利用型、循环高效型、低碳清洁型、环境治理型“四型”产业的绿色经济增加值占地区生产总值比重达到 44.02%。二是能源产业展现新动态。绿色矿山建设全省领先，煤矿瓦斯抽采利用率、煤矸石利用率、矿井水处理率分别达 54.88%、84.38% 和 100%。传统能源与新能源协同发展，全市正常生产煤矿机械化、智能化“两化”覆盖率实现 100%，非化石能源发电占比提升至 13.53%，风光水火多能互补的综合能源系统加快形成。三是大力发展森林康养、特色农业，全力普及森林旅游。党的十八大以来，共建设森林康养基地 6 家，建成康养林 32 180.94 亩，建成森林康养步道 79.3 千米。大力开发观光、度假、休闲、健康养生、探险、“森林人家”等特色旅游产品。大力调整农业产业结构，发展山地特色农业，百里猕猴桃、百里刺梨、百里核桃产业长廊织成了当地生态环境天然屏障。

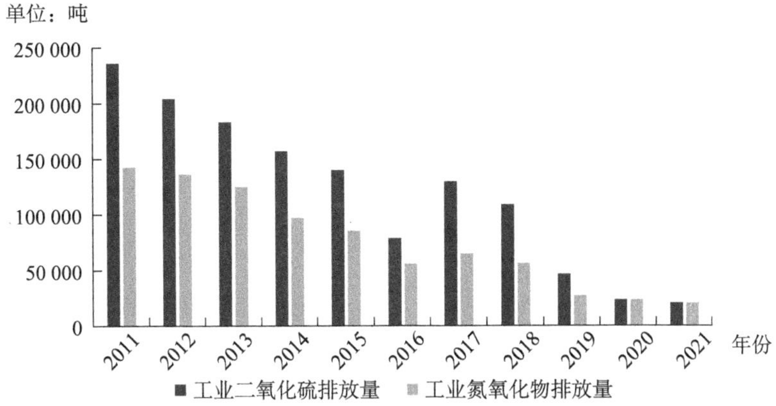

图 10－8　2010—2021 年六盘水市工业污染物排放情况

五、六盘水市转型经验启示与借鉴意义

（一）产业多元化发展推动产业转型升级

围绕市场需求构建多元化的产业体系，实现产业从“一业独大”向“多业并举”的转变，既增强了地方产业基础，优化了资源、资本、人才、技术等要素，也增强了城市经济韧性。具体而言，第一，大力推进第一产业转型，夯实现代农业基础。运用现代科技手段，推动传统农业向现代农业转变；着眼地域特点，大力发展特色农业。第二，大力推进第二产业升级，加快工业化进程。深化国有企业改革，重点支持以传统产业为依托的大型国有企业；支持非公经济加快发展，在做大做强中提升质量，打造一批龙头企业和平台企业，加快小微企业发展；紧跟技术前沿，推动煤炭产业机械化、智能化“两化”改造；准确把握世界经济和产业发展动态，适时淘汰落后产能、产品、工艺，及时更新战略重点；加快现代工业园区建设，带动全市工业转型升级；深化矿产资源改革，提升资源配置效率。第三，大力推进第三产业优化，补齐服务业短板。充分利用生态旅游资源优势和地理地质条件，建成一批区域性精品景区，扶持具有地域和民族特色的旅游商品，全力打造旅游精品品牌，做大旅游经济。深化拓展物流业，充分利用高速公路、高速铁路和支线机场等综合交通网络优势，规划建设一批大型货运场站、多式联运中转站和物流枢纽、物流园

区、物流中心，把资源型城市打造成为重要物流节点城市。加速发展现代服务业，积极发展会展经济，加快发展电子商务、信息服务、研发设计、动漫、文化创意、检验检测等生产性服务业，优化发展家政服务、文化娱乐、体育健身、医疗康复、养老托幼、社区服务等面向民生的生活性服务业，使资源型城市更具魅力。

（二）开放式发展提升经济发展质量和水平

开放是区域繁荣发展的必由之路，资源型城市同样不能孤立发展，必须在区域合作中找到自身的适当位置，冲破行政和体制性束缚。具体来说，第一，强化区域合作。充分发挥国家对口帮扶政治优势和比邻地区良好的社会关系，深入开展全方位、多领域的合作；构建重大基础设施互连互通、优势产业互补互惠、生态环境共建共享的区域合作平台；建立高层互访、日常工作会商和调度制度，鼓励和支持双方对口区县、部门、企业、民间组织和社会团体之间建立紧密的区域协作机制。第二，构建对外开放平台，提升经济外向度。构建产业发展平台，提高对外开放的层次和水平；构建技术创新平台，加强与国内外科研院所、高等学校的合作，开展重点产业技术攻关；构建贸易往来平台，积极创造条件申建加工贸易承接地、出口基地和自由贸易区，加快改善对外开放的基础条件。第三，提升招商引资水平，增强经济发展的活力。在企业选择上，紧盯世界500强、国内国有500强、民营500强企业，重点围绕实体经济引进产业项目，以新的优质增量助推高新技术产业、战略性新兴产业发展。在招商区域上，瞄准周边省份、长三角、珠三角、成渝经济区和东南亚、东亚等地区，把中国台湾和韩国作为招商的优先目标。在组织形式上，坚持市统筹，强化主要负责人的招商引资第一责任人职责；培养一支能吃苦、专业性强、固定的招商队伍。在推进措施上，强化亲商、爱商、敬商、安商、富商意识，营造招商引资良好环境。

（三）绿色化引领构建生态文明示范区

生态文明建设是一项系统工程。资源型城市转型要立足“五位一体”总体布局，坚持转型发展、统筹发展、包容发展、持续发展和共享发展，系统构建绿色经济、宜居城镇、自强文化、友好自然、和谐社会、清明政治“六大生态体系”，为实现“四个更加”目标、建成国际标准旅游休闲度假城市提供有力保障。具体地，第一，着力构建“六大生态体系”，建设绿色文明家园。

加快构建空间优化、要素聚集、产业发展、环境优美、人文和谐、山水田园的宜居城镇体系；加快构建以水生态、林业生态、气候生态、土壤生态和生物多样性系统为支撑，以空气清新、环境优美、人与自然和谐相处为目标的可持续自然生态体系。第二，加快生态文明制度改革，奋力向“四个更加”目标迈进。着力推进生态文明建设体制机制改革，加快建立生态文明制度，完善生态文明建设考评机制、奖励扶持机制和责任追究机制；实行严格的源头保护制度、损害赔偿制度、责任追究制度，用制度保护生态环境。第三，改革创新走前列，以示范区建设为契机建成生态文明先行区。积极申请建设各类生态示范区、先行区，向改革要动力、要红利。

（四）创新驱动发展战略增强社会经济发展活力

创新是构建新质生产力的根本要求。创新驱动需要投资和创新“双轮驱动”，协同创新和自主创新“双轨并行”。要在抓好资本投资驱动发展的同时，注重把技术、资本、人才、信息等创新要素作为经济发展的推动力，在三个结合上发力。第一，在创新驱动与改革开放相结合上发力。加强与长三角、珠三角、泛珠三角等经济圈和毗邻城市、对口帮扶城市的交流合作，借助外地技术、资本、人才、信息、市场容量等优势和科技创新资源要素，用开放倒逼改革，用改革提升创新驱动力。第二，在协同创新与自主创新相结合上发力。把招商引资与招才引智结合起来，建立多元化、多渠道的科技投入体系，全面实施人才引进计划。大力引进创新人才、创新团队、研发团队、创新产业，促进创新要素聚集。积极支持和帮助本地科技人员创新创业。落实好高层次人才引进、住房、生活补贴、科研经费、人才公寓、创业扶持资金、夫妻两地分居等优惠政策。第三，着眼资源优势，在科技成果的转化和运用上发力。大力开展技术攻关，建设一批省级以上重点实验室和工程技术中心、企业技术中心，大力开发先进技术、工艺和装备，力争在矿产资源精深加工、装备制造、新材料、新能源、节能环保、基因工程、生物医药、特色食品开发、花卉产业等领域攻克一批关键技术，实现一批技术转化，切实把资源优势转为经济优势，把产业优势转为富民优势。

第四篇

政府宏观布局

第十一章
吉林中部产业转型升级示范区发展分析与启示

刘秀丽　贾昕炽　崔　婧

吉林中部产业转型升级示范区建设经验为山西转型提供了明确的启示。首先，政府可通过完善资本市场与建立多元投融资体系，来保障资金来源的多样性与资金供给的稳定性以支持传统产业的技术研发和改造。其次，政府明确法律法规并积极采取措施来防止不正当竞争、垄断行为和腐败，以确保企业在市场中享有平等竞争的机会。最后，政府应进一步推动能源结构调整，加快清洁煤技术、综合煤炭利用、环保措施和煤层气产业的发展，将为传统产业提供坚实的基础和支持，从而促进经济的可持续发展和创新。

一、引言

中国的实体制造业是国家经济的支柱之一，其发展不仅关乎中国经济的稳定增长，还对全球产业格局产生深远影响。2022 年，党的二十大报告再次将实体制造业的未来发展置于聚光灯下，着重强调了绿色转型的关键作用。2023 年，中共中央政治局出台《关于进一步推动新时代东北全面振兴取得新突破若干政策措施的意见》，体现了党中央对东北振兴和吉林发展的高度重视，侧面反映出这是持续推动实体制造业的绿色发展和产业升级的重要命题。实际上，中国东北尤其是吉林中部地区，目前正经历传统制造业的深刻演进与重大变革。从传统的机械加工到自动化生产线、再到智能工厂的发展过程，不仅是一个演进实例，也是产业革命迅猛推进的有力体现。这一过程不仅在提高生产效率和减少资源浪费方面起着重要作用，也是实体制造业在转型升级和绿色发展中的关键一环。

2021 年 6 月 9 日，吉林中部（长春、吉林、松原）产业转型升级示范区被国家发展和改革委员会、科学技术部等列入“十四五”重点支持的产业转型升级示范区。这一重大决策强调了吉林中部地区在国家经济和安全中的战略地位，并为吉林中部地区的发展赋予了新的使命和方向，同时也为吉林中部地区在科技创新、市场发展、债务风险管控等方面提供了全新契机。习近平总书记也为吉林中部产业转型示范区建设规划了全新的发展蓝图。然而，该地区在创新、市场主体、债务、民生、社会治理等多个领域所面临的问题也逐渐显现，在未来转型过程中仍存在诸多发展瓶颈，而这些问题的解决则需要充分的政策支持和系统性改革措施。吉林中部地区作为国家级产业转型示范区，肩负的新使命，为东北地区未来发展提供了重要机遇，但面临的现实挑战也为进一步转型升级带来巨大压力。因此，吉林中部地区通过充分应对产业创新、市场主体、人才引进等问题，并加强相关法律法规的改革和完善，为国家经济增长和可持续发展作出更大贡献。

二、吉林中部地区转型发展背景

（一）吉林中部地区简介

吉林中部产业转型示范区作为国家级产业转型升级试验区，是全国首个聚焦新一代信息技术、高端装备制造和新材料三大战略性新兴产业的示范区。该示范区以创新驱动为核心发展战略，致力于打造新一代信息技术、高端装备制造和新材料等领域的产业集群，为区域经济注入新的活力和竞争力。在产业升级方面，示范区通过推进产业升级和技术创新，重点突破关键核心技术，提升产业链现代化水平；在开放合作方面，示范区通过引进外资并加强国际合作，积极对接全球创新资源，推动产业链国际化发展；在可持续发展方面，示范区通过推动能源、环保和城市化等领域的现代化建设，统筹推进产业转型与生态保护，实现经济效益与环境效益的协同提升。吉林中部产业转型示范区的建设，不仅为吉林省乃至东北老工业基地的振兴提供了新动能，更为全国资源型地区产业转型升级探索了可复制、可推广的实践经验，对推动我国制造业的高质量发展具有重要意义。

（二）吉林中部地区资源概况

吉林省属于温带大陆性季风气候，由于东西地跨121°38′到131°19′，南北位于40°50′到46°19′之间，气候具有较大的地域差异和明显的季节性变化。近三年来，全年平均气温在5℃—7℃，年降水量为600—800毫米，且降雨集中在夏季，雨热同期特征明显，水热组合条件好。中西部为台地平原或平原地区，约占总面积的58.2%。

吉林中部地处北半球中纬地带，自然资源、水资源丰富，气候温润，耕地面积广阔，被誉为“黄金玉米带”，在农业领域具备天然优势。同时，其农业基础设施完备，农业科技进步贡献率和全程农机化水平高，黑土耕地面积占全省耕地面积的40%以上，集中了榆树、公主岭等位居全国前列的产粮大县，粮食年产量稳定在600亿斤，占全省的85%，为率先实现农业现代化提供了坚实的基础条件。矿产和能源富集，已探明矿产136种，油页岩储量居全国首位，石油、天然气等资源占全省储量的90%以上，均为吉林中部的振兴崛起提供了广阔的发展空间。丰富的自然资源、雄厚的产业基础以及坚实的农业优势为吉林中部的转型升级夯实了根基。

（三）吉林中部地区转型原因

吉林省内有多个经济开发区，这些园区涵盖了不同的产业领域。四平、辽源、通化三个经济开发区分别代表了吉林省的新型工业化、多元产业、绿色经济三种特色发展模式。通过分析上述经济开发区的现实表现，横向对比吉林中部产业转型示范区与它们的发展现状，便于发现吉林中部产业转型示范区的转型痛点，为吉林中部产业转型示范区提供可复制的转型方案。通过对比发现，吉林中部产业转型示范区在产业结构、经济增长、可持续发展等方面仍有待改善，具体原因如下：

1. 产业规划与专业化水平不足，产业结构有待进一步优化

吉林中部地区与四平新型工业化经济开发区相比，在产业规划上呈现出显著差距。四平新型工业化经济开发区作为吉林省级经济开发区，通过全力践行“创新、协调、绿色、开放、共享”的新发展理念，已在产业分区和专业化管理方面存在显著优势，形成了较强的产业集聚效应。截至2024年，四平市装备制造产业链条和配套体系比较健全，现有规上企业41户，2023年实现产值53亿元，规模总量约占全市规上工业总产值的14%。对比四平新开区30.71平方千米的精细化分区，吉林中部地区产业混杂，约78%的开发区存在“一区多业”但“主业不突出”问题。此外，吉林中部产业转型示范区规上工业企业研发强度仅1.2%，低于四平新开区的2.3%；高新技术企业密度为1.8家/平方千米，仅为四平新开区（3.2家/平方千米）的56%。吉林中部产业转型示范区缺乏清晰的产业定位和系统性规划，导致产业结构趋同，未能充分发挥各城市的资源禀赋优势。

2. 经济增长依赖传统产业，新兴动能培育不足

吉林中部地区与辽源经济开发区相比，经济增长来源单一，缺乏新兴产业。辽源经济开发区作为吉林省内较早成立的经济开发区，凭借高精铝加工、纺织袜业、医药健康、汽车零部件等多元化产业布局，实现了高速增长。而在吉林中部地区，长春汽车产业占比超40%，吉林石化产业占比达35%，松原同样重点发展化工，三市战略性新兴产业增加值合计仅占全省的28.7%。这导致吉林中部产业转型示范区过度依赖传统重工业，产业结构单一，新兴产业培育滞后。不仅如此，与辽源开发区相比，吉林中部工业投资回报率从2010年的8.7%降至2022年的4.1%，单位GDP能耗比辽源高38%。与此同时，吉林中部地区经济波动剧烈，抗风险能力差，2018—2022年规上工业增速极差达14.3个百分点。

3. 绿色发展水平不均衡，可持续性待提升

与通化经济开发区相比，吉林中部地区在资源的有效利用和可持续发展方面仍存在诸多不足之处。通化经济开发区以推进开发区高质量发展为突破口，将绿色增长、节能减排、生态环保与可持续发展放在更加突出的位置，注重集约建设，大力发展低碳经济和循环经济，加强环境保护，着力打造绿色园区、低碳园区等生态特色园区。相比之下，通化市2022年空气质量优良天数比例达92.6%，而吉林中部核心城市长春市同期为83.5%；通化经济开发区主要河流地表水质稳定在Ⅲ类以上，而吉林市松花江段2022年仍有12.5%的监测断面为Ⅳ类水质；通化市森林覆盖率77.1%，远超吉林中部三市平均水平。此外，吉林中部地区在工业用水重复利用率、工业固废综合利用率等方面均与通化经济开发区存在较大差距。总之，吉林中部地区在快速工业化过程中，环境治理相对滞后，水资源管理和污染防控仍需加强。

三、吉林中部转型制约性因素判定

吉林中部地区作为中国东北部的一个关键地域，经历了丰富而多变的经济发展历程。20世纪90年代前，吉林中部地区曾取得了令人瞩目的经济成就，其在工业、农业和资源开发等领域蓬勃发展，为国家经济作出了重要贡献。然而，随着改革开放和国家经济结构的调整，该地区开始出现了一系列经济问题，其中包括经济增速放缓、产业结构滞后等挑战。近年来，党中央采取了一系列积极措施，着手扭转了吉林中部地区的经济衰退趋势。这些措施旨在重振该地区的经济，提高就业水平，改善民生，并加速经济发展。尽管已经取得了一些显著的效果，但由于经济结构问题根深蒂固，该地区仍然面临着严峻的挑战。

（一）产业结构不合理

吉林中部产业转型示范区面临的一个重要挑战是其产业结构的不合理

性。截至2023年，示范区规上工业企业中，装备制造、化工、建材等传统产业占比仍超过60%，吉林市传统化工产值占比仍达45%，表明该示范区的产业结构仍然偏向传统制造业和资源密集型产业，而在新兴产业和高科技领域的发展相对滞后。根据比较优势理论，吉林中部可能存在传统产业比较优势，这导致了新兴产业的发展受到制约，传统产业在当地的历史积淀和资本累积使新兴产业难以获得相应的资源和支持。这种不合理的产业结构可能会限制该地区的经济增长潜力，使其难以适应现代化产业和市场的快速变化。

（二）产业体系不完整

吉林中部产业转型示范区在迎接新时代的经济挑战和机遇时，面临着产业体系不完整的重要问题。尽管该地区在过去几年取得了一些积极的成绩，但仍然存在一些关键方面的缺失，这些问题影响着其经济可持续发展和竞争力。首先，吉林中部产业转型示范区的产业体系仍然过于依赖传统制造业和资源密集型产业。虽然这些传统产业在过去曾经支撑地方经济，但随着全球市场的不断演变，它们的竞争力逐渐下降。缺乏多元化的产业结构意味着地区对外部冲击的脆弱性增加，尤其是在面对全球市场波动和资源价格波动时，这一问题变得尤为明显。其次，吉林中部产业转型示范区的新兴产业和高科技领域的发展相对滞后。截至2023年，示范区内新一代信息技术、高端装备制造、新材料三大主导产业的增加值仅占约25%。在当前科技快速发展的时代，这种滞后将严重制约该地区在创新和技术领域的竞争力。根据人力资源理论，产业转型需要高素质的人才支持，包括技术工人、工程师、管理人才等。然而，与国内同类示范区（如苏州工业园区、合肥高新区）相比，吉林中部产业转型示范区的国家级重点实验室、工程技术研究中心等创新平台数量偏少，从而缺乏新型产业人才，制约新兴产业的发展。因此，由于缺乏足够的投资、人才和政策支持，新兴产业的增长受到了限制，这使地区错失了在新兴领域的发展机会。最后，吉林中部产业转型示范区在绿色产业和可持续发展方面的努力还不够。全球气候变化和环境问题日益严峻，绿色和可持续产业不仅是未来的发展趋势，也是国际市场上的竞争优势。然而，该地区在可再生能源、环保技术和生态旅游等领域的发展还相对滞后，未来可能错失在这些领域的重要商机。例如，2023年，成都天府新区环保科技企业数量达320家，年产值超500亿元，但吉林中部同类企业不足50家。此外，吉林中部产业转型示范区的产业体系在区域内部也存在不平衡的问题。一些城市和县区可能过于依赖某一产业，而忽视了其他产业的发展。这种不平衡导致了地区内部资源配置的不合理性，限制了全域经济的均衡发展。

（三）工业发展后劲不足

吉林中部产业转型示范区的工业发展在一段时间内取得了一些成绩，但同时也面临着工业发展后劲不足的重要问题。这一问题主要体现在以下两个方面：首先，吉林中部产业转型示范区的工业基础相对薄弱。与一些发达地区相比，该示范区的工业历史相对较短，这导致了高附加值产业和高科技领域的发展相对滞后。2023 年，示范区工业增加值总量仅为苏州工业园区的76%，武汉东湖高新区的 68%，示范区工业发展的后劲严重不足。其次，吉林中部产业转型示范区的工业结构不够多元化。目前，该地区的工业主要集中在传统制造业和资源加工领域，这使工业发展容易受到市场和资源价格波动的影响。根据路径依赖理论，如果原有工业发展主要依赖于传统产业或技术，而未能及时适应新的技术和市场趋势，就可能形成路径依赖效应。这样的路径依赖则会导致工业结构的单一化发展，产业结构将逐渐僵化，难以迅速实现产业转型。

（四）产业技术发展滞后

根据技术创新理论，吉林中部地区在技术创新方面的瓶颈限制了新兴产业的发展，缺乏创新能力和科技支持会导致产业结构的僵化，影响到中部地区的产业升级。首先，吉林中部产业转型示范区的企业普遍面临着技术水平不高的问题。长春市 2023 年工业技改投资增速 6.8%（低于全国平均 9.3%），很多企业仍在使用过时的生产技术和设备，这导致了生产效率的低下和产品质量的不稳定。相较于国际竞争对手，示范区企业的技术竞争力明显不足，这使它们难以在全球市场上取得竞争优势。其次，吉林中部产业转型示范区在技术研发和创新方面的投入相对较少。尽管研究机构和高校在一些领域取得了一些成果，但与其他发达地区相比，科研和创新资源仍然相对匮乏。2022 年，吉林、长春和松原三市的科技研发投入经费强度均低于全国平均水平，这意味着示范区在新兴技术、高科技产业和创新型企业的培育方面存在困难，导致了技术发展的滞后。最后，人才流失也是导致技术滞后的一个因素。吉林市化工企业中掌握智能控制技术的工程师占比不足

20%，松原市78%企业难以招聘到合格的自动化人才。优秀的科技人才常常为寻求更好的职业机会和研究环境流失到其他地区，进而减少了示范区的创新力量，限制了技术水平的提升。

（五）资源的大规模开发使环境遭到破坏

环境容量理论认为，每个地区的环境都有其容量限制，超过这个限制可能导致环境负担加重，资源枯竭，生态系统崩溃。而新兴产业需要更多的资源和更清洁的生产方式，吉林中部由于过去过度依赖高污染产业，超出环境容量，导致了环境破坏，这种环境负担使产业结构的转型受到限制。首先，大规模资源开发导致了土地生态系统的破坏。土地开垦、采矿和工业用地的扩张通常伴随着生态系统的丧失，包括破坏森林、湿地和草原。2023年长春市生态修复报告显示，采矿用地占全市建设用地比例达18%，其中60%未完成复垦。这不仅减少了生物多样性，还破坏了生态平衡，导致气候变化和自然灾害的加剧。其次，资源开发过程中的污染问题也越发凸显。工业和采矿活动通常伴随着废水排放、空气和土壤遭到破坏等问题。2022年，长春市工业粉尘排放量3.4万吨，占全省排放量的28%。2023年，吉林市工业废水排放量1.2亿吨，其中45%未达到一级排放标准；松原市化肥使用强度580公斤/公顷，是全国平均水平的2.3倍。这些污染物不仅危害了周围环境，还可能对人类健康造成威胁，如导致呼吸道疾病、水源污染和土地荒漠化等。最后，资源的大规模开发对水资源造成严重的压力。水源的过度采用和水质的污染严重减弱了水资源功能，吉林市2023年40%的监测河流断面未达到水功能区要求。不仅如此，示范区内水资源的不合理开发和管理则导致河流干涸、湖泊萎缩，影响生态平衡，并威胁着当地社区的供水。

四、吉林中部地区转型发展历程

（一）资源型产业形成期（1950—2002年）

新中国成立之前，在吉林省中部三大城市中，只有吉林市在1946年成立了吉林市委。此后，吉林市逐渐成为中国东北地区的政治、文化、教育和经济中心。与此不同的是，其他两座城市则与全国大多数城市一样，陷入了停滞状态。

从新中国成立初期到改革开放时期，我国采用了计划经济体制，企业在投资、生产、销售和分配等方面受到中央指令性计划的引导，普遍存在平均主义倾向。在第一个五年计划期间，国家的建设投资主要集中在机械、石油、化学和冶金等重工业领域。在20世纪初期，长春成为中国东北地区的一个重要工业城市，这主要是因为其地理位置优越、交通便利，以及长春地带存在丰富的资源。随着工业化历程的演进，长春逐渐发展成为中国东北的工业中心，尤其是在20世纪中叶，以汽车、机械、化肥等行业为主的工业体系逐渐形成。吉林市在20世纪50年代初明确了以化工为主导产业，并逐步发展成为多元化工业门类的城市。当时，中国政府在进行经济建设和工业化进程中，为了发展化学工业，决定在吉林市建设化肥厂、合成树脂厂等化工工业基地。这些措施为吉林市成为化工产业重要城市奠定了基础。松原市的石油开发始于1959年。当时，在吉林省松原地区的南部，发现了松辽盆地的第一个大型油田——大庆油田的南伸带。在随后的几年里，松原市积极开展了石油开采和勘探工作。20世纪60年代初，该地区发现了如松辽盆地南部的长春—吉林地区油田等大中型油气田，标志着松原市成为中国东北地区重要的石油产区之一。

在国家政策的推动下，吉林中部地区在21世纪初逐渐构建了以国有大中型企业为主体、以重工业为支柱、门类丰富多样的工业体系，由此，吉林中部迈向了全面工业化发展的新阶段。

（二）转型探索期（2003—2020年）

进入21世纪后，吉林中部地区的工业结构问题是该地区工业化发展面临的重要挑战。这一问题包括过度依赖资源和极其单一的发展模式，导致工业结构的不均衡。传统工业比例过大，而知识技术密集型和新型工业比例相对较小，这制约了区域经济的全面发展。

因此，吉林中部地区面临着一个重要的问题，即如何快速实现产业升级，从传统的“原料工厂”转型为“高端产品基地”。2003年，国务院发布了《东北地区等老工业基地振兴规划》。这一规划标志着我国政府正式启动了东北地区振兴战略，旨在促进东北老工业基地的可持续发展，提高经济结构的优化水平。21世纪初，为了符合国家战略需求，吉林中部地区采取了一系列有力的措施，包括推动传统产业升级、加速战略性新兴产业的发展、实施可持续发展战略、加大对外开放力度、改善民生等多方面的努力。2009年，吉林省委和省政府启动了产业跃升计划，该计划重点促进了多个领域的发展，包括汽车、石化、农产品加工、电子信息、医药、冶金建材、新材料和装备制造业等。这些措施旨在改善产业结构，推动吉林中部地区的产业升级。社会保障体系的完善还需要相关法律法规的调整和支持，以确保民生改善与经济发展相互促进。这些法律法规在推动吉林中部地区的发展中至关重要。

吉林中部地区在这一阶段强调了产业结构调整的重要性，特别强调其需要在进一步提升工业和制造业的基础上，加快发展和培育优势产业以及高新技术产业，以实现经济振兴。

（三）转型深化期（2021 年至今）

经过上述调整过程，吉林中部地区的产业结构已经开始朝着更加合理的方向迈进。然而，它在产业转型过程中仍然存在一些挑战，例如工业领域仍以原材料工业为主导，这些产业的高资源消耗和严重污染问题对环境造成了一定压力。传统工业在整个产业结构中所占的比重相对较大，而知识、技术密集型产业和新兴工业的份额相对较小。这种低附加值的产业结构在一定程度上限制了吉林中部地区的区域经济快速发展。

2021 年 6 月 9 日，吉林中部（长春、吉林、松原）产业转型升级示范区被国家发展和改革委员会、科学技术部等列入“十四五”重点支持的产业转型升级示范区。随着吉林中部产业转型示范区的建立，吉林省提出要提升承接产业服务的能力，指导吉林中部示范区结合主导优势产业完善承接产业目录，制定承接产业图谱；培育先进制造业集群，推动示范区龙头企业通过承接产业转移实现延链、补链、强链。同时，聚焦“双碳”目标，持续深化创新驱动战略，树牢“绿水青山就是金山银山”理念，进一步加快吉林中部地区的绿色转型，提升科技创新水平，统筹推进现代化产业融合发展。

当前，吉林中部地区的产业转型取得了一定进展，其产业结构逐渐呈现出多元化的趋势，在新兴产业和高技术产业方面都取得了积极成果。此外，中部地区也加大了对绿色产业和环保技术的支持力度，以应对环保压力和推动可持续发展。然而，产业转型过程中可能面临一些挑战，如老工业基地的转型难题、人才流失问题等。因此，中部地区需要继续深化改革，提升产业链水平，加强人才培养，以确保产业转型能够稳步推进并取得更大的成效。

五、吉林中部地区转型发展举措与成效

（一）转型举措

举措1：财税政策

一是利用省级现有专项资金，对符合要求的示范区建设项目给予优先支持。积极争取国家专项支持。

二是示范园区和重点园区行政管理区域内的土地出让金收入，除按国家和省相关规定比例计提的农业、教育等资金外，其余部分收入可以全部留归示范园区和重点园区，增加园区可用财力。

三是利用财政资金引导，借助省内产业投资引导基金，吸引社会、产业和金融资本，成立专门的基金，覆盖高端装备制造、生物医药、节能与新能源、化工、现代服务业等领域，以促进各专项基金优先支持示范区产业升级和创新项目。

四是指导企业用好用足国家各项税收优惠政策，落实高新技术企业研发费用、固定资产等方面的税收优惠政策。鼓励创新、激励创业，落实国家有关科学、教育、文化、卫生、体育等方面的奖金免纳个人所得税优惠政策，支持和促进重点群体的创业和就业。

举措2：金融政策

一是鼓励银行业金融机构加强差别化信贷政策的实施，增强对战略性新兴产业、传统产业技术改造和升级转型等领域的信贷支持。鼓励金融机构创新信贷产品，积极提供信用贷款、融资租赁、质押担保等多样化的服务，为企业提供流动资金支持。

二是优先将符合条件的示范区企业纳入省级上市挂牌后备资源库，加快示范区范围内的企业上市进度。鼓励示范区已上市企业采取增发、配股等方法拓宽融资规模。支持示范区上市企业并购重组，增强再融资能力。培育壮大合格发债主体，支持示范区企业灵活发行债券新品种，提升企业债券融资效率，降低融资成本。

三是充分发挥开发性金融机构融资、融制优势，在示范区产业转型升级的关键时期，发挥规划引领作用、强化规模资源配置、加强重大项目开发，以示

范区内基础设施、重点产业为基础，创新融资模式，加大资源倾斜，助力重大项目落地实施，推动产业转型升级。

举措3：土地政策

一是原有工业企业可以进行整体转型或剥离，并在自有土地上设立服务业企业，用协议出让方式支付土地出让费，同时办理适用的新用途手续。鼓励开发现有房产和土地资源，用于生产性服务业和现代化服务业，如研发设计和文化创意。对于那些使用自有工业厂房和仓储用房兴办生产性服务业并连续经营的企业，在三年内可以保持原土地用途和使用权人不变。土地资源从旧城区改造、城区企业搬迁和淘汰落后产能中腾出的，将优先用于服务业发展。如果要在现有土地上兴办服务业项目，将会优先办理建设用地审批和供地手续。

二是鼓励土地政策支持创业和创新平台的建设。制定创业创新用地政策，通过制定专门的土地政策，将一定比例的土地划拨给创业和创新平台建设。这些土地可以用于设立创业园区、科技孵化器、研发中心等，提供低租金或免租金的租赁条件，降低初创企业和创新机构的运营成本。给予创业和创新平台一定期限的土地减免和税收激励，以鼓励更多的企业和机构积极参与创新活动。这可以包括减免土地出让金、房产税、企业所得税等相关费用，从而降低创业者和创新者的负担。支持土地转让和流转，以更好地支持创新平台的建设。这可以通过简化土地转让程序、提供土地估价和交易信息透明度、鼓励土地托管等方式来实现。这将有助于加速土地资源的配置和最优利用。

三是支持新兴业态的土地价值政策。对于国家支持的新兴产业和业态建设项目，特别是产品加工制造和高端装备修理等领域，土地供应要按照工业用途进行，土地出让底价要参照工业用地价格政策来制定。此外，明确定义研发用地的土地价值，对于涉及研发、设计、勘察、检验检测、环境评估与监测等有营利性质的项目，土地供应将以科教用地为基准，并可能略高于工业用地价格，但低于商业用地价格。

举措4：产业政策

一是支持发展新动能产业。制定长期的新动能产业发展战略规划，明确目标、路径和政策框架，为企业提供明确的方向，吸引更多的投资和创新。提供财政支持，以降低税收负担、提供研发资金、设立创新基金等方式，为新动能产业提供财政支持。鼓励企业加大研发投入，加速技术创新。加大对人才培养和引进的支持力度，建立更加开放和灵活的人才流动机制，吸引国际领域的专业人才。推动产业协同发展，鼓励不同领域的新动能产业之间的合作与协同发展，构建产业生态系统，这将有助于提高整体产业链的效率和竞争力。推动绿色发展，鼓励绿色技术和绿色生产方式的研发和应用，降低资源消耗和环境污染。

二是支持首台（套）重大技术装备首批次关键零部件和重点新材料推广应用。充分利用国家和吉林省的相关保险补偿和示范应用政策，对经认定的首台（套）重大技术装备首批次关键零部件和重点新材料产品给予奖励和保险补偿，促进新技术产品的推广与应用。

举措 5：科技创新政策

一是支持示范区企业与国内外高等院校、科研院所、行业组织等进行合作，共同建立制造业创新中心，特别是高性能复合材料和先进医疗器械领域的创新中心。以满足重点产业的创新需求为重点，积极推动省级制造业创新中心的设立。

二是增强对新建省级科技创新中心、关键实验室和孵化器等科技平台的支持，采取后续补助的方式，对经过评估认定为杰出的科技平台提供持续的资金支持。对于在吉林省内创立企业或将科研成果成功转化为实际项目的创新创业人才，可以通过省级创新创业基金，为每个项目提供 100 万元至 1 000 万元的特定股权投资，以支持其在科研开发、成果转化和创新创业等领域的发展。

三是促进科技成果的转化，支持高校和科研院所将职务发明成果在本省进行转化，并将所得净收益或成果形成的股权和股权收益，以不低于 70% 的比例作为奖励分配给成果完成人（团队）以及对科技成果转化作出重要贡献的人员，此奖励比例不设上限。

举措 6：人才政策

一是加强对重点支柱产业、优势产业和新兴产业的创新创业人才支持，根据其承担的创新创业项目在经济和社会方面的综合价值评估，优先资助一批杰出项目，每个项目资助额度为 20 万元至 50 万元。

二是针对与用人单位签署 5 年以上正式聘用合同的引进人才，根据其不同级别和类型，提供相应的安家补贴，补贴金额以税后金额计算。

（二）发展成效

吉林中部产业转型示范区践行新发展理念，落实高质量发展要求，牢牢把握稳中求进工作总基调，全面落实高质量发展战略，以现代化都市圈建设为引领，立足其现有基础与传统优势，加快建设工业强市、农业强市、生态强市，努力打造区域创新、区域消费、文化创意中心。产业结构不断优化，经济发展迈上了新台阶，生态环境持续改善、综合竞争实力全面增长，产业转型升级取得了明显的进展和成效。

成效1：经济结构不断优化。从昔日的“老工业城市”到如今的“中部城市群”，吉林中部在经济结构优化过程中不断取得新成效。一是经济社会发展态势良好。如图11－1所示，2010—2020年，长春市、吉林市及松原市地区生产总值十年间不断增长。经济发展呈现出速度快、效益好、结构改善、协调性增强的良好态势。二是产业结构合理化。长春市三次产业比重由2010年的7.5∶51.6∶40.7调整为2020年的8∶41.6∶50.4，吉林市三次产业比重由2010年的10.8∶49.76∶39.44变化为2020年的13.83∶35.17∶51，松原市三次产业比重由2010年的17.32∶51.51∶31.17调整为2020年的29.22∶18.33∶52.49，“三二一”产业格局初步形成。如图11－2、图11－3、图11－4所示。

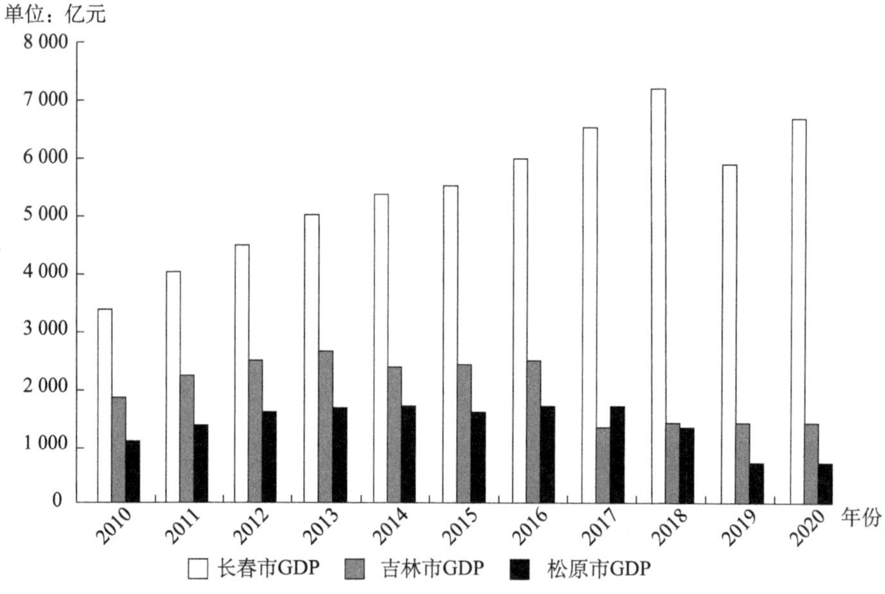

图11－1 2010—2020年长春市、吉林市及松原市地区生产总值

资料来源：各市统计年鉴及统计公报。

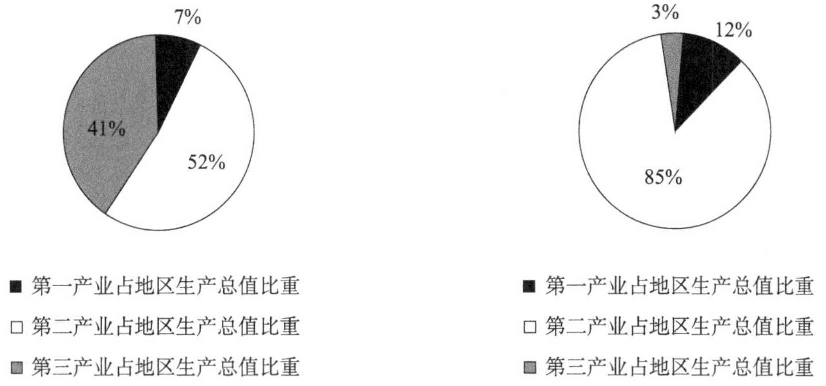

图 11－2　2010 年、2020 年长春市三产增加值占 GDP 比重

资料来源：长春市统计年鉴。

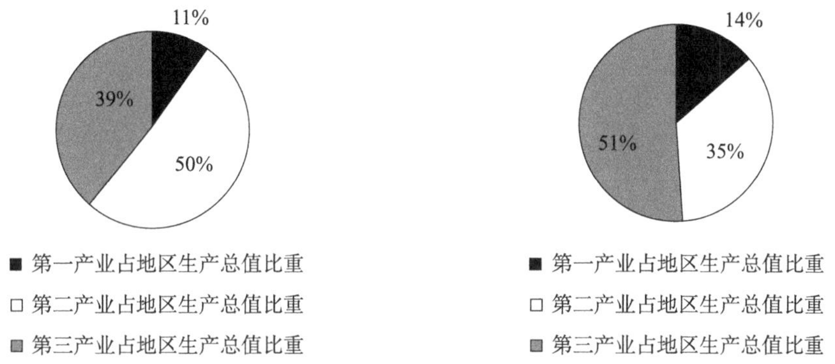

图 11－3　2010 年、2020 年吉林市三产增加值占 GDP 比重

资料来源：吉林市统计公报。

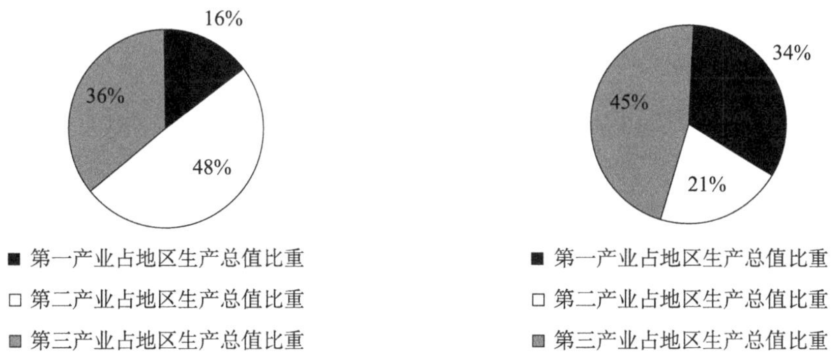

图 11－4　2010 年、2020 年松原市三产增加值占 GDP 比重

资料来源：松原市统计公报。

成效2：吉林中部产业结构不断优化，转换主导产业。首先，通过细化产业空间布局，实现了“一主、六双”的模式，形成了一个主要核心区域，多个极点和多个支持点平衡发展的态势，从而巩固了长春市区域创新中心的地位，并引领了整个省份在创新驱动方面释放内生动力。生物医药、IT产业、航空航天、汽车零部件、产业链现代化五大产业创新工程不断深化。吉林、延边、松原等千亿级GDP市（州）不断发展，多极支撑格局形成。其次，产业基础不断高级化，全产业链现代化水平不断提高。汽车电动化、智能化、网联化、共享化发展不断深化，实现关键技术可控。最后，产业链部署创新链，创新链布局产业链。如图11－5所示，吉林中部三市专利授权量不断增加，创新水平不断提升。

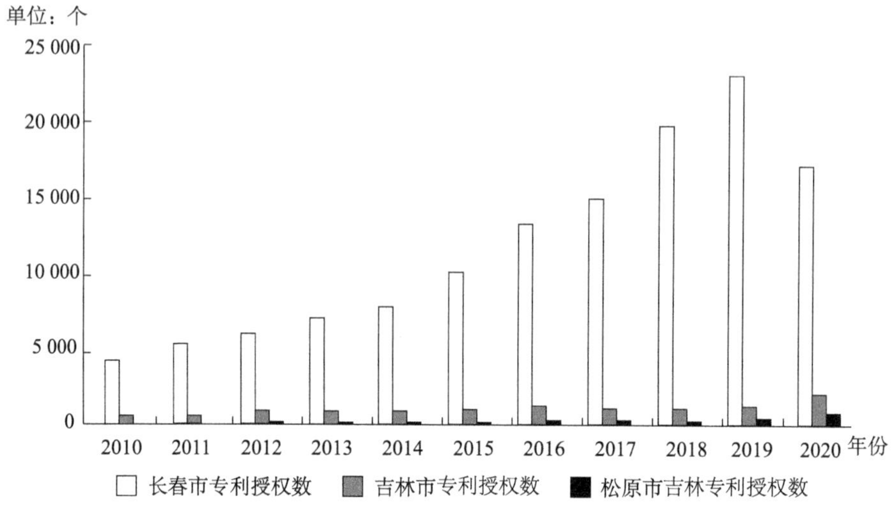

图11－5 2010—2020年长春市、吉林市及松原市专利授权数

资料来源：各市统计年鉴及统计公报。

成效3：三产融合型现代农业产业体系不断加强。一是推动现代农业与现代服务业的融合。吉林中部三市建设农村“双创”平台，整合创建一批区域特色创新园区。开展农村“双创”活动，建立专家联系制度，开展技术指导和跟踪。发展乡村休闲旅游，培育一批美丽乡村、休闲乡村、乡村旅游重点村。培育乡村新型生产性服务业和生活性服务业。二是拉升粮食生产产业链，长春市建立了“企业＋合作社＋农户”的经营模式，并通过实施高标准农田、黑土地保护工程等一系列保障粮食生产的措施，粮食产量稳步提升，年产量达250亿斤，占吉林省粮食产量的近三分之一，如图11－6所示。

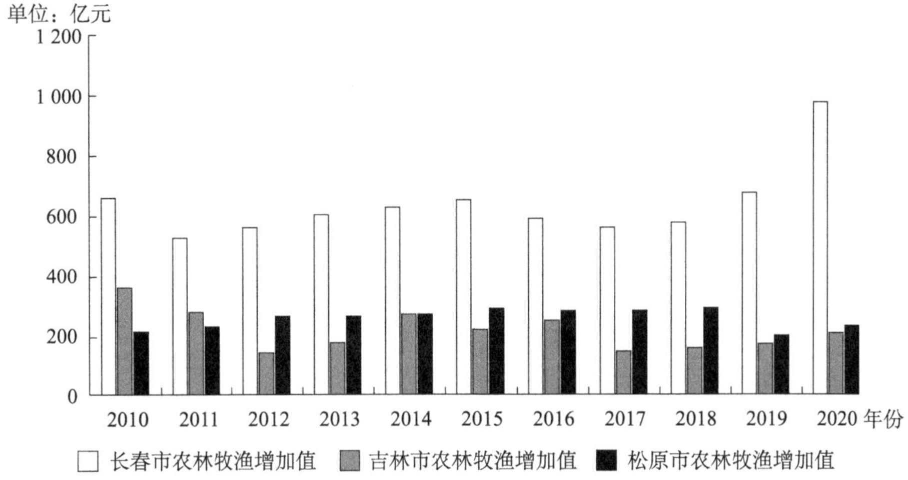

图 11－6　2010—2020 年长春市、吉林市及松原市农业发展情况

资料来源：各市统计年鉴及统计公报。

成效 4：良好的生态环境是最普惠的民生福祉。自党的十八大以来，吉林中部地区积极倡导生态文明理念，积极致力于生态环境保护，坚决开展了污染治理工作，全面展开了蓝天、碧水、青山、黑土地和草原湿地的“五大保卫战”。如图 11－7 所示，到“十三五”末期，示范区内的生态环境质量得到明显改善，达到了历年最佳水平。

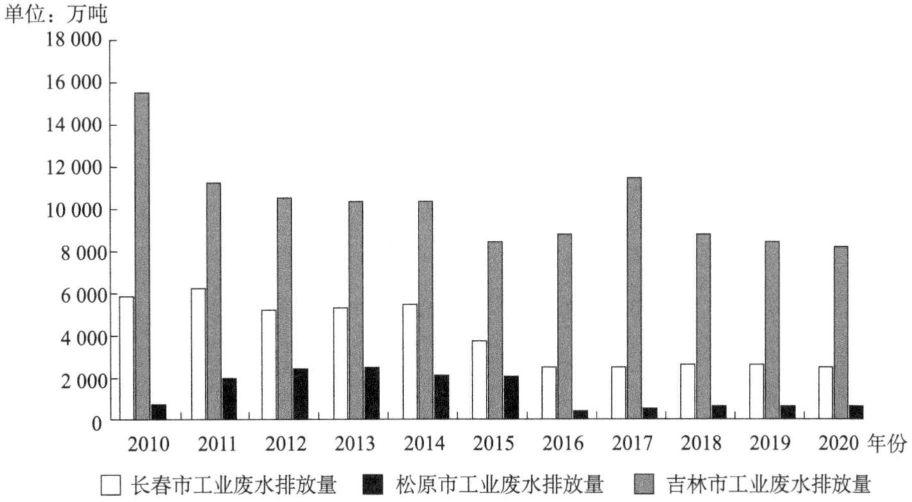

图 11－7　2010—2020 年长春市、吉林市及松原市工业污染物排放情况

资料来源：各市统计年鉴及统计公报。

首先，在污染治理方面，吉林中部侧重于大气污染控制，强调细颗粒物和臭氧的协同管理，加强区域、时间段和关键污染物的差异化管理，特别侧重秸秆焚烧、燃煤锅炉、柴油卡车、工业企业、扬尘和餐饮排放等主要污染源的整治，同时也加强了对噪声、恶臭、有毒有害物质等其他污染源的防治。此外，吉林中部计划推进十大重点工程，旨在改善空气质量，为民众创造更加宜人的环境，以实现“蓝天白云、繁星点点”的目标。

其次，在水污染防治方面，吉林中部提出了综合规划，包括水环境、水资源和水生态的整体管理和风险预防。吉林中部致力于巩固和提升水环境的质量，持续增强水资源保障，逐步恢复水生态的健康状况，有效预防水环境风险。此外，吉林中部计划推动八大关键工程，通过多尺度生态修复与系统性环境治理，实现从水质改善到流域生态功能整体提升的转型发展，全面提升了区域生态环境治理效能。

最后，吉林中部也在工业污染物减排方面取得了有效进展。吉林中部正在实施工业污染源的全面达标排放计划，加强了对工业企业无组织排放的管理。同时，吉林中部严格执行环境影响评价制度，推行建设项目主要污染物排放总量指标等量或减量替代的政策，逐步建立了以排污许可制为核心的固定污染源环境管理体系。吉林中部也继续推广重点行业主要污染物总量减排制度，逐步扩大了减排行业的范围。

六、经验启示与借鉴意义

（一）完善资本市场，保证技术投入

首先，设立技术创新基金，专门用于支持传统产业的技术研发和转型升级。这些基金可以提供低息贷款、风险投资、股权投资等多种资金支持方式，鼓励企业进行创新性的技术投入。注重股权众筹和风险投资引导，以帮助中小企业获得更多的融资机会。政府还可以与风险投资机构合作，设立专项基金，引导风险投资流向传统产业的技术创新项目。其次，加强税收激励措施，制定税收政策，给予从事技术创新的企业一定的税收优惠，如研发费用抵扣、技术转让的税收减免等，以降低企业研发成本。最后，建立科技创新合作平台，促进企业、科研机构和高校之间的合作。政府可以提供一定的资金支持，以鼓励

企业与研究机构共同开展创新项目。加强知识产权保护，确保企业的技术投入不会因为知识产权侵权而受到损失。这将提高企业对技术创新的信心，鼓励更多的资本涌入技术领域。优化监管流程，建立一站式服务窗口，帮助企业高效地处理相关手续和申请，减少企业在技术投入过程中的行政负担。

（二）保证资源和人力资本投入

首先，鼓励企业加强内部培训和人才发展，以提高员工的技能水平和创新能力，并提供培训补贴、建立技能认证体系来促进产学研合作。设立研发基地、提供科研经费支持并完善有关创新奖励机制，引导高校和研究机构与企业建立更紧密的合作关系，以促进科研成果的转化和技术创新的跨界融合。其次，制定人才引进政策，并通过采取税收优惠、住房补贴、创业支持等激励措施吸引国内外优秀人才，助力传统产业转型升级。最后，政府需要积极管理和保障资源的可持续供应，确保企业在资源投入方面不会受到市场波动的影响。注重资源储备、资源循环利用和绿色采购，以支持传统产业的可持续发展和创新。通过上述政策和策略，政府可以确保资源和人力资本的持续投入，从而有序推动传统产业的转型升级。

（三）营造公平公正的经营环境

首先，打击不正当竞争行为、制定透明的法规和政策、维护知识产权保护、建立独立的仲裁和监管机构，并为企业提供纠纷解决的公平渠道。鼓励社会各界的参与，加强对经济活动的监管和监督，以确保市场秩序的公平性和透明度。其次，鼓励企业履行社会责任，积极参与慈善活动、环境保护和社区发展项目，以提高其社会声誉，并为社会作出积极贡献。支持中小企业发展，并为其提供融资支持和技术培训，减少行政障碍，从而帮助它们在竞争激烈的市场中得以生存和发展。最后，培养有道德和专业素养的商业领袖和从业人员。政府和企业可以合作开展培训计划，强调商业伦理和社会责任。此外，提供教育和职业培训机会，提高劳动力素质，促进公平就业。政府和企业应确保价格、产品质量、企业绩效等方面的信息透明度，帮助消费者作出明智决策，并使企业更好地了解市场。

（四）建立多元化的投融资体系

首先，鼓励不同类型的融资工具的发展，包括股权融资、债务融资、风险投资、天使投资等渠道。不同的融资工具适用于不同阶段和类型的企业，能够吸引更广泛的投资者参与。政府可以提供税收激励措施，鼓励企业使用不同类型的融资工具。同时，政府可以采取措施简化融资程序，降低融资成本，提供担保机制，以帮助中小企业获得所需资金。此外，提供财务教育和咨询服务，帮助企业更好地理解融资决策。其次，支持初创企业的技术创新活动，降低其创新风险，驱动经济发展和就业增长。设立创业孵化器、提供创业贷款、鼓励天使投资者和风险投资公司投资初创企业，培育创新生态系统。最后，重视国际投资对投融资体系的重要性。签署双边和多边投资协定，吸引外国投资者，增加国内企业的融资来源，促进国际合作。

（五）延伸产业链条

吉林中部地区的多元化产业布局为其经济稳定性提供了有力支撑，这一经验对于山西省同样适用。山西省可以通过鼓励不同领域的产业发展，降低经济风险，提高区域经济的韧性。山西省不仅可以发展能源产业，还可以积极发展其他领域的产业，如高新技术产业、现代农业等，以实现产业多元化和可持续发展。此外，山西省也有潜力推动产业链的拓展和深化，增加产业的附加值。以能源领域为例，山西可以加强煤炭的深度加工，发展高端煤制品，从而提高产品附加值，减少对传统煤炭的依赖，提升山西省的产业竞争力和可持续性。同时，山西下一步的发展应以主导产业为核心，辅以八大集中产业，以传统产业升级为契机，积极进行技术革新和高新技术改造，构建更完善的产业链，以充分发挥区域集聚效应。

（六）加快能源结构调整

山西长期以来是中国煤炭生产的主要基地，煤炭产业一度是地区经济的支柱。然而，随着国内外能源市场的变化，山西急需加快能源结构调整，降低产业负担，转型升级传统产业。首先，为了改善环境质量，山西可以积极推动清洁煤技术的研发和应用。通过推动高效燃烧、煤炭气化、煤炭液化等技术的应用，提高燃煤效率，减少温室气体的排放。政府可以提供资金支持和政策激励，吸引企业投资研发和应用清洁煤技术。其次，山西的煤炭除了作为能源燃烧，还可以通过综合利用来增加其附加值。例如，通过将煤炭转化为化学品、煤油、天然气等高附加值产品，提高资源的综合利用率，降低污染程度。政府可以鼓励企业投资兴建煤化工项目，并提供相关的政策支持。进一步地，为了减少煤炭等传统能源带来的环境污染，山西必须加强环保措施，加大对煤炭企业的环保监管力度，强化污染物排放标准，推动企业采用清洁生产技术，减少大气污染。同时，山西应加大生态修复力度，治理煤炭开采和燃烧带来的土地沙化和水资源枯竭等问题。最后，山西省应积极开发煤层气产业，通过提供投资和政策支持，吸引企业投资开采煤层气，同时建立煤层气产业链，包括开采、储运、利用等环节，提高煤层气的使用效率。

第十二章 湖北黄石、襄阳产业转型升级示范区发展分析与启示

孟 勇 张 财

湖北省黄石市和襄阳市作为资源型城市，通过加强科技创新、构建检察特色企业合规制度、提升对外开放水平、加大财政支持力度、推动生态保护补偿机制全覆盖等措施，使经济发展逆势上行，三产结构趋于合理，环境保护效果显著。对于山西的资源型城市，应当借鉴这些城市成功的经验，坚持创新驱动理念、系统谋划推动产业转型升级、完善基础设施、注重生态保护、提升对外开放水平等，促进山西省资源型城市的产业转型升级。

一、引言

资源型城市产业转型是当前中国经济发展中的一项重要任务。过去，资源型城市主要以自然资源开采和加工业为经济支柱，但随着资源逐渐枯竭和环境压力的增加，传统产业面临着严重的发展困境。为了实现可持续发展和经济转型，资源型城市需要积极推进产业结构的升级和转型。

要实现资源型城市的产业转型，首先，要找到新的经济增长点。通过推动新兴产业和高科技产业的发展，资源型城市能够减少对传统资源的依赖，提升经济增长的质量和效益。例如，可以发展清洁能源、环保科技、生物医药等高附加值的产业，为经济增长注入新的动力。其次，是要加大科技创新的力度。通过加强研发和技术创新提升企业的核心竞争力和技术水平。通过引进和培育高端人才，建立科研机构和创新平台，加强产学研合作，推动科技成果转化为生产力。最后，加强对企业的支持和服务。政府可以提供优惠政策和财政资金支持，鼓励企业进行技术改造和设备升级。同时，还可以建立完善的产业链和供应链体系，提供便捷的金融服务和市场准入，为企业创造良好的发展环境。

黄石市作为中国重要的煤炭和钢铁生产基地，近年来，面临了严峻的环境和经济压力。为了实现可持续发展，黄石市积极推进煤炭和钢铁行业的去产能工作，同时加大对新兴产业的扶持力度。通过引进高新技术产业和发展现代服务业，黄石市逐渐实现了产业结构的优化和升级。近年来，黄石市大力发展新能源、新材料和高端装备制造等领域，取得了良好的效果。这些举措不仅为地方经济注入了新活力，也提供了更多的就业机会，改善了当地居民的生活质量。

襄阳市作为湖北省的重要交通枢纽和工业基地，也在积极推进产业转型和升级。襄阳市在制造业方面具有一定的优势，但也面临着传统产业老化和发展动力不足的问题。为了应对这些挑战，襄阳市鼓励企业进行技术创新和产品升级，加大对高新技术产业的支持力度。襄阳市还积极引进外资，推动产业的国际化发展，提高了企业的竞争力。同时，襄阳市积极培育新兴产业，如新能源、新材料和电子信息等，为经济转型注入了新的动力。

总的来说，黄石市和襄阳市的产业转型和升级工作取得了一定的成效。这不仅为地方经济发展提供了新的动力，也为当地居民提供了更多的就业机会和改善生活的可能性。但是，产业转型是一个长期而艰巨的任务，需要政府、企业和社会各界的共同努力。只有不断创新和改革，提升产业的竞争力和核心技术水平，才能实现可持续发展并适应经济全球化的挑战。

二、湖北黄石、襄阳转型发展背景

（一）湖北黄石、襄阳简介

1. 湖北黄石简介

黄石市，位于湖北省东南部，是湖北省的一个地级市。它被认定为国务院批复的一项重要工业基地，是长江中游城市群区域的中心城市之一，同时也是华中地区的先进制造业基地。黄石市总面积为 4 583 平方千米，截至 2021 年底，常住人口达到244.43 万人。该市辖4 个区、1 个县，代管1 个县级市，并拥有黄石经济技术开发区这个国家级经济技术开发区。2008 年 3 月，黄石市被列为全国首批资源枯竭型城市之一，2009 年 3 月，黄石市被确定为全国第二批重点支持的资源枯竭型城市。

现代黄石市是在 20 世纪初建立的，依托丰富的煤炭资源和重要的交通条件，黄石逐渐发展成为我国重要的工业城市之一。黄石市的经济以工业为主导，重点发展石油化工、冶金、机电等行业。同时，黄石也是湖北省重要的农业基地之一，盛产水稻、油菜、棉花等农作物。黄石市还是国家级风景名胜区和文化名城，境内有许多自然风景名胜，如著名的宝山风景区、龙山风景区等。此外，黄石市还有丰富的历史文化遗存，如西塞山古代冷冻窖群、老河口古城等。

2. 湖北襄阳简介

襄阳市是湖北省的一个地级市。它被确定为湖北省的省域副中心城市、汉江流域的核心城市以及长江中游城市群的一部分。此外，它还是国务院批准的湖北省新型工业基地和鄂西北地区的中心城市。襄阳市辖区包括 9 个县级行政区，其中包括 3 个市辖区、3 个县级市和 3 个县，设有国家级襄阳高新技术产业开发区、襄阳经济技术开发区（东津新区）和省级鱼梁洲经济开发区（高新区、东津新区、鱼梁洲开发区是经济功能区，不属于行政区划）。地理面积达到 1.97 万平方千米。截至 2021 年底，襄阳市的常住人口为 527.1 万人。

襄阳市历史悠久，是华夏文明的发源地之一。早在公元前1600年左右，襄阳地区就有人类在此繁衍生息。襄阳市还是三国时期蜀汉的重要据点，有着丰富的三国文化遗存，深受历史爱好者的喜爱。现代襄阳市是一个以工业为主导的城市，也是湖北省的重要工业基地之一。襄阳市的工业以汽车制造、冶金、化工、机械制造为主，其中襄阳汽车工业是中国重点汽车制造基地之一。此外，襄阳市还拥有丰富的农业资源，盛产水稻、棉花、小麦等农作物。襄阳市也有许多旅游景点和人文景观，如著名的襄阳古城、襄阳博物馆等，这些景点展示了襄阳丰富的历史和文化底蕴，吸引了大量游客前来参观。

（二）湖北黄石、襄阳资源概况

1. 湖北黄石资源概况

黄石以其丰富的矿产资源著称，矿产的开采历史悠久，可追溯到3 000多年前，从而使黄石成为典型的资源型城市。黄石已发现的矿产资源可以分为能源、金属以及非金属三大类，共计78种，其种类在全国占比为28%，在湖北省占比为55%。这让黄石成为全国第六大铜矿基地和十大铁矿基地之一，同时也拥有世界上最丰富的硅灰石储量。基于铜绿山和铁山丰富的矿产资源，国家相继投资兴建了27个重要的工业项目，包括大冶钢铁厂、大冶铁矿和华新水泥厂等，使黄石成为了一个真正的矿冶之都。此外，黄石市境内地势起伏，山川纵横，水系众多。主要地貌类型包括丘陵、平原、山地和湖泊。这些地貌特征使黄石市成为了一块富饶的土地，适宜农业、林业和渔业的发展。

2. 湖北襄阳资源概况

襄阳市拥有丰富的资源，包括农业、矿产、水资源、生态和人文等多方面，为襄阳市的经济和社会发展提供了良好的基础。在农业资源方面，襄阳市是典型的农业区，拥有大量的耕地和水资源，主要农作物有水稻、小麦、玉米、棉花、油菜等。在矿产资源方面，襄阳市拥有丰富的煤、铁、铜、铝、石灰石、花岗岩等矿产资源，其中煤炭资源储量较大，居全省首位。在水资源方面，襄阳市位于汉江中上游，拥有丰富的水资源，年均径流量约为44亿立方米，有大量的水电、灌溉、航运等利用价值。在生态资源方面，襄阳市处于湖北省中部地区，地势平坦，气候宜人，拥有丰富的自然生态资源，如太行山、大别山、汉江流域等。在人文资源方面，襄阳市是中国历史文化名城，有着悠久的历史和文化底蕴，如襄阳古城、襄阳文化遗址、明清古街等。

（三）为什么转型

1. 湖北黄石为什么转型

第一，矿产资源储量急剧减少，矿石开采量大幅降低，进一步凸显资源匮乏问题。在黄石市，矿产资源储量的比重急剧下滑，仅占探明储量的 25%。铁矿石、铜矿石和煤矿产量分别仅相当于历史峰值的 19.93%、26% 和 35.9%。随着资源逐渐枯竭，众多矿山已陆续停产。

第二，采矿业产值和从业人员在工业总产值和从业人员中的占比逐年减少。1950 年，黄石市区的矿业产值在工业总产值中占比为 23.19%。从“一五”到“四五”，矿业产值在工业总产值中的比重逐渐上升，最终达到了 39.89%。然而，自 1980 年以后，矿业产值的比例开始逐年下降。2005—2007 年，黄石市区的矿业产值占全市工业产值的比例分别为 16.93%、15.16% 和 11.71%。同样，在这三年间，矿业从业人员在全市工业从业人员中的比例也逐年减少，分别为 34.73%、33.52% 和 31.71%。

第三，矿山地质和生态环境受到了严重破坏，使恢复治理工作任务变得极为艰巨。在黄石市区，现有超过 140 个各种类型的开采点，需要进行修复和治理的矿山植被的破坏面积约为 7 平方千米，而矿山环境的修复和治理率仅为 15%。另外，矿山开采导致大量尾矿和尾砂的堆积，也引发了相当严重的安全隐患。

第四，高失业率。虽然黄石市的登记失业率一直保持在 4.5% 以下，但如果考虑到“长休”（长期休假）和买断（协议解除劳动关系）等形式的“隐性失业”，全市的实际失业率约为 15%。

第五，地方财政收入增长缓慢，可支配财力极为有限。2005—2007 年，黄石市地方一般预算收入分别为 11.96 亿元、15.33 亿元和 19.71 亿元，年均增长率分别为 22.96%、30.3% 和 26.89%。财政支出则分别为 23.77 亿元、32.8 亿元和 44.72 亿元，年均增长率分别为 26.89%、37.9% 和 36.35%。扣除了一系列支出后，财政难以满足资源枯竭所带来的职工安置、环境治理、企业搬迁以及社会保障等领域所需的巨额资金需求。

2. 湖北襄阳为什么转型

第一，产业结构单一、传统产业比重过大。襄阳市目前以传统产业为主导，如钢铁、煤炭等重工业，这些产业具有高能耗、高排放的特点，不利于环保和可持续发展。随着环保要求的提升，这些产业在未来可能面临严格的政策限制和淘汰。

第二，技术水平相对滞后。襄阳市在高新技术产业方面相对滞后，科技创新能力不足。现代化制造业、生物医药、信息技术等新兴产业发展相对缓慢，需要加大技术研发投入，提升技术水平，以增强产业的竞争力。

第三，人才流失及培养不足。高素质人才的流失是一个普遍存在的问题。一些优秀的人才可能会选择到大城市或者更具发展前景的地区发展，这导致了产业发展中的人才短缺。同时，襄阳市在高层次人才的培养方面也需要加强。首先，发展机会相对有限。在一些方面，特别是高新技术产业、现代服务业等新兴产业领域，襄阳市的发展机会可能相对有限，相比大城市或发展更快的地区，吸引力较低。其次，薪资水平相对较低。相对于一线城市或者发达地区，襄阳市的薪资水平可能较低，这也是一些高层次人才外流的原因之一。再次，职业发展空间受限。一些高端人才可能在襄阳市找不到符合其职业发展需求的机会，这也会促使他们选择到其他地区寻找更广阔的职业发展空间。最后，生活环境和配套设施不够完善。一些高素质人才可能会考虑到生活环境、教育、医疗等方面的因素，襄阳市在这些方面相较于大城市较为落后。

第四，基础设施建设滞后。襄阳市在交通、能源等基础设施方面相对滞后，这会限制产业发展的空间和速度。首先，交通基础设施滞后。襄阳市的交通基础设施包括道路、桥梁、公共交通等，这些设施建设相对滞后，会影响到城市的交通流畅度，也会限制企业的发展和居民的生活便利性。其次，能源供应不足。能源基础设施包括电力、天然气等，如果能源供应不足或者不稳定，会影响到企业的正常生产经营，也会影响到居民的生活质量。再次，水资源管理和供应问题。水资源基础设施包括供水、排水等，如果水资源管理不当或者供水设施不完善，可能会导致供水不足或者排水不畅，影响到城市的正常运行。最后，信息通信基础设施不足。包括宽带网络、通信设施等，现代社会对于信息通信的需求非常高，如果基础设施不足，会影响到企业的信息化发展以及居民的生活便利性。

第五，市场需求不稳定。市场需求的不稳定性是产业发展面临的重要问题。随着消费升级和科技变革，市场需求往往会出现较大的波动，如果企业不能及时调整产业布局和产品结构，可能会面临市场风险。一是宏观经济波动影响。全国宏观经济的波动会直接影响到襄阳市的市场需求。经济周期的变化，如经济增长速度、通货膨胀率等，会对消费者信心和购买力产生影响，进而影响市场需求的稳定性。二是行业结构调整不均衡。不同行业的发展速度和趋势可能不一致，一些传统产业可能面临市场萎缩，而新兴产业可能在发展初期面临市场不确定性。三是消费习惯和趋势变化。消费者的需求和习惯随着社会、文化和科技的变化而发生变化。如果企业不能及时调整产品和服务以满足新的需求，可能会导致市场需求的不稳定。四是政策因素的影响。政府的政策调整和干预也会对市场需求产生重要影响。例如，财政政策、货币政策等的调整会直接影响到消费者的消费和投资行为，从而影响市场需求。五是外部环境的变化。外部环境因素，如自然灾害、国际贸易形势等，也会对市场需求产生影响。例如，自然灾害可能导致居民需求的暴涨，国际贸易形势的变化可能导致外贸企业的订单波动。

三、湖北黄石、襄阳转型制约性因素判定

1. 资源因素

资源禀赋包括一个城市所拥有的主导资源的种类、品质、储量、开采条件以及其他非主导资源赋存等内容。主导资源的类型直接影响着城市经济发展的水平和效益，其储量、种类和开采条件则决定着城市对资源的可依赖时间。如果主导资源的市场需求好、储量非常大，那么显然会为资源型城市经济发展和结构调整带来更宽松的条件。如果还有其他可利用的资源，包括自然资源和人文资源，资源型城市会因此获得新的发展机会。一些基本的资源，如水资源、土地资源等，对城市的发展发挥着最基本的影响。黄石市和襄阳市矿产资源丰富，是主要的资源型产业，在产业形成初期带动了当地经济的发展，但在经济转型时期，对于矿产资源的依赖会制约经济转型发展。

2. 区位因素

城市区位是指人类活动，特别是经济活动的空间组织状态。它是一个包括地理位置、交通状况以及在一个更大空间所处的地位等多元素构成的复杂概念。在市场经济条件下，企业的投资和生产组织总是按成本最小化和利润最大化指向来选择最有利区位。那些区位优势明显的资源型城市更容易获得劳动

力、人才、资金和技术等非自然资源因素，从而实现经济结构的多元化和基础部门的更新换代，最终推动城市经济形成良性的累积循环。相反，那些区位条件差的城市则因缺乏发展所需资金、人才和技术支持而发展缓慢，甚至衰退而最终陷入困境。

3. 资本因素

资源型城市转型的根本目的是实现可持续发展，其首要的任务就是要保障持续稳定的经济增长，但资源型城市的投资供求缺口较大，需求远大于供给。第一，维持城市资源产出需要的资金、固定资产的折旧费用日益增加、沉淀成本等因素导致资本投资需求日益增加。第二，资源型城市转型资金供给数量难以满足需求。从企业自有资金来看，资源型城市特别是枯竭城市中的企业生存困难，无力转型；从城市财政资金来看，在税收分成制改革以后，地方城市的税基和税种锐减；从上级部门支持来看，部门转型支持少，使用分散，作用发挥有限。

4. 科技创新因素

第一，湖北黄石、襄阳技术创新乏力。根据内生增长理论，新思想的生产取决于投入研究的资本和劳动力的数量以及技术水平，即 $\Delta A = B K^{\beta} L^{\gamma} A^{\theta}$（$\Delta A$ 表示知识增量，K 表示研发投入，L 表示劳动力数量，A 表示知识存量）。因此，研发资本投入在技术创新中具有重要作用。但地方政府财力不足，研发投入水平低，研发力量严重缺乏。第二，技术创新的外溢作用受限。资源型企业资金实力较强，研发投入强度大，研发力量强，研发成果比较丰富。但是，由于创新的技术高度专业化，获得的创新成果主要为资源产业发展服务。这样，技术创新对地方其他产业的发展和引导作用大打折扣。甚至技术的创新进一步强化资源产业的主导地位，呈现出技术锁定效应，技术扩散受到抑制。

5. 人力资本因素

人力资本投资不足制约资源型城市转型。人力资本的形成源于人力资本投资，但资源型城市中人力资本投资意愿和能力受到多种因素的制约。一方面，经济人在人力资本投资决策时会在投资的成本和收益之间进行比较。在资源型城市中，劳动工资水平比一般城市高，上学、培训的机会成本大。同时，这类城市农业发展相对落后，农产品等生活必需品价格高。物价水平高，人力资本投资的直接成本也高。另一方面，多数资源型产业劳动技术门槛低，特别是煤矿产业，只要具有简单的体力劳动能力就可以获得不菲的收入。在这样的决策环境下，居民的人力资本投资意愿下降。“初中毕业就下井或上山”的现象相当普遍。

6. 制度因素

在计划经济体制下，国家将资源型城市仅作为国民经济总体布局中的一个因素来加以考虑和设置。中央对各区域、各地方采取人财物的一体化调控。这种纵向传导、纵向控制方式在推进工业化、实现大规模资本积累、建立较完整的工业体系上，实现了其他发展中国家难以实现的目标，同时，地区间的矛盾和问题都被纵向控制所淡化和掩盖。进入市场经济以后，经济运行机制发生了重大变化，原有的矛盾和问题便凸显出来，并成为制约资源型城市产业结构调整的重要因素。原有的矛盾主要有：资源型城市经济运行主体的虚置和外化、资源“以西养东”和“抽东补西”的扭曲配置、城市功能与企业功能严重错位。

四、湖北黄石、襄阳转型发展历程

（一）湖北黄石转型发展历程

资源型产业形成期（20 世纪 50 年代—2008 年）：20 世纪 50 年代，黄石依靠丰富的资源，布局了一批大型冶钢、冶铁、水泥、有色金属企业，形成了以资源型产业为主导的经济格局，资源型产业占生产总值的比重一度高达 62%。

转型探索期（2009—2016 年）：由于长期的开采，大量矿山陆续停产，主要矿山进入衰退期，可开采资源严重短缺，这导致黄石市的财政收入下降。2009 年 3 月，黄石市被确定为全国第二批资源枯竭城市转型试点城市。

转型深化期（2017 年至今）：黄石市于 2017 年 4 月获得国家发展和改革委员会、科技部、工业和信息化部、自然资源部、国家开发银行联合认定，成为湖北省唯一入选的城市，被选定为国家首批老工业城市和资源型城市产业转型升级示范区之一。连续三年，黄石示范区在国家评估中都获得了优秀等级的评价，尤其在老工业基地改造和培育新兴产业等方面受到国务院通报表彰。在这一时期，传统产业得以迎来“二次创业”，同时新兴产业，如 PCB 电子信息产业，也逐渐崭露头角。同时，市政府还积极探索新的产业和业态，着力加速工业遗产和历史文化街区的保护与发展，以推动“工业锈带”向“生活秀带”的转型。

（二）湖北襄阳转型发展历程

资源型产业形成期（1956—1999 年）：1956 年，襄阳地区 15 个县（市）全部实现了全行业公私合营，顺利完成了从资本主义生产资料所有制向社会主义所有制的转变。沿着社会主义道路，整个襄阳地区开始了以工业化为主导的经济建设新征程。

转型探索期（2000—2020 年）：自 21 世纪以来，襄阳市一直积极应对多方面的挑战。这包括产业结构优化不足、工业领域主导产业相对单一、现代服务业发展滞后以及经济增长和产业升级的挑战。为了应对这些问题，襄阳市采取了工业兴市和工业强市的发展战略。襄阳市一直关注第一、第二、第三产业，但特别强调了工业领域，将推动新型工业化作为经济工作的首要任务。同时，襄阳市也积极培育市场主体，不断提升工业经济的整体实力和运营的质量与效益。在“十五”至“十二五”时期，襄阳市的综合实力显著增强，经济结构明显改善。然而，他们仍然面临着发展方式相对粗放、主要产业规模大但竞争力不足、支持性产业不够强大、新兴产业初步发展等问题。

转型深化期（2021 年至今）：在“十三五”时期，襄阳经历了历史性的变革。城市发展呈现出良好的势头，综合实力显著增强，经济结构也不断改善，发展质量明显提升。十大关键工程已经取得了显著进展。2021 年，国家发展改革委等部门将襄阳市列为 20 个国家“十四五”时期的产业转型升级示范区之一。这促进了襄阳市的传统产业升级和新兴产业的培育发展，并与国家支持政策有效衔接，对襄阳市实现高质量发展具备重要的战略价值。

五、湖北黄石、襄阳转型发展举措与成效

（一）转型举措

1. 以科技创新为强引擎，提升产业链现代化水平

湖北省黄石市坚持把科技创新摆在经济社会发展的核心位置，加大财政支

持力度，加强创新主体培育，支持重点企业关键核心技术攻关，强化高新产品开发，加快推动科技成果转化。数据显示，截至2022年一季度，全市已累计发放创新奖励资金超过1 000万元，实现高新技术产业增加值达到117.3亿元，占GDP的比重为28.39%，较全省平均水平高出6.32个百分点，位居全省首位。

湖北省襄阳市推动企业用数赋智，凸显数字转型新特色。襄阳市积极推动“两化”融合试点示范工程，专注于建设数字化生产线、数字化车间、智能工厂以及机器人应用的示范企业。这一举措对于推进传统产业升级和新兴产业发展，以及与国家支持政策的紧密衔接，实现高质量发展，具有重要意义。此外，工信部也选定了“汽车模锻件数字化制造云应用项目”为典型案例。积极推动智慧工厂建设，制定了《襄阳市推进新一轮“千企千亿”技术改造三年行动方案（2021—2023年）》，并在2021年为37个智能化改造项目提供了资金补贴支持。

2. 构建特色企业合规制度，打造法治化营商环境

黄石市以试点工作为核心，专注于构建一流的法治营商环境。积极践行法治理念，坚定支持少捕慎诉慎押的原则。黄石市鼓励企业主动践行合规，从“被动合规”向“主动合规”迈进，以促进市场主体与经济社会协同实现高质量发展，并力求确保司法办案的政治、法律和社会效应一致。黄石市的县级和区级检察机关积极展开企业合规改革试点，旨在优化营商环境。将企业合规案件的处理列为改革试点的首要任务，旨在依法规范案件办理，同时激发基层创新的活力，鼓励企业自觉遵守法规。

襄阳市以市场主体需求为中心，着力优化制度，改善营商环境。2021年，襄阳市发布了一系列“新30条”的举措，旨在改善营商环境。这些举措明确了100个改革任务，以解决营商环境中长期存在的问题。其中包括废止了279项无效文件和取消了49项政府规范性文件。襄阳市政务服务机构成功缩短了办理时间，实现了93.2%的时间缩减比例，与此同时，全市总计减税降费达到了16.9亿元。襄阳市也吸引了重大投资项目，此外，依托襄阳市检测认证产业园，建设了一站式服务平台，汇聚了设计孵化、检测认证、计量校准等多种功能。在市场监管领域，也引入了一项奖励补贴政策，无须额外申请即可获得包括商标、专利、知识产权等12个与企业相关的奖励补贴项目。

3. 充分发挥区位与政策优势，不断提升经济对外开放水平

近年来，湖北省黄石市充分发挥毗邻长江的区位优势，以黄石新港建设为引领，积极打造黄石港一类水运口岸、黄石棋盘洲综合保税区、中国（黄石）跨境电商综合试验区三大对外开放平台，大力发展交通物流、对外贸易新业态，不断提升经济对外开放水平。2023 年前 5 个月，全市规模以上港口集装箱吞吐量和外贸吞吐量分别同比增长 83.6%、0.7%，港口生产保持稳步增长态势。2021 年以来，黄石市以国务院批复同意设立黄石棋盘洲综合保税区为契机，持续强化政策保障，加强智慧口岸建设，优化通关流程、监管模式和通关服务，提升口岸通关便利化水平，开展外贸市场主体培育行动，建设外贸强市，加快发展外向型经济。至今为止，黄石新港的货物吞吐量已达到 1 180.39 万吨，较去年同期增长了 27.17%。而全市的进出口总额达到 184.2 亿元，位居全省第二，同比增长了 34.1%。这些数据反映出了襄阳市在港口运输和国际贸易领域的显著进展。

4. 加大财政政策支持力度，扶持中小微企业发展

黄石市正积极履行“六稳”工作，全面执行“六保”任务，进一步强化支持企业和减轻困难的举措。政府提高了对首次进入规模以上工业企业的奖励标准，以支持企业的增长和发展；同时，拨付了市级应急保供专项资金，以满足企业的紧急资金需求。此外，省级“专精特新”小巨人企业也将获得资金奖励，而承租市级国有资产经营用房的中小微企业和个体工商户将享受租金减免政策，减免幅度为 20%。

5. 推动流域横向生态保护补偿机制全覆盖

在襄阳市举行的内流域横向生态保护补偿机制全覆盖工作推进会上，襄阳市成功实现了市内流域横向生态保护补偿机制的全面覆盖。襄阳市在 2018 年 11 月率先在小清河、滚河和蛮河三个支流流域开展了补偿试点工作，涉及的 7 个县（市、区）分别签署了补偿协议。这一举措旨在促进生态保护和可持续发展。基于试点经验，襄阳市发布了《关于加快推进市内流域横向生态保护补偿机制全面覆盖的实施意见》，以全面推动流域横向生态补偿工作。此外，政策明确了综合确定补偿标准的考虑因素，包括生态环境状况、治理成本、水质改善效益、下游经济承受力、下泄水量保障等多个方面。

（二）转型成效

黄石市和襄阳市在经济转型方面都取得了显著成效。两地均积极响应国家政策，加速产业升级，推动经济结构不断优化。黄石市以发展现代服务业、高新技术产业为主攻方向，积极推动科技创新，吸引了一批高素质人才和企业落户，从而有效地提升了城市的产业水平。襄阳市通过发展新能源、新材料等战略性新兴产业，成功实现了传统产业向高附加值产业的转型升级。黄石市和襄阳市的转型成效可圈可点。通过产业升级、环境保护和基础设施建设等多方面的努力，两地成功实现了经济结构的优化和产业的升级，为城市的可持续发展奠定了坚实基础。这为其他城市提供了有益的借鉴，也表明了在国家政策引导下，城市通过科学规划和有力措施，能够实现经济发展的新跨越。

1. 经济社会发展态势良好

经过多年持续转型，产业基础优势不断蓄积，城市品质不断提升，发展势能将集中释放，有效破解发展空间瓶颈，黄石市在产业转型升级过程中不断取得新成效。经济发展逆势上行，综合实力显著提升。如图 12 - 1 所示，2008—2021 年，黄石市生产总值由 523. 46 亿元增长到 1 865. 68 亿元，增长了近 3 倍。如图 12 - 2 所示，城镇居民人均可支配收入由 12 734 元提高到 41 589 元，农村居民人均可支配收入由 4 374 元提高到 18 585 元。

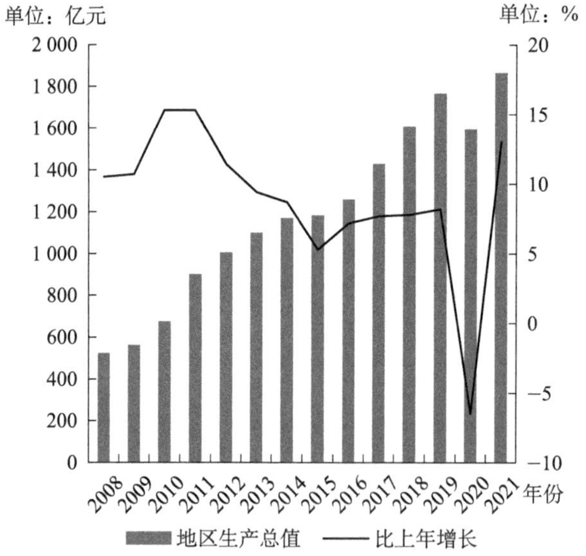

图 12 - 1　2008—2021 年黄石市地区生产总值

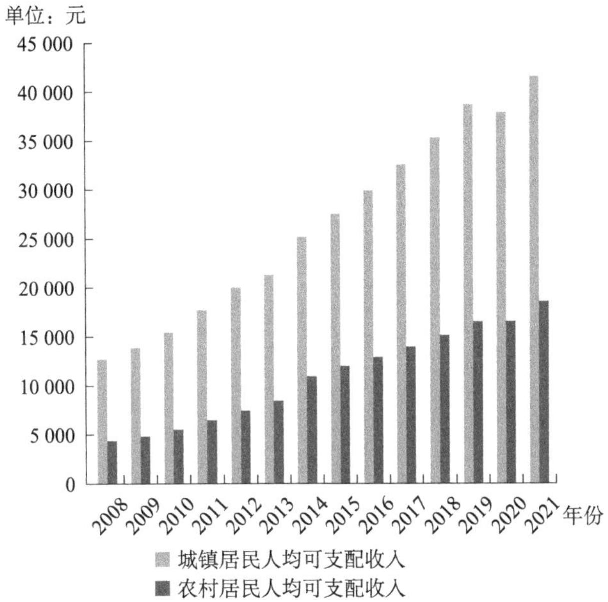

图 12－2　2008—2021 年黄石市城镇居民人均可支配收入和农村居民人均可支配收入

如图 12－3 所示，襄阳市“十五”期间生产总值由 2000 年的 415. 29 亿元增加到 2005 年的 571. 47 亿元，“十一五”期间，2010 年全市生产总值达到 1 538. 3 亿元，是 2005 年的 3. 7 倍。在“十二五”时期，地区生产总值成功突破了 3 000 亿元的关键阶段。在“十三五”期间，地区经济总量成功突破了 4 800 亿元的大关，位列全省第二，同时跻身全国城市 50 强，高新区的综合实力也跃升至全国第 31 位。到了 2022 年，全年地区生产总值达到 5 827. 8 亿元，同比增长了 5. 4%。规模以上工业增加值同比增长了 12. 1%，固定资产投资增长了 19. 1%，社会消费品零售总额同比增长了 3. 4%，地方一般公共预算收入的可比增长率为 13. 2%，这些增速均高于全省平均水平，显示出地区经济运行稳中有升，展现了强大的韧性和活力。

2. 产业结构不断优化，产业转型步伐加快

如图 12－4 所示，黄石市三次产业结构由 2008 年的 7. 81∶56. 07∶36. 12 调整至 2021 年的 6. 8∶45. 4∶47. 8，如图 12－5 所示，襄阳市三次产业结构由 2002 年的 22. 67∶45. 53∶31. 8 优化为 2021 年的 10. 4∶44. 5∶45. 1，黄石市和襄阳市第三产业迅速发展，国民经济总量增长主要由第三、第二产业带动。

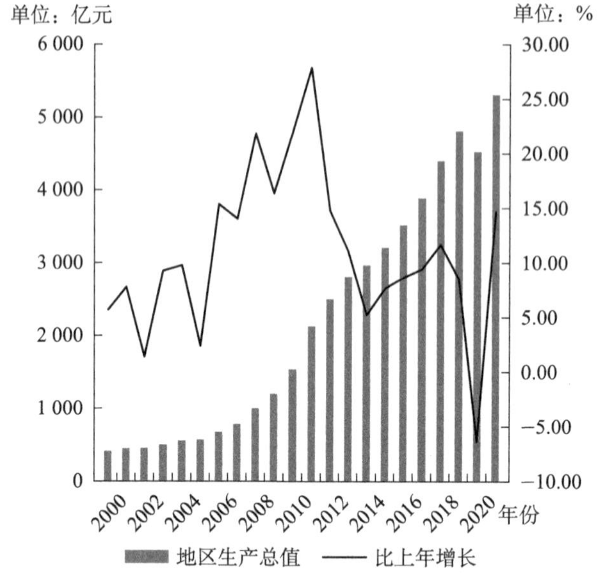

图 12－3 2000—2021 年襄阳市地区生产总值

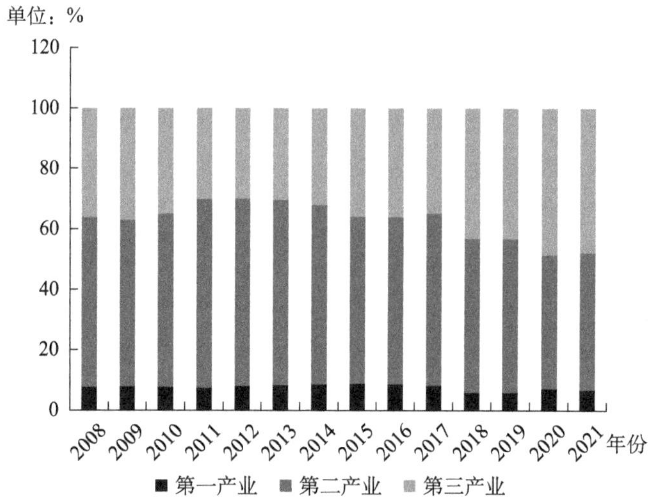

图 12－4 2008—2021 年黄石市三次产业结构

3. 文化与旅游相结合，成功打造文化名牌

黄石将工业遗址保护和生态旅游相结合，这项举措既能减轻政府的遗址保护投入，又能产生旅游收入。黄石发展以“铁”文化为主题的旅游产业，先后完成了铁山大道、旅游大道、东方大道、矿冶大道等 15 条道路的升级。为

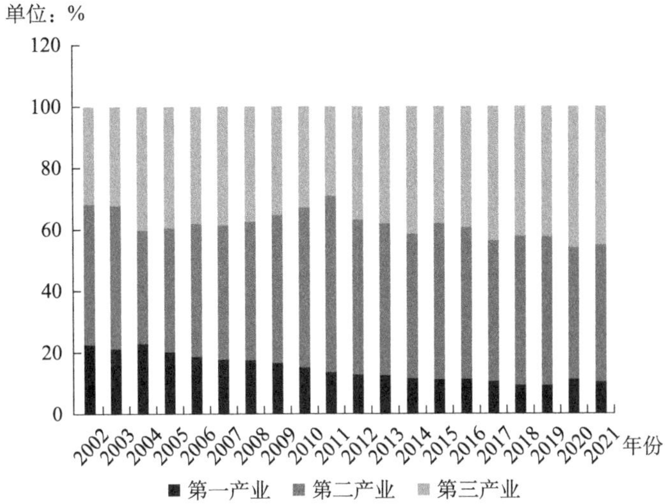

图 12－5 2002—2021 年襄阳市三次产业结构

了加快“世界铁城”的建设步伐，黄石市铁山区把文化建设与旅游发展、城市形象有机结合，充分挖掘矿冶文化、宗教文化、乡村民俗文化资源。同时，深入挖掘毛主席、张之洞、盛宣怀等历史人物与铁山的文化渊源，积极包装推介民间特色手工艺和地方民俗活动，策划打造具有地方特色的大型文娱节目，丰富铁山旅游的文化内涵。如图 12－6 所示，黄石市国内旅游人数在 2008 年为 426. 84 万人次，在 2019 年达到近几年的峰值 3 222 万人次，因为疫情的影响，黄石市 2020 年的国内旅游人数为 1 243. 56 万人次。

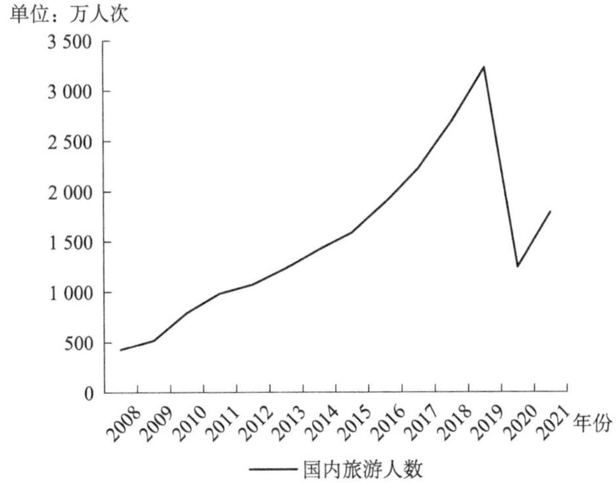

图 12－6 黄石市国内旅游人数

襄阳市推动发展文化旅游业，新增 4A 级旅游景区 3 家、四星级旅游饭店 3 家，谷城县五山镇成为全国乡村旅游重点镇，茶香之旅入选全国乡村旅游精品路线，发展了特色产业基地，总面积达到 88 万亩。如图 12－7 所示，襄阳市国内旅游人数在 2010 年为 1 379.48 万人次，在 2021 年达到近几年的峰值 6 338.1 万人次，因为疫情的影响，襄阳市 2020 年的国内旅游人数为 4 074.3 万人次。

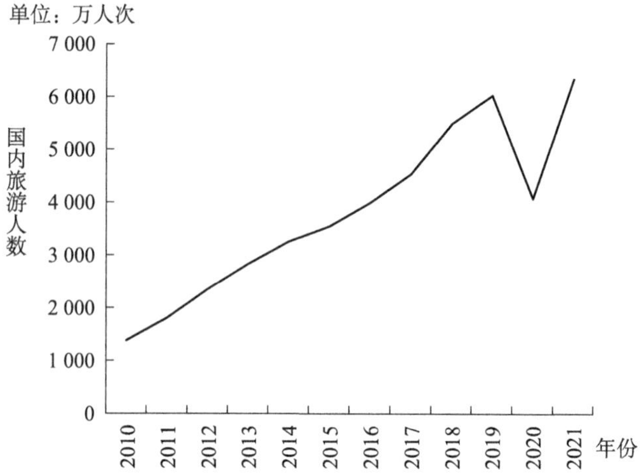

图 12－7　2010—2021 年襄阳市国内旅游人数

4. 环境保护效果显著，绿色发展取得成效

黄石市以其特殊的自然地理特征而闻名，城市的形态可以用“半城山色半城湖”来形容，这在全省甚至全国都属罕见。为了实现生态转型，黄石以长江大保护为主要目标，积极加快生态转型进程。全市已经完成了对废弃的工矿地区的复垦，总面积达到了 7 万亩，同时还进行了 60 多万亩的造林和绿化工程。黄石在土壤污染综合防治方面的经验被广泛推广，城市的空气质量连续多年保持在 80% 以上的优良水平，目前建成区的绿化覆盖率已达到 40.42%。如图 12－8 所示，黄石市区建成区的绿化面积已从 2008 年的 2 339 公顷增加到 2021 年的 3 503 公顷。一系列努力使黄石市已初步完成了从“资源型城市”向“生态型城市”的转型，由以前的“光灰城市”逐渐转变为“绿色新城”。环境污染问题已经得到有效改善，这一成就表明了城市在可持续发展和环境保护方面的积极探索和进步。

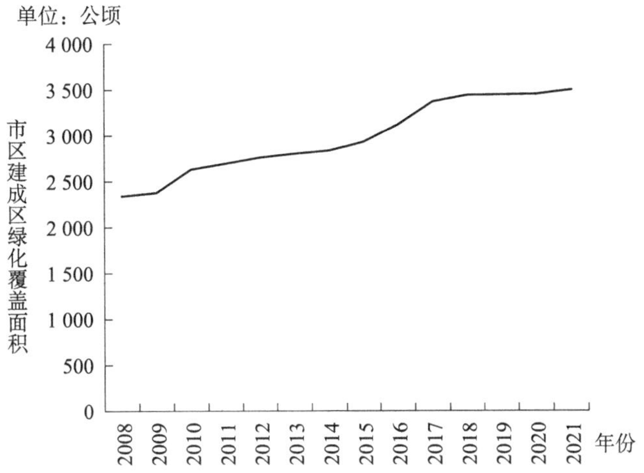

图 12－8　2008—2021 年黄石市区建成区绿化覆盖面积

六、经验启示与借鉴意义

山西省作为我国煤炭资源型城市最为集中的地区之一，煤炭工业成为其最重要的主导产业，城市经济过度依赖煤炭产业，而煤炭资源又是一种不可再生性资源。一旦煤炭资源枯竭，煤炭产业的拉动就会弱化，从而导致工业化和城市化的回落。因此，需要接续产业的发展来支撑城市经济发展，推动主导产业的转型。另外，大规模、无节度的资源开采和煤矿事故的频繁发生，造成空气污染、地面塌陷、生态环境破坏，严重威胁到人们的生命安全和企业的生存，进而影响到城市经济的可持续发展。山西省要摆脱经济上过度依赖煤炭资源的尴尬现状，消除外界对山西带血的煤炭的不良印象，就必须进行产业结构升级，推动主导产业转型，实现经济发展模式的转变。

山西省经济转型的制约性因素主要有以下六个方面：第一，资源因素。山西长期以来一直依赖煤炭作为主要的经济支柱。如果经济转型过程中难以减少对煤炭的过度依赖，可能会制约其他产业的发展。第二，区位因素。山西省的城市是典型的内陆城市，与经济发达地区有一定距离，信息相对闭塞，城市基础设施建设滞后，城市尚未形成良好的集聚效应和规模效应，城市辐射力也较弱。加之资源开采带来的生态环境恶劣，对外部资金和人才技术缺乏吸引力。

在大力发展沿海城市、西部大开发和振兴东北老工业基地的国家整体发展战略中，山西因其地理位置的“不东不西”被孤立起来，在资金、人才和技术方面得不到相应的支持，发展也曾一度受到制约，更不利于主导产业的转型。第三，资本因素。由于资源型企业的设备、厂房等通用性差、难以转移，造成了资源型企业在退出时要承担巨大的沉没成本。第四，科技创新因素。由于科技人员匮乏，技术储备不足，人才结构失衡，科技管理水平落后等原因，山西省科技创新困难。第五，政策因素。长期以来，山西省的经济发展基本上是根据中央计划来组织和推进，地方政府的职责是“上传”企业发展状况，“下达”中央指令，真正的城市经济运行主体是隶属于中央的大型资源开发企业。第六，市场环境因素。煤炭资源型城市由于受计划经济定价的影响，矿产资源产品价格长期低于市场供给价格，且利税大部分都上交给国家，导致现在城市积累严重不足。此外，随着近几年来煤炭企业的大规模改革重组，大批职工纷纷下岗，社会闲散人员增多，再就业形势非常严峻，社会问题比较突出。

（一）创新驱动发展战略增强社会经济发展强大活力

资源型城市经济转型的实质就是产业结构的优化升级，因此，产业结构演变理论和主导产业选择理论为资源型城市经济转型提供了理论依据。高新企业通过技术创新不断发展，促进产业结构调整。创新驱动的核心理念强调科技和知识作为最关键资源，借助市场化、网络化和信息化手段实现科技、知识与经济的紧密结合，以促进产业集聚，推动经济实现跨越式发展。在这一模式中，需要采用“双轮驱动”的策略，即同时依赖投资和创新作为双重引擎，同时进行协同创新和自主创新的“双轨并行”。为实现这一目标，应该将技术、资本、人才、信息等创新要素视为经济增长的推动力，这可以通过以下三个方面的结合来实现。首先，应着力将创新驱动与改革开放相结合。需加强与经济圈以及邻近城市和对口帮扶城市的合作与交流，充分利用外部地区的技术、资本、人才、信息和市场优势，通过开放来推动改革，进而提高创新驱动力，从而推动经济的转型和升级。其次，需要在协同创新与自主创新的融合上作出努力。应将招商引资与招才引智有机结合，建立多元、多渠道的科技投入体系，并全面执行人才引进计划。积极吸引创新型人才、创新团队、研发集体以及创新产业，以促进创新要素的集聚。同时，也要大力支持本地科技从业者的创新和创业，全面贯彻各类优惠政策。最后，应充分发挥资源优势，积极促进科技成果的应用和转化。为此，需积极投入技术研发，建设一系列省级以上的重点实验室、工程技术中心和企业技术中心，同时加大对先进技术、工艺和设备的研发力度。还需争取在矿产资源深加工等领域攻克一批关键技术，这将有助于进一步推动科技创新与经济发展的融合。

（二）系统谋划推动产业转型升级

根据协调发展理论，协调是为了促进目标的实现，围绕着发展目标和组织整体中各个因素的关系进行调节，使之有机、互动地结合，以减少实现目标过程中产生的矛盾，是一种管理职能的体现。协调发展侧重点是“协调”和“发展”两者的有机结合，各种要素间的相互合作以实现从低层次到高层次的演化过程。系统谋划就是要实现从“一业独大”到“多点开花”的嬗变。具体来说，一是做好顶层设计，制定包括经济、生态、民生、文化、制度等多个维度的转型总纲领；二是坚持以产业转型为核心不动摇，夯实硬实力、提升竞争力；三是坚持生态环境治理、民生改善、文化建设、体制机制改革不松劲，熔铸软实力、形成协同力；四是紧跟技术前沿，推动传统产业升级改造；五是准确把握世界经济和产业发展动态，适时淘汰落后产能、产品、工艺，及时更新战略重点；六是瞄准世界科技革命和产业变革方向，超前布局战略性新兴产业、高新技术产业等，久久为功培育经济增长新引擎。

以全国产业转型升级示范区建设为核心，专注于提升产业价值链，推动产品进军中高端市场，积极加速先进制造城市的建设。致力于改造和提升传统产业，强调存量改革，积极推进“百企技改”工程。积极培育和发展新兴产业，通过增强招商引资力度，特别注重增量发展，特别是在电子信息、生物医药、高端装备制造、新材料、新能源汽车等新兴产业领域。

（三）完善基础设施，保障城市发展

根据城市发展理论，城市在生长过程中，会有很强的发展阶段性和周期率特征，而通过转型发展来强化自身的功能、培育新的竞争优势，既是一种自然、本能的选择，也是应对挑战、适应外部环境变化的创新之举。黄石市和襄阳市在基础设施建设方面的经验为其他城市提供了许多有益的启示。这两个城市都面临着经济发展和城市化进程带来的基础设施压力，通过不懈努力和科学规划，取得了显著的成就。首先，基础设施建设是城市发展的重要支撑，对于提升城市的整体竞争力和吸引力至关重要。黄石市和襄阳市在交通、能源、水资源等方面加大了投入，提升了城市的基础设施水平。这为企业的发展提供了

良好的条件，也为居民的生活提供了便利。其次，政府的引导和规划是基础设施建设的关键。两市政府在基础设施建设中扮演了重要角色，通过明确发展方向、制订规划、引导资金投入等方式，推动了各项基础设施项目的顺利实施，加强对基础设施建设的监管和评估，确保项目的质量和进度。再次，市场机制的发挥也是基础设施建设的重要动力。在基础设施建设过程中，引入市场机制可以激发各方的积极性和创造力，也能够提升项目的效率和质量。例如，通过PPP（政府与社会资本合作）模式，可以吸引社会资本参与基础设施建设，分担政府的财政压力，推动项目的快速实施。此外，科技创新在基础设施建设中也起到了积极的推动作用。黄石市和襄阳市在基础设施建设中积极引入先进的技术和管理模式，提升了工程的设计、施工和运营水平，从而保证了基础设施的安全性和可靠性。最后，基础设施建设要紧密结合城市发展的实际需求，注重科学规划和前瞻性布局。考虑到城市未来的发展方向和需求，合理规划基础设施建设项目，避免盲目投资和资源浪费。通过政府引导、市场机制发挥、科技创新推动等手段，可以加快基础设施建设，提升城市的整体竞争力和可持续发展能力。同时，也要根据城市的实际需求，科学规划和前瞻性布局，确保基础设施建设的针对性和有效性，为城市的长远发展奠定坚实基础。

（四）绿色化引领构建生态文明示范区

山西省资源型城市经济转型必须遵循可持续发展理论。可持续发展是既满足当代人的需要，又不对后代人满足其需要的能力构成危害的发展。需根据“五位一体”的总体布局坚定转型、协调发展、包容发展、持续发展和共享发展的决心，以打造六个重要的生态体系，包括绿色经济、宜居城市、自我增强的文化、友好的自然环境、和谐社会以及清明政治。这将有力支持实现“四个更好”的目标，建设国际标准旅游休闲度假城市。首先，关注构建这六个生态体系，致力于创造环保文明的家园。其中包括：一是加速建设宜居城市体系，这是一个空间优化、资源集聚、产业促进、环境保护、文化和谐、田园山水创造的体系。二是积极构建以水生态、森林生态、气候生态、土壤生态和生物多样性为支撑的可持续自然生态系统，旨在实现清新空气、美丽环境以及人与自然和谐共生。其次，进行生态文明制度改革，为实现“四个更加”目标努力前行。这包括：一是加强生态文明建设体制和机制的改革，迅速建立相应的制度框架，完善生态文明建设的评估、奖励和追责机制；二是采用严格的源头保护、损害赔偿和责任追究制度，以确保生态环境得到制度化的保护。三是需要在改革创新方面走在前列，率先建成生态文明示范区。通过加大工作力度，强化工作措施，将政策支持提升至国家战略层面，实现转型和创新的超越，以改革为动力，追求红利，在全国范围内建立生态文明示范区。

（五）开放式发展提升经济发展质量和水平

开放是国家繁荣发展的必由之路，资源型城市同样要对自身发展条件有客观认识，不能孤立发展，要在区域合作中找到自身的适当位置，冲破行政和体制性束缚，强化区域合作。首先，应充分发挥国家对口帮扶政治优势，同时积极利用与邻近地区建立的良好社会关系，展开多领域、全方位的合作。其次，要建立区域合作平台，实现重大基础设施的互联互通、优势产业的互补共赢以及生态环境的共同建设和共享。为实现这一目标，需要建立高级别的互访机制、日常工作协商和调度机制，鼓励支持双方对口区县、部门、企业、民间组织和社会团体之间的区域协作合作机制。再次，需要搭建对外开放的平台，以提升外向型经济的水平。具体而言，应构筑产业发展平台，提高对外开放的层次和程度。此外，要建立技术创新平台，加强与国内外科研院所和高等学校的合作，创建科技创新基地，推动关键产业的技术攻关。还需建立贸易合作平台，积极创造条件，争取建设加工贸易承接区、出口基地以及自由贸易区，加速完善对外开放的基础设施。最后，要提升招商引资水平，增强经济发展的活力。在企业选择方面，应紧密关注世界500强、国内国外500强以及民营500强企业，着力引进实体经济项目，以有质量的新增长推动高新技术产业和战略性新兴产业的发展。在组织形式上，要坚持市级整体策划，强化主要领导的招商引资职责，培养专业且具有扎实经验的招商队伍。在推进措施上，要强化对商业的尊重和关爱，打造良好的招商引资环境，树立亲商、爱商、敬商、安商和富商的理念。

第五篇

实施创新驱动

第十三章
江苏徐州市产业转型升级示范区发展分析与启示

任　娇　石新娅

徐州在传统产业升级、战略性新兴产业培育等方面有一批卓有成效的经验做法，本章将徐州市转型发展的经验归结为以下四点，供山西高质量转型发展参考。第一，建立健全制度保障，构建有竞争力的产业政策和服务体系，有序引导产业转型；第二，加强空间载体建设，以开发区和高新区推动产业集聚发展；第三，完善投融资服务体系，构建便利高效营商环境；第四，以人才和创新为引领，推动产业转型升级和科技创新实力提升。

一、引言

我国经济已由高速增长阶段转向高质量发展阶段，高质量发展成为新时代城市经济发展的重要方向选择，也是推动实现可持续发展的必然要求。与非资源型城市相比，资源型城市的经济转型存在着“资源诅咒”的障碍，又容易陷入“中等收入陷阱”的滞胀规律，其产业转型的困难和制约因素较多。2013 年，拥有 140 年煤炭开采历史的江苏省徐州市被划分为再生型资源型城市。

近年来，徐州市转型发展成效显著，经济实力显著增强，产业转型步伐加快，“强富美高”新徐州建设取得重大成果。2021 年，江苏徐州产业升级示范区被国家发展和改革委员会、科技部等列入“十四五”重点支持的产业转型示范区。在此背景下，本章通过对徐州市转型发展的历程和新兴产业培育的做法及成就进行梳理，深入剖析徐州市在产业转型上的经验，旨在为其他资源型城市的转型发展提供借鉴。

二、徐州市转型发展背景

（一）徐州市简介

徐州古称彭城，全市总面积 11 765 平方千米，常住人口 902.85 万人，现辖 2 市（新沂、邳州）、3 县（丰县、沛县、睢宁县）、5 区（云龙、鼓楼、泉山、铜山、贾汪）、徐州经济技术开发区、徐州高新技术产业开发区和徐州淮海国际港务区[1]。从区域上看，徐州是淮海经济区的中心城市，也是快速发展的成长型城市。

（二）徐州市资源概况

徐州市地层发育齐全，地质历史时期环境多变，为不同类型矿产的形成和储存提供了良好的条件，所拥有的矿产资源具备类型多、矿种多、分布集中等特点。截至 2021 年底，徐州市已发现矿产共计 58 种（含亚种），包含已查明资源储量的矿产 34 种和已发现但尚未查明资源储量的矿产 24 种。其中，煤炭储量达 39 亿吨以上，是全国重要的煤炭产地、华东地区的电力基地；井盐储量约 220 亿吨，且品质很高，发展煤化工、盐化工的条件优越；石膏年开采能力 500 万吨，为华东地区之首。

（三）主要问题和转型动因

自 1882 年徐州利国矿务总局成立至 2022 年，徐州近代煤矿开采的历史已长达 140 年，是我国重要的资源型城市和老工业基地。随着改革开放的不断深入，徐州资源型城市的体制性、结构性矛盾日益显现。例如，煤炭资源逐渐枯竭，亟须发展接续替代产业；生态环境破坏严重，采煤塌陷地修复治理任务艰巨；产业层次偏低，产业转型迫在眉睫；经济增速相对落后，群众生活水平不高等[2]。在转型突围的历史关口，徐州市坚持标本兼治，紧紧围绕老工业基地全面振兴和淮海经济区中心城市建设，全力推进产业、城市、生态、社会四大转型，初步走出了一条有徐州特色的振兴转型之路。

三、徐州市转型发展历程

徐州市是中国重要的煤炭产地、华东地区的电力基站，新中国成立以来已累计生产煤炭 10 亿吨以上，此外还有铁、水泥用灰岩、石膏、岩盐、玻璃用砂等矿产资源，具有较高开采利用价值。新中国成立初期，徐州布局建设了一批煤炭、冶金、建材、化工、机械等重工业基地，逐步形成了以能源、原材料加工和装备制造业为主干的工业体系，曾为江苏省经济建设贡献了 80% 以上的煤炭、60% 以上的电力、40% 以上的钢铁建材，重化工业的城市特质鲜明。20 世纪 90 年代末，徐州三次产业占比为 19. 7:46. 8:33. 5，其中轻、重工业占比 40. 3:59. 7，采掘业占工业总产值比重曾超 15%。随着多年高强度的煤炭开采，徐州产业结构偏重，生产能力严重过剩，同时环境污染和采煤区塌陷问题频发，严重制约着徐州市的可持续发展。进入 21 世纪以来，徐州市产业转型的步伐加快，逐渐走出资源型城市产业转型的徐州特色之路。其中“百年煤矿”——徐矿集团，创出了全国煤炭老工业基地转型、关闭矿井重生、衰老矿区生态修复“三大样本”，为资源型城市转型发展提供了可参考、可借鉴的实践范例。

通过梳理徐州产业发展的变化历程，不难发现，徐州市产业发展的脉络与其百余年煤矿发展的历史沿革紧密相关，其资源型产业发展与转型大体经历了以下四个阶段。

（一）资源型产业形成期（1882—2005 年）

1882 年 10 月 5 日，徐州利国矿务总局成立，开启了徐州近代煤矿开采的历史，这也是中国近代最早的民族工业之一。19 世纪末 20 世纪初，徐州便依托得天独厚的煤、铁资源优势及陇海、津浦两大铁路干线交会的交通优势迅速崛起，煤、铁两矿和钢铁、焦化、水泥、热电等行业成为徐州的支柱性产业。在新中国成立后，“百里煤海”徐州累计产煤 10 亿吨，工业结构、百姓生活，皆以煤为源、延展生发，在国家的经济和国防事业发展中发挥了重要作用。徐州矿产资源种类多，储量大，为徐州第二产业的飞速发展作出了极大贡献。截至 2005 年，徐州市第二产业产值占 GDP 的比重上升趋势显著，到 2005 年高达 50.8%（见图 13－1）。

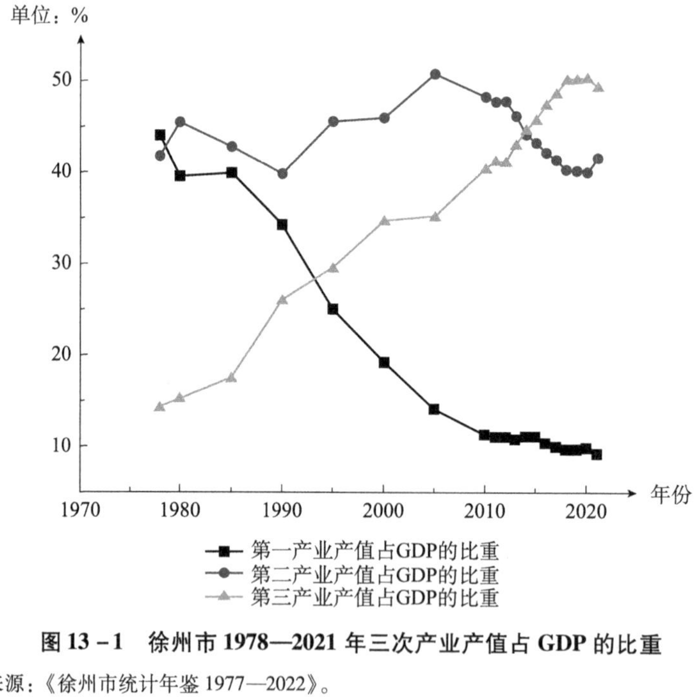

图 13－1 徐州市 1978—2021 年三次产业产值占 GDP 的比重

数据来源：《徐州市统计年鉴 1977—2022》。

（二）转型启动阶段（2006—2010 年）

随着高强度的煤炭资源开发，与其他同类资源型城市的发展一样，煤炭资源富饶的徐州出现了经济发展与环境保护、经济增长与可持续发展之间的矛盾，转型发展所面临的困难和阻碍众多[3]。然而，与同时期因资源富集而兴起的同类资源型城市所不同的是，徐州市的产业转型理念、可持续发展观远远早于其他同类资源型城市。

一方面，徐州市大力对资源型产业进行开发与整合，不断提升矿产资源利用率，使煤炭等主要矿产资源利用率处于国内先进水平。对安全隐患较多、容易引发地质灾害、生产效率低的矿山，采取了关闭整合措施。[4]到 2007 年底，全市登记在籍的矿山共 339 家，比 2001 年的 722 家减少了 53%；大中小型矿山比例由 2001 年的 1:4:33 变为 1:4:6①。学术界通常将矿业产值占 GDP 百分比大于等于 6% 的城市认定为资源型城市[5]。图 13 - 2 为徐州市 2004—2021 年采矿业产值占 GDP 的比值变化概况，可以看出，徐州市采矿业产值占 GDP 的比重在 2009—2010 年已下降到 6% 的标准线以下，这说明徐州市在该阶段逐步摆脱了对资源型经济的依赖，产业转型有了一定成效。

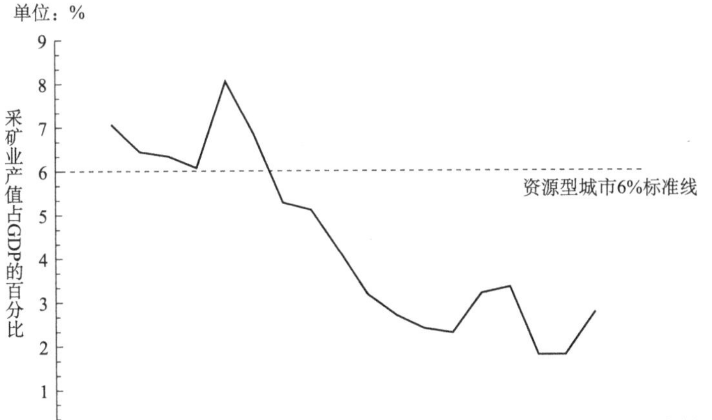

图 13 - 2　2004—2021 年采矿业产值占 GDP 的百分比

数据来源：《徐州市统计年鉴》（2003—2022 年）。

① 《徐州市矿产资源总体规划（2008—2015 年）》，徐州市自然资源和规划局，http://zrzy.jiangsu.gov.cn/xz/。

另一方面，徐州市深入探析区域的资源禀赋和比较优势，对主导产业、接续产业、配套产业和支撑产业进行多领域、多层次的培育与创新①。该阶段徐州市提出做大做强主导型产业，发展装备制造业、化学工业和新兴产业。同时，积极发展吸纳就业能力强的配套产业，做好产业结构转型升级与扩大就业良性互动。这一阶段徐州市采掘业从业人员占就业总人口的比重逐年下降，从 2006 年的 2.1% 下降至 2010 年的 1.69%（见图 13－3），这说明随着资源型产业发展规模的不断缩减，采掘业所能吸纳的就业人数逐年下降。为了做好产业转型过程中吸纳就业的工作，徐州市大力发展就业辐射范围广、市场潜力较大的木材加工业、纺织工业、食品工业等劳动密集型产业，重点解决了困难群体就业问题。

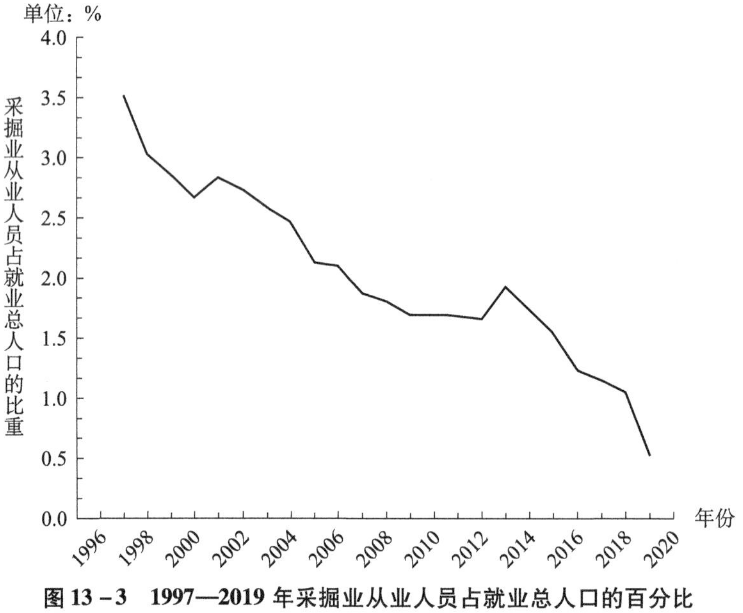

图 13－3　1997—2019 年采掘业从业人员占就业总人口的百分比

数据来源：《徐州市统计年鉴》（1998—2020 年）。

（三）转型探索期（2011—2015 年）

在“十二五”期间，徐州市积极推动战略性经济结构调整，以加速经济发展方式的转变为主要任务。通过打造先进制造业基地、促进现代服务业快速发展、提升现代农业水平以及创建特色产业集群等方式，全面系统地推动资源

① 《徐州市国民经济和社会发展第十一个五年规划纲要》，徐州市人民政府网站，http：//www. xz. gov. cn/。

型城市向更具竞争力的发展模式转型①。

首先，徐州市大力支持装备制造业、能源产业和食品加工业的高水平发展，旨在形成新的市场竞争优势。以徐工集团为龙头，加强工程机械和专业车辆制造业，以进一步巩固并提升“中国工程机械之都”的国际地位。在能源产业方面，拓展太阳能光伏产业链，打造全国重要的新能源产业基地和华东地区的能源产业基地。在食品加工业方面，重点发展精深加工，提升食品及农副产品加工业水平，特别关注果蔬精深加工、畜禽加工废弃物综合利用、功能性食品技术等领域的发展，建设全国重要的食品及农副产品加工业基地。

其次，积极推动新能源、新材料、新医药、物联网、软件和服务外包、环保六大战略性新兴产业的发展，促进这些产业的规模化发展和区域集聚，鼓励建立新兴产业园区。结合淘汰重组和技术改造等方式对传统产业实现转型升级。一方面，采取淘汰滞后产能的措施，充分发挥市场机制的作用，继续推进新一轮的化工企业专项整治行动。另一方面，通过采用高新技术、先进适用技术和信息技术来提升传统产业的竞争力。通过整合资源来推动产业规模的扩大，通过技术改造来提高技术水平，通过精深加工来提高产品附加值，特别是在传统产业中加大高新技术产业的比重，加速传统优势产业的转型升级。

最后，促进生产性服务业提质增效，积极推动新兴服务业的创新发展，对传统服务业进行改造升级，加快拓展软件开发、国际服务外包、现代物流、文化动漫、旅游服务和商业中介六大关键的现代服务领域。大力发展城市服务经济，鼓励制造业拓展服务业发展板块，培育一批服务业的关键企业、知名品牌。各项举措旨在建立一个高增值、广泛就业、具有强大辐射力的新型服务业发展体系，助力徐州成为现代服务业的领先地区之一。

在此时期，徐州在经济和社会领域取得了显著的进展，老工业基地的振兴也表现出令人瞩目的成果。该地区的经济综合实力迅速提升，2015 年徐州 GDP 排名跃升至江苏省的第 5 位，并跻身长三角城市前 8 名。此外，经济结构的转型升级也取得了显著性成效，三次产业的比例由 2010 年的 9.6:50.7:39.7 调整为 2015 年的 9:45:46，实现了历史性的跨越，这为进一步深化经济转型奠定了坚实的基础，为“十三五”时期的发展方向提供了有力支撑。

① 《徐州市国民经济和社会发展第十二个五年规划纲要》，徐州市人民政府网站，http://www.xz.gov.cn/。

（四）转型深化期（2016—2020年）

“十三五”时期，徐州市仍处于工业化、城镇化的加速期，调结构、转方式的攻坚期，徐州市从制造业中高端化、壮大战略性新兴产业、高质量发展现代服务业、推进农业现代化建设等方面实施产业强市的战略，助力经济转型升级[①]。

首先，在资源型产业的发展方面，落实国家和江苏省关于煤炭、水泥等行业“去产能”要求，严格控制矿产资源开采量，开展煤矿关井闭坑和露采矿山关闭整治，矿山数量及矿产开采总量明显下降。2020年，全市矿山总数由2015年的57家减少为22家，年开采总量由4 401.41万吨控制到2 481.03万吨，大中型矿山所占比例由77%下降至64%，矿产资源开发结构得到进一步优化。此外，响应生态环境恢复与经济增长协调发展的方略，积极推进绿色矿山建设，截至2020年底，全市有16家矿山列为国家级、省级绿色矿山试点单位，其中10家纳入全国绿色矿山名录[②]。2020年12月，沛县绿色矿业发展示范区成功入选全国绿色矿业发展示范区名单。

其次，改造提升传统产业、发展智能制造、打造制造业产业集群，提升龙头企业的市场竞争力和品牌效应。促进制造业中高端化，推动设备制造、食品、农业、能源、化学工业、冶金工业、建筑工业等产业的高质量发展，打造区域性产业品牌。对现有的制造业集聚区进行改造和升级，促进从产业集聚到产业集群的转变，从而因地制宜建设一批比较优势突出、产业链协同高效、市场竞争力强的新型工业化示范基地。

再次，徐州市制订并落实了《徐州市战略性新兴产业发展规划》，推动战略性新兴产业在空间、资源和人才等方面的集聚和合理配置，因势利导发展新能源和高端装备两大优势产业。与此同时，培育新的产业增长极，在新材料、生物医药、物联网、节能环保、大数据、新能源汽车和安全产业等领域积极拓展产业板块，推动产业多元化发展。

最后，在服务业的提质增容方面，徐州市以生产性服务业高质量发展为重点，大力发展科技服务、金融服务、现代物流、商务服务四大行业，推动信息

---

① 《徐州市国民经济和社会发展第十三个五年规划纲要》，徐州市人民政府网站，http：//www.xz.gov.c/。

② 《徐州市矿产资源总体规划（2021—2025年）》，徐州市自然资源和规划局，http：//zrzy.jiangsu.gov.cn/xz/。

技术、服务外包、人力资源服务、节能环保等领域和行业实现跨越式发展。生活性服务业发展潜力巨大，结合特有旅游资源，徐州市培植千亿级旅游产业，综合配套休闲娱乐、健身、康养等产业建设，加快推进服务业集群发展，打造“徐州服务”的品牌效应。

在这一阶段，徐州市在建设“强富美高”新徐州的总定位下，以全面振兴徐州老工业基地为引领，坚持新动能培育和传统动能提升双轮驱动，不断增强战略性新兴产业发展的支撑引领作用，在重点领域、重大工程、关键环节、核心技术上取得突破，以新兴产业研发、制造和应用为新的增长点，打造了一批创新型园区和特色产业基地，为徐州市开启全面建设社会主义现代化新征程奠定了坚实基础。

四、徐州市转型发展举措与成效

（一）转型举措

1. 产业多元化发展，筑牢经济发展基础

产业结构多元化是经济转型发展的一条必经之路，徐州市在因地制宜的基础上，充分利用本地丰饶的自然资源和坚实的工业基础，促进工业的稳步增长，同时大力推动服务业提质增效。徐州市坚持贯彻落实统筹规划理念，聚焦做大做强实体经济，培育壮大接续替代产业，打造实体经济有力支撑，核心竞争力持续增强，形成先进制造业为主体、现代服务业为支撑、高新技术产业为主导的产业协调发展新格局。对于煤盐化工、冶金、建材等传统优势产业，重点提升其产业规模、科技含量、产品附加值以提升其市场竞争力。同时，大力发展生产性服务业，推动服务业结构优化、竞争力增强，着力构建新型服务业发展体系。

2. 产业结构战略性调整，构建经济新增长点

徐州市大力推动经济发展方式转变和经济结构战略性调整，近年来，从财政资金、土地利用、财税优惠、金融支持、职工安置等方面制定实施具体政策，支持产业转型升级和培育壮大新兴产业。积极打造“6 + 4”先进制造业体系，发展工程机械与智能装备、集成电路与 ICT、新能源、生物医药与大健康、新材料和节能环保等战略性新兴产业，深入实施培大育强、挂大靠强、招大引强战略，招引了一批旗舰型、领军型、基地型企业落户徐州，用“大项

目”“大规模”驱动这批新兴“大产业”高质量发展。

3. 产业集群分布，建设区域经济增长极

徐州市坚持“全域一盘棋”的协调发展战略，谋划全市发展布局、空间布局、产业布局，加强功能区建设空间的开发与保护，推动空间布局和结构持续优化，全力推动区域协调发展。在此基础上，该市深入研究产业发展问题，明确各区域的功能定位，主张发展壮大现代化特色产业集群，建设示范园区和重点园区。通过发挥国家级、省级开发区的引领作用，推动构建各具特色、优势互补、结构合理的产业布局，培育了一批具有国际竞争力的创新型企业和产业集群。

4. 推动民营经济发展，释放发展新动能

民营企业是推动中国式现代化的重要力量。徐州市坚持社会主义市场经济改革方向，坚持“两个毫不动摇”，营造市场化、法治化、国际化的营商环境，依法保障民营企业产权和企业家的权益，构建有利于统一市场和公平竞争的政策环境，以优化民营经济发展环境。徐州市主张建立健全支持民营企业发展的市场、政策、法治和社会环境，探索构建以创新链、产业链、供应链为基础的涉企政策体系，激发民营企业活力和创造力，加快培育千亿、百亿级龙头企业和细分领域隐形冠军、小巨人企业；支持中小企业发展，建立健全促进中小企业发展的长效机制，及时调整和清理不利于民营企业的政策制度；建立常态化、规范化和制度化的政企沟通渠道，弘扬企业家精神，完善企业家参与涉企规划、政策制定长效机制。

5. 扩大双向对外开放，经济发展共建共享

徐州市畅通内部循环，以开放发展推动资源型城市全面转型，充分发挥“一带一路”重要节点城市支撑作用，构建多层次开放平台体系，推动开放性经济加速发展，着力提升开放型经济规模和水平。徐州市按照国家赋予的淮海经济区中心城市定位，着力推动行政区经济向功能区经济转变，统筹重大生产力、重大基础设施和公共资源布局，市区构建“2+6”现代化城市核心区，市域构建“一核集聚、两轴牵引、三区协同”的城市空间发展格局。不断加强与济宁、临沂、连云港、宿迁等市在工程机械、新能源、新医药、现代物流、农副产品和食品加工等区域的特色产业合作，共同延伸产业链，做强区域供应链。致力于打造“飞地经济”淮海模式，与淮北、宿州签订全面战略合作协议，重点加强产业协同发展，推动徐州高新区—宿州埇桥等 4 个省际毗邻地区合作园区建设。2021 年，48 个徐州企业在合作园区新设生产基地。

（二）转型成效

1. 工业生产支撑有利，服务业提质增效显著

徐州市在建设和完善现代化产业体系的过程中，工业生产稳步增长，服务业运行态势良好，转型发展成效明显。徐州市坚持把工业经济作为立市之本、强市之基、富民之要，加快构建现代产业体系，推动传统产业转型升级，夯实制造业发展基础，拓展产业发展新领域。工业增加值从 2010 年的 1 223.42 亿元到 2021 年的 2 783.94 亿元，增长了 1.28 倍，年均增长 141.86 亿元(见图 13 –4)。需要特别指出的是，2018 年为加速转型振兴，全市对高污染、高耗能、高排放行业加大治理力度，此年度的规模以上工业增加值比上年下降 9.9%，而在 2019 年较上期增长了 18.1 个百分点，重新恢复了稳步增长的态势。2020 年，全市工业增加值 2 346.2 亿元，规模工业增加值 1 021.8 亿元，工业对经济增长的贡献率为 44%，全市列统的工业行业已涵盖工业的 36 个行业大类，具有徐州特色的工业体系不断完善[①]。同时，徐州市推进千家企业培大育强，全市规模以上工业企业共 2024 家，千亿级 1 家，超百亿企业 9 家，50—100 亿企业 11 家，企业整体竞争力不断提升，助力实体经济的高质量发展。

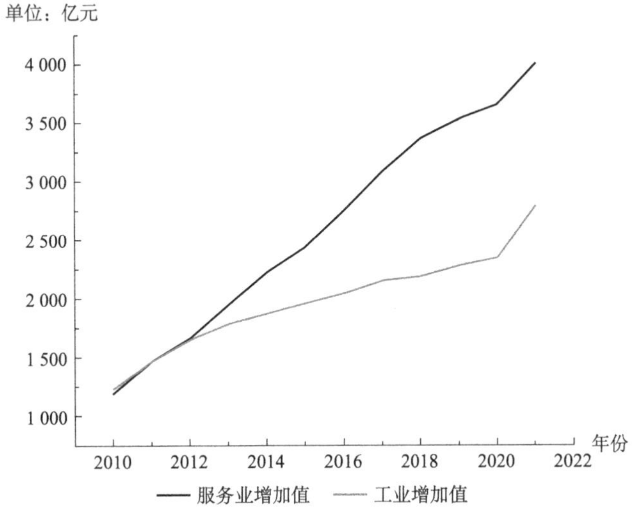

图 13 –4　2010—2021 年徐州市工业和服务业增加值概况

数据来源：《徐州市统计年鉴》（2022 年）。

① 《徐州市“十四五”工业和信息化发展规划》，徐州市人民政府，http：//www. xz. gov. c/。

在工业生产持续稳定发展的同时，徐州市以老工业城市和资源型城市转型发展为牵引，大力发展服务业，促进经济提质增效。服务业增长值从2010年的1 191.2亿元到2021年的3 998.08亿元，增长了2.36倍（见图13－4），服务业增加值逐年提升，产业竞争力显著提升。“十三五”时期，全市服务业增加值增速持续高于地区生产总值增速，2020年服务业增加值达到3 669.5亿元，是2015年的1.5倍，服务业对经济增长贡献度持续保持在50%以上，服务业从业人员数占从业人员总数的比重由36%提升至43%，已经成为吸纳就业的主要渠道①。服务业产业结构日益优化，2020年，生产性服务业占服务业比重提高至58%，商贸地产、文化旅游、健康养老等生活性服务业品质不断提升。服务业市场主体不断增加，集聚发展成效显著，全市规模以上服务业企业1350家，服务业集聚区集聚企业约3万家，初步形成了45家市级服务业集聚区。徐州市服务业综合实力和发展水平大幅跃升，发展活力迸发，成为驱动徐州市经济发展的重要力量。

2. 产业结构不断调优，新兴动能持续壮大

徐州市产业结构不断调优。如图13－5所示，徐州市三次产业比重由1980年的39:45:15升级为2020年的10:40:50，实现了“二一三”到“三二一”的重大变革。近年来，在面临复杂严峻的国内外发展形势和多重超预期风险挑战的大环境下，徐州市以超常规力度和举措对冲疫情冲击、经济下行等不利影响，加快稳经济一揽子政策和接续措施落地实施，全市经济持续恢复，转型升级稳步推进，2022年全市实现地区生产总值8 457.84亿元，三次产业结构调整为9.1:42.5:48.4，徐州市经济综合实力迈上新的台阶，产业结构持续优化升级。

在产业结构优化的过程中，徐州市坚决压减煤炭、钢铁、水泥等高污染高耗能行业产能，寻找新的增长点。一方面，通过传统产业布局优化推动绿色发展，钢铁、焦化、水泥、热电四大行业实现集中式布局、减量化发展和绿色化改造，115家企业整合为36家，传统产业发展效能显著提升。在化解过剩产能方面，“十三五”期间徐州市累计关闭退出粗钢产能493万吨，关闭煤矿15个，关停退出和调整重组化工生产企业294家，淘汰落后产能和退出低端低效产能取得重大成效，钢铁去产能和煤炭去产能走在全国全省前列，绿色发展成效明显。与此同时，积极培育高新技术产业。图13－6呈现了近10年来高耗

① 《徐州市“十四五”现代服务业发展规划》，徐州市人民政府，http://www.xz.gov.c/。

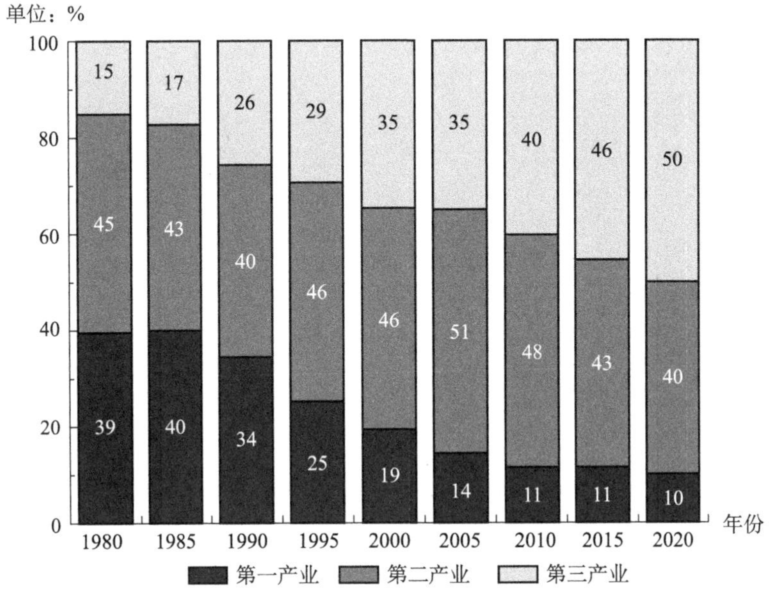

图 13 -5 1980—2020 年徐州市三次产业结构变化概况

数据来源：《徐州市统计年鉴》（2022 年）。

能产业和高技术产业投资额占总投资额的比重变化。可以看出，高耗能产业在产业结构升级优化过程中被逐渐压缩，而高新技术产业的比重逐年升高。二者投资额占全市投资额的比重在 2014—2015 年实现了历史性交汇，高耗能产业投资额占全部投资额的比重开始低于高新技术产业（见图 13 -6）。从 2017 年起，高新技术产业投资额占总投资的比重远远大于高耗能产业投资额所占比重，并且差距逐年拉大，这都体现了徐州市产业优化和绿色转型之路。

从转型效果看，徐州市战略性新兴产业体量逐年增大，发展动力持续释放。图 13 -7 呈现了徐州市高新技术产业和战略性新兴产业的变化情况。近 10 年来，徐州市把高新技术产业和战略性新兴产业作为产业发展主攻方向，发展态势较好。其中，高新技术产业产值占规模以上工业总产值的比重由 2010 年的 20.8% 增长到 2021 年的 47.1%；战略性新兴产业产值占规模以上工业总产值的比重从 2017 年的 33.5% 增长到 2021 年的 57.3%。战略性新兴产业规模持续扩大，成为加快经济发展的重要增长点。新兴产业体系不断完善，为产业发展水平和竞争力的提升提供了重要支撑。综上所述，徐州市的新兴产业不断壮大，持续助力城市的高质量转型发展。

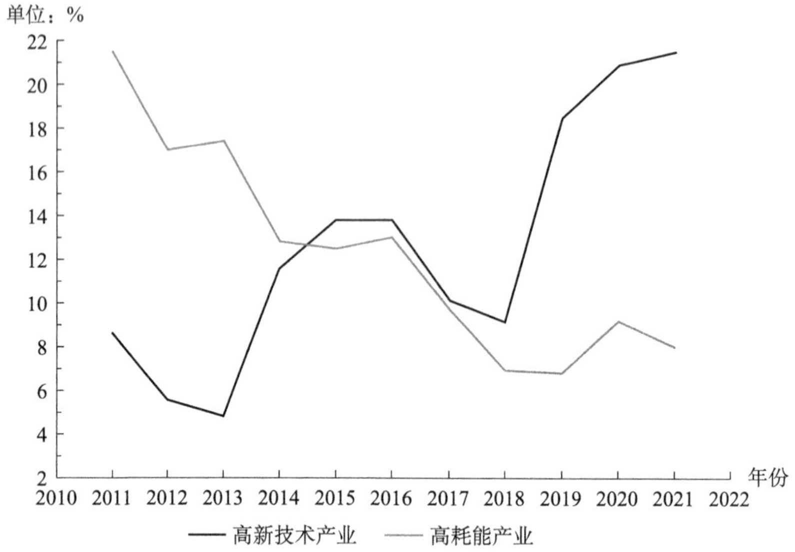

图 13－6　2011—2021 年徐州市高新技术产业和高耗能产业投资占全部投资比重

数据来源：《徐州市统计年鉴》（2022 年）。

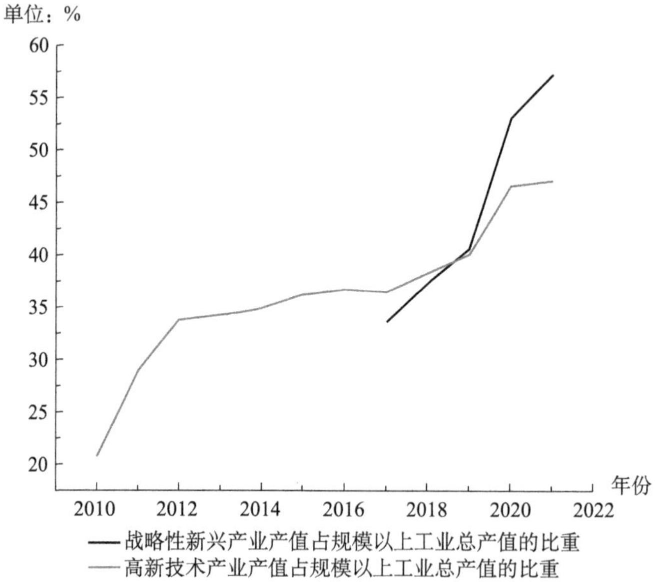

图 13－7　徐州市高新技术产业和战略性新兴产业产值占规模以上工业总产值的比重变化

数据来源：《徐州市统计年鉴》（2022 年）。

3. 产业分布相对集聚，区域带动能力增强

徐州市加快形成新的经济增长极，努力构建具有国际竞争力、全国影响力和区域带动力的战略性新兴产业创新集群[①]。作为徐州本土成长起来的支柱产业，工程机械产业已经成长为徐州最具影响力和竞争力的产业。徐州市将工程机械产业作为“一号产业”来打造，聚力聚焦、补短补软，加快壮大产业实力、提升产业层次、增强综合竞争力，全力打造世界级工程机械产业集群，巩固提升中国工程机械之都地位。此外，徐州市还在加快壮大新能源产业、新一代信息技术产业、生物技术和新医药产业、新材料产业、节能环保产业5个具有全国影响力的战略性新兴产业集群。

在改造提升传统产业方面，徐州市根据区域资源的富饶程度以及产业基础，将传统能源产业改造的任务重点分配落实至沛县。鼓励大屯煤电、大屯洗煤厂等企业开展煤矿智能化改造，探索新型煤炭利用方式，提升清洁高效利用水平，并支持天安化工煤焦化产业链向下游延伸，旨在建设成为华东地区重要的能源基地。对于钢铁冶金产业的高端化发展，徐州市以“精深化、集团化”为方向，以铜山区、贾汪、沛县、丰县为重点，布局精品钢材、精密铸造、精深有色等产业，推动中新钢铁、利国钢铁集团、金虹钢铁和华丰铝业等重点企业转型升级。对于建筑建材基地化发展，徐州市构建完善建筑业数字化平台体系及技术标准体系，提升建筑工业化、数字化、智能化水平，推动建筑业全产业链集群发展，加快建设贾汪绿色建材产业园，着力建设一批建材产业园。绿色化工规模化发展重点布局于沛县、丰县、贾汪区，引导产业向下游增值延伸，推动化工产业的绿色化转型。重点布局贾汪区设施蔬菜及林果业、铜山区乳品加工和功能饮料、丰县果蔬菌畜农副食品加工业、沛县肉鸭精深加工等特色农副产品加工基地。

在培育战略性新兴产业方面，徐州市提出重点地区接续替代产业、独立工矿区接续替代产业等方略，并立足产业基础推动错位发展（见表13－1）。支持沛县高端装备制造、生物医药与大健康、集成电路与ICT三大新兴支柱产业，推动先进制造业的发展。以泉山九里独立工矿区和徐州经开区大黄山独立矿区改造提升为重点，加快发展新兴产业，推动独立工矿区二次创业，关注主导产业和优势产业的发展，做大做强新兴产业，打造先进制造业和现代服务业深度融合的优势产业链条、新型产业集群。以鼓楼高新区为核心，加快建设云

---

① 《徐州市“十四五”国家资源型城市转型发展规划》，徐州市人民政府，http：//www. xz. gov. cn/。

创科技园、鼓楼智创云谷、中电子信息产业园、中煤数字能源创新院等重大项目，加快培育人工智能、数字经济等新兴产业。

表 13－1　　徐州市重点地区接续替代产业发展路径概况

地区	徐州市重点地区接续替代产业发展路径
徐州经开区	加快发展工程机械及智能制造、生物医药与大健康、新能源、集成电路及 ICT 等战略性新兴产业
高新区	加快发展安全（应急）产业、汽车制造、高端装备等主导产业
贾汪区	大力发展高端装备与智能制造、新能源汽车、电子与 ICT 等先进制造业
鼓楼区	加快发展商务金融、人工智能、信息软件与服务外包、高端生产生活性服务业等主导产业
泉山区	加快发展高端装备与智能制造、新能源新材料、节能环保三大先进制造业，配套发展休闲旅游、商贸物流业等
铜山区	加快发展智能高端制造、节能环保等新兴产业
沛县	加快发展新能源、新材料、高端装备制造等先进制造业

4. 民营经济活力强盛，助力社会经济发展

民营企业是国民经济的重要组成部分，在促进就业和推动经济发展中发挥着举足轻重的作用。徐州市 2013 年第三次全国经济普查数据显示，民营企业法人单位数为 65 258 个，占全市内资企业的 91.75%（见图 13－8）；到 2018 年底，徐州市民营的企业法人单位数增加为 127 241 家，占全市内资企业数的 99.33%（见图 13－8）；截至 2021 年，徐州市现有民营企业 25.18 万户，注册资金 14 313.19 万元。可见，徐州市民营企业在近 10 年内快速发展，新动能不断释放，推动着全市经济社会的发展。

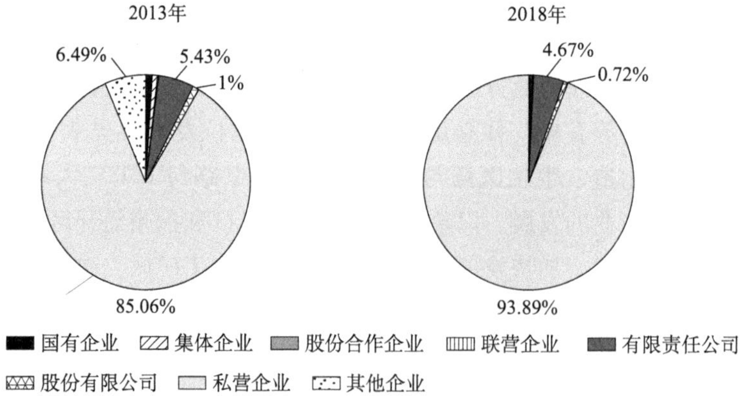

图 13－8　徐州市第三、第四次全国经济普查分类型企业法人单位占比分析

数据来源：徐州市第三、第四次全国经济普查公报。

徐州市的民营企业发展速度快，规模较大，涉及的行业和领域具有多元化、专业化、高端化的特征。民营企业成为城市科技创新的重要力量，培育出多个高科技标杆企业。例如，坐落于徐州市国家级高新技术产业园区的江苏华辰变压器股份有限公司、江苏华源节水股份有限公司和江苏精创电气股份有限公司，把传统的变压器、农用灌溉机械和制冷控制设备企业发展成为在国内外、行业内有重要影响力的高科技标杆企业。其中，江苏华辰变压器股份有限公司生产的光伏发电、风力发电变压器及充电桩等产品已被国家发展和改革委员会列入惠民工程推荐产品，该企业拥有省级研发平台、博士后创新实践基地，成立以来共获得国家专利技术 64 项，研发出省级高新技术产品 18 项，所有产品均被评为“江苏省优质产品”“江苏精品”。江苏精创电气股份有限公司作为国家级高新技术企业，建有国家级博士后科研工作站、江苏省制冷暖通节能控制工程技术研究中心、省冷链物联网工程中心等，与江南大学等国内多所知名大学进行产学研合作，多个课题获国家中小企业创新基金、获评国家级伙计计划项目。

5. 区域开放协同发展，辐射带动能力增强

徐州与周边城市共建共享平台载体，持续深化区域科技合作。徐州市与连云港自贸区共建共享、联动创新协同发展，5 批次共 109 项改革事项在区域内复制推广，徐州、淮北等市成为创建自贸区联动创新发展区。依托淮海国际陆港中欧班列，区域内城市加强区域外贸出口协作，2021 年在全年中欧班列出口货值中占比提高 22 个百分点。同时，积极开展区域园区合作，主动承接苏南自主创新示范区产业转移、成果转化；深化与无锡市南北挂钩合作，不断拓展合作范围、创新合作方式、提升合作水平；加强与徐州高新区与苏州高新区的战略合作，聚焦高端装备制造等产业前沿和关键核心技术，全面深化人才交流、园区管理、对外开放等多领域合作；落实与南通市县（市）区结对合作共建协议，深化高端纺织、电子信息、智能装备等产业协同发展和开发园区共建合作。

作为徐州市的龙头企业，徐工集团积极对外合作，发起组建淮海经济区工程机械产业联盟，持续加强与山推、临工等同行业企业产业链供应链合作，与区域内 16 家配套企业形成紧密合作伙伴，开展技术协同攻关和产销供应合作。连云港恒瑞制药发起成立新医药和大健康产业联盟，不断深化与徐州医科大学研发合作，与徐州、济宁龙头医药企业开展中枢神经、细胞治疗等新药研发。

五、经验启示与借鉴意义

2019 年，江苏徐州产业转型升级示范区作为第二批入选国家级产业转型升级示范区，并在 2019 年度、2020 年度的评估中取得良好的评定结果；在 2021 年度评估结果中，徐州位列 8 个优秀产业转型升级示范区城市第 3 位。该示范区积极推进改革创新，在传统产业升级、战略性新兴产业的培育等方面先行先试，探索出了一批成功的经验做法，示范工作卓有成效。本章将徐州市转型发展的经验归结为以下四点，供以山西为代表的资源型地区高质量转型发展参考。

（一）建立健全制度保障，有序引导产业转型

无论经济社会发展到何种阶段，单纯依靠市场机制来完成资源型城市的转型是很难实现的，政府的引导和援助也十分重要[6]。徐州市每一期的“五年规划”，都会出台重点专项规划，包括战略性新兴产业、现代服务业、工业和信息化、交通运输、现代物流业、总部经济、国家资源型城市转型、能源八项规划，这些规划注重专门性、精准操作性和任务实效性，为徐州市的转型发展提供规划引领。

健全的产业政策和服务体系，为徐州市的产业转型发展提供了制度保障。徐州市注重构建具有竞争力的科技创新生态系统和服务环境，鼓励和引导企业通过科技创新，增强内在发展动力。在此基础上，围绕战略性新兴产业发展，先后实施了《关于发展战略性新兴产业的指导意见》《徐州市培育和发展战略性新兴产业三年行动计划》等产业发展政策，并在税收减免优惠、金融服务、孵化培育等方面出台了一系列扶持措施。

徐州市“放管服”改革成效显著，市级审批事项在线服务覆盖率达 96.8%。开通政府绿色通道，为战略性新兴产业发展创造宽松环境，最大限度简化审批程序，缩短土地招、拍、挂出让公告期限，加快项目实施。创新推行市场主体注销便利化改革，启动简易注销登记程序，高效推动市场主体“新陈代谢”。分类实施“证照分离”改革，下放 5 000 万元以下企业开办审批权限，提升登记便利度，释放市场活力。通过以上一系列措施，充分推动了徐州市经济社会大发展。

（二）加强空间载体建设，助力产业集聚发展

开发区作为高新技术企业与产业的空间载体，是国家政策支持下重点发展的前沿技术和智能密集区域[7-8]。徐州市的开发区和高新区在产业集聚、科技创新、城市转型发展等方面发挥了关键作用。徐州市根据培育和发展战略性新兴产业的发展规划，按照“创新引领、错位发展、集约集聚”的原则，布局了“两核一沿六区”的产业发展空间格局，推进产业错位发展（见表13－2）。

表13－2　徐州市各县（市、区）战略性新兴产业重点领域的定位概况

县（市、区）	重点领域	主要载体
徐州经济技术开发区	高端装备制造、新能源、生物技术和新医药	徐州经济技术开发区
徐州高新技术产业开发区	高端装备制造、新一代信息技术、节能环保	徐州高新技术产业开发区、铜山经济开发区、泉山经济开发区
贾汪区	高端装备制造	徐州工业园
丰县	新能源汽车	丰县经济开发区
沛县	太阳能	沛县经济开发区
睢宁	生物医药、新能源	睢宁经济开发区
邳州	新材料、节能环保、生物医药	邳州经济开发区、邳州高新技术产业开发区
新沂	新材料、新医药和医疗器械	新沂经济开发区、锡沂高新技术产业开发区

“两核”指的是徐州经济技术开发区和徐州高新技术产业开发区，是全市战略性新兴产业分布最为集中的区域；“一沿”即沿东陇海线，该经济轴线串联徐州高新技术产业开发区和经济技术开发区、邳州高新技术产业开发区和经济技术开发区等产业发展载体，是振兴老工业基地的核心轴；“六区”则依托贾汪、丰县、沛县、睢宁、邳州和新沂六县（市、区）的产业发展基础以布局六大战略性新兴产业。徐州市重点依托开发区、工业园区等产业发展载体，充分发挥良好的产业发展基础、优越的交通区位，强化产业研发和自主创新，大力吸引高端要素集聚，整合和优化配置经济要素，促进制造业向价值链高端延伸，提升战略性新兴产业的竞争力，形成空间上布局集中、企业间紧密关联

的全产业链发展新格局。近年来，徐州以2个产业转型升级示范园区和7个重点园区为主阵地，构建了“6+4”先进制造业和“6+3”现代服务业产业体系。截至2021年，徐州市拥有省级以上经济开发区和高新区17家，其中国家级2家、省级15家，数量居江苏省第3位。经济开发区（不含高新区）全年实现一般公共预算收入179亿元、增长18.7%，占徐州市公共预算收入总量的51.9%。由此可见，资源型城市的转型发展应当因地制宜，根据本地的资源禀赋、区位条件和产业基础选择本地化的产业转型模式，合理布局园区和项目建设，使区位因素在产业结构转型中发挥积极的推动作用[9]。

（三）完善投融资服务体系，构建便利高效营商环境

产业是经济发展的载体，产业转型升级是实现经济高质量发展的路径之一，营商环境优化则是推动产业结构调整、产业绿色发展、产业质量提升的外部保障与内在动力[10]。一方面，营商环境的优化可以创造出一个更宽松和开放的外部环境，从而更好地吸引外资，进而培养出更具活力的优秀企业；另一方面，伴随产权制度的完善，可以激发企业的创新积极性，促进企业的技术进步和转型升级。

徐州市通过一系列支持新兴产业发展的政策，优化营商环境。例如，通过允许企业在境内外上市、发行债券和短期融资券等措施，支持新兴产业的建立与发展；对于科技含量高、竞争优势明显、带动和支撑作用强的项目，综合考量各项指标，将其纳入全市重点项目和年度实施计划，优先给予土地、信贷等方面的支持；设立各类财政专项资金重点支持关键共性技术突破、重大产业项目的建设；加强基础设施建设的供给，推动完善交通、能源、信息等设施建设。通过这一系列举措促进本地企业高质量发展和新兴企业飞速发展。一方面，通过技术创新、规模扩张和并购重组驱动本地企业做大做强，使之成为具有较强市场影响力的行业领军企业。另一方面，政府制订新兴产业发展招商计划，引进并孵化培育一批有发展潜力、成长性好的创新型、科技型企业。例如，2022年江苏银行科技金融项目已服务科技型中小企业600余家，累计为216家企业发放政策性贷款7.41亿元，总体贷款额在全省位于第2位。

（四）以人才和创新为引领，推动产业转型升级

城市转型发展需要实施积极的人才引育战略，营造开放型人才生态和创新生态[11]，吸引高素质人才就业创业，构建“引育留用”全链条支持体系，充

分利用好人才；同时紧紧抓住创新驱动发展这一核心战略，整合串联创新资源，将现代技术与传统产业密切结合，开辟发展新领域、新赛道，促进产业朝向高端化发展。

加强产业队伍建设，发挥人才支撑作用。徐州市发挥高等教育资源优势，依托中国矿业大学等高校和各类职业技术院校，加强人才培养。同时，大力实施高层次创新创业人才引育工程，例如“人才高地 28 条”“彭城英才计划”“555”引才工程等，为徐州聚集了一批高层次的创新创业人才①。此外，瞄准与徐州创新产业集群密切相关的 100 家以上高校，聚焦高新技术、专精特新等 1 000 家以上企业，提供 10 000 个以上岗位，市县联动分批、分组、分线路赴高校开展精准招才引智活动。在精准引育人才的一系列政策下，徐州市高学历人才数逐年增加，从 2010 年的 3.7 万人增长至 2021 年的 14.5 万人（见图 13－9），2022 年新引进领军人才 641 人，专门人才 5 357 人，大学毕业生 51 205 人，为徐州高质量发展赋能增效。

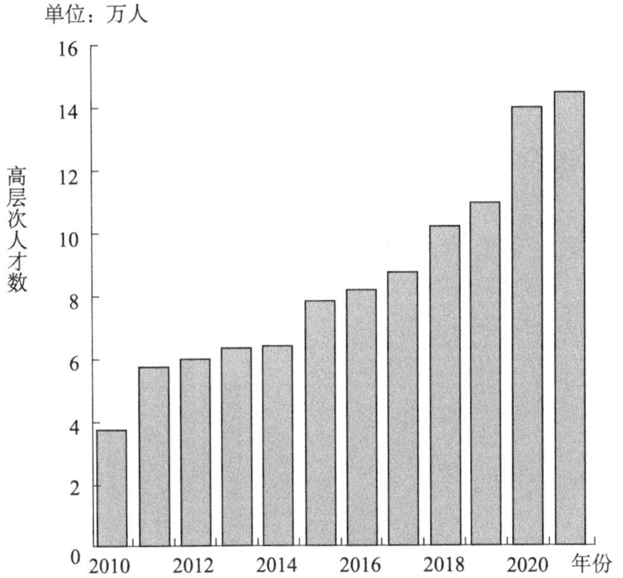

2010—2021年徐州市高层次人才数

---

① 参考《徐州市大学生招引实施办法》《徐州市高技能人才培养引进实施办法》，徐州市人力资源和社会保障局，http：//hrss. xz. gov. cn/。

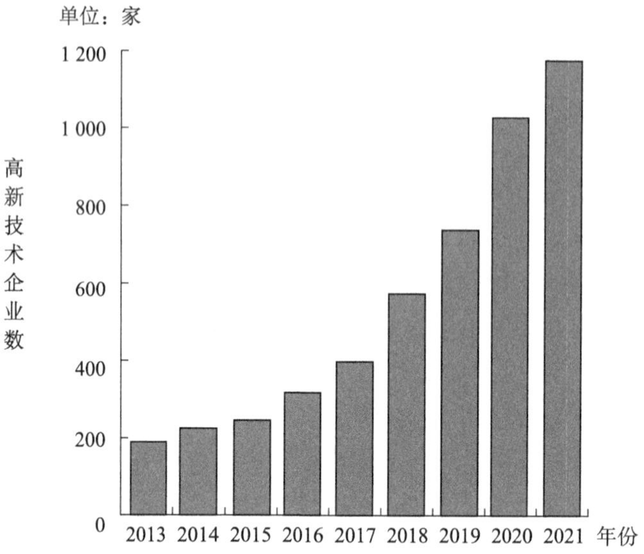

2013—2021年徐州市高新技术企业数

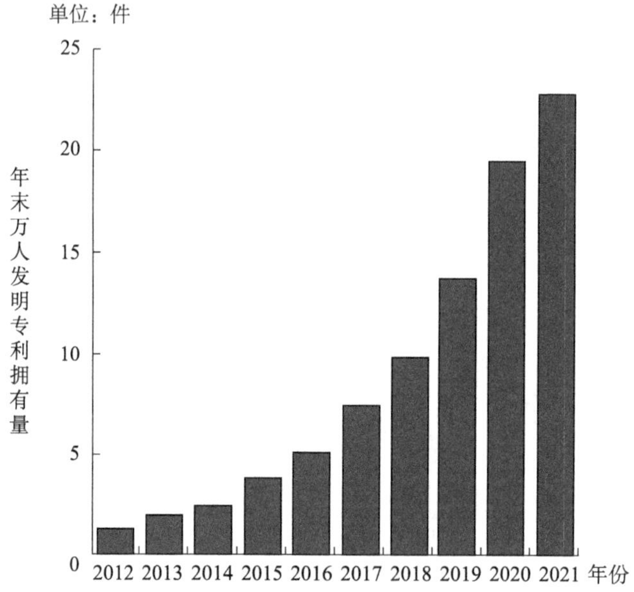

2012—2021年徐州市年末万人发明专利拥有量

图 13－9　徐州市科技创新相关指标变化概况

数据来源：《徐州市统计年鉴》（2022 年）。

建立产学研结合的技术创新体系，加快培育科技型企业的主战场和孵育新兴产业的磁力场。截至2021年底，徐州市累计建成省级以上科技企业孵化器60家、众创空间81家、加速器17家、省级众创社区试点5家，载体总数位居全省第3位。2022年拥有国家级科技企业孵化器20家，全省占比7.6%，数量居全省第五，在孵企业达1 458家。与此同时，徐州市同年新建国际技术转移机构1家，承办高规格活动1项，实施产学研合作15项以上，获批省重大科技成果转化专项资金项目8项，省级以上外国专家项目22项，不断加强与海内外高端创新资源链接，助力打造区域科技和产业创新高地。

综上所述，徐州市依托完善的人才集聚战略和完备的“产学研”载体平台，科技创新水平不断提升，为产业持续发展提供强大动力。高新技术企业数逐年增加，2021年，徐州高新技术企业数达1 172家（见图13－9），在全省率先实现规模以上工业企业研发机构全覆盖。每万人发明专利拥有量22.81件（见图13－9），科技进步贡献达到59.0%。2022年，徐州新增国家级专精特新“小巨人”企业11家、省级专精特新中小企业134家、高新技术企业数546家，入库科技型中小企业5 577家，科技创新实力稳步提升。

结　语

140年的煤炭开采历史，10亿吨煤炭的开采量，沉重的数字记录着徐州的历史贡献。在历史和时代的变迁中，徐州也展现出图变图新的决心，新理念开辟新路径，新产业焕发新生机，新技术提供新动能。徐州市将高新技术产业、战略性新兴产业作为产业发展主攻方向，着力培育创新产业集群，从建立健全制度保障、搭建发展空间载体、优化营商环境、人才引育、提高创新能力等方面系统发力，不断提升产业发展的层次水平和竞争力，走出了产业转型的徐州特色，可为同类资源型城市的转型发展提供借鉴。

参考文献

［1］徐州概况．徐州市人民政府网站，http：//www.xz.gov.cn/.

［2］刘宁宁．基于经济下行压力的徐州产业转型对策研究［J］．经济研究导刊，2016，303（22）：32－34.

［3］朱光耀．后资源型城市产业转型研究——以徐州市为例［J］．市场周刊，2022，35（06）：52－55.

[4] 朱传耿，薛跃．徐州市“十五”时期经济发展思路研究［J］．徐州师范大学学报，2000（04）：107－111.

[5] 高天明，刘粤湘，丁博．资源型城市界定主要指标和取值研究——以我国地级城市为研究对象［J］．中国矿业，2010，19（02）：29－32.

[6] 赵海．我国资源型城市产业转型研究［J］．经济纵横，2004（05）：19－22，11.

[7] 林剑铬，夏丽丽，蔡润林，等．中国高新技术产业开发区的知识基础及其创新效应——基于国家级高新区上市企业的研究［J］．地理研究，2021，40（02）：387－401.

[8] 朱鹏程，方慧芬，陈江龙，等．开发区是否促进了企业空间集聚和生产率提高——基于南京、苏州的实证分析［J］．长江流域资源与环境，2022，31（06）：1220－1233.

[9] 张荣佳，付琳，孙晓华．地理区位、经济区位与资源型城市产业转型［J］．宏观经济研究，2022，284（07）：88－104，119.

[10] 刘新智，黎佩雨，张鹏飞．营商环境优化、技术进步与产业转型升级——基于长江经济带的实证分析［J］．西南大学学报（社会科学版），2023，49（01）：111－122.

[11] 李业锦，刘潇忆，王嘉宁，等．科技创新对产业转型升级的影响——以我国首批产业转型升级示范区为例［J］．城市发展研究，2022，29（09）：108－117.

[12] 任宏飞．对我国民营企业进一步发展问题的探讨［J］．企业技术开发，2015，34（03）：25，27.

[13] 孙伟增，陈斌开．开发区政策可以促进城市平衡发展吗？［J］．经济学（季刊），2023，23（01）：74－90.

[14] 刘云刚．中国资源型城市界定方法的再考察［J］．经济地理，2006（06）：940－944.

[15] 何颖．战略性新兴产业的地方培育与选择——徐州市实现产业转型的个案研究［J］．企业经济，2012，31（12）：120－123.

第十四章
铜陵市产业转型升级示范区发展分析与启示

史琴琴　陈星宇　王若贝

安徽省铜陵市作为一个传统的冶炼产业城市，经过多年的发展，已经进入了产业转型的深化时期。该地区所取得的一些经验和教训，可以为山西省产业转型提供一些启示和借鉴。一是要坚持创新驱动，加强科技研发。二是要拓宽产业链，加强产业融合。三是要加强政府引导，推动产业升级。四是要坚持可持续发展，注重生态保护。

一、引言

作为资源型城市，铜陵市素有“中国古铜都”之称，是国家重要能源基地之一，但经过长期开采，该市铜矿资源接近枯竭。国内外的实践证明，资源型城市如果不转型，必然会衰败。党的十八大以来，铜陵市坚持“发展为要、项目为王、实干为先”的原则，对标国家产业转型升级示范区建设要求，围绕产业转型、科技创新、城市品质提升、绿色发展等方面重点发力，在旧资源上展新技，在老产业上开新路，强化新兴产业壮大和传统产业转型“双支撑”。

2021 年，铜陵产业转型升级示范区坚持“抓住铜、延伸铜”的产业发展思路，全力推进铜加工产业全产业链发展，目前已形成铜箔、铜板带、铜杆线缆、铜合金、铜及稀贵金属综合利用等 7 条重点产业链。此外，在大力推进传统产业改造提升和新兴产业培育壮大的同时，铜陵市还坚持围绕产业链部署服务链，推动服务业锻造长板、补齐短板，构建优质高效、竞争力强的现代服务产业体系。数据显示，2021 年，铜陵市服务业增加值由 2012 年的 241. 2 亿元增长到 529. 3 亿元，服务业增加值占 GDP 的比重由 38. 3% 上升到 45. 4%。全市省级服务业集聚区（示范区）累计实现营业收入 91. 5 亿元。全市整体的产业转型升级取得了明显的成效。其转型的成功经验可为我国其他资源型城市转型提供有益参考和借鉴。

二、铜陵市转型发展背景

（一）铜陵市简介

铜陵市，别名定陵、义安，安徽省辖市，位于安徽省南部、长江下游南岸，在东经 117°42′00″—118°10′6″、北纬 30°45′12″—31°07′56″。铜陵历史悠久，因铜得名、因铜而兴，素有“中国古铜都，当代铜基地”之称。采冶铜的历史始于商周，盛于汉唐，延绵 3 500 余年。新中国第一炉铜水、第一块铜锭出自铜陵，第一个铜工业基地建于铜陵，第一只铜业股票发自铜陵。铜文化已成为城市文化的核心元素，铜经济已是城市最具特色的强市之基，铜雕塑享誉全国，每两年举办一次的中国（铜陵）青铜文化博览会在国内外有一定影响。

铜陵市总面积3 081平方千米，其中市区面积1 113平方千米，约占全省总面积的2.2%。2021年，全市地区生产总值1 165.6亿元，常住人口130.6万人，常住人口城镇化率为66.3%，是长江经济带重要节点城市和皖中南中心城市。2016年6月，国务院批复，国家发展和改革委员会网站全文发布了长江三角洲城市群发展规划，铜陵入选并纳入其中。另外，铜陵市还是全国文明城市、国家园林城市、国家卫生城市、中国优秀旅游城市、全国全民健身示范市、全国未成年人思想道德建设工作先进市，荣获全国社会治安综合治理最高奖“长安杯”。

（二）铜陵市资源概况

铜陵市地处长江铜铁成矿带上，内生成矿条件得天独厚，以有色金属铜矿著称，是中国重要的铜、铅、锌矿区，有着丰富的矿产资源，是中国铜冶炼业的重要基地之一，具有悠久的冶金历史和文化底蕴。铜陵市以铜为名，是中国重要的铜矿产区和铜工业基地之一。

截至2020年，铜陵市已发现矿产32种，以铜矿为主，还有铁、金、银、钼、锰、铝、锌、分散元素等。各类矿种矿产地204处，包括大、中、小矿床和矿点，按其成因分类有内生矿床和外生矿床，按工业分类有金属矿产、非金属矿床和燃料矿床，其中金属矿产计有大型矿床1处、中型矿床9处、小型矿床19处。矿种主要有硫、白云岩、石灰岩、粘土、大理石等，此外还有石英岩、黄沙、膨润土、玄武岩、磷、硅灰岩、富钾岩、珍珠岩和玛瑙矿等。矿产地分布集中，主要位于铜官山、新桥、狮子山、凤凰山、安庆铜矿和铜山铜矿六大矿田。

铜陵市燃料矿产主要是煤，探明储量为6 106万吨，截至1985年底，保有储量5 470.8万吨，煤层可采厚度在1.5—2.5米。

（三）为什么要转型

资源濒临枯竭、环境污染严重、工业生产停滞和倒退等关键问题凸显，迫使铜陵市开始了艰难的城市转型发展之路。首先，铜陵市资源开采量已达到可开采资源储备量的2/3，甚至更多，现有资源已经不能持续满足整个社会和周边城市对资源和初加工产品的需求。2006年以来，铜陵市的铜产量逐年下降，2016年甚至出现负增长，与此同时，铜陵市的国民生产总值增幅也随之放缓。其次，资源不断地开采和加工对环境也造成了极大破坏，其中，废水、废气、固体废弃物等的直接排放致使环境急剧恶化，渔业和林业资源的不科学汲取致使生态系统崩溃，矿产资源的不合理采掘致使地质结构发生变化。此外，环境污染导致的空气质量和居民用水质量下降、食品安全不能保障，进而降低了居民生活质量，引发市民与城市之间的矛盾。再次，随着政策的不断调整，矿区多次遭遇关停和重建，影响了居民的生活和就业，造成铜陵市工业生产的停滞和倒退，随之而来的工业产值增速放缓也影响了从业者收入的提高。最后，受职业病的影响，劳动力逐渐脱离采掘业和相关工业，劳动力成本上升。

三、铜陵市转型制约性因素判定

铜陵市作为典型的资源城市，长期以来面临着优势资源枯竭、传统产业衰退、生态环境恶化等多重问题，严重制约了该市产业的发展。

（一）原矿资源制约严重

中国铜储量仅占全球4%，铜原料自给率不到20%，资源匮乏加之原矿品位低严重制约铜产业的发展。2006年以来，铜陵市的铜产量逐年下降，铜矿资源自给率不到5%，铜矿资源接近枯竭。2009年，铜陵市被列为全国第二批资源枯竭城市，铜原料供应不足，严重依赖进口。铜陵有色金属集团作为国内铜消耗最大的企业，95%的原材料依赖进口，原材料成本占比较高。

（二）产业链体系亟待完善

2001—2020年，铜陵市第二产业总产值均在50%以上，于2010年逼近60%，产业结构以第二产业为主，产业结构较为失衡。铜产业发展受困于铜矿资源的枯竭，总体生产规模较小，除电解铜以外，全市铜加工能力远高于实际产量，开工率严重偏低。铜产业链较短，中低端铜材产能过剩，代表高精尖技术的电子用铜材少。铜产品主要为铜杆、铜板带、铜管、铜棒等传统加工领域，产业链纵深发展不够。技术含量较高的铜管、电子铜箔、电子铜带、电子用微细漆包线等还是空白，产品结构不合理。大多产业链上产品只有单个企业在生产，产业链相对薄弱，发展后劲不足。

铜陵市电子信息产业在安徽省处于前列，拥有“国家（铜陵）电子材料产业园”，但缺乏支撑产业持续发展的高层次的国家级研发中心。大多数中小企业缺乏自主研发的条件和水平，企业自主创新能力发展不均衡，与产业规模的快速发展相比，铜陵电子材料产业的公共服务体系建设相对滞后，产业服务功能已不能满足基地内企业日益增长的资金、技术、人才、信息等需求。在当前数字经济、服务业、金融业等高速发展时期，铜陵市仍然依赖工业发展的惯性路径，尚未形成完善的产业链体系，不利于经济转型和城市可持续发展。

（三）高端人才匮乏

产业链延伸需要大量专业、高端人才。当前，铜陵市在人才方面主要面临区位受限、本地人才培养机制薄弱和外地人才引进效率偏低三大挑战。首先，铜陵市虽然与南京、合肥、芜湖等城市同处长江沿岸，但城市吸引力有限，人才引进和留用困难较大。其次，铜陵市仅有一所本科院校（铜陵学院）和两所大专院校（铜陵职业技术学院、安徽工业职业技术学院），高等教育资源不足。2020 年，全市专科、本科、研究生及以上学历人口共 20.7 万人，但专科和本科占比较大，研究生人才较少。第七次全国人口普查显示，铜陵市总人口 124.3 万人，每 10 万人口中拥有大学文化程度（含大专）的人数为 1.5 万人，且 60 岁以上人口占总人口的比重为 22%，成为人口老龄化社会。最后，2016—2021 年，铜陵市累计流失人口超过 30 万人，共引进高层次人才 788 人，流出 330 人，人才留驻率偏低。尽管铜陵市积极出台一系列人才计划，但成效尚不显著。

（四）区域物流市场集聚度低

铜陵市位于上海、武汉、南京及九江的正中心，地处我国长江经济带、安徽省皖江城市带和安徽省南北中心发展轴线上，具有全国承东启西的优势区位，但是物流区域市场尚未形成。受上海“长三角”地区和南京都市圈打造国际物流中心发展战略的影响和制约，区域物流的集聚度大大降低。目前铜陵市与周边地区在物流业的产业合作、市场开放、资源共享和跨区域基础设施共建等政策、体制方面尚存在很多问题，解决和协调的难度很大，以产业为纽带、以铜陵市为中心的区域物流市场还没有真正形成。物流产业规模小，技术服务水平和服务功能单一，不能为客户提供包括物流网络设计、订货管理、存货管理等物流增值服务，只能提供运输、仓储等比较原始的基础服务。

（五）企业经营成本压力大

根据生产力梯度转移理论，优势地区率先向外围转移的大多数是劳动密集型产业，而劳动力成本则是决定劳动密集型产业竞争的第一要素。高昂的居住成本和较高的副食品价格抬高了该市的劳动力价格，使该市成为劳动密集型产业发展的劣势空间，这对于劳动密集型产业向铜陵市转移非常不利。同时，由于土地资源供给的限制，土地价格也将不断上升，导致商务成本中的“硬成本”较高。铜产业作为资金密集型产业，企业运营资金成本高、货款回笼慢，流动资金缺口大，容易出现资金链断裂的风险。然而，铜陵市长期以来面临着优势资源枯竭、传统产业衰退、生态环境恶化、企业职工失业、棚户区改造、公共服务滞后等多重问题，政府财政压力较大，用于降低商务成本的资金捉襟见肘。

（六）生态环境问题突出

环境容量已成为铜陵市转型发展的突出瓶颈。首先，铜陵市主要以重工业和化学工业产品为主，包含铜材、钢材、硫铁矿、硫酸、电解铜、化学废料等，产业资源依赖度高、消耗多、污染大，环保压力大。全市单位面积主要污染物排放量和生产量均高于全国、全省平均水平。随着煤炭消费总量的增加，工业烟粉尘等污染物排放量也持续上升，2020 年，该市可吸入颗粒物（PM10）平均浓度在安徽省中部和南部地区最高，二氧化碳、二氧化硫平均浓度均为全省最高地区之一，年产固体废弃物总量约 1 500 万吨。其次，铜陵市面临较大的生态环境治理修复压力。该市因矿山开采破坏造成的地质灾害易发区面积达 124.7 平方千米、水土流失面积达 460 平方千米，分别占全市总面积的 11.2% 和 41.3%。推进生态环境治理修复任务重、所需资金量大，仅六国化工磷石膏堆场治理 657 万吨库存量就需要投入 6.5 亿元。

依据生命周期理论、能源—环境—经济（3E）理论和可持续发展理论，铜陵市经历了从资源勘探开采到资源枯竭的过程，能源和环境对经济发展的约束越来越大，城市发展也受到资源、人才、市场、生态环境、科学技术等关键因素的制约，面临城市转型的压力。

四、铜陵市转型发展历程

（一）资源型产业形成期（1962—2008年）

资源开采和初加工产业链形成期，铜、硫铁矿等资源是铜陵市资源开发的重点，但产量增长相对缓慢。1962—1980年，硫铁矿产量维持在10万—20万吨，铜的产量至1980年仅为0.16万吨。改革开放后，资源型产业链的延伸刺激了铜、硫铁矿的产量。其中，硫铁矿由1985年的27.83万吨提高至1990年的156.91万吨，年均增长41.33%；铜的产量由1980年的0.16万吨增加至1990年的21.8万吨，年均增长29.85%。

经过长期的开采，铜矿等资源面临枯竭，产量开始放缓。1990—2007年，硫铁矿产量年均增长率仅为3.83%；铜产量保持较快增长，但本地铜矿产量维持在5万吨左右，95%的冶炼用铜矿依赖进口。为应对资源枯竭带来的负面影响，相关企业在提高资源利用效率的同时积极延伸产业链，进入转型探索期。

（二）转型探索期（2009—2016年）

2009年，铜陵市被列为全国第二批资源枯竭城市，走上了艰难的城市转型发展之路。铜陵市在经济转型过程中并没有选择完全替代式的经济转型模式，而是从铜陵实际情况出发，提出“两条腿”走路，一方面改造提升存量，做强传统优势产业，构筑转型发展的“硬脊梁”；另一方面培植壮大增量，大力发展新兴产业，锻造转型发展的“新引擎”。

2011年，铜陵市牢牢把握全面转型，加快推进经济发展方式转变，积极推进传统产业改造提升，完成企业技改投资2 946.9亿元，增长41.8%。汽车和装备制造等重点行业生产规模进一步壮大，技术装备水平明显提高。2013年铜陵市被列为资源衰退型城市，在各方共同努力下，这里逐渐形成了铜加工、精细化工、建材、能源、生物医药等多产业竞相发展的格局。2014年，铜陵市以“转型，铜陵”为主题，组织开展“城市转型、干部先行”专题讨论，主动走新型工业化之路。在2013年、2014年两个年度全国67个资源枯竭城市转型绩效考核评价中，均获优秀等次第一名。2015年，在经济发展上，铜陵市突出主导产业循环发展，全市完成工业技改投资超330亿元，同比增长39.6%；首位铜产业主营收入突破2 000亿元，较2010年翻了一番，同时，二氧化硫排放却下降45%，万元增加值能耗下降约20%。

经过多年努力，铜陵转型发展取得了明显成效，人均GDP达到长三角地区平均水平，城乡居民收入位居全省第一，先后荣获全国文明城市、国家卫生城市、国家园林城市、全国科技进步示范市等荣誉称号。2015年，在安徽省社科院发布的居民幸福指数分析评价报告中，铜陵在全省“幸福”城市中排名第二。

（三）转型深化期（2017年至今）

2017年4月，铜陵作为安徽唯一代表，被国家发展和改革委员会、科技部、工业和信息化部、自然资源部、国家开发银行联合确定为全国首批老工业城市和资源型城市产业转型升级示范区。铜陵市又多了一张新名片，经济发展也在加快转型升级中踏上了新的平台。近年来，铜陵市把握政策机遇，积极推动示范区建设，取得显著成效，铜陵示范区连续三年在国家绩效评估中获良好等次，2020年获优秀等次。铜陵市坚持“发展为要、项目为王、实干为先”，锚定“智造新铜都，生态幸福城”的城市定位，按照“延伸铜，不唯铜，超越铜”发展思路，不断推动传统产业升级改造、新兴产业培育壮大、生态环境持续优化。

五、铜陵市转型发展举措与成效

（一）转型举措

1. 提升优势产业能级，夯实转型发展新支撑

铜陵市围绕观念转新、经济转型、体制转轨、环境转优、解决历史遗留问题“四转一解决”的转型发展战略，持续深化供给侧结构性改革，深入推进资源枯竭城市高质量转型，初步走出了一条资源枯竭城市可持续发展之路。按照全产业链思维，探索加快涉铜产业改造升级和延伸产业链的有效途径，全力推进涉铜产业迈向中高端，主推铜采冶跻身世界先进，建成铜陵有色“双闪”工程、奥炉改造工程，闪速熔炼、闪速吹炼、两转两吸制酸等技术处于领先水

平。铜陵市也被世界铜加工协会誉为全球铜加工产业领域产品齐全、产业链完整、产业配套完善、极具竞争力和发展前景的产业基地。

一是立足现有产业和技术、人才基础，对标发展新理念，不断发展和引进企业，拉伸产业链条。现已形成了“铜板、铜带、铜管、铜杆、铜线、铜箔、铜粉、铜合金、铜工艺品”等比较完备的铜产品加工体系。通过引进世界级的铜业领军人才团队，铜合金制造技术由二代跃升到四代，达到国内一流水平。铜基新材料集聚基地为省内最大的产业集聚基地，集聚的铜材深加工企业34家，产值规模达到700亿元。云上（铜陵）数字经济产业园项目成功签约，该项目将推进铜陵市铜官区打造数字经济产业生态区。云上（铜陵）数字经济产业园以发展城市数字经济相关产业为核心目的，计划设立产业科技孵化中心、科创中心等，打造“云上（铜陵）数字经济产业园”服务平台，聚力发展新技术、新产业、新业态、新模式，招引及孵化数字文创、物流平台、电子商务、商贸、信息安全与数据服务、软件与信息技术服务等类型企业。

二是铜陵由传统产业向新兴产业升级，以循环利用、节能减排、绿色低碳为目标，构建循环经济产业链，实现资源的高效利用。全威（铜陵）铜业科技有限公司作为全省最大的民营企业，产品向下游延伸，新上线压延扁铜线、压延铜箔项目，产品档次、产品规模迈上了新台阶。精达集团在白色家电领域铜线国内市场占有率达40%、铜铝合金线市场占有率超过60%。产业延伸替代也达到新高度。2017年，铜加工材产量首次突破200万吨。全市战略性新兴产业产值达926.2亿元，总量居全省第四，增幅居全省第二。非铜产业产值占规上工业总产值比重达45%。全市开发区规上工业总产值、财政收入、固定资产投资增幅均达到两位数以上。铜陵经济开发区成为了全国首批、全省首个循环化改造示范园，义安经济开发区成为2017年度全省唯一国家园区循环化改造试点。2017年实施100个循环经济重点建设项目，项目总投资468亿元，年度完成投资132亿元。

三是从资源保障、产业支撑、研发基地、企业群体、铜文化、开放口岸6个方面重点发力。持续提升铜产业的国际竞争力，形成铜资源再利用、铜冶炼、铜深加工、铜贸易、铜研发、铜文化等产业相互融合、一体多元发展的格局。以延伸铜业加工体系为目标，形成一批印制电路板、电子元器件、电池电芯等产业链条，吸引一批涉铜企业落地集聚。引进世界级的铜业领军人才团队，一批创新成果快速形成新动能。例如，成功研发世界最薄的超薄铜带，使铜陵的铜板带加工水平提升了2代至3代。2018年，铜陵在全国12个示范区共27个评估对象中位列良好档次，顺利通过国家首次绩效评估。铜陵抓住特色产业园区建设机遇，围绕涉铜产业的改造升级和产业链的延长，在坚持产业延伸与产业替代、创新性落实国家政策、积极构建长效工作机制等方面形成了可复制、可推广的经验。积极融入长三角经济带，其错位竞争、差异竞争的发展模式值得其他城市借鉴。

四是创新驱动力进一步增强。创新驱动“1+6+24”政策体系进一步完善，精达集团成功争创国家技术创新示范企业和国家级企业技术中心。全市拥有国家、省和市级企业技术中心、工业设计中心、制造业创新中心和技术创新示范企业111家；全社会研发经费占地区生产总值比重2.48%；新认定高新技术企业67家，较上年净增27家，创历史新高；每万人发明专利拥有量9.4件，居全省第5位；引进高层次科技人才团队14个，入列省级团队4个。铜陵市坚持推进产业集聚，加速产业转型升级步伐；坚持创新融资模式，增添产业转型升级活力；坚持推进园区升级，夯实产业转型升级载体；坚持深化改革开放，构筑转型升级内生动力，较好完成了年度各项目标任务，经济总量突破千亿元大关，转型发展迈上新的台阶。铜陵市拥有全球最完整的铜加工产业链，持续推进“千亿产业引领工程”，加速构建相互融合、一体多元的完整铜产业链，已形成铜杆线产业链、铜板带产业链、铜管产业链、铜棒产业链、PCB产业链、铜粉产业链、铜艺产业链7条完整的产业链。铜产业平台建设逐步完善，在全国率先创建国家新型工业化（铜及铜加工）示范基地、国家电子信息产业基地和国家专利产业化（铜深加工）基地；铜陵铜产业（铜基新材料）区域特色高技术产业链是国家级区域特色高技术产业链。科技创新成果显著，近三年，铜陵铜产业企业共登记省级科技成果345项，获得省级以上科技进步奖13项。目前特种电磁线、高强高导铜合金线、铜合金板带材、引线框架、磷铜材料、电子铜箔、印制电路板等主导产业和产品的技术水平均居国内领先水平。

五是坚持产业集聚，持续推进现代产业体系构建，推动铜产业高质量发展。2019年举办的国际铜加工协会技术年会铜陵论坛，制订了铜产业高质量发展三年行动计划，按照“7+3”产业链，加快涉铜产业改造升级和产业链延伸，全力推进涉铜产业迈向中高端。大力发展战略性新兴产业，深入推进“三重一创”，铜陵先进结构材料产业集群入列国家第一批战略性新兴产业集群，2个项目入围省级重大工程、1个项目入围省级重大专项，全市省级重大工程、重大专项总数位居全省第4。持续推进工业转型升级，推动制造业数字化、网络化、智能化改造，建成省级以上智能工厂 3 家、数字化车间 13 家、规上工业上网入云企业接近 200 家，21 家企业入列国家、省两化融合管理体系贯标试点，26 家企业入列国家、省两化融合示范企业。实施中小企业梯度培育计划，建设小进规、高成长性、专精特新、行业小巨人企业培育库，入库企业 280 户，新增市级专精特新企业 30 户、市级科技“小巨人”企业 9 户、省专精特新企业 16 户。实施新一轮技改升级工程，全年实施亿元以上重点技改项目 50 个，技改投资占工业投资比重超过 60%。坚持园区升级，持续推进产业升级支撑平台建设，促进开发园区高质量发展。出台全市开发区改革完善创新提升实施方案，在全省率先完成开发区优化整合。铜陵经济开发区、狮子山高新区社会事务全部移交属地政府，铜陵经济开发区、义安经济开发区实行人事绩效管理，枞阳经济开发区推行雇员制。推动公共服务下沉，铜陵经济开发区“证照分离”改革试点顺利实施，“承诺即开工”制度改革全面推行。探索水电气降价保障机制，以开发区为单位推进年用电量在 100 万度以上的中小企业客户“组团式”参与市场化售电，实施工业用气、用水降价优惠政策，为开发区企业减少成本 5 730 万元。深化园区循环化改造，枞阳经济开发区、狮子山高新区获批省级园区循环化改造试点，全市国家、省级园区循环化改造示范试点总数达 4 个，开发园区循环化改造实现全覆盖。

六是坚持工业立市、智造强市不动摇，工业支撑作用逐步加强。全市规上工业总产值达 2 694.3 亿元，增长 31%；实现利润总额 116.6 亿元，增长 7.3%；工业投资增速居全省第 2 位。铜陵有色在世界 500 强企业中再进 49 位，跃居第 407 位。中小企业成长计划有效实施，新增国家级专精特新及重点“小巨人”企业 8 户、省专精特新冠军企业 2 户，净增规上工业企业 80 户。铜产业与新能源汽车、电子信息产业耦合发展，累计实现产值 1 700 亿元，增长 36%。枞阳县、义安区入选全省制造业发展 10 快县（区），枞阳县绿色家居智造特色产业集群（基地）入选 2021 年度省级名单。晶赛科技成为全国首批、全省首家北交所新股，洁雅股份成功登陆深交所创业板，全市上市公司已达 9 家，居全省第 4 位。

2020 年，铜陵市入围商务部新认定的国家外贸转型升级基地名单。国家外贸转型升级专业型示范基地，是指在国内某一特定类别产品中，出口规模、出口潜力和技术水平位居全国前列，有较强示范带动作用的产业集聚区。2021 年，铜陵市建设进展评估结果为优秀（全国仅 8 个城市），铜陵市在 35 个城市（区）中评分排第 2 位。其中，真抓实干成效明显通报表扬的产业转型升级示范项目（全国仅5个），铜陵市生物实验室耗材及检测试剂项目榜上有名。

持续推进铜基新材料产业集群建设，成立铜陵市先进结构材料（铜基新材料）技术研究院，举办中国（铜陵）铜产业高质量发展大会，组建铜基新材料产学研技术创新联盟，积极开拓建设铜资源海外基地，铜陵有色厄瓜多尔铜矿提前完成全年生产任务。2021年，全市铜产业实现产值1 785亿元，增长34.2%；电解铜产量110万吨，铜材产量144万吨；铜基新材料产业基地实现产值819.3亿元，增长26.5%。培育发展新兴产业，高标准建设国家先进结构材料产业集群，形成"1个国家级集群、1个省级基地、6个省级工程（专项）"的发展格局。全年战略性新兴产业实现产值942亿元，增长35%，战略性新兴产业产值占规上工业比重为35%；先进结构材料产业集群76家规上企业完成产值1 366亿元，增长34.4%。新增晶赛科技、洁雅股份2家上市公司，全市上市企业数达9家，居全省第4位，制造业增加值占GDP比重为38%，占比居全省第1位。

2. 培育壮大新兴产业，催生转型发展新动能

在推进资源枯竭城市转型发展过程中，铜陵市坚持"不唯铜、超越铜"，以突破关键核心技术、延伸完善产业链条为重点，强化产业链招商，大力发展铜基新材料、半导体、装备制造、数字经济等新兴产业。铜陵市在抓实项目招引的同时，强化科技创新，实施高新技术企业倍增计划和规上工业企业创新"清零"行动。围绕产业发展、企业需求，发布"产业人才8条"政策，引导人才往实体经济走、往企业一线走。同时，打造基金部落，组建运营35只基金，推进实施企业上市"登峰"计划。此外，铜陵市还大力发展工业互联网，实施制造业数字化转型三年行动计划，打造"工业大脑"，支持企业上云，推进制造过程、装备、产品智能化升级，建设一批可感知、可预测、可控制的智能工厂。另外，"十四五"期间，铜陵市将推进规上工业企业和高新技术企业"双倍增"计划，并将聚焦创新主体、关键技术、创新平台、科技园区、创新生态五个方面，深入实施科技创新"54321"计划，以优良的创新生态体系进一步激发企业创新创造活力。具体如下：

一是围绕新兴产业重大基地、重大工程、重大专项，设立战略性新兴产业引导资金，建设省级铜基新材料产业集聚基地，获批大气环境综合立体监测、电子材料及新型元器件、集成电路封测设备、智能化流体控制装备关键基础零部件、高性能铝基新材料、半导体关键材料等省级重大工程（专项）。

二是围绕传统产业高端环节和新兴产业核心环节，编制产业路线图，实施产业链“链长制”，市领导牵头挂帅新材料、新一代信息技术、大健康和文化旅游、智能装备制造、现代农业和食品加工、新能源和节能环保6大产业链推进组，构建“链长”牵头抓总、县区板块主体推动、部门服务支撑、龙头企业核心引领的联动工作体系，推行以商招商、云上招商、基金招商，提升发展新兴产业。

三是培育发展数字经济。与阿里巴巴、腾讯携手建设“智造强市”，与科大讯飞合作建设“城市超脑”，与阿里云合作建设“工业大脑”，在全省率先建成同城双活政务云机房和5G基站，规划建设百亿级“5G+工业互联网”产业链。大力培育发展五大战略性新兴产业，加快推进5G产业发展，目前全市5G产业关联性较强企业15家，形成产业链2条，总投资超60亿元。推进5G基站建设，目前已建成408个，开通站点360个。开展了电子级化学品规划编制工作，成立市电子级化学品发展领导小组，组建专家库与产业联盟。

3. 打造现代商务平台，构建现代服务产业体系

铜陵市围绕产业链部署服务链，推动服务业锻造长板、补齐短板，构建优质高效、竞争力强的现代服务产业体系。打造现代服务业集聚区，以科技服务、旅游休闲、电子商务为重点，着力形成产业互动、空间一体的服务业集聚区（示范区）发展体系。建设国家级服务业综合改革试点，深化先进制造业和服务业融合发展，推进消费品工业、装备制造业等先进制造业和数字经济、研发设计、金融等现代服务业深度融合发展。以现代金融、现代物流、科技服务等业态为重点，推动生产性服务业向专业化、集聚化和价值链高端延伸。

2017年开始，铜陵市对口岸、物流、电商等方面的政策法规、基础设施、未来发展予以高度重视，在现有的基础上针对各项不足加以改进。坚持“有效监管、质效并举、安全环保”原则，推进全市口岸有序有效开放。积极争取全市口岸开放和扩大开放项目列入国家“十三五”口岸发展规划，充分发挥其促进产业开放发展及辐射周边的作用。到2021年，高效畅通的现代商务平台体系基本形成，基本建成产业体系较为完整的电子商务模式，逐步建成现代物流体系和现代口岸发展体系。

铜官区国家服务业综合改革试点建设深入推进，大通古镇园区获批成为省级服务业集聚区，与科大讯飞、腾讯等全国大数据前50强企业建立战略合作关系。大数据产业园、铜官数谷等启动建设，成功举办第四届中国县域电商大会暨2018安徽省网商大会，全年消费品生产经营企业网上零售额超20亿元。

文化旅游业加快发展，11 家企事业单位入列省级旅游品牌。昆仑决赛秀、田原艺术季等文化旅游活动成功举办，枞阳方园盛大开园，全市实现旅游业总收入 193.7 亿元，增长 22.8%。

2020 年，服务业发展取得新进展。铜官区“十三五”国家服务业综合改革试点评估结果排名全国前列并获省级表扬。“两业融合”深入实施，狮子山高新区和精达集团、中车铜陵、万华板业、安徽金誉等企业被列入省“十四五”首批“两业融合”发展试点，获批试点企业数居全省首位。铜草花、铜官数谷、汐有等电商产业园快速成长，全市实物商品网上零售额突破 20 亿元。文旅资源开发展现新面貌，全市接待国内旅游人数 1 500 万人次，增长 68%。义安区永泉忆江南休闲微型产业集聚区入列省级公示名单。枞阳县浮山镇、义安区钟鸣镇、郊区大通镇获评首批省级特色旅游名镇，新增梦思康百合庄园等 3A 级景区 4 家。服务业集聚区建设加快推进，全市省级服务业集聚区（示范区）入园企业 1 490 家，实现营业收入 91.5 亿元。日科、泰祥分别获批 2021 年度省级服务业集聚区、示范区，大通古镇旅游休闲集聚区获评省级优秀。

4. 打造一流营商环境，壮大“铜陵板块”

第一，作为“一号工程”，铜陵市持续打造一流营商环境，成立 18 个工作专班，优化工作机制，建立督导问责机制，破除隐形壁垒，推进数据共享，通过“前置服务、联合预审”优化审批流程，首建“都能办窗口”等。

第二，作为长江经济带重要节点城市和皖中南中心城市，转型中的铜陵市积极融入长三角一体化战略，发挥资本市场配置资源作用，为实体经济高质量发展和产业转型升级提供有力金融支持。铜陵市携手上海普陀、浙江台州、江苏南通等 8 市，牵头发起成立长三角产业创新城市产业资本服务中心，全力拓宽对外合作交流平台。该市还立足先进结构材料产业集群、专精特新企业发展等，瞄准长三角等重点区域、头部资源，建立了良好的金融资本“朋友圈”。

第三，政银合作不断深化。为加快推进铜陵市“十三五”发展规划建设，2016 年 4 月，该市与邮储银行安徽省分行签订授信总额 150 亿元的政信类项目合作协议，共同推进该市基础设施及民生工程建设，促进铜陵市经济社会可持续发展。2017 年 3 月，该市与国家开发银行安徽省分行签订授信总额 200 亿元的合作备忘录，重点支持老工业城市转型升级示范区建设、新铜陵跨江发展、新型城镇化、长江经济带、“一带一路”、循环经济节能减排、战略性新兴产业聚集区建设、“5121 行动计划”等重大战略实施和重点项目建设。

5. 坚持生态优先，推动全面绿色转型

一是实施碳达峰行动。完善能耗双控制度，实施用能预算管理，分类开展重点领域、重点行业碳达峰行动，高耗能行业低碳化改造，大力发展光伏等新能源，推动煤炭与新能源优化组合，提高非化石能源占一次能源消费比重。建设绿色低碳交通运输体系，提高装配式建筑比例，推行绿色低碳生活方式。

二是持续攻坚污染防治。实施大气、水、土壤污染防治升级版，强化多污染物协同控制。实施细颗粒物（PM2.5）和臭氧浓度“双控双减”行动，常态化开展巡河巡湖、水质监测，持续整治入江入河排污口，推进横港扫把沟片区水环境治理。实施新民、西湖污水处理厂扩建工程，提升乡镇政府驻地污水处理设施效能。优化土壤分类管控和污染源头治理，加强固废危废监管和处置。

三是建设美丽长江（铜陵）经济带。围绕“四美四高”，强力实施“十大行动”，推动重点任务有效落实。深入推进沿江化工企业综合整治，完成“散乱污”企业整治。加强入江排污口治理，全面完成规范化改造和在线监测设施建设，努力实现“清水入江”。启动滨江生态公园延伸段建设，扩大江北近岸区绿化覆盖面，打造滨水生态廊道。

四是厚植城市绿化景观带。划定永久性城市绿带，推进全域增绿提质，扩大绿色生态空间。深入实施林长制，开展大规模国土绿化行动。持续开展“增绿补绿、增花添彩”绿化提升行动，打造“繁花似锦、四季多彩”的花园铜都。全面落实矿山山长制，推进绿色矿山建设，不断彰显城市绿色之美。加强西湖湿地及周边水环境治理，擦亮新区生态名片。

五是修复老矿区生态，提升老百姓幸福感。首先，从“千年古铜都”迈向“智造新铜都”，一个崭新面貌的铜陵出现在世人面前。当地深入推进生态文明建设，大力实施蓝天、碧水、净土三大保卫战，全市空气质量达到国家二级标准，历史遗留矿山累计生态修复治理率达92.9%，成为全省唯一入江口国家考核断面水质全部达标的城市。其次，狮子山独立工矿区作为铜陵市历史最悠久的老矿区，采冶铜的历史从商周绵延至今。近年来，该区域地质灾害频发，基础设施落后，发展不平衡、不充分问题日益凸显。2021年初，狮子山独立工矿区改造提升工程入围国家发展和改革委员会“十四五”期间支持的采煤沉陷区和独立工矿区名单。改造提升工程目前已谋划立项居民避险安置、基础设施和公共服务设施建设、生态修复和环境整治、接续替代产业平台4大类16个改建项目。安置点项目共有三个，其中地质灾害区移民安置项目已竣工，青霞路周边居民避险安置项目、新华山矿周边居民避险安置项目正在建设。邻里中心及农贸市场已投入使用，区域微循环道路畅通项目正在收尾；采矿塌陷区生态修复项目目前已完成全部工程量的80%。此外，该矿区失业矿工就业街区计划7月竣工；高新区科创园接续项目已全部竣工，正招商引资。2023年起，狮子山独立工矿区将布局社区养老、医疗、教育等项目，提升社会公共服务功能和经济发展能力，将该矿区打造为产城融合、宜居宜业的现代化新城区。

六是争创无废城市试点市。以“趋零排放”为愿景，推进固体废物源头减量和资源化利用。推动生活垃圾分类试点扩面，建设城市生活垃圾转运和环卫一体化项目，建成固废综合开发再利用、建筑垃圾转运处置项目。深化省级以上园区循环化改造，建设开发区集中供热等循环经济项目，与中节能合作共建国家循环利用基地，打造循环经济升级版。

（二）转型成效

1. 产业转型升级实现新业绩

铜陵市坚定“抓住铜，延伸铜，实施铜”产业发展三年行动计划，持续推进铜基新材料产业集群建设，成立铜陵市先进结构材料技术研究院，举办中国铜产业高质量发展大会，组建铜基新材料产学研技术创新联盟，鼓励开拓建设铜资源海外基地。2021年，铜陵市有色业绩创70年之最，跃居世界500强第407位，再进49位。全市铜产业实现产值1 785亿元，同比增长34.2%；电解铜产量110万吨，铜材产量144万吨；铜基新材料产业基地实现产值819.3亿元，同比增长26.5%。培育发展新兴产业，高标准建设国家先进结构材料产业集群，形成“1个国家级集群、1个省级基地、6个省级工程（专项）”的发展格局。全年战略性新兴产业实现产值942亿元，同比增长35%，产值占规上工业比重为35%；先进结构材料产业集群76家规上企业完成产值1 366亿元，同比增长34.4%。新增晶赛科技、洁雅股份2家上市公司，全市上市企业数达9家、居全省第4位，制造业增加值占GDP比重38%，占比居全省第1位。

2. 科技创新驱动催生新活力

扎实推进高企“倍增”计划，支持规上企业、高新技术企业和科技型中小企业组建市级研发平台、申报省级以上研发平台，获批省级铜基新材料制造业创新中心，优化国家印制电路板质量监督检验中心、铜铅锌及制品质量监督检验中心管理体制，实施皖江中心新一轮三方共建，建设中科大先研院医药和新材料研究院，有力支撑铜陵创新发展。2021年，铜陵市成功获批建设国家创新型城市，全年净增62家高新技术企业，高新技术企业总数达322家，新认定国家科技型中小企业263家。全市研发经费支出33.1亿元，全社会研发投入占GDP比重3.3%，居全省第3位，新增省级企业技术中心3家，新增博士后科研工作站2家。全年引进高层次人才团队13个，柔性引进225名人才。

3. 城市更新改造呈现新面貌

持续实施城市基础设施补短板、海绵城市建设、“增绿补绿、增花添彩”绿化提升行动，打好城市污水处理提质增效收官战，提升城市品质。2021年，铜陵市实施27个城建项目，新增公共停车位3 141个，新建改造市政排水管网60千米。“增绿补绿”面积228.1万平方米，新增5个街头游园（绿地），建成绿道34.74千米。城市绿地率、绿化覆盖率、人均公园绿地面积分别达40.57%、43.59%、15.65平方米，均居全省前列。城市居住社区活动场地建设项目获住建部点赞推广，成功入选全国首批城市更新试点。

4. 绿色低碳发展再添新亮点

主张推进长江经济带绿色发展，实施生态环境污染治理“4+1”工程，38个沿长江经济带矿山生态修复项目通过验收，拆除3户沿江一千米化工企业、改造提升15户化工企业，横港、铜陵经开区2个化工园区获批，存续34年的六国化工露天磷石膏堆场全部消除。全面推进蓝天、碧水、净土三大保卫战。2021年，铜陵市空气质量优良天数比例为90.7%，排名全省第3，县城及以上集中式饮用水水源地水质达标率保持在100%，纳入考核的5个国控地表水断面水质均值100%达标。“无废城市”建设圆满完成试点任务，并入选国家推广典型案例，生活垃圾分类工作位列全国124个同类城市首位。

5. 改革平台搭建取得新进展

铜陵市用改革的思维谋划发展，积极申报资源型城市转型平台，成为安徽省唯一入列全国首批产业转型升级示范区的城市。国家节能减排示范市绩效考核连续三年优秀，资源型城市转型成为全国唯一连续四年获得优秀的城市。经开区成为全国首批、全省首家循环化改造示范园区，义安经济开发区成为全省唯一入选国家循环化改造重点支持园区。围绕打造内陆开放新高地，大力实施开放平台建设提升工程，加快推进大通道大平台大通关建设，有序推进B型保税物流中心申报工作和进口粮食指定口岸、进境水果指定口岸规划建设。天井湖国家级旅游度假区和普济圩农场国家现代农业庄园提速建设。铜官区国家服务业综合改革试点稳步推进，新增省级服务业集聚（示范园）区2个。全国居家和社区养老服务改革试点中期评估获得优秀等次。

六、经验启示与借鉴意义

安徽铜陵作为一个传统的冶炼产业城市，经过多年发展已经进入了产业转型的重要阶段。在此过程中，安徽铜陵所取得的经验和教训，可以为其他地区产业转型提供一些启示和借鉴。

（一）坚持创新驱动，加强科技研发

在产业转型过程中，创新是推动发展的核心动力。安徽铜陵通过加强科技研发、引进高端人才、打造创新平台等措施，不断提高技术创新和产业创新能力，成功实现了从传统冶炼产业向新材料产业的转型。

（二）拓宽产业链，加强产业融合

产业转型需要充分发挥产业链的优势，不断扩大产业链的覆盖范围，实现产业的融合和互联互通。安徽铜陵通过发展新材料、新能源等相关产业，拓宽产业链，促进产业融合，实现了经济发展的良性循环。

（三）加强政府引导，推动产业升级

政府在产业转型中发挥着重要的作用，需要加强政府引导，推动产业升级。安徽铜陵通过出台一系列产业政策，积极引导企业加快产业转型，推进产业升级，实现了经济转型和可持续发展。

（四）坚持可持续发展，注重环境保护

产业转型需要注重可持续发展，必须在经济发展和环境保护之间取得平衡。安徽铜陵通过加强环境保护，推进绿色制造，实现了环境保护和经济发展的良性互动。

综上所述，安徽铜陵的产业转型经验告诉我们，产业转型需要坚持创新驱动，拓宽产业链，加强政府引导，注重可持续发展，才能实现经济的转型和可持续发展。

第十五章
重庆西部产业转型升级示范区发展分析与启示

王丽媛　岳婷婷　杨子璇　裴彬杰

重庆西部产业结构转型升级案例对山西经济转型升级具有启示，山西省应该着力培育创新动能，助力创新主体实现专业化和多样化集聚式发展，通过多种举措降低创新成本、减少创新风险，从而集聚起若干创新主体，培育创新型企业和产业，带动就业和经济增长。此外，应该建立有利于创新的长效机制，保障要素被配置到创新动能培育的各个领域。

一、引言

重庆西部产业转型升级示范区（以下简称示范区）是国家首批产业转型升级示范区之一。2017 年以来，示范区加强统筹协调，强化项目落地，抢抓“一带一路”建设、长江经济带发展、新时代推进西部大开发、西部陆海新通道、成渝地区双城经济圈建设等国家重大战略机遇，主动作为，真抓实干，一批新兴产业加速壮大，一批重大项目落地实施，一批创新平台加快建设，一批深层次难题得到化解，一批专项政策落地见效，取得明显实效。同时，示范区努力探索并形成了体现国家要求和重庆特色的产业转型升级可复制可推广的经验。

遵循习近平总书记对重庆提出的“两点”定位、“两地”“两高”目标和发挥“三个作用”的重要指示要求，紧紧抓住国家重大区域发展战略机遇，坚持新发展理念，坚持创新驱动、融合发展、绿色发展、协同发展和开放合作，着力加强现代产业体系建设、产业转型升级，优化产业布局，努力将示范区打造为成渝地区双城经济圈产业合作共建先行区、中西部地区科技创新核心区、中西部地区产城融合发展示范区、中西部地区内陆开放高地，为全国老工业城市和资源型城市产业转型升级提供可复制、可推广的经验模式。

二、重庆西部地区转型发展背景

（一）重庆西部地区简介

重庆西部产业转型升级示范区（包括江津区、永川区、荣昌区、大渡口区、重庆高新技术产业开发区）作为国家首批产业转型升级示范区之一，担负着为全国探索产业转型升级路径和模式的重要使命。建设产业转型升级示范区是推动老工业城市和资源型城市经济高质量发展，打造“智造重镇”、建设“智慧名城”的重要举措，对于促进新型城镇化建设和区域协调发展具有重要意义。示范区总面积约 6 287.3 平方千米，占全市总面积的 7.6%。现有常住人口406.3万人，占全市总人口的13%。示范区工业发展历史悠久，为重庆经济社会发展作出了重要贡献。

（二）重庆西部地区资源概况

1. 自然资源丰富

重庆地形的独特性让这座城市有了独特的魅力。山脉和河流交织，为城市带来了丰富的自然资源和独特的生态环境。重庆西部以丘陵、低山为主，地势较低，属亚热带季风性湿润气候，年平均气温16—18℃，年平均降水量较丰富，春夏之交夜雨尤甚，因此有“巴山夜雨”之说。矿产资源丰富，特别是煤、天然气、铝土矿等的储量、品位在全国都有明显优势。其永川区矿产资源以能源、冶金辅助材料的建材矿产为主。除此之外，生物资源也十分丰富。水资源丰富，有丰富的地下热能和饮用矿泉水，开发潜力巨大。荣昌曾是农业大县，当地地貌以浅丘为主，地势起伏平缓，土壤肥沃，农业自然禀赋优越。

2. 旅游资源丰富

重庆西部地区以典型的都市风光、著名革命纪念地、丰富的抗战文化史迹和都市园林景观、自然风景和温泉度假为特色，主要旅游功能是山城风貌展示、革命传统教育、抗战文化遗址凭吊、观光、游乐、会展、温泉疗养、度假旅游等。重庆西部地区是重庆乃至西南大区的旅游中心辐射地和国内外旅游者的主要目的地。荣昌区拥有的非物质文化遗产资源兼具资源丰富、特色突出、优质传承三大特点，堪称中国非物质文化遗产的杰出彰显地。

3. 产业基础雄厚

江津区作为重庆三线建设的主战场之一，积累了良好的工业发展基础，通过近年来的不断发展，已成为重庆重要的工业集聚地，先后揽获国家新型工业化装备制造和食品（粮油加工）产业示范基地、国家绿色装备制造高新技术产业基地等诸多荣誉，形成了消费品、装备制造、汽摩及零部件、新型材料、电子信息五大百亿级产业集群，着力建设重庆市先进制造业基地、消费品工业高质量集聚区。永川区从最初的以煤炭、钢铁、建材、化工产业为主，到后来依托重庆汽摩产业发展机械加工和汽车零部件产业，此后又依托重庆电子信息产业发展电子配套产业，“永川工业”几度辉煌，为促进国家和地方工业作出了重要贡献。荣昌区是典型的资源型城市，老工业基地调整改造力度较大，在支持传统产业改造、培育新产业新业态新模式、承接产业转移和产业合作等方面的工作成效受到国务院通报表扬。大渡口区因重钢而设区，曾是全国重要的老工业区，重钢环保搬迁后，进入转型发展崭新时期，先后纳入全国城区老工业区搬迁改造试点城区、全国老工业区搬迁改造重点工程。重庆高新技术产业开发区曾入选“第三批双创示范基地”名单，是拉动经济增长的主要动力。

（三）重庆西部地区面临的主要问题

重庆西部地区创新能力不适应高质量发展要求，新动能接续不足，市场主体不强，债务负担较重，收支矛盾突出，社会治理还存在弱项，补齐体制机制、经济结构、开放合作、思想观念“四大短板”仍然任重道远。制造业发展面临传统产业比重高、大型企业少、产品科技含量低等问题，传统制造业企业实施转型升级存在无力开展、有意愿但不知从何着手、缺乏资金、缺乏人才等困难和问题，传统产业的提质增效和转型升级成为当前制造业发展的重要问题。先污染后治理的粗放型发展模式未发生根本改变，导致近年来雾霾、酸雨等环境问题不断增多。作为老工业基地，重庆产业转型升级的任务更为繁重，从问题导向看，“重庆造”转型升级主要面临以下挑战：具有全国影响力的工业品牌不多，影响力不强。行业内的头部企业、领军型企业、创新型企业数量不够多、实力不够强，难以起到引领和示范作用。同时，与沿海地区相比，重庆在高校院所等科技创新资源以及资金、人才等要素汇聚上也存在一定差距，不少“卡脖子”技术制约了产业创新。从这个意义上讲，以示范区的产业转型升级为“切口”，改变以前传统的粗放发展方式、重构制造业竞争优势，对重庆加快建设国家重要的先进制造业中心、打造带动全国高质量发展的重要增长极和新动力源具有重要意义。

1. “国家性战略建设”特征突出

重庆曾一度成为国家战略常规兵器工业制造基地和战略大后方的重要工业基地，但由于是在抗日战争背景下沿海工业内迁基础上建立的工业体系，这一特殊的形成路径使重庆工业基地具有浓厚的“国家性战略建设”特征，具体体现在以下方面：一是重要工业企业按临战部署建设，按照国家指令运转，一旦面向市场，经济体制机制性矛盾格外突出；二是按打仗要求组织经济建设，生产生活设施简陋，基础设施建设滞后，这些都成为工业经济正常运转的障碍；三是生产力布局不合理，抗战期间按战时需要，工业、企业一般散点式分布在两江河谷，三线建设期间，按“分散、靠山、隐蔽”方针布置企业。这一历史背景下形成的工业布局妨碍了社会化分工，也不利于城市化进程。

2. 产业结构升级不平衡

重庆西部地区的产业结构升级存在不平衡问题，传统的重工业和资源型产业在该地区长期占据主导地位，而现代高科技等新兴产业的发展相对较慢，导致产业结构仍未完全升级和存在不均衡问题，这使经济对外部冲击更加敏感。

例如，汽车制造业作为示范区一大支柱产业，在发展过程中面临各种困难，一是品牌知名度并不高，缺乏品牌溢价效应，难以为企业带来更高的经济收益；二是技术和研发能力相对较弱，难以跟上全球汽车技术的发展潮流，使其难以和进口国外品牌的汽车竞争，特别是新能源汽车的出现对其产生了一定的冲击；三是相对较单一的汽车种类难以满足市场多元的消费需求。

3. 人才和技能供给不足

产业结构的不断优化和升级离不开技术的革新，科技创新在产业转型升级示范区的建设和发展过程中发挥着不容忽视的核心推动力作用，而示范区在优化产业结构、打造产业发展新模式、激发产业发展新动力过程中，科技创新能力不够强一直是制约重庆发展的一大短板，人才和技能的供给难以满足其需求。示范区想要实现更高水平发展，在人才培养和引进上仍需加大力度。

4. 环境污染和生态保护

产业升级伴随着大规模生产，而大规模工业活动将导致空气、水、土壤污染，对生态环境产生负面影响。因此，其在产业转型过程中需要采取措施来平衡产业发展和生态保护。

三、重庆西部地区转型发展历程

（一）资源型产业形成期（1964—1977 年）

“三线建设”时期（始于 1964 年），国家为备战考虑，决定把中国工业建设的布局分散开来，使沿海的一线、中部的二线、西部和西北部的三线并存，而三线是其中的建设重点，要集中人力、物力、财力进行建设，要求工厂“靠山、分散、隐蔽”。重庆占据了地理优势，被定为重点建设城市之一，当时重庆被定为了常规兵器工业的建造重镇。先后建成了长安机器厂、建设机床厂、望江机器厂和嘉陵机器厂等一大批具有代表性的企业，当时大批企业和职工内迁到重庆地区，大大增强了重庆的机械、化工和冶金等工业实力。1965年，大渡口因重钢设立行政区划，成为国家重要的钢铁工业基地。国家向“三线建设”投入的资金达到2 052亿元。通过“三线建设”，西部地区基本形成了交通、电力、煤炭、化工、石油、建材、钢铁等生产部门相互配套的工业体系。

“三线建设”的历史是江津经济社会发展进程中一段重要的历史。三线建设者在此期间搭起了江津工业的骨架，推动江津初步形成了以机械装备工业为重点，科研生产相结合的工业基地，构建起了现代工业的基本框架，更为江津今天的经济发展打下了坚实的基础，使江津工业经济从改革开放之初位列重庆第10名，到目前排位重庆前列，成为重庆的工业大区。

永川与央企的携手合作始于“三线建设”时期。20世纪60年代起，重庆液压件厂（原永红机械厂）、重庆红江机械厂（原四川油泵油嘴调整速器厂）、重庆跃进机械厂（原重庆柴油机配件厂），127、128、164三个电子研究所及235库等单位相继迁至永川，奠定了该区现代制造业发展的第一块基石。

在重庆荣昌区的深山里，有一座三线时期的建筑物，军工代号为“5003厂”，是生产精确数值的高射爆破组的厂家。这座工厂就是原国营华江机械厂，鼎盛时拥有职工家属近万人，这里的其他设备也非常齐全，各种学校食堂、医院、俱乐部、篮球场和图书馆、观影院等应有尽有。

大渡口区因钢而“生”、因钢而“兴”，曾是我国重要的钢铁工业基地。1965年，为服务重庆钢铁建设，大渡口正式设区，逐步发展形成以钢铁、冶金、建材、机械等为主导的工业体系。中国第一根钢轨、第一台工业性连铸机、第一条控轧控冷示范生产线等标注着“第一”的工业文物向人们展示和诉说着这座城市的工业历史和文化底蕴。

（二）转型探索期（1978—1992年）

改革开放后，一大批乡镇企业和城镇集体企业如雨后春笋般冒了出来，填补了工业经济的不足，使江津的工业结构得到调整和优化。江津区在全市工业总产值排名第10名左右。从20世纪90年代中期开始，随着市场经济体制的引进和逐渐完善，江津主动将原有18家军工企业以及其他中渝企业纳入地方协调服务，推动企业军转民、改制重组，加快建设发展步伐。

永川区是位于成渝主轴线上的区域性中心城市，也是成渝地区双城经济圈重点发展的桥头堡城市。20 世纪 80 年代，永川处于工业起步阶段，还是以发展传统的煤炭、钢铁、建材、化工产业为主，矿产采选、食品加工、化学工业、机械工业等产业的主营业务收入占总体的比重较高，工业产业的主营业务收入比重达到 60% 以上，是重庆传统工业重镇。

改革开放后，荣昌进一步加强企业管理，加快技术改造，调整和改革产业结构，又新建、扩建或改建了一批骨干企业，一些中央、省、市企业也先后在荣昌建立，大大促进了荣昌的工业发展，逐步形成以煤炭工业为主体，电力、化工、机械、建材等工业门类齐发展的良好局面。到 1985 年，全县已拥有工业企业 288 个，许多企业的生产规模已逐步扩大，产量也明显上升。荣昌的白酒、曲酒的酿造工艺不断更新，荣昌的夏布、陶器、折扇等传统产业也在这段时期焕发出新的生机。

大渡口区是一个老工业基地，有着悠久的工业发展历史。作为一个因服务重钢而设立的区，大渡口区工业在全区经济中占有绝对主体地位，1977 年全区三次产业结构为 2.9:89.6:7.5。改革开放以来，大渡口的工业经济虽然取得了一定成绩，但总体上仍然处于工业化发展的中级阶段，与先进区县特别是沿海发达地区相比，与新型工业化的要求相比，存在着综合实力特别是核心竞争力不强、产业链单一等问题。

（三）转型深化期（2006 年至今）

江津工业由改革开放初期的结构单一、基础薄弱，发展到门类较为齐全、结构较为合理，形成了以装备制造、汽车制造为主导的优势产业体系。特别是党的十八大以来，江津区委、区政府高度重视全区工业发展，坚持稳中求进工作总基调，把握经济发展新常态，深化供给侧结构性改革，工业经济实现了快速发展，跃上了一个新台阶。工业发展要发挥集聚规模效应，就必须建好开发园区。2002 年，江津区建立了第一个工业园——德感工业园，随后又陆续建立了双福、珞璜、白沙三个工业园区。江津坚持“整机配套”产业链发展模式，经过多年积淀，已建成装备制造、汽摩及零部件、新型材料、电子信息、食品加工五大优势产业集群。

“十二五”期间，一度让永川人引以为豪的轻纺、化工产业悄然淡出市场，通过去产能、去库存、去杠杆、降成本、补短板，永川工业经济加速转型。近年来，该区凭借区位交通优势、丰富的职教资源优势和一流的营商环境，不仅引进了长城汽车、星星冷链等一大批知名龙头企业，扎根永川数十年的央企也加快发展步伐，焕发出新的蓬勃生机。现代先进制造企业的入驻，改变了永川工业的旧貌，筑造了永川人新的梦想。长城汽车让永川人圆了数十年的汽车生产“整车梦”，而它带给永川的绝不仅限于此，还有总部经济以及产业链条的延伸和完善。最近，永川作为重庆西永微电子产业园的产业配套基地，发展势头迅猛。

“十二五”期间，荣昌最大的任务就是加快新五大主导产业发展，新五大主导产业包括生物科技产业、电子信息产业、机电制造产业、轻工建材与农副产品加工产业。不仅如此，荣昌也是名副其实的“非遗”之城。之后，荣昌将突出非遗体验、运动健康、美食休闲特色，着力打造成渝地区双城经济圈休闲旅游目的地，构建中国西部陶瓷之都、非遗体验之城、运动健康之城、美食休闲之城“一都三城”文旅品牌体系。党的十八大以来，荣昌工业始终坚持稳中求进工作总基调，抢抓“撤县设区”“双城经济圈”等机遇发展壮大、转型提质，园区日新月异、产业结构持续优化、集聚发展势头强劲，全区工业经济总量稳步绘出一条“上行线”。

2011 年，重钢实施环保搬迁后，一度陷入“产业空虚”窘境的大渡口，厚植人文内涵，强化产业导向，推动昔日“工业锈带”变身“人文秀带”，探索出一条老工业基地转型发展的新路。大渡口区通过对老重钢型钢厂等一批工业遗产资源进行保护修缮和开发利用，大力发展工业旅游，有力提升了城市品位，推动了城市转型，老工业基地焕发出新的活力与魅力。随着大渡口的产业结构由重变轻、由轻变好，如今大渡口区正在加快培育五大百亿级产业和文旅等产业，包括大数据智能化产业、生态环保产业、大健康生物医药产业、新材料产业、重庆小面产业和文化休闲旅游产业、现代服务业。

重庆高新技术产业开发区（简称重庆高新区）是首批 27 个国家高新技术产业开发区之一，经国务院批准于 1991 年设立。该区域以科技创新为核心，聚集了众多科研机构、高校和科技企业，形成了较为完善的科技创新生态系统。重庆高新区将聚力打造智能网联新能源汽车及核心器件、软件和信息服务、新型智能终端 3 个主导产业。重庆高新区将总体构建以现代制造业为主导、高技术服务业为支撑、未来产业为牵引的产业集群体系，打造代表全市制造业发展最高水平的“展示窗”和引领未来产业发展的“策源地”，成为建设现代化新重庆的重要引擎。

四、重庆西部地区转型发展举措与成效

（一）转型举措

1. 以创新驱动为引擎，推动产业高端化

依托中西部地区科技创新中心核心区建设，充分发挥重庆西部经济圈产业合作共建先行区的辐射带动作用，着力推进基于信息技术的价值链重构和价值创造环节的再造，加快产业价值链升级。加快提高自主创新能力，加强企业研发平台载体建设，加快构建科技服务支撑体系，推动科技创新，以创新链支撑产业链。运用新技术、新管理、新模式，通过“强链、补链、建链”，改造提升传统产业，推动传统产业高端转型。

2. 以技术融合为牵引，加速产业融合发展

大力实施“互联网＋”行动计划，深挖互联网在工业制造中的应用，推动互联网与制造业深度融合。积极构建现代信息公共服务平台和产业融合技术支撑平台，强化平台支撑功能，加快科技创新资源与产业的融合，打造“平台＋智能终端＋内容分发渠道＋应用软件与数字内容服务”跨界融合的产业生态系统。

3. 以产业园区为主要载体，推动产业集群化发展

以示范园区、重点园区为产业转型升级的主要载体和主阵地，构建多层次园区体系，加快创新平台、公共服务平台和接续替代产业平台建设，构建良好的“互联网＋”产业生态；以示范园区和重点园区现有产业为基础，结合承接东部产业转移，加速布局和发展创新能力强、关联程度高、带动能力强、辐射面广、集约化程度高的新一代信息技术、高端装备、新材料、生物医药等优势产业集群，加速产业集群化发展。

4. 以绿色发展为引领，推动产业生态化发展

坚持以绿色发展为引领，走具有鲜明时代特色的现代绿色产业发展之路。以推进供给侧结构性改革为主线，坚持淘汰落后产能、化解过剩产能，最大限度地减少资源浪费；大力推进产业绿色升级改造，降低能耗物耗，减少污染物排放；努力推动能源产业清洁化转型，加快发展生态利用型、循环高效型、低

碳清洁型和环境治理型产业。

5. 以国家战略为契机，全面促进开放合作

以国家若干重大区域战略实施为契机，化战略要求为战略行动，全面加强成渝地区双城经济圈新一代信息技术、装备制造、消费品等重点产业合作，协同推进产业链供应链优化升级。持续深化与京津冀、长三角、粤港澳大湾区等重要区域的全方位合作；努力促进与周边城市便捷通勤、产业合作、公共服务共享。加强引资、引智、引技的组合、结合，积极鼓励和吸引外资投资战略性新兴产业、现代服务业；加强与世界一流跨国公司的合资合作，努力拓展产业合作发展空间，不断促进更宽领域、更广地域、更深层次的对内对外开放合作发展。

（二）转型成效

1. 经济增长势头总体向好

2022 年，示范区实现地区生产总值 4 335 亿元，增长 7.7%；人均地区生产总值 82 083 元，增长 7%；地方一般公共预算收入 178.8 亿元，其中税收收入 132.2 亿元。社会消费品零售总额 1 091.8 亿元，增长 9.3%，占全市消费品零售总额的 9.4%。固定资产投资增长 6.3%，比全市固定资产投资增速高 0.6 个百分点，如图 15－1、图 15－2 所示。

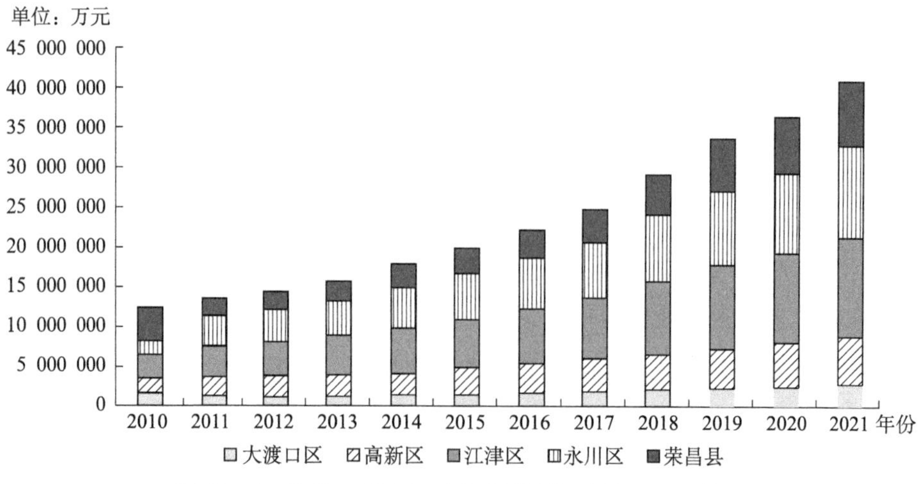

图 15－1 2010—2021 年重庆西部示范区分区 GDP 情况

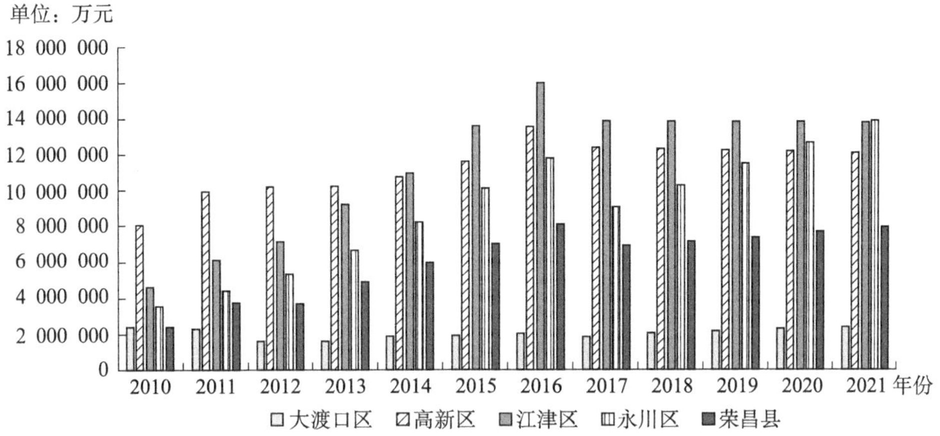

图 15-2　2010—2021 年重庆西部示范区工业总产值情况

数据来源：《重庆统计年鉴》图由作者绘制。

2022 年，江津区地区生产总值达 1 330.02 亿元，同比增长 3.2%。作为“融入重庆主城的先行区、渝西发展的领头羊、川渝合作的排头兵”，江津区凭借区位优势和产业基础，协同周边地区和成渝地区双城经济圈其他城市联动发展，在制度设计、发展态势、创新动能、开放能级、融合融通等方面取得明显成效，为江津实现高质量发展注入强劲动能。

永川区在继续加快工业发展的同时，格外突出第一、第二、第三产业的协调发展，特别是在推进工业与现代农业、旅游业、商贸物流、职业教育、城市建设等方面的融合发展上，取得了良好成效。

随着重点项目、战略性新兴产业落地开花，荣昌工业经济实力大幅提升。截至 2021 年底，荣昌高新区累计入驻企业 720 家，其中规上企业 313 家，分别较 2012 年增加 430 家和 111 家；工业生产总值实现 884 亿元，是 10 年前的近 3 倍。荣昌获评“全国首批国家级产业转型升级示范区”，工业经济名副其实成为提振地方经济硬实力、加速实现现代化的“硬支撑”。

2. 产业转型升级稳步推进

示范区已形成新一代信息技术、先进制造、大健康、高技术服务四大主导产业，2019 年实现规上工业产值 5 610.8 亿元、规上服务业营收 234.8 亿元，集聚规上工业企业 1 445 家。战略性新兴产业产值占规上工业总产值的 39.5%。服务业增加值占地区生产总值 43.1%。同时，生物医药、前沿新材料、检验检测等一批新产业新业态蓬勃发展。

近年来，大渡口一手抓传统产业转型升级，一手抓战略性新兴产业发展壮大，明确以智能化转型为主的制造业高质量发展方向，加快推动制造业迭代升级，并取得了显著成效。2021 年，全区战新制造业占规模以上工业总产值的比重达 65%，高技术产业产值占规上工业增加值的比重达 55%，稳居全市领先水平。全区工业经济规模自重钢搬迁后首次超越历史峰值，达到 385 亿元。

3. 科技创新资源加速集聚

示范区努力汇聚高端创新创业主体与要素，营造良好的创新创业生态，成为原始创新策源地和自主创新主阵地。2021 年，示范区拥有高新技术企业 631 家，市级以上研发平台 585 家；研发支出 94.7 亿元，占地区生产总值比重 3.2%；高新技术制造业企业增加值 3 029.2 亿元，万人发明专利拥有量 13.1 件，较全市平均水平高出 2.7 件。

4. 社会民生保障更加有力

2022 年，示范区公共财政用于民生的支出不断增加，新增就业 14.4 万人，城镇登记失业率仅为 2.6%；居民收入持续稳定增长，城镇居民人均可支配收入为 40 048 元，农村居民人均可支配收入为 19 997 元，城乡差距进一步缩小，人民生活水平和质量普遍提高。

5. 生态环境质量明显改善

示范区深入打好污染防治攻坚战，全面提升生态环境质量。严格落实“河长制”，大力实施“一河一策”，城市饮用水源地水质达标率达 100%。突出控制交通、工业、扬尘和生活污染，空气质量优良天数基本达到 300 天以上。

近年来，重庆市大渡口区围绕“国家环保产业发展重庆基地”建设，不断加强招商引资和企业培育力度。全区签约引进虬龙科技总部、绿色建筑产业园等项目 14 个，合同引资 34.07 亿元、到位资金 7 亿元、开工率 84%，产业营业收入 76.2 亿元、增长 15.2%；同时，虬龙科技总部项目、德润环境新布局的润业新材料废旧塑料再生利用产业化项目、三峰环境创新技术成果转化和产业化平台等重点项目的密集落地，为培育壮大百亿级生态环保产业增添了新动能。

五、经验启示与借鉴意义

1. 切实加强组织领导，建立健全体制机制

一是强化示范区主体责任。示范区内高新区及相关区要加强建设方案实施的组织领导，切实履行主体职责，分解落实工作责任，积极探索加快示范区建设的新机制、新方法，实现项目快速建成投产。二是建立示范区市级层面协调推进机制。市政府有关部门和单位要按照本方案确定的总体思路和重点任务，切实加强工作指导，协同推进示范区建设，加快落实支持示范区建设的各项措施。三是建立督促检查制度。每年开展两次定期督查，并结合工作需要开展不定期检查，对工作成效突出的予以通报表扬，对工作不力的进行严肃问责。四是建立年度评估制度。有关区政府每年要定期总结示范区建设工作进展情况、主要做法和取得的可复制可推广的经验成果，形成示范区建设年度评估报告。要建立动态调整、有进有出的示范区管理机制。

2. 着力优化招商引资，不断提高服务质量

一是不断改进方法措施，着力提升招商引资实效。坚持产业培育和项目招引并举、招商与安商并重、扩量与提质并行，紧紧围绕本建设方案确定的主导产业、重点任务，强化招商引资。二是组建和优化专门招商队伍，坚持高频度精准招商。三是对重点产业项目，及时组织专业力量，高规格、多层次、连续性地对接洽谈，切实提高与客商对接的层次和频次及对接促进的精准度，力促项目尽快签约。四是不断优化和提高服务方式，着力提高服务水平。对已签约项目推行“保姆式”“秘书式”“管家式”全程代办服务，让客商少跑路或零跑路。

3. 强化政策组合运用，加大政策支持力度

一是加强政策支持。加强投资、产业、创新、金融、土地等政策组合运用，进一步加大对示范区建设支持力度。二是加强融资支持。落实好国家开发银行服务示范区建设的各项政策措施；支持示范区规范利用国际金融组织优惠贷款、地方政府专项债券等资金。三是保障合理用地需求。积极盘活存量土地，创新土地供应方式，探索科学处置和利用示范区内企业废弃闲置厂房的有效途径，利用存量工业设施为产业项目、平台建设提供场地空间。

4. 加强人才培育引进，增强人才支撑能力

一是加强高端人才引进。一方面，实施“鸿雁计划”，大力引进海内外紧缺高端人才；另一方面，对重点产业发展采取高端研发平台、高端研发计划、高端人才团队“三高合一”支持方式，着力引进重点创新工程和产业发展需要的“适用人才”，加快引进首席科学家、科技领军人才、高级研发人才和高级经营管理人才。二是加强人才激励。建立“鸿雁计划”专项资金，按照引进人才的不同层次给予不同奖励，并对用人单位按照引进人才年薪的一定比例给予经费补助，奖励和补助资金由市、区共同承担。三是建立引进人才“一站式”服务平台。实行人才服务证制度，为引进的各类人才提供“一站式”服务。

5. 增强要素供应保障，激发企业活力

一是保障各类市场主体依法平等使用资金、技术、人力资源、土地使用权及其他自然资源等各类生产要素资源。二是保障各类市场主体依法平等享受公共服务平台的服务；积极推进专业技术平台市场化运作，努力扩大服务领域和范围，为更多的企业提供更充分、更广泛的专业技术平台支撑保障。三是充分发挥市场主体作用，大力支持、鼓励和引导示范区市场主体自主决策、自主投资和自主开展生产经营活动，努力激发企业活力。

6. 持续优化营商环境，不断完善产业生态

一是持续深化简政放权、放管结合，优化服务改革，最大限度减少政府对市场资源的直接配置以及对市场活动的直接干预；加强和规范事中事后监管，着力提升政务服务能力和水平，切实降低制度性交易成本，更大程度地激发市场活力和社会创造力，增强发展动力。二是坚持市场化、法治化、国际化原则，以市场主体需求为导向，以深刻转变政府职能为核心，创新体制机制、强化协同联动、完善法治保障，对标国际先进水平，为各类市场主体投资兴业营造稳定、公平、透明、可预期的良好环境。

六、对山西转型的具体建议

1. 坚持创新驱动，强化科技支撑

创新是引领发展的动力。山西省必须始终坚持实施创新驱动发展战略，以政府为主导，完善相关的政策体系，为科技创新型企业制订纲领性规划和阶段性目标，通过构建长效发展机制促进企业发展。政府还应加强对创新型企业的财政支持，加大研发资金的投入，贯彻落实各项财政补贴政策，为创新型企业发展提供经济动力。在技术创新方面，应发挥企业的主体作用，构建企业自主创新体系，发展内生动力。以高新技术产业化为重点，加强关键技术、核心技术的研发，提升科技创新能力。

要以“互联网+”为载体，推动山西省工业、农业以及服务业的现代化发展，开拓经济增值，打造经济增长新动力，促进山西省经济转型发展。引进优秀的创新人才、开放式思维以及科技研发项目，优化工作环境，提高福利待遇，完善相应的激励机制，增强山西省对人才的吸引力，逐步为山西省创新驱动转型发展打造一批优秀的技术人才队伍，为进一步落实创新驱动发展战略奠定人才基础。搭建并完善山西省科技资源共享服务平台，建立专门的团队进行平台的运营管理，如更新资源库、整合资源信息、拓展多类 App 应用的服务模式等，及时了解科研人员及企业的需求，有效满足其需求以实现良性互动。

2. 改善区域生态环境

习近平总书记强调：“绿水青山就是金山银山，我们绝不能以牺牲生态环境为代价换取经济的一时发展。”生态污染严重是大部分资源型城市的通病，严重制约其可持续发展的水平。因此，生态环境问题亟待解决。

加大环境治理力度。根据山西的生态环境现状，资源型城市在大气、土壤、水环境方面污染严重，急须下大力气进行综合治理。相关环保部门应结合国家排放污水标准，全面治理中小河流，改善水资源环境质量。在治理大气环境上，相关部门要控制大气污染物排放总量，实时监控大型污染企业，同时在当地推广清洁能源的使用。政府要加大宣传力度，强化市民的环保意识，积极开展植树种草活动，建设绿色城市，增加植被覆盖率，进而减少水土流失。

3. 调整能源结构

山西应积极扩大煤气和天然气的使用规模，减少煤炭等污染性大的燃料使用，取消锅炉供热系统，铺设管道，实行集中供暖，普及电动公交，增加电动汽车及电动自行车的使用量，提倡使用共享单车出行。在广大乡村，可逐步普及煤气、天然气。与此同时，相关部门应出台政策以逐步降低煤气、天然气的价格，使大部分民众都能承担其使用费用。一些贫困地区应在政策的扶持下，限制传统煤炭的使用，转而增加对无烟煤的使用。

4. 扩大招商引资规模

环渤海、长三角、珠三角地区产业结构完整，发展潜力巨大，资源型城市要加强与这些地区的招商部门合作，聚焦产业链招商、区域发展优势招商，致力于培育新兴产业招商，提高招商的市场化、专业化水平。招商部门要充分发挥桥梁纽带作用，以线上线下两条路径，广泛宣传山西的产业发展状况、项目需求以及优惠政策。挖掘投资需求，提供便捷服务，并组织有投资意向的人员来资源型城市进行实地调查，为资源型城市的可持续发展作出应有的贡献。同时，政府要发挥主导作用，通过会议、考察等方式，争取更多政策、资金、项目、人才、资源等方面的支持，打开合作开放的大门，不断提高招商引资工作水平。

5. 创新营销手段，培育新型文化业态

习近平总书记强调，“没有高度的文化自信，没有文化的繁荣兴盛，就没有中华民族伟大复兴”。坚定中国特色社会主义道路自信、理论自信、制度自信，说到底是要坚定文化自信。

山西省丰富的旅游资源为文化旅游产业发展奠定了基础，但要实现文化旅游产业的进一步发展，必须深入挖掘山西省文化的内涵，促进旅游和文化深度融合，提升游客的旅游体验价值。例如，创办旅游文化节、民俗文化节、红色文化节等，通过资源优势实现旅游传统业态的转变创新。要紧紧围绕山西省地方旅游文化特点，从“吃穿住行游购娱”六大方面入手，构建完整的文化旅游产业链，满足游客多层次、多样化的需要，提高旅游资源的经济价值。随着互联网技术的进步，“互联网+旅游”发展思路逐渐被广泛应用。

山西省应着力改变旅游营销方式，树立新时代营销理念，借助互联网等新媒介及时、便捷的特点，不断完善传播方式和传播渠道，提升营销效果。明确山西省旅游官方微博的功能定位，既要注重微博数量增加，也要注重微博内容质量提高。通过趣味性、人性化的推送内容和宣传交流增强与民众的情感联系，扩大粉丝队伍，提高山西省旅游文化的知名度和影响力，打造具有山西省特色的，开放、有人情味的旅游信息化平台。

6. 加快发展数字经济，促进产业数字化和数字产业化协同发展

智能化已经成为永川企业高质量发展的新引擎。重庆永川区坚持以大数据智能化创新为引领，坚持用现代技术改造提升传统制造业，加快提升数字化、网络化、智能化、绿色化发展水平，推动一大批制造企业加快智能化改造和数字化转型升级步伐，提升企业发展质量效益和核心竞争力。例如，在长城汽车重庆永川工厂，300多台机器人正灵活地挥舞着机械臂，精准地进行冲压、焊接等工序。凭借高度集成的信息化技术，平均每72秒就有一台整车下线。在龙头企业的带动下，永川区已集聚了20多家汽车零部件配套企业，形成了较为完善的汽车产业集群。近年来，永川区以智能制造为主攻方向，充分发挥产业基础优势，打造了一批工业互联网平台、5G+数字化车间、智能工厂，企业实现了信息技术、自动化智能装备和生产工艺流程的有机融合。截至目前，永川已累计实施智能化改造项目275个，数字化车间34个，获评国家级智能制造试点示范项目2个，市级工业互联网及智能化赋能工程试点示范项目14个，市级智能制造十大标杆企业2家和140余家企业云上平台。建立研、产、供、销、人、财、物全面协同的智慧系统，实现生产制造和运营管理双智能，建成智能工厂4家，汽摩智造创新型产业集群入选全国2021年度创新型产业集群试点。

近年来，全国各地在数字经济领域展开了激烈竞争，人工智能行业发展迅速，对其他行业的赋能作用也逐步扩大、加深。就全国范围而言，山西省人工智能的基础层、产业层、应用层和环境层发展不足，在全国处于最后梯队，相关政策措施没有落到实处。数字经济产业发展不足也制约了产业数字化转型，数字经济与实体经济深度融合是必然趋势。

基于此，山西省应该采取多项举措，促进数据基础产业、产业技术场景化开发、与其他产业融合、政策金融等发展。开设新专业，设立覆盖各年龄段的教育体系，着力推动数字经济发展。多次举办科技竞赛、招商引资大会、学生知识竞赛、主题教育娱乐活动，全方位多角度推进数字经济、实体经济发展。

重庆西部产业结构转型升级案例对山西经济转型升级具有启示，山西省应该着力培育创新动能，助力创新主体实现专业化和多样化集聚发展，具体而言，应该通过多种举措降低创新成本、减少创新风险，从而集聚起若干创新主体，培育创新型企业和产业，带动就业和经济增长。此外，应该建立有利于创新的长效机制，保障要素被配置到创新动能培育的各个领域。

第六篇

优化生产要素

第十六章
江西萍乡产业转型升级示范区发展分析与启示

李荣杰　汪晶晶　孙亚军

萍乡市通过一系列有效转型措施实现高质量跨越式发展，为山西省深入推进高质量转型发展提供如下启示：首先，政府应加强对技能人才工作的关注，完善鼓励引导政策，健全人才评价制度，持续改进人才工作质量。其次，利用好山西省丰富的传统文化和自然景观资源，大力推进文旅产业高质量融合发展。最后，政府应积极引导和完善市场体系，构建平等自由的双循环市场体系，推动市场效率改进提升。

一、引言

萍乡工业历史悠久，底蕴深厚，自1898年安源煤矿的创办，至今已有120多年的发展历程。作为一座历史悠久的工业城市和资源型城市，面对资源依赖、后续产业发展不足、生态破坏等问题的制约，萍乡市坚持推进产业转型升级，从经济发展、社会问题、生态环境等多个方面共同推进地区的转型发展，坚持走“改造旧动能，催生新动能”的转型发展新路。2019年8月，萍乡市在全国120个老工业基地、69个资源枯竭型城市中脱颖而出，被国家批准为第二批次产业转型升级示范区。

二、萍乡市产业经济转型升级的发展背景

（一）萍乡市简介

从地理位置上看，萍乡市位于江西省西部，并且是赣西经济发展的中心城市，也是长株潭经济圈、泛珠三角经济区、闽东南经济区和粤港澳大湾区的重要辐射城市。目前管辖县区共7个，全市总面积3831平方千米，人口近200万人。

萍乡是我国的老工矿城市、典型的资源型城市之一，曾被国家授予“资源枯竭型城市转型发展带头城市”“全国创业先进城市”，同时陶瓷和爆竹行业兴盛，曾被誉为“陶瓷之都”和“爆竹之乡”。2016年以来，萍乡因在老工业基地调整改造、海绵城市建设等方面取得明显成效，受到国务院的特别表彰，这一系列建设成就的取得，为萍乡市产业转型升级示范区建设提供了强有力的支撑。

（二）萍乡市资源概况

萍乡市矿产资源储量丰富，全市可耕种面积超过5万公顷。地区的主要矿产资源共计36种，煤炭D级储量超过8亿吨，铁矿储量惊人，特别是具有很

大市场发展潜力的非金属矿产资源。全市森林覆盖率超过1/2，植物物种多样，水资源尤其丰富，纵横五条河流，水资源可开发量巨大，地下水的储量达到4亿立方米。

（三）萍乡市为什么转型

萍乡以煤炭立市，始自1898年安源煤矿的开办，继而又创办了中国第一个股份合资企业——汉冶萍公司，自此开始对煤炭资源进行规模、批量生产。尤其是新中国成立之后，为了尽快恢复国民经济，萍乡不断加大煤炭的开采、投资力度，长期为华东地区提供大量煤炭资源。数据显示，1950—2007年，萍乡生产原煤2.8亿吨，累计利税超过100亿元，对国家的价值贡献超过200亿元。

萍乡位于江西省和湖南省的交界处，属于省界大城市边的资源型“小市”，与它同类型的代表性城市是马鞍山和淮北。三市都地处省界，并且都会受到邻省省会或省域副中心城市的影响，还是传统的工矿企业。三市主要经济数据如表16－1所示。

表16－1　2021年三市主要经济数据对比

数据名称＼城市	萍乡	淮北	马鞍山	萍乡占淮北比重（%）	萍乡占马鞍山比重（%）
生产总值（亿元）	1 108.3	1 223	2 439.3	90.62	45.44
人均GDP（万元/人）	6.14	6.2	11.3	99.03	54.34
2020年第七次人口普查	1 804 805	1 970 265	2 159 930	91.60	83.56
市辖区人口	894 012	1 037 863	965 452	86.14	92.60
总面积（平方千米）	3 831	2 741	4 049	139.77	94.62
人口密度（人/平方千米）	471	719	533	65.51	88.37
市辖区面积（区单位相加）	1 157	711	704	162.73	164.35
市辖区GDP（区单位相加）	708.05	682.20	1 367.93	103.79	51.76
行政区数量	5	4	6	125.00	83.33
公共财政预算收入	108.63	88.8	196.53	122.33	55.27

续表

数据名称＼城市	萍乡	淮北	马鞍山	萍乡占淮北比重（%）	萍乡占马鞍山比重（%）
规模以上工业企业营业收入（亿元）	1 382.9	1 500.8	3 958.7	92.14	34.93
规模以上工业企业实现利润总额（亿元）	119.1	132.8	193.7	89.68	61.49
社会消费品零售总量（亿元）	389.78	521.3	937.85	74.77	41.56
全市商品房销售面积（万平方米）	221.39	303.89	290.56	72.85	76.19
全市商品房销售额（亿元）	119.6	218.56	249.88	54.72	47.86
全市商品房销售均价（元/平方米）	5 402.23	7 192	8 599.94	75.11	62.82
进出口总额（亿元）	184.8	115.7	465.65	159.72	39.69
出口总额（亿元）	182.2	104.5	195.22	174.35	93.33
实际利用外资（万美元）	48 503	34 825	293 700	139.28	16.51
金融机构存款余额（亿元）	1 587.11	1 794.9	3 070.69	88.42	51.69
金融机构贷款余额（亿元）	1 367.26	1 419.6	2 536.66	96.31	53.90
城镇居民人均可支配收入（元）	43 395	39 688	56 440	109.34	76.89
农村居民人均可支配收入（亿元）	22 862	16 504	28 331	138.52	80.70

数据来源：江西省统计年鉴。

从表16－1可以直观看出，萍乡相比马鞍山，并没有较为突出的优势，马鞍山从最开始的一个镇发展成现在的工业强市，它的城市转型已经取得显著成效。而与淮北相比，萍乡在对外经济方面存在一定优势，在存款与收入方面也旗鼓相当，但是在社会消费和房地产板块略显不足。

三、萍乡市转型制约性因素判定

（一）产业结构单一

罗斯托主导产业理论认为，无论何时，在一个经济体中，经济增长之所以能够保持，依靠的是为数不多的主导产业迅速扩大的结果。萍乡作为中国近代工业发祥地之一，又被称为“百年媒城”。1949 年以来，萍乡的煤炭开采大力实施，一直是为国家提供大量用煤的重要保障，累计向国家贡献的税收达到了 100 多亿元，总体价值贡献也达到了 200 多亿元。它一直赖以发展的主导产业就是以煤炭为代表的重工业，这种产业结构虽然能在短期让萍乡的经济取得显著成效，但也会形成产业结构单一的制约性因素。

此外，萍乡市在财政和经济方面会过度依赖以煤矿为代表的资源型产业，特别是煤炭开发产业链带动上下游不同产业的发展，同时，接续替代产业并未形成，凸显了产业的结构性矛盾。总体而言，城市的发展布局是以国有企业为主体，高度依赖资源型企业，共同构造企业功能和城市功能。萍乡市由于资源依赖的特性，当面对资源的萎缩时，其他产业无法形成规模效应，工业经济总体发展水平低下。

（二）新兴产业发展困难

赫希曼的产业关联理论认为，在资源有限的地区，早期应该集中所有的资源发展一部分产业作为主导产业，后面再逐步加大对其他产业的投入，以主导产业带动其他产业的发展，从而促进地区经济增长。

为打破萍乡靠煤炭等重工业发展经济的局面，萍乡市积极实施招商引资，并且非常有先见之明地扶持了很多代表性的新兴产业，主要的代表就是光伏产业和动漫、陶瓷产业。面对这些新兴产业在规模上、产业关联和吸纳人员就业上的不足，萍乡市可以客观看待与之相对的传统煤炭行业的优势。再者，新兴产业限于自身特性，项目前期需要投入大量的资金，它的成长速度是远远跟不上传统煤炭产业发展的。因此，传统产业和新兴产业不能快速地衔接就会导致经济发展滞后。

（三）人才短缺

萍乡市在推动经济转型发展过程中还引发了人才短缺和难就业这两大社会问题，主要就是因为产业转型升级带来的传统产业的大批劳动力下岗，这些人员很难适应新兴产业衍生的工作岗位。但就萍乡市的发展而言，一方面，引进新兴产业是必要举措，通过提高技术水平和机械化程度，能减少对低素质劳动力的需求；另一方面，传统的、以煤炭为代表重工业虽然污染高、耗能高，却能吸纳大量的劳动者，这就使难就业矛盾更加突出。

因此，在转型发展中，这些低素质劳动力的过度剩余就会对经济发展起到反作用，企业升级发展需要的是高素质人才，但就萍乡市本身人口流动特征而言，人才大部分会流入邻省。萍乡市本地工作待遇、晋升空间不足，高素质人才不愿意留下，反而是更多低素质人才冗余，高层次人才引进和培养成为经济发展的瓶颈。缺乏优质的人才支撑，制约了萍乡经济结构调整和产业升级的能力。

（四）地区交通不便

韦伯的工业区位理论指出，假设不考虑劳动力成本和聚集因素对工业区位的影响，那么工业区位就是由运输成本的高低决定的，运输成本最低的地方即为最合适的工业区位。而萍乡地处赣南偏远地区，从工业区位理论来看，交通不便成为制约经济发展的主要因素之一。不利的交通条件使货物流通不畅，也限制了人员流动和区域协同发展，阻碍了萍乡经济融入更广泛的市场中。

（五）营商环境

良好的营商环境是吸引更多的投资、促进产业结构转型的基础。投资者倾向于选择在法治健全、透明度高、政府服务高效的地方进行投资。当大量资本流入市场时，将会促进企业的发展，提高就业率，激发经济增长。这种资本流入有助于城市建设、基础设施建设等，从而为长期可持续发展奠定基础。营商环境的好坏直接影响着创业和创新的活跃程度。萍乡市相关机构持续提出系列措施优化当地营商环境，建立健全政策评估机制，以政策效果评估为重点，建立对重大政策开展事前、事后评估的长效机制，推进政策评估工作制度化、规范化，使政策更加科学精准、务实管用。建立常态化政企沟通机制，加强与企业和行业协会商会的常态化联系，完善企业服务体系。建设“莲花 12345”全市统一政务服务热线平台，进一步规范政务服务热线受理、转办、督办、反馈、评价流程，及时回应企业和群众诉求。依托“莲花 12345”加快建立营商环境诉求受理和分级办理“一张网”，更多采取“企业点菜”方式推进“放管服”改革。即使已出台一些政策措施优化营商环境，但是在未来持续的产业转型发展过程中，需要创造良好的营商环境。萍乡市不仅可以吸引更多资本、促进创新，还能够提高企业的竞争力，推动产业结构转型，实现长期可持续发展。这种发展模式将使城市更具活力，适应经济环境的变化，为居民提供更多的就业机会和更好的生活质量。

四、萍乡市产业转型发展历程

2007 年以来，萍乡贯彻资源枯竭型城市转型发展理念，坚持增量、存量共同发展的原则。在培育新兴产业的同时，发展改造传统产业，并且加快新动能的发展速度，带动提升和改善产业的结构、质量和效益。产业持续向“双中高”迈进，结合资源型城市和传统老工业城市创新发展的优点，奠定了创建资源型城市产业转型发展升级示范区的坚实基础。

（一）转型形成期（2008—2018 年）

萍乡市作为全国 120 个“老工业基地”之一，凭借着丰富的煤炭资源曾经有过一段辉煌的历史。特别是改革开放以后，萍乡依靠自己的资源优势大力推进工业化，经济发展明显提速，大大缩短了经济总量再创新高的时间。从不足亿元到 10 亿元用了 37 年，从 10 亿元到 100 亿元用了 15 年，再从 100 亿元到 500 亿元用了 9 年，甚至到 2008 年，全市 GDP 首次突破千亿，达到了 1 009. 05 亿元。

但是随着自然资源的逐步枯竭，萍乡想要进一步发展，产业转型升级之路迫在眉睫。党的十八大以来，萍乡市加快推进产业结构调整和转型升级。全市工业经济在调整中发展、在转型中提升，呈现出运行稳健、优化结构、提升质量的良好局面。十年来，全市制造业增加值占比不断提高，占全部规模工业比重从 2012 年的 81. 7% 提高到 2019 年的 90% 以上；2012—2019 年，全市规模以上工业增加值平均增长超过 GDP 年均增长水平。

为了自上而下做好发展统帅，萍乡市组建了工业强市工作领导小组，聚焦顶层设计，强化发展支撑。全市坚持“抓牢工业”，运用电子技术，大力发展节能环保产业为主，金属制造、医药食品等产业为辅助的“1 +2 +N”的完整产业体系，建设了产业链链长工作制，各县区明确了“电子信息 + 特色优势产业”的“1 +1”双首位产业发展模式；为了顺利推动产业转型升级，优化发展结构，萍乡市坚持优化低、小产能。2016 年以来，为了将产业转型升级目标聚焦于项目建设，增强发展后劲，萍乡市充分发挥“3 +3”招商机制作用，着力引进一批具有技术领先优势、扩充产业链条作用的重点项目落户。自 2016 年开始建设园区标准厂房，着重培养省级重点产业集群，希望能通过经开区实施调区扩容，增加发展空间，扩展新的开发用地，为项目落成提供坚实的基础。

（二）转型探索期（2019—2020 年）

萍乡市于 2019 年 8 月被确定为第二批全国老工业城市和资源型城市产业转型升级示范区，同年 12 月，中央和省级部门印发了相关建设方案，大力投入萍乡的园区合作。

2019 年来，在市委、市政府的正确领导下，萍乡市产业基础更加牢固，产业链现代化水平不断提升，工业经济结构不断优化。2020 年底，全市战略性新兴产业规上企业数量达到 137 家，增加值占规上工业的比重达到 20%，较 2017 年底提高了 8.3 个百分点。电子信息产业在智能终端、电子元器件及电子材料等领域布局基本成形，2021 年 1—5 月，全市电子信息产业 73 户规上企业实现营业收入 39.89 亿元，同比增长 78.4%。近三年，萍乡市电子信息产业营业收入平均增速超过 48%，远高于全国和江西省同行业平均水平。传统优势产业加快转型，电瓷产业多元化发展，纳入国家电网和铁路总公司采购名录企业数量占比超过一半，芦溪县被授予中国“电瓷之都”称号；工业陶瓷产业加快向节能环保产业转型，形成了以环保陶瓷、催化剂新材料和废水处理、大气治理为主导的节能环保产业体系。扎实推进产业转型升级示范区建设，具体的经验和做法如下。

1. 奋力推进产业转型升级示范区建设，着力推动工矿城市转型发展

细分来讲，第一，在推动传统产业绿色转型方面，持续整顿淘汰落后产能，多家爆竹企业退出或转产，上栗县成功承办世界烟花文艺汇演，产业正由

粗放生产型向文化创意型转变。旭阳焦化项目成功落地，钢铁产业链条不断完善，同时助力陶瓷产业集聚、优化发展。多个陶瓷工业基地也获批示范区；第二，全市大力助推新兴产业的发展，形成新兴产业发展圈，全市规上电子信息、节能环保产业增加值分别同比增长 27.2%、19.3%，分别高于规上工业增加值16.4、8.5 个百分点，贡献率分别达到18.7%、32.5%，部分产业园建成投产；第三，在夯实园区发展基础方面，积极推进开发区创新发展三年倍增行动，工业平台承载能力得到进一步提升。依法依规处置僵尸企业 9 家，盘活低效闲置土地 1 500 余亩。在建标准厂房项目 11 个，建成标准厂房面积 155.5 万平方米。

2. 奋力推进内陆开放赣湘合作核心区建设，全面提升对外开放合作水平

第一，在聚焦基础设施联通方面，打造湘赣边区域综合交通枢纽中心，制订基础设施互通实施方案，先后与长沙市、株洲政府签署合作协议。规划高速公路4 条，国省道 8 条，长赣高铁、沪昆高速扩容、绕城高速（东段）等一批重大基础设施力争今年开工建设；第二，在聚焦产业发展协作方面，积极承接长株潭产业转移，奋力打造创新示范配套区。上栗合作园区建成区面积超过 9 平方千米，湘东合作园区建成区面积约 10 平方千米。深化产学研合作，积极推进飞地“科创”（长沙）中心建设。深度融入长株潭产业链，成功引进培育湘企进入和落区；第三，在聚焦文旅协同发展方面，落实旅游业一体化发展，将萍乡的多个县纳入，推动资源互换，并且利用湘赣边界的红色文化，推广相关的文旅产品，打造红色旅游线路。

3. 奋力推进城乡融合发展先行区建设，塑造焕然一新的城乡面貌

第一，推进省级城乡融合实验区“5 + 2”改革试点，推进城乡人口流动、农村集体经营性建设用地入市、农村产权质押担保、城乡基础设施一体化、城乡基本公共服务均等化 5 项基础性改革和城乡产业协同发展、农民持续增收 2 项提升性改革等 7 项改革任务，多个事项改革成效显著。城乡居民人均可支配收入比保持全省最低；第二，全面推进城市功能品质提升，实施城市功能品质提升项目 190 个，全市完成 82 个老旧小区改造，惠及住户 4 万户，10 331 套城镇棚户区改造加快推进，建设绿道 115.2 千米，中心城区污水管网建设完成 103.4 千米，增设城市公共停车泊位 3 808 个，实施一批供水安全提升改造工程；第三，开展环境污染治理，实施环境空气质量提升行动，开展了烟花爆竹禁限放、涉挥发性有机物（VOCS）企业专项整治、秸秆焚烧管控、城市生活垃圾专项整治等系列专项行动，空气质量基本稳定。实施水环境质量提升行动，全市水环境质量整体优良；第四，推进生态系统保护修复，坚持山水林田的保护和修复工程，提高生态环境的总体质量，使优质生态产品可供给。通过增减挂、土地开发等方式，将废弃矿山修复成农林生态系统，提高废弃矿山的修复率。打造了安源阳光花海旅游景区、芦溪县思古塘废弃矿区脐橙基地等新亮点。

4. 奋力推进全域旅游发展特色区建设，打造中部地区旅游强市

第一，绿色生态旅游擦亮秀美赣西品牌，武功山景区获批为国家5A级旅游景区。传统产业通过发展生态旅游实现绿色转型，多个村庄发展成旅游村；第二，乡村风情旅游擦亮休闲农业品牌；大力开发以芦溪仙凤三宝园、芦溪银河镇紫溪村、武功山花涧里景区等为重点的休闲农业旅游产品，形成了一批高质量旅游品牌；第三，工矿旅游打响品牌声誉，以工业遗产为基础，推进工业遗产保护利用与城市更新改造相结合，创新发展工业旅游，安源路矿旅游景区成功入选国家旅游局2016年推出的10个国家工业遗产旅游基地之一，方大萍安钢铁工业旅游景区被评定为国家3A级旅游景区和省级工业旅游示范基地，芦溪百年电瓷工业遗产公园被评为省级工业遗产旅游示范基地，工矿旅游品牌知名度越来越高。

5. 奋力推进红色基因传承创新区建设，发挥红色资源重要功能作用

第一，深入讲好红色故事，深度挖掘红色资源，举办一系列跟党有关的主题活动，制作党课和纪录片，开展红色教育，向公众普及红色故事和革命精神；第二，深入推进红色旅游景区建设，以安源精神为灵魂，重点打造专属的红色纪念景区；第三，注重红色培训。构建干部学院和教育基地，积极主动融入井冈山红色革命精神，加大红色的教育力度，形成覆盖多地方的红色旅游精品线路。

（三）转型深化期（2021年至今）

截至2021年，萍乡市转型发展示范区已经取得了很大的成效，核心平台支持体系正在不断完善，优势传统产业和战略高新产业不断集聚发展，整个城市的产业发展趋势朝着高端化和智能化迈进。

产业结构和发展层次得到了明显的提升。三次产业结构比例达到4.5:47.5:48，高新技术产业产值超过全省平均水平，规模以上工业增加值增长率达9%左右；创新能力持续增强。提高社会的创新发展经费，省级以上的创新平台、高新技术企业数量都在快速增加；产业集聚水平显著提升。萍乡经济技术开发区和江西萍乡湘东产业园、江西芦溪工业园区、江西萍乡安源产业园等园区综合实力和带动能力显著增强，形成以新材料为主导，节能环保等一批100亿元以上产业集群；生态建设取得了显著成效。废弃矿区及主要河道污水渠水质明显改善，全面完成重点废弃矿区的生态治理，实现废弃矿区植被全覆盖；全面完成各类生态敏感区、自然保护区采矿权的有序退出，逐步恢复生态环境原貌。政府具体的措施可以归结为四点：

一是通过加速推进新旧动能转换推进转型升级。统筹老字号的开发，高效率配置资源、合并整体的产业链条，以更大力度淘汰落后过剩产能。推进高效智能的技术改造，支持冶金、建材、花炮等传统产业增强创新研发能力，提高基础工艺的应用水平。

二是通过新技术、新模式和集聚集群推进转型升级。将创新驱动作为产业转型升级的第一动力，以掌握更多关键核心技术为目标，抢占行业发展先机。依托传统优势产业和新兴高新技术产业，以产业精准定位壮大高端产业链、高质产品链和高效价值链的优势产业，以示范园区为核心载体，精确打造专业产业集聚发展高地。加大移动互联网、大数据、物联网、智能机器人等新一代信息与智能技术与传统和新兴优势产业的融合创新，升级和延长传统产业链条，紧密结合上中下游产业。

三是通过发展全域旅游推进产业转型升级。以发展全域旅游为统领，以关键旅游集散节点为支撑，以重点旅游线路和旅游廊道为纽带，以重要旅游景区为核心，串点成线，由线及面，对萍乡旅游资源进行统筹规划。通过旅游品牌创建、文化引领、消费引导，不断创新旅游服务模式，优化旅游社会环境，全面提升萍乡全域旅游的核心竞争力。

四是通过承接产业转移和产业合作推进转型升级。建立健全项目环境准入标准，在坚持绿色发展的基础上，主动对接周边地区的发展，积极接纳对自身发展有利的产业。深度融入长株潭城市群、大南昌都市圈等重点区域，加强湘赣边区域合作示范区建设，引导萍乡主导传统产业、高新技术产业与重点区域、重点企业建设合作制造业产业园区。优化投资结构，鼓励外商、央企、萍商投资萍乡的战略性新兴产业和生产性服务业。

五、萍乡市转型发展举措与成效

（一）转型举措

1. 大力推进传统产业转型升级工程

江西萍乡经济以传统的煤炭、有色金属等资源型产业为主，产业结构单一是上述提及制约其经济发展和转型的重要因素。通过推动产业转型升级作为核心主要内容，加大优化产业结构和布局、继续提升产业发展层次，突出产城融合，稳步增强自主创新能力，注意培育壮大龙头企业，这些为本工程核心目的。推进“两化”融合，进行工业云平台和工业大数据建设，针对支持重点行业以及示范带动效应显著的领域，促进产业转型升级，以推动大数据在工业行业管理和经济运行中的应用。

2. 推进制造业重点产业链现代化建设

萍乡市积极推动优势传统产业向高端化、智能化、绿色化方向转型，力争到2026年实现产业链现代化“10210”目标。具体来说，要全面提升金属材料及资源循环利用、装备制造、节能环保、电子信息、新能源、花炮、建材、食品、服装家居、医药等10条重点产业链的现代化水平，打造材料加工和装备制造两个具有竞争力的先进制造业集群，推动制造业质效提升和量的合理增长。为此，萍乡市将围绕10条产业链，建立科技创新联合体，实施揭榜挂帅制度，协同高校、科研院所和重点企业共同攻关共性技术和关键核心技术。同时，依托萍乡长沙科创中心，吸引人才、推动研发和孵化，进一步提升创新能力。此外，萍乡市还将推动绿色制造，促进产业链绿色发展。将强化绿色低碳技术的攻关，大力开发绿色工艺、技术、材料和装备，提升工业资源综合利用水平，推动水泥行业产能合并，提升生产绿色化水平。还将创建绿色工厂、绿色园区，并培育绿色供应链，构建绿色制造体系，推动工业全链条的绿色转型。萍乡市将通过加快制造业的智能化、绿色化转型，推动产业链现代化、园区智能化升级以及绿色制造体系建设，力求在2026年实现经济高质量发展，为未来可持续增长奠定坚实基础。

3. 推进“五区建设”，打造“最美转型城市”

产业转型升级打造新样板是萍乡近些年来发展的一个主要内容，且这也是营商环境和产业结构单一等制约因素的突破途径之一。产业链的现代化水平、产业的基础高级化等全面有效提升。创新能力不断提高，建设“萍乡样板”、开发建设国家产业转型升级示范区是核心。以培育壮大新动能为重点，坚持推进工业强市战略，推动地区产业集聚集群集约发展，旨在全面提升萍乡的产业水平和创新能力，同时解决营商环境不佳的问题，为经济持续发展创造有利条件。通过推进“五区建设”，有望引导和支持多元化产业的发展。这意味着萍乡将逐步摆脱对传统产业的过度依赖，实现产业结构的多元化和升级。尤其是国家产业转型升级示范区的建设，将吸引高科技、高附加值产业的集聚，推动整个产业链的现代化水平提升。

4. 加快推动产业数字化转型

萍乡的产业结构单一是制约其发展的主要因素，除此之外，环境污染同样也是重要因素之一。以国家产业转型升级示范区的建设为基础，数字技术与实体经济深度融合，加快推进产业数字化转型。计划到 2023 年底，基本完成 4 个以上应用场景建设，包括智慧商圈、智慧旅游、萍乡市物流公共信息平台等，数字产业集聚效应初步显现，数字经济的规模不断攀升，核心竞争力不断增强。通过数字技术与实体经济深度融合，培育数字产业集聚效应，吸引高科技和数字经济相关企业的发展。这将有助于逐步摆脱对传统产业的依赖，数字化转型将为生态环境提供更好的保护。智慧商圈、智慧旅游等数字化场景的建设将提高城市管理的智能化水平，有助于实现资源的合理利用和环境的可持续发展。

5. 加快建设湘赣边区域合作示范区

对于人才短缺和交通设施的制约，加快建设湘赣边区域合作示范区以缓解所带来的限制，加快建设科技成果转化区。积极承接长三角、长株潭都市圈、珠三角、大南昌都市圈等科技先进技术与创新资源，加快“政产学研用金”的六位一体融合进程，推动传统产业转型升级，着重关注培育和发展新兴产业。首先，在人才方面，湘赣边区域合作示范区的建设通过积极承接长三角、长株潭都市圈、珠三角、大南昌都市圈等先进技术与创新资源，示范区将成为人才聚集的热点地区，吸引更多优秀的科技人才，为本地企业提供更多高素质的科技专业人才支持，推动科技成果的转化与应用。在交通方面，湘赣边区域合作示范区将吸引来自各个方向的科技资源，推动了区域交通网络的完善。通过推动“政产学研用金”的六位一体融合进程，示范区将加强政府、产业、学术界、研究机构和应用方的紧密合作。这种协同机制加速科技成果的转化，推动传统产业的转型升级。

6. 打造产业转型升级样板

全面贯彻与落实党中央五大发展理念的总体要求，以新技术、新业态改造提升传统产业，大力发展新经济动力，培育新的高质量动能；以供给侧结构性改革与创新驱动为根本点，发展培育壮大新兴产业，优化产业结构；全面贯彻实施中国制造 2025 行动计划的总体内容与要求，全面提高我市产业整体核心竞争力；着力推动产业转型升级示范区建设的进程，分离构建全国产业转型升级的“萍乡样板”角色。通过大力发展新经济动力，培育新的高质量动能，有助于吸引更多新兴产业的发展，为萍乡引入更多高科技、高附加值的产业，提高整体产业水平，使其在全球产业链中占据更重要的地位。同时，新经济动力的发展将为企业提供更多发展机会，成为营商环境制约的突破口，为营商环境注入新的活力。

7. 狠抓节能降耗，促进绿色发展

绿色发展是实现可持续发展的重要一环，也是破解环境压力的有效方法之一。促进绿色发展是适应时代发展和实现节能降耗的必由之路。通过运用经济手段、市场机制和必要的行政工具，完善技术标准以及产业政策，关注重点企业的节能降耗和减排治污。发展以资源节约型、环境友好型为主要特征的相关工业企业，以提高能源资源利用的效率。积极实施绿色制造试点示范工程是目标达成的一个核心路径，主要通过打造绿色制造体系，培养一批绿色工厂、绿色园区、绿色产品和绿色供应链。积极实施绿色制造试点示范工程是推动绿色发展的核心路径。通过打造绿色制造体系，培养绿色工厂、绿色园区、绿色产品和绿色供应链，为产业结构的优化和升级提供示范。这有助于激发企业对绿色发展的积极性，形成更为可持续的产业发展模式，从而减轻对生态环境的影响。

（二）转型成效

1. 数字经济规模不断扩大

近年来，萍乡在推动经济转型和发展的过程中取得了显著成效，尤其在解决“产业结构单一”问题和缓解“环境压力”方面取得了突破。自数据中台建设以来，萍乡已汇聚了全市 100 多家单位、6 700 余个资源目录和 1. 1 万个信息资源，回流省级数据达到 1 260 万条，数据交换总量超过 5.5 亿次。这些数据的集中和共享为各部门提供了丰富的支持，推动了“赣金平台”、一键办、教育一件事一次办、碳金融等应用的发展。共享交换平台的目录挂载率和数据更新及时率均已达到 100%，供需清单完成率也跻身第一档，显著提升了数据流通和部门间的协作效率，进一步优化了全市的营商环境。通过构建统一的用户体系，实现了“一个认证、全网通行”，政府与公众用户均可通过该系统享受统一的身份认证和网上政务服务。目前，已有 7 个应用系统接入了该用户中心，4 个系统正在对接中，未来将逐步推广至全市已建系统。

2. 特色乡村产业提质倍增

党的十八大以来，萍乡市全力推进乡村产业发展，夯实乡村振兴基础工作。一批叫得响、立得住、传得开的萍乡农产品品牌开始涌现，这些品牌主要包括：吉内得有机米、杜仲猪肉、武功山高山有机茶等。通过引进山东寿光、赣州铭宸等企业，投资建设武功山区域现代农业科技产业园、芦溪信诚内现代设施农业园等高效、高质量的蔬菜基地。为当地农产品赋予了更高的附加值。这不仅为农民提供了更丰厚的收入，也丰富了产业结构，从而减缓了“产业结构单一”对经济发展的限制。水稻种业作为萍乡一张“历久弥新”的重要城市名片，已经成为年产值超过 10 亿元的特色产业。“十三五”期间，全市每年制种面积都保持在 15 万亩以上，尤其 2019 年，制种面积达 19.3 万亩，创造该市历史新高，有力地促进了当地水稻产业的发展，也为优化整体产业结构贡献了新的动能。目前，该市发展了 4 家国家级相关产业龙头企业，培育扶持了甘源食品股份有限公司，成功完成上市工作。对于全市省级以上的龙头企业，其年销售收入达 110.15 亿元，收入较于 2012 年翻了一倍。武功山的一些产品被认定为地理标志农产品，主要包括石斑鱼、赣西“两头乌”猪、莲花白鹅等。

3. 全力推进双“一号工程”

做优做强数字经济是发展工程中的核心内容，近年来，推进建设数字经济重点项目数量达到 129 个，所培育的国家级专精特新“小巨人”企业数量达到 16 家。目前，全市有 1 个省级智能制造产业基地、2 个省级“两化”融合示范园区、上云企业数量为 5 712 家，工业和信息化部于 2021 年工业互联网平台创新领航的应用案例入选中材电瓷积极打造的“5G + MEC”项目。全市继续推进优化升级营商环境，全面实施国家的优惠政策和省惠企纾困的 28 条具体措施，为助推企业发展，出台了 47 条相关惠企纾困措施。九成以上的政务服务事项全面实现“网上办”，“赣服通”“掌上办”上线 833 项高频具体事项，社会各方肯定了全市极力开创的“一把手走流程”“小萍帮办”等服务品牌。这为企业提供了更为宽松的经营环境，降低了企业的运营成本，提升了企业的竞争力。优化升级的营商环境为企业的投资和创新提供了更大的空间，激发了市场活力，加速了经济转型。

4. 深入实施创新驱动发展战略

萍乡市以“不求所有，但求所用”为行动指南，为推动“政、产、学、研、金、用”六位一体、协同创新，为资源枯竭城市转型试点作出有价值的探索，通过有效利用国内外科技先进的资源，极力探索以市场化股份制为重点核心的产学研合作新模式结构，组建一批新型研发、技术转移转化团队。近年来，全市已与国内知名大学洽谈共建创新研发平台、成果转移转化中心建设，包括中南大学、上海交通大学、湖南大学等高校均参与其中。此外，与 21 家院校签订了全面战略合作的详细协议，包括中国矿业大学（北京）、武汉理工大学、中南大学、西安交通大学等。与清华大学等 90 余所院校合作开展科技项目的推进落实。这些合作不仅为城市引进了高水平的科研力量，也为人才培养和科技创新提供了丰富资源。全市八成以上的规上企业、九成以上的科技型企业与高等院校开展了合作。江西首个外籍院士工作站成功建成，该工作站联合东北大学与乌克兰冶金学院，2018 年江西省科技进步奖一等奖授予中材江西电瓷电气有限公司与德国弗兰科霍夫研究所合作的项目。通过与具备完善资源的高校机构的密切合作，提升人力资本，推进创新驱动战略为江西萍乡经济转型与发展提供了源源不断的智力支持，使其在产业结构优化和科技创新方面取得了显著成效。

5. 主动融入长株潭城市群

萍乡市以新时代推动中部地区高质量跨越式发展决策部署为核心，以“作示范、勇争先”目标要求为指南，主动积极融入长株潭城市群，多维度全面深化赣湘区域合作共识。长株潭城市群作为一个有机联动的城市集群，其交通网络的协同发展，使各城市之间的交流更加畅通。通过推动区域合作，建设更加便捷高效的交通网络，萍乡市不仅更好地融入了周边城市，也为产业合作、人才流动提供了更为便利的条件。截至目前，全市已推动签署覆盖产业协同、交通互联、生态共治等方面的 40 余项具体区域协议。于 2021 年，经国务院同意，国家发展和改革委员会印发《湘赣边区域合作示范区建设总体方案》，全境区域被纳入示范区的萍乡在全力推进赣湘区域合作当中，对于示范区发展建设有了更加明晰的“路线图”。这些区域协议不仅有助于吸引外部人才，也促进了本地区内人才的流动与共享，提高了整体人才水平。江西首个外籍院士工作站的建成更是为人才引进注入了新的动力，为城市的创新与发展提供了坚实支持。

6. 推进赣湘区域实现高质量跨越式发展

交通基础设施的不完善是制约萍乡发展的一个重要问题，过去发展过程中，相关部门对该制约因素给予关注。萍乡市重点打造了湘东—醴陵、上栗—浏阳 2 个重要合作平台，成为承接长株潭溢出效应的重要节点。在推进赣湘区域合作项目进程当中，萍乡市积极推进载体建设，推进“有力度的”合作，搭建“有广度的”平台，赣湘区域合作全面高效展开，高质量跨越式发展效果开始显著。在交通的互联互通方面，持续加强赣西交通枢纽城市建设，所投入资金累计超过 200 亿元，萍乡主城区到长沙黄花机场乘高铁行驶时间缩短到 18 分钟以内。全面实现与湖南接壤的 13 个乡镇、33 条乡村公路无缝对接，成功全面融入长株潭的“三横一纵一绕城”综合立体交通网络。产业协同协作方面，打造“1 +2 + N”现代产业体系。全市园区已投入资金达到 150 亿元，全面建成标准厂房 120 万平方米，引进湘企或湘籍企业家投建项目 292 个，其签约金额达到 527. 2 亿元，实现贯彻萍乡错位发展、互补发展，全力参与长株潭产业群分工布局。30 余家本土企业与三一集团知名企业形成产业配套结构。

7. 招商引资量质齐升

招商引资是经济发展的重要部分，在“十三五”时期，全市累计实际利用外资金额达到 19. 83 亿美元，年均增长 8. 04 个百分点；累计利用的省外项目资金达到 2 640. 87 亿元，年均增长 10. 39 个百分点，2020 年，实际引进资金达到 627. 02 亿元，金额总量稳居省内四小市第一，增幅实现 8. 52 个百分点，从 2015 年全省垫底提升至名列前茅。引进项目结构升级与优化，重点产业集群化发展趋势明显，主要包括：电子信息、先进装备制造、节能环保等。工业项目比重近五年来提升 13. 06 个百分点，达到 72. 61% 。所引进亿元以上的项目比重逐年攀升，于 2020 年，其占比达 68. 98% 。自 2019 年省委、省政府提出“5020”项目引进目标以来，在“1 + 2 + N”产业领域引进 28 个“5020”项目，这些项目举措对我市主导产业快速发展壮大担任凝聚强大龙头

"牵引力"角色。萍乡一系列招商引资政策取得的成效为城市的经济转型与发展注入了强大的动力。这一系列的举措不仅提高了城市的吸引力，也为城市的经济结构调整和产业升级奠定了坚实基础。

8. 对外贸易格局优化

对外贸易作为经济发展的马车之一，"十三五"时期，萍乡市全市货物进出口的规模连创新高，继2017年突破100亿元规模之后，2020年，扛住新冠疫情影响和贸易战压力，全市货物进出口总额达到147.47亿元，是2015年的1.88倍，年均增长达到13.43个百分点，其中，出口年均增长达到13.27个百分点，出口总额占全省的比重由2015年的3.77%提升到2020年的4.96%，提高了1.19个百分点。为抓住沿海发达地区外贸企业转移的发展机遇，萍乡大力承接外向型相关企业，外贸主体规模逐步壮大，产业布局优化升级。通过优化产业结构，萍乡成功吸引了外向型相关企业，积极承接沿海发达地区外贸企业转移的发展机遇。这为城市的外贸主体规模逐步壮大提供了强大支撑，使外贸产业布局得以优化升级。建立了"两转"企业外贸帮扶机制，成立了"外贸出口帮扶小组"以排除发展中的阻碍，实现外向型企业帮扶服务常态化，外贸"两转"取得有效进展。这些机制的建立，使城市在外贸服务方面具备更强的灵活性和适应性，为企业提供更好的经营环境。

六、经验启示与借鉴意义

（一）经验启示

随着我国经济步入高质量发展阶段，资源型城市面临的转型压力越来越突出。深入推进转型发展，克服各类制约因素，是实现城市高质量发展的重要手段。依据萍乡市产业转型经验，主要形成以下6个方面的重要启示。

1. 持续推动市场化改革发展

以企业为资源型产业转型的主体，持续推动市场化改革发展。通过多种政策途径，将产业结构优化理论融入战略，助推企业实现股权多元化转型。通过参股、合资、上市等方式，推动资源型国有企业朝着股权结构的多元化方向发展，以提升整体产业水平。同时，大力改善和优化营商环境，借鉴产业结构优化理论，通过政策倾斜等方式，支持创业活动，鼓励中小及微型企业健康发展。这有助于培育更多优质的转型企业，也为资源型国有企业的改革提供缓冲。实现多种经济成分共同发展，构建高质量发展格局，符合产业结构优化的理念，促进整体经济效率的提升和国家竞争力的增强。

2. 促进产业集群的形成和发展

产业集群效应对于一个地区的产业发展和升级具有关键性作用。基于产业集聚理论，产业集群在某一地区内形成工业积累和发展，使企业、中间商以及各相关部门在地理位置和生产过程中相互连接与互动，共享资源、知识以及部分技术。产业集群效应通过促进人力资源、市场、信息和技术等要素的持续流动，推动集群内众多企业之间建立良好的合作共赢关系。这不仅创造了潜在的、适度的竞争压力，也促进了企业的创新与发展，有助于保持其竞争优势。通过推动先进创新技术的突破，产业集群效应促进了区域工业资源有效利用，减少了基础设施的重复建设，进而推动城市经济的可持续发展。

3. 支持科技创新和人才引育

在新古典经济学理论框架下，高质量的人力资源被认为是推动科技创新和产业转型的重要引擎。强调加强对人才的培训和提高人口素质对成功实现资源产业转型至关重要。在这一过程中，关键在于确保人才的有效“转型”。鉴于绝大多数从业人员的学历相对较低、适应能力有限，资源型产业转型可能导致部分工人失业。若没有适当的教育培训帮助失业人员实现“转型”，可能导致资源型产业的失败。因此，政府和企业应当考虑为资源型企业员工提供必要的基本技能和新技术培训的教育资金，以使其能够胜任新的岗位职责。同时，为确保人才队伍的稳定与发展，建议建立和完善人才引进机制。通过适度提高优惠条件，吸引外来人才，有助于提升地区的技术水平和创新能力，符合新古典经济学理论中市场竞争和技术进步的理念。这一政策将有助于在科技创新领域形成更加有利的市场环境，推动地方产业结构调整优化。

4. 从国民经济和社会发展的战略高度来考虑资源型城市产业转型

中央政府应该致力于促进中西部资源型城市产业的转型，通过制定与促进东部沿海发展类似的优惠政策完成这项目标。如前文所说，人员的“转型”是产业转型的最大难点，因此资源型城市的劳动者应该主动配合接受培训以适应新岗位的职责需要。同时，企业也要发挥创新创业和承担风险的作用与社会责任。中央政府和各级地方政府应相应地考虑地方财政需要而给予适度的财政支持，例如，加大转移支付力度，投资兴建大型基础设施等，使这些城市尽可能摆脱衰退的陷阱，重新走上可持续发展的道路。

5. 科学地选择替代产业和接续产业

在区域可持续发展理论的背景下，科学地选择替代产业和接续产业是决定资源枯竭型城市产业转型是否成功的关键。正确选择接续产业和替代产业是经济发展的重要组成部分。通过产生的扩散效应，这些产业不仅能够增加就业机会，提升国民生活水平，还能促进社会和谐发展。此外，改进和完善资源型城市的投资环境是实现产业转型的另一条捷径。吸引外部投资到拟转型的产业不仅可以带来资金，还能引入先进的技术和管理理念。对企业的优化和效率的提升，有助于资源型城市加快转型的步伐。另外，对于那些位置偏远、污染严重等劣势的资源型城市来说，外部投资不仅可以带来资金，还能解决技术和管理方面的问题。同时，这些城市拥有充足的资源和劳动力供应、宽松的土地资源，对外部投资具有较大的吸引力。通过科学选择替代产业和接续产业，以及吸引外部投资，资源型城市可以更好地实现可持续发展目标，平衡经济、社会和环境的利益。

6. 合理借鉴国外资源型城市转型经验

西方国家资源城市转型时间较早，存在很多成功且优秀的案例，如以煤炭开采生产而闻名的法国洛林地区，以及曾经以钢铁和煤炭生产为主产业的德国鲁尔地区，都实现了较为成功的转型，这些优秀的案例都可以作为萍乡转型的借鉴范本。尽管其国情与我国有较大差异，但在面临的问题和困境方面，基本上没有本质区别。因此，我国资源枯竭型城市可以与上述城市构建友好合作关系网络，学习和吸取其转型经验，引进其先进技术，开展政府间、企业间全方位高效合作，尽快实现转型，以摆脱发展停滞的困境。

（二）破解山西省转型升级关键制约因素的建议

与萍乡市产业结构转型案例进行对比，山西省同大多资源型地区一样，面临着产业结构、人力资本、交通基础设施、营商环境等多方面的制约因素，限制了其经济发展的潜力。产业结构单一使经济更加脆弱，容易受到外部经济波动的冲击；营商环境不佳也阻碍了投资和企业发展的积极性等。解决这些制约因素对于山西省进一步进行产业结构转型至关重要。根据这些制约因素，本章提出如下建议：

1. 优化科技创新生态体系，缓解产业结构单一阻碍

山西省产业结构转型升级的过程中，人力资本的制约因素尤为关键。当前资源型经济的正反馈机制导致科研环境差，创新主体创新意愿不足，创新的配套机制不完善，政策机制僵化、利益固化等问题显著存在。为解决这些问题，首要任务是重新建立科技创新体系。通过加大对高校、研究机构的支持力度，提升科研环境质量，吸引更多的创新人才参与到产业结构的升级中。同时，加强与企业的产学研合作，建立更加紧密的产业创新联盟，推动科技创新与产业升级相互促进。吸引创新主体对山西省的发展至关重要，通过优化人才引进政策，提高对高层次、高技能人才的吸引力，引导更多优秀人才投身到科技创新和产业转型的实践中。另外，完善扶持政策是加强人力资本投入的关键一环。需要针对创新主体和科技研发团队提供更为灵活、激励性的政策支持，鼓励创新活动。同时，政府在制定政策时需更加灵活，适应不同阶段的产业发展需求，以打破利益固化的障碍，促进创新动力的释放。

2. 加大财政支持力度，发挥政府引导作用

推动产业结构优化整合过程中，营商环境是制约山西产业转型升级的因素之一。对此，山西省各级政府需通过加大财政支持力度，从财税政策出发，推动供给侧结构性改革“去产能、去库存、去杠杆、降成本、补短板”五大任务的完成，促进产业转型升级。山西省可以设立专门的财政预算资金和税收政策来支持产业结构的优化整合。划定环境整治、能源科技创新等方面的财政预算区块，将本区域支持创新经济的财力支出纳入财政预算，建立长效资金计划，并在经常性预算项目下按固定比例拨付，以增加对关键领域的财政支持。加强政府采购在引导绿色产业发展及科技创新方面的推动作用。通过强化山西省的煤炭环境整治、能源科技创新服务采购政策和办法，政府可以细化采购清单，支持当地绿色创新创业企业，逐步提高政府部门的采购份额，推动更多的绿色和创新企业参与市场竞争。

3. 推动资源产业兼并重组，提升产业体系运行效率

为实现产业结构的转型升级，特别是针对焦炭等资源型产业，可采取推动兼并重组的政策措施。引进央企或其他大型企业来建设一批重点项目，着重整顿焦炭产业，提高产业集中度，改善市场秩序，以此提升煤炭、焦炭产品在国际国内市场的话语权。这有助于打破焦炭产业长期以来的碎片化格局，推动整个行业朝着更加集约化和高效化的方向发展。消除企业兼并重组中可能面临的各种障碍，为企业提供良好的外部条件。通过金融创新，为企业兼并重组提供金融支持，提高其资金运作的灵活性。同时，改善企业经营环境，完善市场竞争机制，清除导致企业间不公平竞争的不利因素，确保通过兼并重组实现效率提高的企业能够获得相应的经济利益回报。加快完善社会保障系统，对于因兼并重组而可能失业的员工，需要建立健全社保系统，提供相应的社会保障。为兼并重组中的利益受损者提供国家援助是非常必要的，以确保他们在产业结构转型升级的过程中得到应有的关爱和支持。

4. 健全环境治理体系，促进产业绿色循环发展

同大多资源型地区一样，资源的过度开采所造成的环境污染问题需要受到重点关注。以往由于受到经济利益驱动，小煤矿等存在盲目过度开采现象，对水源、大气等生态环境造成了严重破坏。为实现可持续发展，特别是走循环经济之路，必须高度重视对生态环境的保护。企业应加大对清洁生产技术的投入并注重工艺改进，重视节能减排。通过引入先进的生产技术和改进工艺，减少对生态环境的负面影响，实现产业的绿色升级。政府部门也应加大资金扶持力度和技术支持，用于矿区生态环境的恢复和改善。要制订矿区生态保护规划，加强对塌陷土地的复垦和填充，以最大程度地减轻对生态环境的不良影响。同时，要建立相关法律法规，强化对企业生态保护的年审制度，对违规企业加大惩罚力度，构建生态环境友好型企业的培育机制。

第十七章
山东淄博产业转型升级示范区发展分析与启示

申　俊　何佳娜　韩　凤

山东省淄博市是典型的资源型老工业城市，转型发展中遇到很多困难。但该地顺势而为，适时抓住各种时机，扎实推进各项改革，大力发展石油化工业、轻纺工业、乡镇企业、高新技术产业、民营经济等，积极实行对外开放战略，由总量结构转型向全面优化升级转型转变，摆脱资源型城市的束缚，逐步进入创新振兴的新增长期。从淄博市城市转型的经验来看，山西省资源型经济转型发展应把产业结构转型升级作为经济转型发展的主攻突破口，大力扶持中小微企业的发展，不断改善资源型经济转型发展环境，持续推进山西经济高质量发展。

一、引言

淄博市位于山东省中部，南依泰沂山麓，北濒九曲黄河，西邻省会济南，东接潍坊、青岛，是具有地方立法权的“较大的市”。辖张店、淄川、博山、周村、临淄5个区，桓台、高青、沂源3个县和淄博高新技术产业开发区、淄博经济开发区、文昌湖省级旅游度假区3个功能区，总面积5 965平方千米，常住人口470.59万人。淄博是一座具有厚重历史的文化名城。作为齐国故都和齐文化发祥地，已有3 000多年的历史，在这片土地上孕育了姜太公、齐桓公、管仲、晏婴、孙武、左思、房玄龄以及蒲松龄、赵执信、王渔洋等一批历史文化名人，诞生了中国第一所官办大学——稷下学宫，产生了中国第一部管理学百科全书《管子》、“世界第一兵书”《孙子兵法》、中国第一部农业百科巨著《齐民要术》、中国第一部工科巨著《考工记》、世界著名短篇小说集《聊斋志异》等鸿篇巨著，留下了齐国故城遗址、东周殉马坑、世界足球起源地、牛郎织女民间传说、周村古商城等浩繁的文化遗存，是中国优秀旅游城市。

淄博是一座全国全省重要的工业城市。作为工矿业开发较早的地区之一，工业文明浸润深、氛围浓，产业门类全、配套能力强，全国41个工业行业大类中有39个在淄博实现了规模化发展，90多种产品产销量居全国前3位，形成了以石油化工、精细化工、医药和医疗器械、纺织、建材以及新材料、电子信息、汽车及机电装备等为主导的现代产业体系。尤其是化工产业积淀深厚，是国内化工产业配套最为完善的地级市。淄博陶瓷生产史已逾万年，是中国五大瓷都之一、中国琉璃之乡，有“淄博陶瓷·当代国窑”的美誉。

淄博是一座独具特色的生态组群城市。淄博地处山东行政版图的“几何中心”，地理位置优越，交通便利快捷，境内济青高铁、胶济铁路、青银高速、青兰高速、滨博高速纵横交错，可快捷联通全国主要城市。淄博是鲁中电信中枢和邮件处理中心，国际互联网以及现代通信业务发展迅速，对外联络畅达。淄博城乡交错，布局舒展，各城区之间相距20千米左右，城区间以绿轴相连，发展空间广阔。

进入新的发展阶段，淄博市将坚持以习近平新时代中国特色社会主义思想为指导，全面贯彻党的二十大精神，深入落实习近平总书记对山东工作重要指示要求，扎实推进中国式现代化，坚持稳中求进工作总基调，完整、准确、全面贯彻新发展理念，主动服务和融入新发展格局，着力推动绿色低碳高质量发展，更加注重城乡区域统筹协调，持续保障改善民生，努力实现质的有效提升和量的合理增长，奋力推动新时代社会主义现代化强市建设迈上新台阶。淄博市作为老工业城市转型升级的成功范例，对山西省资源型经济转型具有重要的参考和借鉴意义。

二、淄博市转型发展背景

（一）淄博市简介

淄博市，山东省辖地级市，国务院批复确定的山东区域性中心城市、现代工业城市，重要的石油化工基地，位于黄河三角洲高效生态经济区、山东半岛蓝色经济区两大国家战略经济区与济南都市圈交汇处，是山东半岛城市群核心城市之一，属于三线城市。淄博市的临淄区是国家历史文化名城，历史悠久，淄博的临淄是古代齐国的首都，为齐文化的发祥地、世界足球起源地，有“东方古罗马”之称，“淄博烧烤”已经成为淄博的新名片。

（二）资源概况

淄博曾是典型的资源型城市，成矿地质条件好，早期矿产资源丰富，且具有伴生、共生矿多，矿产资源组合好的特点，以煤炭、铁矿石、铝矾土、陶瓷土、耐火粘土、化工石灰岩等为主要自然矿产。据《淄博市志》记载，20 世纪初，日本取代德国在山东半岛的特权后，于 1903 年在淄博矿区建成首座发电厂，并用于煤炭开采。这可视为淄博市现代工业化开采的起点，并据此说明淄博市以采矿业为起点的现代工业化有超过百年的历史。

自 20 世纪 60 年代中后期，中央在淄博市布局建设胜利炼油厂，之后陆续建设齐鲁石化大型石化基地，以此为起点，淄博开始资源型城市的经济转型。到 21 世纪初的近 40 年里，淄博市抓住我国建设、改革、开发与发展的各种机遇，结合实际，采用多种措施推动经济转型。特别是 20 世纪 90 年代后，以传统产业改造和高新技术产业发展为标志的产业升级，以市场经济体制改革为目标的配套改革，对外开放基本国策，产业布局、所有制结构、市场结构等各方面对经济发展方式进行转型调整，这些都加快和深化了淄博市的全面转型进程。

（三）面临的主要问题

经济结构较为单一。淄博市城市经济结构较为单一，经济利益高度集中在少数大企业和集团手中。一旦资源缺乏，其所受到的冲击就更加严重。

内生动力不强。一方面，国际经济形势仍然不稳，全球经济发展持续放缓，市场需求拉动乏力，对经济转型造成了巨大外在压力；另一方面，距经济发达地区及国内、国际市场相对较远，城市经济体系相对封闭，自身发展乏力，替代产业尚未形成。

环境污染问题严重。由于经济发展的需要，淄博市对资源的开采和利用会造成严重的环境污染问题。例如，煤炭的开采和利用会产生大量的废气、废水和废渣等污染物，严重威胁着周边的生态环境和人的健康。但这些城市改善环境的措施较为缓慢，环境治理存在重重困难。

创新能力较弱。在资源缺乏时，需要加强技术的创新和开发新的产业领域。但由于经济结构单一，对技术创新的需求较低，导致创新能力较弱，难以适应经济转型的需要。

三、淄博市转型制约性因素判定

近年来，党中央、国务院多次强调资源型城市转型的重要作用，淄博市也将“加快资源型地区创新转型”作为政府工作中的一项重大任务，但从转型制约性因素来看，淄博市转型还存在以下问题：

一是创新转型发展资金不足，未建立起可持续发展长效机制。近年来，尽管从中央到地方各级政府对资源型城市创新转型发展都高度重视，安排大量资金支持转型发展，但对于淄博市来说，资金需求缺口仍然较大。转型发展体制机制尚不健全，资源开发补偿机制、衰退产业援助机制等可持续发展的长效机制尚未完全建立起来。

二是城市资源依赖型产业结构并未从根本改变，接续替代产业发展薄弱。淄博市新兴产业发展相对缓慢，产业比重仍然很低，工业结构在一定程度上还没有摆脱资源依赖型的特征。

三是城市转型内生动力尚未形成，转型发展质量亟待提升。淄博市城市创新转型发展缺乏科技支撑，战略性新兴产业还处于萌芽期，产业链条短，产品科技含量低，创新载体建设相对滞后，关键市场主体创新能力弱，企业研发中心的规模和层次不够，自主创新意识不强。

四是城市就业和社会保障矛盾依然突出。城市资源开采企业破产倒闭，下岗失业人员就业和再就业压力巨大。离岗人员、待就业人员和退休职工人数较多，社会保障矛盾进一步凸显。

五是人才发展短板制约城市创新发展。由于新兴产业培育和城市竞争力不足，产业规模小，具有自主知识产权的企业和高新技术企业少，缺乏对高精尖人才的吸引力，高端人才流失严重。

六是生态环境破坏严重，治理难度较大。淄博市除具有一般城市的“三废”污染外，还存在土地塌陷、固体废弃物堆放、水资源破坏和空气污染等问题，生态环境治理任务繁重。

四、淄博市转型发展历程

（一）产业形成期

1966 年，国家在靠近胜利油田的临淄市开工建设胜利炼油厂，1984 年开工建设 30 万吨乙烯工程，之后扩大到 45 万吨，到 21 世纪初已达到 72 万吨。淄博市大力支持齐鲁石化建设，同时依托“齐鲁”进行配套和拉长产业链。到 1985 年，淄博市石油化学医药工业产值（当时地方统计按行业局所辖分类）占工业总产值的 35%，一跃超过采掘业，实现向重化工业的转移；2003 年仍占 31.4%，至今一直是全市龙头行业。

20 世纪 80 年代，国家为增加有效供给而调整轻重工业比重。当时，淄博市不失时机，迅速发展轻纺工业。到 1990 年，仅纺织工业产值已占全市 9%，出口占全市 1/3 以上。淄博市纺织业几乎从无到有，一跃成为山东省仅次于青岛的纺织大市，不仅促进了城市工业转型，更重要的是吸纳了大量就业，缓解了当时大批青年劳动力待业的社会问题。

党的十一届三中全会后，农村改革全面推开，农民温饱问题迅速解决，发展致富的欲望随即产生。淄博市利用城乡交叉工农结合的组群式城市特点，实行城乡经济“挂、网、联”，大力发展乡镇企业，使淄博区域经济格局发生重大变化。到20世纪90年代初，乡镇企业已占全市经济的“半壁江山”，改善了所有制结构，区域经济活力增强，吸纳了大量城乡劳动力，强化了经济转型的经济和社会基础。

（二）转型探索期

1988年，淄博市被国务院划入沿海开放区城市后，开始积极实施外向带动战略。利用其大中型企业多等存量优势，积极利用外资嫁接改造传统产业，扩大外贸出口，打通国际市场。这些措施不仅提高了外向度，更重要的是融入了国际市场，实现了要素流动国际化，突破了传统资源型经济的局限。

1992年，淄博市国家级高新技术开发区批准建设。在这之前淄博市已争取被国家科学技术委员会列为全国科技兴市示范市，并以此为机进行高新区建设。同时，在全市大力发展高新技术产业和企业，推进传统行业的嫁接改造。目前，高新技术产业产值占规模以上工业比重已达31.7%，列为全国战略性新兴产业区域集聚发展试点市。高新技术产业的大力发展带动了地区产业向更高层次升级。

（三）转型深化期

同全国一样，淄博市企业改革也经历了由企业承包制到利改税、厂长负责制及产权制度改革等逐步深化的过程。但淄博市牢牢抓住几轮经济体制改革的机遇，较快触及企业产权问题。1988年，淄博市被国务院列为农村改革试验区，主要内容是在乡镇企业推行股份合作制。乡镇企业股份合作制的成功实践为国企改革提供了借鉴。1992年在全市国有企业推行规范的股份制改革，1998年推出“四大改革”又突出了产权制度改革。21世纪以企业重组为核心培植龙头企业，建设二十大创新联盟。淄博市坚持不懈推进企业改革，使企业和地区经济一直保持活力。

资源型老工业城市在所有制结构上往往是国有经济独大，淄博市也不例外。在所有制结构调整方面，淄博市继20世纪80年代乡镇企业异军突起后，又从90年代开始大力鼓励民间投资，发展民营经济。到21世纪初，乡镇企业普遍完成了产权制度改革，其他民营经济也迅速成长。2003年，全市非公有制经济完成增加值占GDP的比重达到53.84%。民营经济的崛起不仅直接促进了城市转型，而且为国有经济转型提供了有力支撑，激发了民间投资热情和地区经济活力，并促进了政府营造发展环境、管理地方经济的能力提高和方式转变。

进入21世纪，淄博市经济在总量结构基本完成转型后，开始注重以创新带动企业内部升级，而这一过程更为艰难和紧迫。特别是进入新时代，淄博市又提出走在全国、全省前列的目标定位，着力建设工业强市、文化名城、生态淄博，始终保持经济发展活力，更加注重绿色发展和城乡统筹发展，更加注重实现全民共享和融入国际市场。

五、淄博市转型发展举措与成效

（一）转型举措

1. 老工业城市转型首要的是观念转型

我国资源型地区或老工业区一般有着很深的计划经济烙印，所以资源枯竭只是其面临的直接困难，更重要的是长期计划经济造成的思想观念、体制机制及经济增长方式落后等问题。这些问题解决不好，即使资源不枯竭，也难以保证经济的可持续健康发展。淄博市始终面临来自沿海城市和先进地区解放思想、更新观念的压力，但这种压力也使淄博市在转观念、改革开放行动等方面勇于探索，而这也是淄博市经济转型成功以及老工业城市转型需要借鉴的重要经验。

2. 老工业城市振兴的关键在于重视创新

当前，传统的矿产资源已不是经济发展的关键要素，只是作为一个城市或地区不可轻易丢掉的传统资源优势。而资源型老工业城市多数依资源起步，人才、市场都集中在该领域，轻易否定传统资源优势并不利于地方经济发展。经验表明，其中的关键是将传统资源优势做强做精的同时，探讨新的发展路径。也就是说，老工业城市振兴要以实现经济与技术的自主性发展为战略重点，在大力引进外资的同时，借鉴发达国家和地区的经验，引进先进技术，并在此基础上实现技术的自主创新。淄博市工业化经过100多年的发展，依靠的就是科技创新和制度创新。

3. 转型振兴必须重点突破、整体推进

淄博市早期发展石化产业是利用国家布局和当地优势培育新的增长点，发展轻纺工业是响应国家号召调整“偏重”的工业结构，这些是工业总量结构调整。而之后的各项转型措施已不再是单纯的产业、产品结构调整，甚至也不再是单纯的产业或经济工作，而是涉及改革、发展、稳定的全局工作。这表明资源型城市转型不仅是产品深加工或产业链拉伸，也不仅是产业的转型或替代，而应从产业、产品结构调整起步，进而推进所有制结构、市场结构等各领域、各层面的配套联动。经济转型不仅涉及产业部门，而且是全部地方工作的中心，但不能把老工业城市转型作为一项单纯的经济计划甚至产业计划。

4. 转型振兴需要重大产业项目布局

资源型老工业地区为国家工业起步乃至全国发展提供了基础原材料等支持，长期担任“奉献者”角色，所以当这些地区面临转型阵痛时，需要国家产业布局和政策上的“反哺”，这就是东北振兴计划的依据。淄博市转型发展进行较早、进展较好，齐鲁石化的关键性启动工程发挥了历史性作用。纵观发达经济体的转型升级实践，如美国的休斯顿、日本的九州、德国的鲁尔及现在英国的大曼彻斯特地区等，也都是通过国家赋予其新的经济功能、布局重大产业而实现转型。因此，尽管当前的老工业城市振兴需要发挥市场的决定性作用，但政策支持仍然非常必要。

5. 转型振兴要从资源导向型向市场导向型转变

经济全球化带来要素和市场的全球化，交通和通信的现代化使地球变成“地球村”。这一趋势要求区域经济发展必须突破地域界限，加入国际要素优化流动和市场竞争中。目前，淄博市仍有不少资源加工型企业和产品，但资源已不依赖于本地，而是依靠已建立的技术和市场优势，利用外地甚至国外资源继续发展。目前，80%以上的煤炭、90%的陶瓷土、70%的耐火粘土来自市外，相当比重的原油来自国外。当然，强调资源型转型并不意味着完全抛弃传统产业，因为在转型起步阶段乃至很长一个时期，转型仍然依托传统优势。产业调整要有长远的战略眼光，不可片面强调一时的比例调整，而要真正做到以市场为导向。要在妥善处理政府与市场关系的前提下，进一步优化经济结构，大力提升经济发展质量与效益，深化对外开放与科技创新水平，在改造提升传统产业的基础上，培育和发展战略性新兴产业，加快现代服务业发展。

6. 鼓励民间投资，大力发展民营经济

民营经济从发展之初就以市场为导向，拥有不同于公有经济的市场灵敏度和活力。淄博市的转型振兴中，乡镇企业的异军突起、民营经济的迅速成长都产生了巨大作用。老工业地区是共和国的“长子”，公有经济比重偏高，民间投资热情和民营经济活力不足。因此，振兴老工业区经济，必须创造环境，大力鼓励民间投资。国家和地方应推出一些特殊政策，实行特别鼓励，在一定时间内“放水养鱼”，以发挥民营经济带动活力、吸引人才、吸纳就业等主要功能。同时，对于民营经济的作用，不能仅从经济角度去衡量，还要看到其促进社会转型的重要作用。

（二）转型成效

1. 优存量、扩增量，新旧动能加速转换

按照“转变经济发展方式，提高发展质量和效益，扎实推动高质量发展”要求，综合运用政策、安全、环保、税收等措施，加速新旧动能转换。深入实施工业技改三年攻坚计划，加快纺织、机械、建材、化工等传统产业智能化、信息化、绿色化改造，促进“老树发新芽”。实施“智慧赋能”工程，将大数据、云计算、人工智能等技术切入传统产业，通过工业云、大数据等平台，实现由卖产品向卖“产品+整体解决方案”转变。着眼未来，重点培育以新装备、新材料、新医药、新能源为重点的四大战略性新兴产业，以及以现代商贸物流、文化旅游为特色的现代服务业和现代高效农业，一大批各具特色的接续替代产业项目正不断发展壮大。优化空间布局，完善“一区多园”“一体两翼”的发展格局，依托淄川经济开发区，扎实推进新能源汽车、绿色智造、生物医药等专业园区规划建设。

2. 深入实施创新驱动发展战略，人才引领不断强化

重视人才招引和培育，创造了以“问诊引才、筑巢引才、平台引才、项目引才、服务引才”为主要内容的“五位一体”柔性引才模式。完善“核心企业+专业园区+产业基金”的园区发展模式，先后建设中一产业城、功力创新谷、高创中心、大学生创业孵化中心等创新平台载体，各类创新平台累计入驻孵化项目180余个。构建了人才引进、平台研发、成果转化、政府支持的创新链，形成了“孵化空间+引导基金+配套服务”的一体化创新创业生态体系。

3. 践行绿水青山就是金山银山理念，生态文明建设扎实推进

长期的资源开采给淄川的生态环境带来很大破坏。近年来，淄川区把生态修复作为最普惠的民生，实施环保治理、环保基础设施建设等项目。加大生态

修复力度，实施“一山两河”生态治理系列工程，强化“森林淄川”建设，推进矿山地质环境治理恢复和废弃工矿地复垦，关停石灰石、粘土矿山，实施矿山生态修复工程，治理塌陷区。经过艰苦努力，淄川的天更蓝了，地更绿了，水更清了，气更爽了。

六、经验启示与借鉴意义

（一）经验启示

1. 以思想破冰引领发展突围

淄博以产业而立，因产业而兴。作为全国120个老工业基地城市之一的淄博破而后立，以有解思维破解发展难题，围绕省十强产业，确立“紧盯前沿、打造生态、沿链聚合、集群发展”产业组织理念，坚持“创新绿色、动能转换优存量”和“着眼未来、高端引领扩增量”两篇文章一起做，全面推行“五个优化”，深入实施“四强”产业攀登计划，推动传统产业和“四强”产业弯道超车；坚持抢抓风口、前瞻布局，突出强化产业组织理念，布局新赛道，推动新兴产业换道超车。

2. “伤筋动骨”换来脱胎换骨

化工产业是淄博的支柱产业，也是传统产业里的“大块头”。过去，淄博传统产业占工业比重达到70%，重化工占传统产业比重达到70%。虽然产业基础扎实，工业体系完备、门类齐全、配套能力强，但要素成本的上升、资源环境压力的加大、产能过剩的持续，使淄博化工、建陶等传统产业面临着严峻复杂的竞争形势。身处转型跨越阵痛期和关键期的淄博明确提出，用有解思维来面对困难和问题，以思维“破冰”带来行动“突围”，在不断的认知迭代中，汇聚向新向上的强大动能。

产业发展的实践证明，只要技术先进、设备先进，传统产业里照样有高新技术企业，传统产业照样可以变为朝阳产业。为了扎实推进高质量发展，淄博市委、市政府对标全省“十强”产业培育，将新材料、智能装备、新医药、电子信息“四强”产业作为淄博市工业新旧动能转换的主攻方向。同时，还确立了“紧盯前沿、打造生态、沿链聚合、集群发展”产业组织理念，坚持“创新绿色、动能转换优存量”和“着眼未来、高端引领扩增量”两篇文章一起做。

3. 金融“活水”四两拨千斤

现代金融是山东省十强产业之一，而彼时淄博相对单一的金融业态又无法满足老工业城市产业转型升级的资金需求。如何布局金融赛道，打好金融牌，为传统产业赋能？淄博市对症下药、靶向施策，在全省率先创新推出“技改专项贷”便是实施金融赋能行动，金融服务实体经济的一次有效尝试。“事前贷、事中贴、事后补”全流程技改政策体系的建立不仅给企业带来了资金，也带来了淄博市产业的品质化提升，推动制造业加速向数字化、网络化、智能化发展，提高了产业链供应链稳定性和现代化水平，使产业链集群优势加速形成。

4. “红海格局”迈向“蓝海空间”

做减法不是简单的量上的增减，如果去掉了落后产能，产业结构、产品质量原地打转，还停留在中低端，就失去了做减法的本意。因此，淄博坚持“优进”与“劣退”同步进行，不仅把眼光聚焦在减法上，还同步培育新动能。目前，淄博市“制氢、氢气装备、核心部件、整车”四大产业集群雏形初显：齐鲁石化氢气压缩充装项目建成投用，随着产能的逐步释放，项目每年可外供氢气 1 000 万立方米；安泽气体与中科院金属研究所在固态金属储氢方面取得重大技术突破，共建山东省氢能基础产业研究院；亿华通、爱德曼等头部企业先后落地淄博。

（二）借鉴意义

作为全国 120 个老工业基地城市之一的淄博破而后立，以有解思维破解发展难题，抢抓风口、前瞻布局，突出强化产业组织理念，布局新赛道，推动新兴产业换道超车，对山西省转型发展具有重要的参考和借鉴意义。

1. 把产业结构转型升级作为加快山西资源型经济转型发展的主攻突破口

结构调整、转型升级是山西加快经济转型发展的主动选择。合理的产业结构调整不仅是当下的经济发展成果，是将来经济可持续发展的立足点和基础，更是当今山西经济转型发展的关键环节和主攻方向。

煤铁特色产业及其行业转型是山西整体产业结构转型升级的关键。山西应利用现代新技术，坚持煤炭清洁高效利用，大力发展新能源，形成多轮驱动、低碳绿色的综合能源体系，以能源结构优化促进工业转型升级，把煤炭和环保结合起来，打造具有全球领先水平的煤炭、重化工和制造业以及耐用消费品工业产业等资源型清洁能源产业。发挥山西煤铁特色产业优势，最终使高能耗、高污染和低效率生产技术、企业逐渐减少乃至消失，达到产业结构转型升级的目的，这是山西经济下行条件下得以转型发展的重要途径。

从煤铁资源以外寻找战略支撑点，培育发展山西非煤铁能源特色优势产业。非煤铁能源特色资源对市场的占有，依托的是该类资源的自然禀赋以及对发展机会的把握，既包括特定环境生成的资源稀缺性，也包括特定发展环境和稍纵即逝的发展时机等。资源的稀缺性构成特色经济的自然基础，山西必须从煤铁资源以外寻找战略支撑点，加快资源型经济区域特别是资源枯竭型经济区域的转型。

借助经济下行的倒逼态势发展山西服务业。服务业是税收的重要来源，是吸纳就业的压舱石，服务业发展的程度是衡量一个国家或区域的重要指标。2015 年，党中央、国务院出台了一系列加快服务业发展的政策措施，主动引领服务业发展新趋势，这对于山西的资源型经济转型发展是极大的推动力。山西只要借“互联网 +”的东风，不断促进现代信息技术与传统产业加速融合，就会推动服务业新产业、新业态和新商业模式的蓬勃发展，使服务业成为资源型经济转型升级的新亮点和新动力。

2. 大力扶持中小微企业的发展

当前，世界经济增长持续放缓，中国经济运行则呈现“总体平稳，稳中有进，保持在合理区间”的特征，这种国际国内经济发展态势，为山西民营企业的转型发展提供了一个十分有利的转型契机。山西中小微企业是近几年经济发展中最为活跃的力量，完成增加值和上缴税金接近占全省的“半壁江山”。受全省经济下行影响，在经济总量不断扩张、产业结构逐步优化的同时，全省中小企业及民营企业增速下降明显，这是经济发展的阶段性现象，是一个发生在实体经济层面上的自然过程。这种形势下，一方面，政府需要对民营企业进行扶持，帮助企业避免经济下行可能引发的一些风险，引导转型企业顺利渡过难关；另一方面，换个角度看，山西经济增速的持续下滑对于山西民营企业的发展同样具有倒逼作用，资源型经济转型升级的过程，必然是民营经济飞速发展的过程。当前，山西民营企业经营者和管理者，需要着重于职能着力点的转变，借助企业规模较小、经营灵活的特点，根据市场需求和企业自身实践经验，调整发展思路，寻找推动企业发展的动力，发展与本企业相关的优势产业以及绿色生态产业，要不断克服产品雷同、综合竞争力不强等弱点，避免出现企业债务危机和房地产泡沫，实现企业的转型升级。

3. 进一步改善资源型经济转型发展环境

山西要实现资源型经济转型，必须适应国际综合国力竞争新形势的要求，围绕“供给侧改革”，继续为化解过剩产能、优化产业结构营造一个适宜的发展环境。一是加大资金支持力度。为资源型经济转型提供比较宽松的金融环境是山西走出经济下滑困境的重要手段。在经济持续下行的背景下，山西必须尝试继续推动市场化改革，强化多元投资主体。一方面，做大做强煤铁高端产业，延长煤炭产业链，提高煤铁产业附加值；另一方面，把资金更多地用于支持市场主体的消费、中小微企业的复苏、地方特色产业的兴起及服务业发展，这是一个明智的自主选择。也许这对 GDP 增长的提升不太明显，但从长远来看，经济“新常态”条件下，加大资金支持力度不仅对市场主体消费、复苏中小微企业、地方特色产业及服务业的益处远大于继续使用传统粗放的高速增长方式，还可以消化前期刺激政策累积效应和溢出效应造成的产能过剩，稳步进入高效率、低成本、可持续的中高速经济增长阶段。二是不断营造良好的间接宏观调控环境。经过多年市场经济实践，山西的市场主体已经逐步成熟。在煤炭行业萧条、经济下行压力巨大的情况下，山西坚定信心、顶住压力，没有对经济运行进行大规模直接行政干预。这给了市场一个强烈的信号，即保持宏观经济政策的稳定、给市场主体以稳定的预期、促进内需的作用已经逐渐显现。在今后的经济发展中，要继续启动一些既有利于当前稳定经济增长又有利于长期结构平衡的大项目，如大力推进节能环保、信息消费等新兴产业成长，优先扶持发展特色优势产业，继续进行棚户区改造、城市基础设施建设等，必要时进行部分政策性投入，为资源型经济转型发展提供良好的间接宏观调控环境。

参考文献

［1］王欣亮，杜壮壮，刘飞．人口老龄化：产业结构转型升级“契机”或“阻力”——基于供求双维机制分析［J］．管理评论，2022，34（10）：79－91.

［2］侯建，刘青．数字经济时代下智能化、科技人力资源与产业转型升级［J］．研究与发展管理，2022，34（05）：123－135.

［3］李珊，湛泳．产业转型升级视角下智慧城市建设的碳减排效应研究［J］．上海财经大学学报，2022，24（05）：3－18，107.

［4］李业锦，刘潇忆，王嘉宁，吕文青，李倩．科技创新对产业转型升级的影响——以我国首批产业转型升级示范区为例［J］．城市发展研究，2022，29（09）：108－117.

［5］张荣佳，付琳，孙晓华．地理区位、经济区位与资源型城市产业转型［J］．宏观经济研究，2022，（07）：88－104，119.

[6] 马宗国，刘亚男．新发展格局下国家自主创新示范区产业转型升级的困境与对策［J］．科学管理研究，2022，40（03）：30－39.

[7] 彭山桂，孙昊，郭正宁，王健．土地资源空间错配对城市产业转型升级的影响及作用机制［J］．资源科学，2022，44（05）：871－885.

[8] 文琦，侯凯元，郑殿元，杨瑞兰．成长型资源城市产业转型能力评价与优化路径——以榆林市为例［J］．地理科学，2022，42（04）：682－691.

[9] 芦特．数字经济背景下体育产业转型升级的动力机制研究［J］．财经问题研究，2022，(05)：46－54.

[10] 李博，秦欢，孙威．产业转型升级与绿色全要素生产率提升的互动关系——基于中国116个地级资源型城市的实证研究［J］．自然资源学报，2022，37（01）：186－199.

[11] 刘和旺，向昌勇，郑世林．环境规制是否倒逼了创新驱动的地区产业转型升级？［J］．科研管理，2022，43（09）：67－75.

[12] 刘建江，易香园，王莹．新时代的产业转型升级：内涵、困难及推进思路［J］．湖南社会科学，2021，(05)：67－76.

[13] 刘新，陶春晖，彭欢．中国绿色金融发展对产业转型升级的影响研究［J］．重庆理工大学学报（社会科学），2021，35（07）：53－65.

[14] 邓祥征，杨开忠，单菁菁，董锁成，张文鸽，郭荣星，谈明洪，赵鹏军，李宇，苗长虹，崔耀平．黄河流域城市群与产业转型发展［J］．自然资源学报，2021，36（02）：273－289.

[15] 白丽红，薛秋霞，曹薇．“互联网＋”能驱动传统产业转型升级吗［J］．经济问题，2021，(03)：86－91.

[16] 唐飞鹏，叶柳儿．税收竞争、资本用脚投票与产业转型升级［J］．财贸经济，2020，41（11）：20－34.

[17] 胡元瑞，田成志，吕萍．产业转型升级与新型城镇化建设的时空耦合效应机理与实证研究［J］．工业技术经济，2020，39（09）：80－87.

[18] 余泳泽，孙鹏博，宣烨．地方政府环境目标约束是否影响了产业转型升级？［J］．经济研究，2020，55（08）：57－72.

[19] 李虹，邹庆．环境规制、资源禀赋与城市产业转型研究——基于资源型城市与非资源型城市的对比分析［J］．经济研究，2018，53（11）：182－198.

第十八章
宁夏东北部（石嘴山—宁东）产业转型升级示范区发展分析与启示

刘秀丽　许旸雪　黎文涛

宁夏东北部产业转型升级示范区建设对山西转型的启示在于山西省政府应进一步加大政策与资金支持力度。一方面，政府可以通过供给侧结构性改革和需求侧管理，推动传统制造业改造，向高端化、智能化、绿色化发展。另一方面，政府可以通过优化投资环境、提供优惠税收政策以及加强与国内外知名企业合作等方式，推动本地区企业与相关产业知名企业的优势嫁接，加快本地区新兴产业的高效发展，形成多元化产业格局。此外，政府应根据本地区资源与优势，培育相关产业集群，发展新增长点，并适当衍生产业链，为推动新兴产业的发展奠定基础。

一、引言

随着国民经济快速发展，中国经济发展模式已从过去低成本、低技术含量的制造业模式向高端制造业和服务业转型升级。为实现经济高质量发展，需要在深度整合产业链，提高技术含量和品质，提高劳动力和资源利用效率，增强创新能力等方面作出改变。在这一背景下，中国提出了在一定区域内建设产业转型升级示范区的目标。产业转型升级示范区通过引导产业升级和经济转型，推进产业链整合和创新驱动，实现经济高质量发展。同时，示范区也可以成为经济政策的试验田，探索新的改革创新措施，为全国提供可复制、可推广的经验和做法。

2017 年 1 月，国家发展和改革委员会振兴司组织召开产业转型升级示范区工作通气会时强调，“支持部分老工业城市和资源型城市创建产业转型升级示范区对推进老工业基地结构调整和创新转型具有重要意义”。同年 4 月，国家发展和改革委员会等五部委印发通知支持首批产业转型升级示范区建设，12 个城市（经济区）成为首批产业转型升级示范区。2019 年 9 月，在总结首批示范区建设经验的基础上，为进一步探索加快建立健全创新驱动的产业转型升级内生动力机制，国家发展和改革委员会等五部委印发通知支持第二批产业转型升级示范区建设。至此，产业转型升级示范区数量增至 20 个。

2021 年 6 月 9 日，宁夏东北部（石嘴山、宁东）产业转型升级示范区被国家发展和改革委员会、科技部等列入“十四五”重点支持的产业转型升级示范区。宁夏东北部地区在国家发展全局中举足轻重，拥有关系国家能源安全和经济命脉的战略性产业，为构建低碳高效和绿色循环的现代化经济发展体系作出了突出贡献。习近平总书记对宁夏东北部区域战略布局给予了充分的肯定，并从统筹质量变革、加快创新驱动发展、夯实绿色发展根基、提升煤炭清洁利用等方面提出更高要求，为东北部产业转型示范区建设赋予了新使命、描绘了新蓝图、确立了新坐标、指明了新方向。在新形势下、新起点上开启新征程，东北部地区不仅要承担先行建设宁夏回族自治区的历史使命，更要承载发展西部先进制造业和建设黄河流域生态保护和高质量发展先行区的重要职责。

二、宁夏东北部地区转型发展背景

（一）宁夏东北部地区简介

宁夏东北部（石嘴山—宁东）产业转型升级示范区位于中国宁夏回族自治区的石嘴山市至宁东县之间，涵盖石嘴山全部市域以及灵武市部分区域，由石嘴山高新技术产业开发区、石嘴山经济技术开发区、宁夏平罗工业示范区以及宁东能源化工基地共同组成。以国家级开发区、新型工业化产业示范基地和发展基础较好的省级开发区为产业转型升级的主平台，顺应生产示范区化、产业集群化、专业协作化趋势，强化产业统筹布局和区域合作，引导各示范区错位发展、优势互补，推动关联产业和协作配套服务产业加速集聚，推动产业集聚向产业集群转变。示范区工业发展历史悠久，为石嘴山市乃至宁夏经济社会发展作出了重要贡献。石嘴山高新技术产业开发区成立于 1992 年，形成了以新材料、机械装备制造产业为主的工业体系。石嘴山经济技术开发区成立于 1992 年，已形成以石油化工、高新技术、现代服务业为主导产业，涵盖了石化、新材料、节能环保、新能源、信息技术、生物医药等多个领域的工业体系。平罗工业示范区成立于 2008 年，其产业涵盖了煤炭、电力、化工、建材、机械制造等多个领域，形成了较为完整的产业链条。宁东能源化工基地成立于 2003 年，已经成为中国煤化工和化学品生产的重要基地，涵盖了煤化工、天然气化工、石油化工、新能源等多个领域。

（二）宁夏东北部地区资源概况

宁夏东北部是我国重要的煤炭资源分布地区。宁夏宁东能源化工基地位于宁夏中东部，是国务院批准的国家重点开发区、国家重要的大型煤炭生产基地、煤化工产业基地和现代煤化工示范区，同时也是中国西北部地区能源金三角的重要组成部分。2015 年宁东煤炭基地开采能力达到 1 亿吨，到 2020 年达到 1.3 亿吨。宁东煤田探明储量约 273 亿吨，属于整装煤田，煤层煤藏条件好、储量集中分布，各矿区分布距离近、基本都能布置大型矿井，且具备建设大型矿井群的必要条件。相对于煤炭资源的广泛分布，宁东地区水资源较为短缺，土地贫瘠，植被匮乏，生态环境脆弱。当地多年平均降雨量仅为198毫米，降水量少且时间分布不均，2018年人均水资源量为214立方米每人，仅为全国平均水平的十分之一，多年平均降水量247毫米左右。而煤炭的开采加工需要大量的水资源，这使水资源成为影响宁东煤炭产业发展的重要因素。

（三）为什么要转型

宁夏经济有两个“大块头”：一个是宁东能源化工基地，一个是银川经济技术开发区。近几年来，银川经开区紧盯“两都五基地”和“千亿级园区”建设目标，坚持抓大发展、抓高质量发展，加快推进现代产业体系建设，稳步推进园区各项工作。特别是2021年、2022年银川经开区实现两年经济总量翻番、再造一个经开区的跨越式发展。2022年，园区完成工业总产值725亿元，同比增长45%，占全市工业总产值的48%；工业增加值同比增长26%，对全市工业增长的贡献率为65%；完成固定资产投资84亿元，同比增长26.4%；招商引资到位资金92亿元，同比增长8.2%。

宁夏东北部（石嘴山—宁东）产业转型升级示范区特色工业体系初步建立，与银川经济开发区在经济发展和区域规划方面存在一些明显的差异。

1. 产业集群化发展格局尚未形成

银川经济开发区坚持产业为本，目前已形成新材料、高端装备制造、大健康3个主导产业和数字经济、现代物流2个新兴业态的“3+2”现代产业体系，“三新”产业产值占比超过95%，基本形成了大中小微企业协作配套、融通发展的产业生态和集群化发展格局。

当前，示范区工业经济既存在总量规模不大、综合实力不强等突出问题，也面临发展方式粗放、产业结构欠优等深层次矛盾，加快发展与加快转变的压力同时存在，转型升级和结构调整任务极其艰巨。其中石嘴山市工业增加值由20世纪80年代占全区的40%，下降到25%左右，不及一个宁东能源化工基地的总量。此外，示范区整体产业布局分散，企业小而散，抵御市场风险能力不强；工业服务配套不完善，没有大型、专业化的工业服务企业。

2. 增量培育拉动作用尚未发挥

“十二五”期间，石嘴山市规上工业增加值增速从前三年的连续两位数增长降到一位数增长，经济下行态势明显，主要表现在：存量增长乏力，增量补充不足。煤炭及相关产业连续减产，拉低工业增长。四大产业集群除电石化工外，特色冶金、新材料、装备制造等行业占比不到 10%，对经济增长的贡献率甚至出现负增长，三大特色产业合计占比不到 10%，新产业新业态发展迟滞，还未形成有效的推动力量。详情如表 18 - 1 所示。

表 18 - 1 石嘴山市主要行业增加值占比 单位：%

年份	煤炭	电力	特色冶金	电石化工	新材料	装备制造	新能源	生物医药	新型煤化工
2010	44. 24	9. 96	8. 3	14. 7	9. 08	6. 16			
2011	43. 3	10. 52	11. 4	14. 6	9. 0	5. 7			
2012	49. 64	7. 64	8. 45	14. 8	5. 95	5. 62			
2013	46. 73	9. 15	9. 95	14. 95	5. 94	6. 88		0. 28	
2014	43. 1	16. 8	9. 53	14. 0	5. 3	5. 36		0. 48	
2015	95. 4	39. 2	20. 5	36. 5	12. 9	16. 0	2. 0	1. 8	8. 3

银川经济开发区以数字经济产业为重点发展工业互联网、软件及信息技术、大数据、物联网、区块链等新业态，抢抓“东数西算”宁夏枢纽建设机遇，引进中电子等央企联合体，建设西部信创产业基地，入驻数字经济企业 500 余家，主营业务收入超 120 亿元，正在打造西部独具特色的数字经济产业园区，寻求新的经济增长点。

3. 示范区对外开放水平不高

示范区与周边省市及东部地区合作交流的广度深度不够，并存在一定差距。从近年招商引资形势看，开发区招商难、项目接续不足问题比较突出。另外，尚未有效建立专业化、市场化、多元化的招商机制，招商门槛低、项目签约多、实际落地少等问题屡见不鲜。总之，开发区总体上开放要素不活跃，国家级高新技术企业对外开放作用发挥不明显。

而银川经济开发区搭乘“一带一路”倡议列车与国家中沙产能合作战略部署，联合广州开发区加快建设吉赞产业聚集区，已签订合作备忘录项目 33 个，资金体量大。产业涵盖汽车制造、新材料、智能设备、循环经济、食品饮料等领域，产业链条长，辐射企业多，完成了泛亚聚酯、锦江氧化铝、深工新材料、塑胶新材及电子光学产业制造基地等 3 个项目前期注册，总计划投资 58. 8 亿美元。

4. 科技创新活力尚未突显

银川经济开发区聚焦关键技术研发应用，支持 20 余家重点企业组建工程师协同创新中心，突破一批制约产业发展的“卡脖子”技术难题，累计培育国家高新技术企业 117 家，占全市 50.4%，占全区 36.3%。建设高效单晶硅片制备、光伏智能装备工程中心等各类创新平台 146 个，研发投入强度 3.5%；万人发明专利拥有量、国家孵化器数量分别居全国 217 个国家级经开区的第 13 位和第 21 位，高新技术企业产值比重超过 65%，成为全区最具创新活力的园区，为建设“创新发展引领市”提供了有力支撑。

石嘴山市科技研发和技术创新投入低于全国、自治区的平均水平，2015 年研发投入占 GDP 比重仅为 0.83%，政府科技投入只占财政支出的 1.08%，企业科技研发投入不足销售收入的 1%，且高新技术企业只有 8 家，国家级技术中心只有 2 家，自治区级技术中心仅 13 个，企业技术研发仍以个体为主，尚未形成专业的、集中的科技研发平台。

三、宁夏东北部地区转型制约性因素判定

宁夏东北部地区开发区主要以资源型产业为主，为新型工业化发展奠定了基础，但总体上仍未摆脱资源能源依赖、轻重工业比重失调等特征，已处于不加快发展就会落后的危机时期。银川经济开发区则以现代服务业和高新技术产业为主导，拥有更完善的基础设施和配套服务，更先进的规划和发展方式。为此，必须清醒地识别工业经济结构不合理、不可持续等突出问题背后隐藏的经济学原理以及制约示范区转型发展的关键因素，以此应对经济下行压力，取得转型实效。

（一）资源枯竭，地区比较优势递减

根据比较优势理论，地方应当发展其相对于其他地区更有竞争力的产业。宁夏东北部地区需要深入分析其资源禀赋和特殊优势，选择适合本地区的产业进行重点发展，以提高整体产业效益。比较优势是相对的，可能会随时间变化而改变。地区比较优势的发展还受到全球和国内经济环境的影响。随着全球环保意识的提升，宁夏东北部过去依赖资源型产业，现有的产业结构可能会受到过去决策的制约，难以快速实现转型。

（二）产业结构僵化，传统产业惯性制约

产业结构僵化是指受市场结构、技术水平等因素影响，产业难以快速调整和更新。宁夏东北部的产业结构相对僵化，企业难以迅速适应市场需求和新的技术趋势，就会制约转型的速度。宁夏东北部煤炭、电力占比在40%以上，新材料、电石化工、冶金和装备制造四大产业占比近40%，产业结构难以得到实质调整；轻工业占比长期在2%以下，倚重倚能的产业结构难以根本改变；宁东基地现有产业结构以煤炭、电力和煤化工为主，占全部工业经济比重达到94.4%，尤其是煤化工产业以基础化工产品为主，产业链不完善，产品附加值低，提质增效效果弱化。

（三）技术滞后，企业缺乏自主创新能力

受国内经济下行影响，企业投资积极性不高，新的经济增长点不多，仅靠现有存量拉动难以维系，发展后劲明显不足。由于企业在技术更新方面投入不足，产品和服务的技术更新周期较长，难以适应市场的快速变化。由此形成了一个负的累计循环，企业技术发展滞后，去产能、去库存、去杠杆任务依然艰巨，生产经营成本高、融资困难，企业研发投入不足，失业增加，居民可支配收入减少，消费疲软，导致整个经济系统的持续下滑。

（四）人才短缺，制约新兴产业发展

产业结构的升级需要符合产业发展方向的人才队伍。培养适应新兴产业需求的高素质劳动力，提高员工的综合素质，有助于推动宁夏东北部地区的产业升级。示范区规模有限，地区的就业机会相对较少，特别是在高科技、创新产业等领域，人才可能更倾向于去有更为先进产业结构和发展方向的地方寻找更好的职业机会。长期以来，宁夏地区的产业结构相对传统，宁夏东北部地区的教育体系更专注于服务传统产业，人才结构不太适应新兴产业的需求，制约了产业转型时的人才供给。大型企业创新活力不足，传统优势产业缺乏自主知识产权和关键核心技术，高新技术产业增加值只占全市工业增加值的8%。人才培养和引进激励机制不健全，高层次人才和专业技术人才严重匮乏。长期以来，如果该地区的高素质人才面临较大的流失问题，企业可能面临人才短缺，进而减弱在新兴产业上的比较优势。

四、宁夏东北部地区转型发展历程

（一）资源型产业形成期（1958—2002年）

资源型产业的形成有着固定的模式，主要是由资源的发现、资源的开采、资源的价格变动组成，归根结底，资源型产业的出现还是需要以自然资源禀赋优势为基础。20世纪90年代以来，特别是西部大开发以来，宁夏经济快速发展，宁夏东北部地区资源型产业特征明显，“原字号”“初字号”产业居多，能源原材料工业一度占到地区生产总值的85%以上。在资源禀赋优势、国家经济政策和产业投资政策倾斜的双重推动下，宁夏资源型经济病症尚未凸显，但是随着工业化进程和政策面的倾斜，以煤炭开采深加工为主的资源型经济已经初露头角，资源型经济病症也会成为制约未来宁夏经济发展的主要阻力。

在资源型产业形成的过程中，资源型部门的比重逐步上升至58.3%，这表明宁夏资源导向型经济正在萌芽，其中发展最快的行业是煤炭采选业，正是资源型产业强大的吸附力，使多年来已经形成了以煤炭采掘为基础的一批围绕煤炭运输、深加工的产业。

（二）转型探索期（2003—2020年）

在资源禀赋优势和资源部门繁荣的情况下，宁夏东北部地区逐渐形成以矿业发展为主导，纵向深加工为前沿的一系列产业结构，这种专业化的产业结构会约束其他非资源部门的发展。与此同时，东北部地区矿产资源主要有煤炭、硅石、石灰石、粘土等，作为矿产资源主体的煤炭，经过多年的开采已进入衰退时期。截至2002年底，累计查明资源量24.30亿吨，可采储量仅7.04亿吨。现有资源煤层埋藏深，地质条件差，开采成本高，企业只能择优而采，加之煤炭开采中的无序竞争难以遏制，煤炭资源破坏严重，进一步加剧了煤炭产业的萎缩，产业结构的调整进入最困难的时期。2007年，石嘴山市被列入全国首批资源枯竭试点城市，这意味着东北部地区不能仅依赖传统产业的发展，需探索出一条适合宁夏东北部地区的产业转型路径，以避免经济的再度滑坡。

宁夏在探索产业转型路径的过程中认识到，必须充分发挥市场机制在资源配置中的关键作用，并更好地发挥政府的作用。坚决坚持“两个毫不动摇”的原则，激发各种所有制经济的活力和创造力，致力于在工业、农业和服务业三大领域实现优化、强化、活化。新型工业化被明确定位为产业转型升级的主要方向，推动资源型产业如煤炭、电力和化工向延伸产业链、增值高端化方向迈进，积极发展新能源、新材料、先进装备制造、节能环保等战略性新兴产业，以便迅速形成一些支持未来发展的特色优势产业或产业集群。同时，发展现代农业也被视为产业转型升级的战略基础，特别注重在品种、品质和品牌上取得突破，专注打造具有全国影响力的特色优势产业，如枸杞、酿酒葡萄、清真牛羊肉等。此外，提升现代服务业在产业转型升级中的地位被认为至关重要，努力提高服务业的比重、水平和就业容量。

（三）转型深化期（2021 年至今）

经过近年努力，宁夏东北部地区逐渐探索出一条新的发展道路，依托自身产业优势，实施创新发展。其中，石嘴山市成为了全国首批老工业城市和资源型城市产业转型升级示范区，其老工业基地调整改造和产业转型升级工作连续 3 年获得国家发展和改革委员会的通报表扬，这使其成为全国仅有的 4 个连续三年获得通报表扬的城市之一。2021 年 6 月 9 日，宁夏东北部地区（包括石嘴山和宁东）的产业转型升级示范区被国家发展和改革委员会、科技部等列入了“十四五”重点支持的产业转型升级示范区之列。

随着国家相关政策的发布，宁夏回族自治区出台了相关计划，进一步提出了建设黄河流域生态保护和高质量发展先行区的发展目标。以改革创新驱动，以绿色发展为指导思想，着力加速推动东北部地区的产业升级和转型。这将有助于构建低碳高效、具备显著竞争优势的现代化产业体系，希望能够将东北部地区塑造成宁夏回族自治区高质量发展的优势区域和经济增长的重要动力源。同时，聚焦“双碳”目标，持续深化创新驱动发展战略，树牢绿水青山就是金山银山理念，进一步深化宁夏东北部地区的产业转型，统筹推进现代化产业融合发展。

五、宁夏东北部地区转型发展举措与成效

（一）转型举措

1. 传统产业改造与新兴产业培育并举

为改变煤化工产业链不完善，产品附加值低，质量和效益不高，竞争力不强等问题，宁夏东北部产业转型升级示范区从供给侧结构性改革和需求侧管理两端发力，统筹做好“加减法”，分类施策，通过严格环保、能耗、技术标准，推进传统制造业绿色改造，鼓励煤炭电力、冶金、电石化工、建材等企业采用高新技术、节能低碳环保技术和先进适用装备，推进原材料初级产品向产成品转化，推动物质链、能量链的循环闭合，实现传统产业优化升级。以整合优化煤炭、电力产业为例，通过加快煤炭企业退出、兼并重组以及升级改造，做大做强煤炭企业集团，提高矿产资源采选回收和综合利用水平。与此同时，推动“蒙煤进石”战略，重点建设国家西电东输（江苏）电源火电重要基地，开展洁净煤发电，全面完成煤电超低排放和节能改造任务，并鼓励余热、余压、余气的综合利用，探索推进微电网建设，满足分布式发电接入要求，促进煤炭产业与下游产业协调发展，提高产业集中度、产品附加值和行业竞争力，形成煤电冶化的多元化产业格局。

在改造升级传统产业的同时，宁夏东北部产业转型升级示范区同样重视对新能源、生物医药、新型煤化工以及现代纺织等新兴产业的引入与培养。示范区培育发展新兴产业的主要做法是通过优化投资环境，推动本地区企业与相关产业知名企业的优势嫁接，来实现本地区新兴产业的高效发展。以生物医药业为例，示范区采取积极措施，与国际国内知名大企业集团进行合作，促进生物医药企业的优势整合，建成了一批拥有自主知识产权和较强国际竞争力的生物制药企业，加快了本地区生物医药产业园建设的步伐。此外，示范区还主动承接国际国内生物医药产业的转移，鼓励有条件的企业生产首仿药。为了进一步推动生物医药产业的发展，示范区设立了生物医药产业发展引导基金，并建设了一批具有先进水平的共用实验室和中试车间，以及一批具有技术服务、咨询和研发孵化功能的技术支撑平台。示范区还加快推进原料药的升级换代，提高医药制剂新产品的研发创新能力。

2. 打造优势产业集群

优势产业集群可以提高企业之间的协同效应和创新能力，提升整个产业的竞争力和效率，进而创造更多的就业机会和经济收益，对本地区经济发展产生积极的影响。宁夏东北部产业转型升级示范区在因地制宜的基础上，充分根据区内产业的特点，将培育装备制造、新材料、电石化工以及冶金四大产业集群作为本地区发展优势产业的一项重要举措。

紧抓“中国制造2025”实施的历史机遇，积极承接国际国内产业及资本转移，加快制造业转型升级，全面提高核心竞争力。推动企业逐步向石嘴山高新技术产业开发区、石嘴山生态经济开发区聚集，鼓励企业以产业链、价值链为依据参与专业化分工，增强本地配套协作能力。开展“对标升级”活动，促使企业“对标先进、补齐短板、夯实基础”，增强发展后劲，缩小与国内外同行业的差距。重点发展矿山机械汽车、节能环保设备、线缆管业制造三项产业，培育发展3D打印、高档数控机床、轨道交通装备及配套、煤化工装备、机器人及零部件等中高端装备制造，推广应用再制造工艺技术及装备。培育一批装备制造智能化、技术高端化、产品优质化、管理数字化的现代企业，打造国家级矿山机械装备制造基地、特种汽车制造基地以及零部件产业基地。

发挥区域及周边地区特色矿产资源丰富的优势，加强海内外有色金属矿产资源的合作开发，大力推进资源整合，提升特色矿产资源精深加工水平和资源利用率。加强新材料产业共性和关键技术开发，利用骨干企业成熟的技术和工艺设备，引进一批中小企业开展稀有金属、镁合金和碳基材料深加工产业化项目的对接和配套，培育一批相关配套企业，做大存量。加快新材料产业园建设，进一步促进产业集聚发展，重点发展稀有金属新材料、铝镁合金、轻金属材料及高附加值碳基新材料，培育发展电子及储能材料，打造国家级新材料高新技术产业示范基地。

坚持“严控总量，淘汰落后，整合优势，循环发展，差异发展”的原则，优化产品结构，加快下游产业集群的培育。鼓励支持大地循环、日盛实业、大荣化工嘉峰化工等企业的技术中心与区内外高校、重点实验室等科研院所交流合作、协同攻关，突破关键共性技术及下游产品核心技术。以发展氰胺化工及下游中间体、PVA及下游制品、农肥及土壤改良剂等比较优势产业为基础，通过吸收消化再创一批高技术含量、高附加值、有产业化前景的高技术精细化工产品，进一步延伸产业链。积极推广电石渣干法制水泥、电石渣脱硫剂、电石渣制氯化钾等固废综合利用技术；加快推进电石炉尾气制备合成氨、甲醇、乙二醇、甲酸钠等多元化产品。

以“控制总量、优化产业结构、完善产业链、提升产品档次、提高核心竞争力”为目标，发挥大企业龙头引领带动作用，提高产业配套水平，加快培育壮大产业集群。鼓励冶金企业积极走出去，有效控制与掌握资源开发与配置的主动权，主动开拓国际市场，减轻产能过剩的压力。以“淘汰落后、集约集聚、联合重组、技术升级、品种结构调整”为发展重点，成立钢铁集团和冶金集团，加快精细化工基地冶金专业园区建设，着力推动特钢和特色冶金产业优化升级，延伸发展不锈钢及下游深加工产业。大力发展贸易、物流、研发等生产性服务业，切实增强产业发展质量与核心竞争力，将冶金产业打造成为产品结构合理、节能环保先进、竞争力强、可持续发展的示范产业。

3. 积极培育新增长点

宁夏东北部产业转型升级示范区通过拓展服务型制造新模式，开展试点示范，引导制造企业整合产业链资源，提升研发设计、生产制造、运营维护及再制造各环节的协同能力，拓展产品全生命周期管理服务，逐渐实现向服务型制造业转型的目标。支持企业利用互联网采集并对接用户个性化需求，推进设计研发、生产制造和供应链管理等关键环节的柔性化改造，开展基于个性化产品的服务模式和商业模式创新。同时，鼓励骨干企业构建网络化协同制造公共服务平台，面向细分行业提供云制造服务，促进创新资源、生产能力、市场需求的集聚与对接，提升服务中小微企业能力，加快全社会多元化制造资源的有效协同。此外，鼓励企业利用物联网、云计算、大数据等技术，整合产品全生命周期数据，开展故障预警、远程维护质量诊断、远程过程优化等在线增值服务，拓展产品价值空间，完成从制造向“制造 + 服务”的转型升级。

宁夏东北部产业转型升级示范区以产业转型升级为导向，引导企业分离和外包非核心业务，加快服务功能区和公共服务平台建设，促进产业模式从以产品制造为核心向产品、服务和提供整体解决方案并重转变，从提供设备向提供设计、实施工程、项目控制、系统维护和管理运营等一体化服务转变，丰富和完善工业产业价值链的高端环节。同时，建立完善产学研相结合的设计研发体系，加快发展研发设计、检验检测认证、技术转移转化、创业孵化知识产权、科技咨询等科技服务业，推动科技成果转化。此外，加快建设金融市场和资本市场，大力发展创业投资、风险投资、产业投资、金融租赁等新型金融形式，形成信贷、债券、上市融资等多元融资渠道。设立工业高端研发人才培养专项资金并加快技术人才和管理人才培训基地建设也是示范区突破人才瓶颈制约的重要措施。

4. 发挥政府对产业转型的支持作用

宁夏东北部产业转型升级示范区主要通过建立健全的创新激励机制和用于科技创新、人才引进、科技研发后补助、科技成果转化和新产品示范推广等方面的专项预算来营造“大众创业、万众创新”的氛围，从而促进人才创新、管理创新和机制创新。同时，示范区也抓住石嘴山市被列入国家创新驱动助力工程试点城市和首批小微企业创业创新示范基地的有利条件，不断完善以政策引导、企业主体、产学研为支撑的创新体系，加快企业技术研发中心、产业技术联盟等技术创新平台的建设，增强龙头企业的自主创新能力。另外，示范区鼓励民营企业和社会资金参与孵化园建设，并组建产业技术创新和研发联盟，开展新材料、电石化工、冶金等支柱产业核心技术以及关键装备的研发，带动一批高、精、特、新等科技型中小企业的发展。

宁夏东北部产业转型升级示范区在对传统产业转型升级过程中，注重对绿色低碳理念的践行。例如，在推进供给侧结构性改革过程中，严格控制高载能、高排放行业新增产能，稳步化解过剩产能，加大电石、铁合金、碳化硅、建材等行业落后产能的淘汰力度。同时，加强节能低碳、清洁生产等绿色工业发展支撑技术的研发和应用，并结合组织实施热电联产、锅炉（窑炉）置换改造、余热余压利用、城市及产业废弃物协同处置等重点工程，构建物质循环利用、能量梯级利用的循环体系。此外，围绕煤炭电力、煤化工、冶金、电石化工和建材等重点产业，打造循环产业集群，支持企业间上下游衔接废物交换利用建链、补链，从而深化资源要素集约化配置，全面推进节能减排，构建绿色制造体系。

宁夏东北部产业转型升级示范区在贯彻《石嘴山市“互联网+工业”行动计划》的基础上，推动新一代信息技术与制造技术融合发展，同时快速建设石嘴山智慧工业公共服务平台，为企业提供信息化咨询、软硬件云服务、信息化建设供需对接、两化融合人才培训和电子商务服务。在机械、煤炭、电力、冶金、化工、建材等行业深入推进 DCS、FCS、CIMS 等数字化技术应用，选定重点企业，推进数字化车间和智能工厂示范试点建设，实现传统产业智能化转型升级。支持龙头企业提高产品设计、生产过程、营销管理等方面的网络化、智能化水平。同时，加速中小企业网络平台建设，推动企业信息共享和数据开放，完善中小企业服务，帮助其更好地利用互联网开展经营活动。

（二）转型成效

“十三五”时期，石嘴山市委、市政府积极应对经济下行、新冠疫情冲击等不利影响，推进示范区整合优化，加快基础设施建设，推动产业转型升级，优化存量，做大增量，示范区经济总量保持稳定增长，投资软硬件环境逐步改善，示范区经济成为全市工业转型升级、经济增长、产业集聚的主力，示范区发展取得了新的成效。

1. 综合实力不断攀升

2020 年，宁夏东北部（石嘴山—宁东）产业转型升级示范区入园企业 1 095 家，规上企业 388 家，示范区实现工业总产值 2 250.5 亿元，年均增长 11.3%，占全省工业总产值的 61.7%，示范区成为工业经济主战场，其作用效果显著。其中宁东能源化工基地 2020 年工业总产值达到 1 300 亿元，成为西部首个产值过亿的化工园区，被批准为国家现代煤化工产业示范区、国家产业转型升级示范区、国家新型工业化产业示范基地、国家外贸转型升级基地和国家绿色园区；跻身中国化工园区 30 强前 10 位，连续三次获得国务院大督查通报表扬（见表 18 – 2）。

表 18 – 2 宁夏东北部（石嘴山—宁东）产业转型升级示范区发展规模统计

示范区名称	规划面积（平方千米）	入园企业（家）	规上企业（家）	工业总产值（亿元）	
				2015 年	2020 年
石嘴山高新技术产业开发区	31.60	169	69	136	155.2
石嘴山经济技术开发区	56.77	332	98	220	467.2
宁夏平罗工业示范区	72.47	444	165	225.8	328.1
宁东能源化工基地	3 484	150	56	735.8	1 300

2. 产业转型成果显著

宁夏东北部（石嘴山—宁东）产业转型升级示范区建设成效明显，典型经验做法受到国务院通报表扬。其中，石嘴山市明确了 3 个示范区“一示范区三产业”的产业发展定位，推动重点企业实现集团化发展以及产业延链补链强链，增加附加值，推进高载能产业向高技术产业转变，建设智能制造、锂电池、聚酰胺三大特色产业园，产业结构逐渐优化，形成新材料、新装备等产业集群。新材料、装备制造、电石化工、多元合金等四大产业实现正增长，占规上工业增加值的48.5%；非煤产业增加值占规上工业比重提升至87.2%；轻重工业比调整为3.6:96.4。此外，宁东能源化工基地的煤炭、电力、化工占全部工业增加值比重由2015年的32:28.7:32.8调整到24.1:23.7:46.6；制造业占全部工业比重提高到50.8%。

自2017年宁夏东北部（石嘴山—宁东）产业转型升级示范区设立以来，石嘴山市着力推动产业结构的调整和优化，实现了从重工业向高新技术产业转型的重大跨越。在产业转型升级示范区的推动下，石嘴山市的第一产业、第二产业和第三产业的增加值比例发生了显著变化，由2015年的5.4:63.9:30.6调整为6.8:47.9:45.2（如图18－1所示）。其中，第三产业增加值比重大幅提高，已经成为石嘴山市经济的重要支柱，同时，第一产业和第二产业也得到了持续发展和壮大，实现了多元化发展。这种调整和优化不仅促进了石嘴山市经济的稳定增长，也为整个宁夏地区的经济发展注入了新的动力。

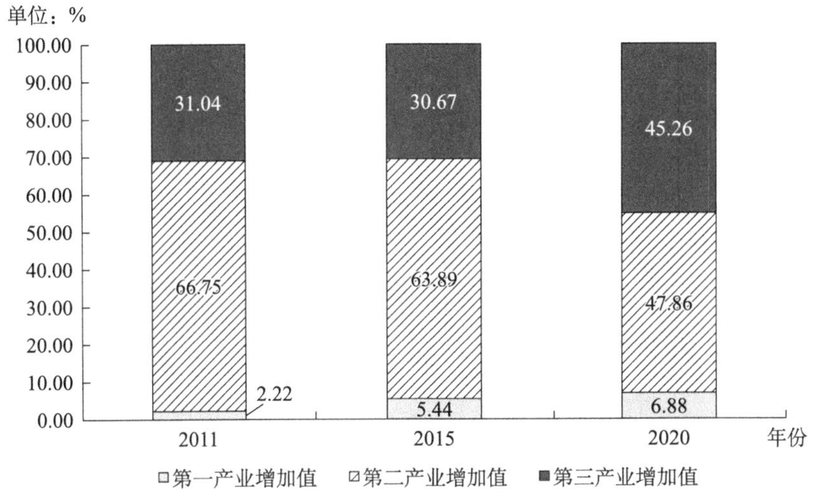

图18－1　2011年、2015年、2020年石嘴山市产业结构变动

3. 创新能力不断提升

示范区大力实施创新驱动发展战略，激活创业创新主体活力，加大科技投入，加强技术攻关，加快成果转化，其综合科技创新水平大幅提升。截至2020年，石嘴山市拥有高新技术企业63家，自治区级科技型中小企业185家，“专精特新”小巨人企业7家，科技小巨人企业30家。深入推进“科技支宁”东西部科技合作，与中科院、工程院、清华大学、北京大学、上海交通大学等121家科研院所、高等院校建立了技术合作关系，创建国家级企业技术中心 2 家、自治区级企业技术中心 14 家，6 家企业成功列入自治区重点任务揭榜攻关项目，设立院士工作站 1 个、博士后科研工作站 2 个、企业研究院 4 个，组织实施 200 余项科技合作项目，柔性引进高层次科技人才 800 余人，3 名科技人才进入国家创新、创业领军人才计划。此外，宁东能源化工基地全社会研发投入强度达到2.1%，较2015 年提高0.9 个百分点。实施科技攻关项目 220 项，获得专利授权 830 项。建成省部级以上创新平台 27 个，培育国家高新技术企业 10 家、国家或自治区科技型中小企业 8 家，建成宁东基地现代煤化工中试基地一期工程。

4. 绿色发展成效明显

"蓝天、碧水、净土"三大攻坚战取得重要进展，多措并举加强能耗"双控"，"三废"有效治理成果明显。其中石嘴山市产业园区淘汰铁合金、电石、碳素、洗煤等行业落后产能 625.82 万吨，能源消费总量基本稳定；建成 5 个污水处理厂，污水处理实现全覆盖，工业用水重复利用率达到 94%，高于全区 85% 的平均水平；建成 5 个固废处置场，成功获批国家工业固体废弃物综合利用基地；3 个工业示范区成为国家级绿色示范区，累计创建绿色工厂 23 家、数字化车间 7 家、智能工厂 2 家；石嘴山经济技术开发区、宁夏平罗工业示范区及智慧示范区启动建设。此外，宁东能源化工基地工业用水重复利用率达到 97.8%，矿井水利用率达到 35.2%，实现工业废水不出园区、不入黄河；地表水断面水质稳定达到Ⅲ类。生态环境持续改善，生态绿化和植被恢复成效明显。

5. 示范创建成效显著

"十三五"期间，全市工业示范区强化自身建设，积极提升外部形象，品牌创建取得了显著成效。石嘴山高新技术产业开发区成为国家低碳工业试点示范区、新材料新型工业化示范基地、国家中小微企业创新创业示范基地、自治区双创示范基地、高质量发展示范区等。石嘴山经济技术开发区成功获批国家外贸转型升级基地、国家循环化改造试点示范区、国家小微企业创业创新示范基地、自治区级科技孵化器等。宁夏平罗工业示范区获批国家循环化改造试点示范区、国家产业转型升级示范区、自治区高新技术产业开发区等。工业示范区在全区开发区考核中位列优秀等次 6 次，其中石嘴山高新技术产业开发区 2018 年、2020 年位列优秀等次，石嘴山经济技术开发区 2016 年、2019 年位列优秀等次，宁夏平罗工业示范区 2017 年位列优秀等次，原精细化工基地 2018 年位列优秀等次。

六、经验启示与借鉴意义

（一）传统产业改造与新兴产业培育

在资源型城市转型升级中，必须注重传统产业改造与新兴产业培育，以支持经济的转型升级，根据宁夏东北部产业转型升级示范区的建设经验，可以得出以下经验启示。

首先，示范区通过供给侧改革结构性和需求侧管理两端发力，推进传统制造业绿色改造，鼓励采用高新技术、节能低碳环保技术和先进适用装备，实现传统产业优化升级。其次，示范区注重对新能源、生物医药、新型煤化工以及现代纺织等新兴产业的引入与培养，采取优化投资环境、推动本地区企业与相关产业知名企业的优势嫁接的方式，加快本地区新兴产业的高效发展。在此基础上，示范区积极与国际国内知名大企业集团进行合作，促进企业优势整合，建设具有先进水平的共用实验室和中试车间，提高医药制剂新产品的研发创新能力，形成多元化产业格局。

（二）培育优势产业集群

为了推动新兴产业的发展，必须集中精力培育优势产业集群。在这些集群中，企业可以相互支持，形成协同效应，共同面对市场挑战。在宁夏东北部产业转型升级示范区建设案例中，该示范区发展了如装备制造、新材料、电石化工、冶金等多个产业集群，以提高区域经济的整体竞争力。在资源型城市中，也可以根据本地资源和人才优势，发展相关产业集群，如石油化工、钢铁、煤炭等，以提高产业集聚效应，推动产业升级，促进城市经济的可持续发展。

（三）发展新增长点

在资源型城市转型升级中，必须积极培育新增长点，以支持经济的转型升级。根据宁夏东北部产业转型升级示范区的建设经验，可以得出以下两点经验启示。首先，要加快向服务型制造转型。这可以通过拓展服务型制造新模式，整合产业链资源，提升协同能力和拓展产品全生命周期管理服务来实现。企业应利用互联网采集用户需求，推进基于个性化产品的服务模式和商业模式创新，并构建网络化协同制造公共服务平台，提供云制造服务。其次，要实施生产性服务业配套工程。这可以通过加快服务功能区和公共服务平台建设，建立完善产学研相结合的设计研发体系，推动科技成果转化，发展多元融资渠道等措施来实现。最后，还应加快技术人才和管理人才培训基地建设，以解决人才瓶颈制约的问题。这些措施可以促进产业模式向产品、服务和提供整体解决方案并重转变，丰富和完善工业产业价值链的高端环节，推动产业转型升级。

（四）加大政府支持力度

在资源型城市的转型升级中，政府发挥着至关重要的作用。政府可以通过优惠政策和投资引导，鼓励企业进行技术改造和设备升级，以提高企业的生产效率和竞争力。这些政策和措施可以帮助企业降低成本，提高效率，增强市场竞争力。此外，政府还可以通过优惠税收政策、创新基金等措施，支持新兴产业的发展，帮助企业加快转型升级的进程。在宁夏东北部的产业转型升级示范区建设中，政府发挥了重要作用。政府为企业提供了资金和政策支持，推动了区域经济的快速发展。例如，政府出台了一系列扶持政策，鼓励企业开展技术创新和研发活动，提高产业竞争力。政府还设立了产业发展基金，为企业提供融资支持，促进企业的快速发展。此外，政府在转型升级中还可以发挥更多的作用。例如，政府可以加强与产业界、学术界、金融界等各方面的合作，共同研究和解决产业转型升级中的难题。政府还可以加强环保监管，推进绿色低碳发展，促进可持续发展。